Studien zur Erziehungswissenschaft
Herausgegeben von Wolfgang Brezinka
Band 8

Siegfried Uhl
Die Pädagogik der Grünen

Siegfried Uhl

Die Pädagogik der Grünen

Vom Menschenbild zur Familien- und Schulpolitik

Ernst Reinhardt Verlag München Basel

Siegfried Uhl, geb. am 27. Februar 1960 in Überlingen. Studium der Fächer Deutsch, Geschichte und Erziehungswissenschaft an der Universität Konstanz. 1986 Erste Staatsprüfung für das Lehramt an Höheren Schulen und M. A. Seit 1987 Wissenschaftlicher Mitarbeiter in der Fachgruppe Erziehungswissenschaft der Universität Konstanz. 1990 Promotion zum Dr. rer. soc.

CIP-Titelaufnahme der Deutschen Bibliothek

Uhl, Siegfried: Die Pädagogik der Grünen : vom Menschenbild zur Familien- und Schulpolitik / Siegfried Uhl. - München ; Basel : E. Reinhardt, 1990
(Studien zur Erziehungswissenschaft ; Bd. 8)
ISBN 3-497-01203-3
NE: GT

Printed in Germany

Vorwort

Die Pädagogik der GRÜNEN ist ein Gebiet, dem bisher wenig Aufmerksamkeit geschenkt worden ist. Sie ist nirgendwo ausführlich dargestellt, geschweige denn kritisch analysiert worden. Die Analyse und Kritik der pädagogischen Vorstellungen politischer Parteien sind aber wichtig. Mit ihrer Hilfe gewinnt man Aufschluß darüber, welche familien-, erziehungs- und schulpolitischen Reformen in Zukunft zu erwarten sind. Man kann schon heute ihre Vorzüge, aber auch ihre Schwächen und Mängel zu erkennen versuchen.

Gibt es überhaupt eine Pädagogik der GRÜNEN? Die Antwort auf diese Frage hängt davon ab, welche Erwartungen man hat. Die Pädagogik der GRÜNEN ist nichts völlig Neues. Sie besteht aus einem Sammelsurium alter und moderner pädagogischer Vorstellungen, das aus vielen Quellen geschöpft ist. Von der Reformpädagogik der zwanziger Jahre über die »Emanzipatorische Pädagogik« der Neuen Linken bis hin zur Alternativpädagogik der Gegenwart, von ernstzunehmenden Verbesserungsvorschlägen bis hin zu haltlosen pädagogischen Wunschträumen spannt sich ein Bogen uneinheitlicher Gedanken, die im Zusammenhang nur schwer zu überschauen sind. Von einer für die GRÜNEN und nur für sie typischen Pädagogik kann also nicht die Rede sein.

Auf der anderen Seite gibt es kaum eine gruppenspezifische Pädagogik, die nicht viele Bestandteile aus anderen pädagogischen Satzsystemen übernommen hat. Man trifft in jedem Fall auf Merkmale, die sie mit anderen gemeinsam hat. So gesehen, ist die Pädagogik der GRÜNEN ein erziehungstheoretisches Satzsystem wie viele andere. Sie gehört zur Klasse der weltanschaulich geprägten pädagogischen Satzsysteme und steht in wissenschaftstheoretischer Sicht auf einer Stufe mit anderen weltanschaulich-politisch oder religiös orientierten Erziehungslehren. Wie jedes andere pädagogische Satzsystem kann sie wissenschaftlich analysiert und kritisiert werden. Daß viele ihrer Bestandteile nicht neu oder nicht nur bei den GRÜNEN anzutreffen sind, spielt dabei keine Rolle.

Wer über einen so brisanten Gegenstand wie die familien-, erziehungs- und schulpolitischen Reformpläne einer zeitgenössischen politischen Partei schreibt, darf seine Leser nicht im unklaren über seine eigenen wissenschaftlichen und weltanschaulichen Überzeugungen lassen. In wissenschaftstheoretischer Hinsicht urteile ich vom Standpunkt der Empirischen Erziehungswissenschaft und der Analytischen Philosophie der Erziehung. In politischer Hinsicht vertrete ich einen liberalen Standpunkt, der teilweise mit konservativen Überzeugungen übereinstimmt. Das heißt jedoch nicht, daß ich mich in irgendeiner Weise parteipolitisch festlege. Es bedeutet nur, daß ich individuelle Freiheit und gesellschaftlichen Pluralismus für wertvolle Güter halte und im Zweifelsfall dem Erhalt und der behutsamen Verbesserung des Bestehenden Vorrang vor hochfliegenden Zukunftsvisionen und unbedachten Neuerungen gebe.

Zum Abschluß habe ich noch eine angenehme Pflicht zu erfüllen. Ich möchte allen aus ganzem Herzen danken, die mich beim Abfassen dieser Schrift unterstützt haben. Mein Dank gilt vor allem meinem akademischen Lehrer, Herrn Prof. Dr. Wolfgang Brezinka. Seine Ratschläge, seine Anregungen und seine kritischen Bemerkungen zu den verschiedenen Fassungen dieser Arbeit haben mir sehr geholfen. Er hat mich mehr als einmal vor Irrtümern bewahrt und zum schärferen Nachdenken herausgefordert. Herrn Prof. Dr. Wolfgang Schuller danke ich für zahlreiche inhaltliche und stilistische Verbesserungsvorschläge und für hilfreiche Literaturhinweise. Herr Dr. Helmut Lehner hat die Mühe auf sich genommen, viele Einzelfragen mit mir zu besprechen.

Konstanz, den 19. Dezember 1989 Siegfried Uhl

Inhaltsverzeichnis

I. Die Partei der Grünen: Entstehungsgeschichte und Merkmale

GRÜNE und alternative Parteien sind eine internationale Erscheinung. Sie sind in den meisten westlichen Industrieländern anzutreffen. Bei aller Verschiedenheit haben diese Parteien viel gemeinsam. In allen Staaten haben ähnliche Bedingungen zu ihrer Entstehung geführt. Was im folgenden über die deutschen GRÜNEN gesagt wird, gilt also mit gewissen Einschränkungen auch für andere grün-alternative Parteien in Europa.

1. Die Krisenstimmung in den siebziger Jahren

Zwischen 1955 und 1965 gab es in der Bundesrepublik Deutschland heftige innenpolitische Auseinandersetzungen, die um die Wiederbewaffnung, die atomare Verteidigung und die Mitbestimmung in der Industrie kreisten. Dennoch herrschte breite Übereinstimmung über die politische und wirtschaftliche Ordnung des Landes[1]. Die maßgeblichen politischen Kräfte befürworteten im großen und ganzen die Westintegration der Bundesrepublik ebenso wie die auf dem Besitz von Privateigentum gegründete Organisation der Wirtschaft und die repräsentative Demokratie.

In weiten Bevölkerungskreisen galten die Vermehrung des wissenschaftlichen und technischen Wissens, die Rationalisierung in der Produktion, die Steigerung der wirtschaftlichen Leistungsfähigkeit und die Erhöhung der Menge der zur Verfügung stehenden Waren und Dienstleistungen als wertvolle Güter, als Garanten eines unaufhaltsam zunehmenden Wohlstands und allgemeinen Fortschritts. Ende der sechziger Jahre jedoch begann sich die optimistische Einstellung zu wandeln. Die Folgekosten, Risiken und schädlichen Nebenwirkungen der industriellen Entwicklung rückten zunehmend in das Blickfeld der Öffentlichkeit[2].

Dafür war nicht zuletzt das Wiederaufleben der marxistisch inspirierten Gesellschafts- und Wirtschaftstheorie verantwortlich. Das Erstar-

[1] Vgl. PFALTZGRAFF 1983a, 13.
[2] Hierzu z. B. SCHLAFFKE 1987b, 38f. und 72.

ken der linksliberalen bis neomarxistischen Neuen Linken[3] in den westlichen Demokratien führte zu einer Reihe vielbeachteter ökonomischer Analysen, die der marxistischen Wirtschaftstheorie verpflichtet waren und die vor gefährlichen Tendenzen in der »kapitalistischen« Wirtschaftsordnung warnten. Nach Auffassung der neomarxistischen Theoretiker durchlief die Wirtschaft – den von der marxistischen Lehre beschriebenen Gesetzmäßigkeiten folgend – einen verhängnisvollen Konzentrations- und Monopolisierungsprozeß. Sie fürchteten, die »wirtschaftliche und politische Macht der Großkonzerne« könne ins Unermeßliche wachsen und zu einem neuen Faschismus führen. Die nahezu allmächtigen Manager der marktbeherrschenden Unternehmen schienen nach ihrer Meinung die »Ausbeutung« der Beschäftigten »über die Steigerung der Arbeitsproduktivität und -intensität« fortwährend zu erhöhen, die Gewinne durch niedrig gehaltene Löhne zu steigern und die Preise mit Hilfe ungesetzlicher Absprachen künstlich in die Höhe zu treiben. Die Verbraucher würden durch ausgefeilte Werbetechniken und bewußt geplanten frühzeitigen Produktverschleiß zum erhöhten Konsum nutzloser und überflüssiger Waren und Dienstleistungen gezwungen[4]. Der kurzzeitige Konjunktureinbruch des Jahres 1967, der für damalige Verhältnisse dramatische Anstieg der Arbeitslosigkeit und die ungewisse Wirkung der staatlichen Steuerungsinstrumente bestätigten scheinbar die Richtigkeit der marxistischen Annahme, daß sich verschärfende ökonomische Krisen die notwendige Folge der wildwüchsigen kapitalistischen Produktionsweise seien.

Die marxistische Analyse der Wirtschaftsordnung, die die von vielen Menschen als schwerwiegend empfundenen Krisen einleuchtend und mit dem Anspruch auf Wissenschaftlichkeit zu erklären vorgab, fand vor allem unter der akademischen Jugend rasch Anhänger. Der Vietnam-Krieg erschien ihr als Beweis für die imperialistischen Bestrebungen des entwickelten Industriekapitalismus, die Weltherrschaft zu erlangen. Der Schah von Persien wurde zum Symbol der neokolonialen Ausbeutung in den Ländern der Dritten Welt, in denen heimische Machthaber als Statthalter der westlichen Industriekonzerne Völker ausplünderten, die in Armut und Hunger lebten.

Kritiker befürchteten, in den westlichen Industrieländern werde die Erwerbsarbeit immer arbeitsteiliger, eintöniger und kräftezehrender. Der Industriearbeiter drohe zum Anhängsel der Maschine zu werden, der Angestellte zum Handlanger für standardisierte, anspruchslose Bürotätigkeiten. Die Trennung von Arbeit und Freizeit, von mechanischem Funktionieren am Arbeitsplatz und außengelenkter, zwanghaf-

[3] Vgl. Brezinka 1981, bes. 26–65.
[4] Vgl. z. B. Voigt 1971, 77–79.

ter Aktivität in der Freizeit machte nach Auffassung zahlreicher Autoren ein sinnvolles und befriedigendes Leben unmöglich.

Nach ihrer Meinung war der »entwickelte Industriekapitalismus« aber auch für andere bedrohliche Vorgänge verantwortlich. Da das Parlament nur den Interessen der Großbetriebe und -banken, also dem »Kapital« diente, erschienen die Große Koalition von CDU/CSU und SPD in der Bundesrepublik (1966–69) und die Verabschiedung der Notstandsgesetze (1968) als folgerichtiger Schritt auf dem Weg in die autoritäre Gesellschaft. Der einzelne, in politischer Apathie und Machtlosigkeit befangen, werde zum Bestandteil der Manövriermasse der Herrschafts- und Profitinteressen einer kleinen Minderheit von Kapitaleigentümern. Er drohe in der Anonymität des »Systems« und seiner entmündigenden Versorgungsapparatur unterzugehen.

Die von der Neuen Linken inspirierte und rasch zum Gemeingut vieler Intellektueller gewordene Zivilisations-, Gesellschafts- und Kapitalismuskritik, die sich auf das Gedankengut des Neomarxismus, die Philosophie der Frankfurter Schule und auf psychoanalytische Lehren stützte, erhielt Anfang der siebziger Jahre ein ökologisches Gegenstück, als der Club of Rome seine Studie »Grenzen des Wachstums« veröffentlichte[5]. Neben die als krisenhaft erlebte Bedrohung durch den »Kapitalismus« und die staatliche Repression trat jetzt eine durch die industrielle Wachstumswirtschaft *aller* gesellschaftlichen und politischen Systeme verursachte Rohstoff-, Energie- und Umweltkrise. Das Zahlenmaterial des Club of Rome erweckte den Eindruck, daß infolge der weltweiten Überbevölkerung, der Zunahme des Rohstoffverbrauchs und der Umweltverschmutzung die natürlichen Reserven der Erde in wenigen Jahrzehnten aufgezehrt werden würden, wenn die Menschheit nicht die Begrenztheit ihres Lebensraumes und seiner Ressourcen berücksichtige und die selbstmörderische Verschwendungswirtschaft aufgebe. Wenn sie wie bisher ungehemmt weiterproduziere, sei ihr Untergang naturgesetzlich vorherbestimmt[6]. Den »Grenzen des Wachstums« folgte eine Flut von Veröffentlichungen, die dieselben Überzeugungen verfochten[7]. Es sei zwar noch Zeit zur Rückbesinnung auf das »menschliche Maß« und zur Umkehr, sie müßten jedoch schnell erfolgen, wenn es nicht zu spät werden solle.

Ob sich die Bundesrepublik damals tatsächlich in einer ihren Fortbestand und das Leben ihrer Bewohner bedrohenden Krise befand, ist schwer zu klären. Denn »während dem einen die Welt, so wie er sie sieht, noch völlig in Ordnung erscheint, blickt der andere bereits in apokalyp-

[5] Meadows/Meadows/Zahn/Milling 1973.

[6] Vgl. auch Borchardt 1977, 5f.

[7] Vgl. als Überblick Czeskleba-Dupont 1979.

tische Abgründe«[8]. Entscheidend ist, daß sich bis Mitte der siebziger Jahre in der öffentlichen Meinung ein diffuses Krisenbewußtsein ausgebreitet hatte, das weniger einer eindeutig bestimmbaren politisch-weltanschaulichen Quelle entsprang als eher einem generellen »Unbehagen an der Moderne«[9] und ihren Lebensbedingungen insgesamt. Der Fortschritts- und Technikglaube der sechziger Jahre war stärker pessimistisch getönten Zukunftserwartungen gewichen[10]. Anstatt davon überzeugt zu sein, daß das Leben immer leichter, angenehmer und reicher werde, waren jetzt viele Menschen aller politischen Einstellungen zufrieden, wenn die Katastrophe noch etwas auf sich warten ließ.

2. Die »neuen sozialen Bewegungen« als Antwort auf die Krisenstimmung der siebziger Jahre

Die siebziger Jahre waren nicht nur von Krisenstimmung gekennzeichnet, sondern auch von einer Welle politischen Engagements. Viele bislang politisch wenig aktive Bürger begannen nun, das Schlagwort »Mehr Demokratie wagen« und die Forderung nach Demokratisierung und Mitbestimmung, die vor allem die SPD, die Neue Linke und ein Teil der Medien propagiert hatten, in die Tat umzusetzen. Anlässe zur Gründung sozial- und umweltpolitischer *Bürgerinitiativen* waren geplante oder im Bau befindliche Großflughäfen, Straßen und Autobahnen, Müllverbrennungsanlagen und Freizeitzentren, fehlende Kinderspielplätze und übergroße Schulklassen, mangelhafte Kranken- und Altenbetreuung, die Verödung der Innenstädte und andere als kritikwürdig empfundene Zustände. Bürger unterschiedlicher politischer Überzeugungen versuchten mit ihrer Hilfe, auf Politik und Verwaltung Einfluß zu nehmen und ein einzelnes Bauvorhaben zu verhindern, das die Natur oder die Eigenart ihres unmittelbaren Lebensraums zerstören oder seine Qualität mindern würde. Andere Initiativen bemühten sich um sozial-, städtebau- und gesundheitspolitische Verbesserungen. Ihnen allen war das Bestreben gemeinsam, die Verfügungsgewalt über die Gestaltung ihrer Lebensverhältnisse zurückzugewinnen, die sich die anonyme Bürokratie und Verwaltung, die erstarrten politischen Parteien und die »Expertokratie« der Technikfachleute angemaßt zu haben schienen[11].

Viele örtliche Bürgerinitiativen, von denen Anfang der siebziger Jahre

[8] Vgl. Karl-Werner Brand/Büsser/Rucht 1986, 20f., 28f. und 75f. Das Zitat 20.

[9] Vgl. hierzu im allgemeinen Berger/Berger/Kellner 1987.

[10] Vgl. auch Kallscheuer 1983, 161–170.

[11] Vgl. Trojan 1985, 222f.

bereits Tausende bestanden und deren Arbeitsgebiet überwiegend regional und thematisch eng umgrenzt war, schlossen sich in den darauffolgenden Jahren enger zusammen. Die Gleichartigkeit der Erfahrungen, die die Angehörigen von umwelt- und energiepolitischen Bürgerinitiativen mit ihren Widersachern in Wirtschaft und Verwaltung sammelten, führte zahlreiche Initiativen dazu, sich von lokalen Einzelproblemen abzuwenden und über größere Zusammenhänge nachzudenken[12]. Die Kritik verlagerte sich jetzt von einzelnen als unerträglich empfundenen Mißständen zu einer global angelegten Auseinandersetzung mit den Folgekosten, Schäden und Widersinnigkeiten des modernen Industriezeitalters und mit den Mängeln des obrigkeitlichen Verwaltungs- und Wohlfahrtsstaates. Wenn auch die Gesamtheit der Bürgerinitiativen in ihren Zielen, Anhängern und Tätigkeitsbereichen nach wie vor äußerst heterogen blieb[13], wandten sich doch viele ihrer Mitglieder einer Gesamtsicht aller kritisierten Phänomene von der Naturzerstörung bis zum »Atomstaat« zu: Die *Ökologiebewegung* entstand[14].

Anders als die Mitglieder von Bürgerinitiativen, die sich darum bemühten, durch Einflußnahme auf die Entscheidungsinstanzen in Wirtschaft, Politik und Verwaltung Mißstände abzustellen und ihre Forderungen durchzusetzen, sahen die Aktivisten der *Alternativbewegung* zunächst keine Möglichkeit mehr, innerhalb des bestehenden Staats- und Wirtschaftsgefüges ihre Zielvorstellungen zu verwirklichen. Sie erblickten ihre einzige Chance im »Ausstieg aus dem System«. Viele jüngere und teilweise gut ausgebildete Anhänger der Alternativbewegung vollzogen ihn nicht nur mit Hilfe der lebensreformerischen Umstellung ihrer Nahrungs- und Kleidungsgewohnheiten, sondern auch durch ihre Arbeit in Alternativbetrieben oder doch wenigstens durch den Kauf alternativer Waren und die Inanspruchnahme alternativer Dienstleistungen[15]. In diesen Betrieben schien es möglich, die Trennung von Hand- und Kopfarbeit, die Hierarchisierung, die »geschlechtsspezifische Arbeitsteilung« und die Spezialisierung der Arbeitstätigkeiten zu überwinden. An die Stelle zentralisierter Großunternehmen, die umweltschädliche und unnütze Güter produzierten, sollten kleine, überschaubare Betriebe treten. In Selbstverwaltung wollten ihre Beschäftigten gesellschaftlich und ökologisch vernünftige Produkte herstellen, ohne auf die »kapitalistische Profitlogik« Rück-

[12] Vgl. z.B. Wessolleck 1985, 14–17, 43, 46f. und 52.
[13] Vgl. Hauff 1980.
[14] Zu ihren weltanschaulichen Überzeugungen und politischen Zielen vgl. auch Sternstein 1978, 19–21.
[15] Vgl. Mushaben 1985/86, 47f. und 56f.

sicht nehmen zu müssen[16]. Der Alternativbetrieb schien eine »neue Balance zwischen effizient organisierter Arbeitswelt und emotional gestalteter Lebenswelt« zu schaffen und einen »kreativen . . . Arbeitsvollzug . . . mit dezentraler und kollektiver Entscheidungsfindung« zu ermöglichen[17]. Obwohl die Zahl der Alternativbetriebe und ihrer Mitarbeiter und Sympathisanten verhältnismäßig gering war[18], ging Mitte der siebziger Jahre große Anziehungskraft von ihnen aus. Sie schienen wie der Ausblick auf eine bessere Zukunft, eine ansatzweise verwirklichte Utopie des ganzheitlichen, selbstbestimmten und menschengerechten Lebens, das sich in den Nischen der mächtigen Institutionen von Staat und Wirtschaft auszubreiten begann.

Wie die Bürgerinitiativen umfaßte die *Friedensbewegung* Personen aller politischen, weltanschaulichen und religiösen Überzeugungen, wenn auch in unterschiedlich starkem Maß. Christliche Pazifisten, sozialistische Antimilitaristen, Wehrdienstgegner und Angehörige rechts- und linksextremer Splittergruppen beteiligten sich ebenso an ihren Aktionen gegen die Stationierung amerikanischer Mittelstreckenraketen in Europa wie eine Vielzahl bisher politisch wenig aktiver Bürger. In den Jahren 1981 bis 1983, vor der Aufstellung der amerikanischen Pershing II und Cruise Missiles, gelang es der Friedensbewegung, Hunderttausende von Menschen auf spektakulären Großdemonstrationen zu versammeln[19]. Obwohl sie nach 1983 rasch an Zugkraft und Mobilisierungsfähigkeit verlor, war die Friedensbewegung zu Beginn der achtziger Jahre eine Massenbewegung, die eindrucksvoll zeigte, wie sich abweichende politische Überzeugungen öffentlichkeitswirksam außerhalb der Parlamente vertreten ließen[20]. Das Gemeinschaftserlebnis auf ihren Kundgebungen und in den »Friedenscamps« und die von ihr ausstrahlende Zuversicht dürften viel zur Entstehung des Glaubens an die Macht der neuen sozialen Bewegungen beigetragen haben. Vielerorts setzte sich die Auffassung durch, eine gewaltige Volksbewegung könnte den naturzerstörenden und friedensgefährdenden Plänen der Regierenden Einhalt gebieten.

Die »neue« oder zweite *Frauenbewegung*, die Ende der sechziger Jahre entstand und sich in den folgenden Jahren zu einer weltanschaulich zersplitterten und unübersichtlichen Strömung entwickelte, verfügt trotz aller Gegensätze über einige gemeinsame Grundannahmen. Dazu gehört die Überzeugung, daß das »internationale Patriarchat« die Frauen

[16] Grottian/Kück 1983, 131.
[17] Hengsbach 1986, 75.
[18] Huber 1984, 30.
[19] Vgl. z. B. Klaus-Jürgen Scherer 1984, 16 und 19; Mushaben 1984, 526–531.
[20] Vgl. auch Die neue Friedensbewegung 1982.

aufgrund ihrer Geschlechtszugehörigkeit ökonomisch, politisch und im öffentlichen und privaten Bereich unterdrücke und ausbeute[21].

Innerhalb der Frauenbewegung lassen sich ein linkssozialistischer Flügel, der den Widerspruch von Kapital und Arbeit als gesellschaftlichen Grundwiderspruch herausstreicht, und ein radikalfeministischer Flügel unterscheiden, der die generelle Unterdrückung der Frau in *allen* Gesellschaftssystemen als wichtigstes Merkmal der patriarchalischen Herrschaft betont. Der linkssozialistische Flügel sieht die Frauen als »Sklavinnen des Patriarchats«, deren »Arbeits- und Gebärvermögen« sich das Kapital aneignet, der »Schmarotzer . . ., der von unserer Lebensarbeit fett wird«[22]. Er macht vornehmlich die Profitinteressen der Großkonzerne für die Ausbeutung der Frau verantwortlich. Demgegenüber betrachten zahlreiche Radikalfeministinnen den Widerspruch zwischen unterdrückenden Männern und unterdrückten Frauen als den entscheidenden gesellschaftlichen Mißstand. Nach ihrer Auffassung werden außerdem, ungeachtet des Gesellschaftssystems, in dem sie sich ereignen, die Katastrophen der Moderne ausschließlich von den »Männern«[23] verursacht, deren eindimensionale Vernunft, gefühllose Rationalität und »technokratische Allmachtsphantasien« die Menschheit in eine Überlebenskrise gestürzt hätten[24]. Nur der »emotionale Wandel« in den Einstellungen der Männer, die sich auf die wertvollen »weiblichen« Eigenschaften der Emotionalität, der Fürsorge für andere und der liebevollen Gemeinschaftlichkeit mit Natur und Mitmenschen besinnen müßten, und die umfassende Beteiligung und Mitbestimmung der Frauen in öffentlichen und privaten Angelegenheiten könnten zu einer Zukunft führen, in der die Herrschaft von Menschen über Menschen und über die Natur beseitigt wäre[25].

Die einseitige Rationalität der Moderne und der Verlust von Glaubens- und Wertorientierungen begünstigte in der Krisenstimmung der siebziger Jahre auch die Entstehung der *Psycho-, Sensitivity- und New Age-Bewegung*[26]. »Ganzheitlichkeit«, die Wiederherstellung der verlorenen Einheit von Geist, Körper und Seele, von Denken und Fühlen, wurde zu einer oft geäußerten Maxime. Eine Flut esoterischer Schriften ergoß sich über den Buchmarkt. Okkultismus, »Bewußtseinserweiterung« durch Gruppentherapie, »Reinkarnationserlebnisse« und Meditationen, mit deren Hilfe »esoterische Wahrheiten« entdeckt werden

[21] Vgl. Kelly 1987, 20f. und 24.
[22] Kölner Gruppe autonomer und grüner Frauen 1983, 230 und 240.
[23] Vgl. Quistorp 1987, 18.
[24] Vgl. Programm des Kongresses Frauen und Ökologie 1987, 210.
[25] Vgl. Balbus 1983, 49f., 53f. und 56f.
[26] Vgl. Schorsch 1988.

sollten, galten vielerorts als ernstzunehmende Beschäftigung. Die »spirituelle Weltanschauung« mit ihren neuen Werthaltungen »Sein statt Haben, Hingabe statt Herrschen, Sanftmut statt Gewalt« ließ die Heraufkunft einer »liebevollen, glücklichen Zukunft« ahnen, in der »Liebe und Glücklichsein, . . . Friede und Schönheit« herrschen sollten – »das Paradies auf diesem geliebten Planeten« schien den Anhängern der New-Age-Bewegung unaufhaltsam näher zu rücken[27].

Neben den beschriebenen neuen sozialen Bewegungen gab es noch eine Reihe weiterer subkultureller Strömungen, die in der Öffentlichkeit von sich reden machten. Zu erwähnen sind zum Beispiel die »Hausbesetzerszene«, die Spontis, Anarchos und Stadtindianer, die vage linksanarchistische Überzeugungen vertraten, ansonsten aber die aufregende Aktionsform des »Straßenkampfes« bevorzugten, die ihren Höhepunkt in den gewalttätigen Berliner Jugendkrawallen des Jahres 1981 erreichte.

Insgesamt bestand die alternative Kultur Ende der siebziger Jahre aus einem unübersichtlichen Konglomerat von Bewegungen, Strömungen und Kräften, denen nur wenig gemeinsam war. Der kleinste gemeinsame Nenner der Ökologiebewegung, der Alternativ-, Friedens- und Frauenbewegung, der Splitterparteien der Neuen Linken, der Spontis, Stadtindianer, jugendlichen Nihilisten und Anarchisten, der Lebensreformer und Landkommunarden bestand in der »kritischen bis aggressiven Distanz zum Staats- und Gesellschaftssystem der Bundesrepublik«, zur repräsentativen Demokratie und ihren Parteien, zu Verwaltung und Bürokratie. Er äußerte sich in der Ablehnung der bisherigen Wirtschafts-, Verteidigungs- und Sozialpolitik ebenso wie im Unbehagen an den unpersönlichen Lebensbedingungen in der modernen Massengesellschaft. »Ideale wie Selbstverwaltung, Selbstorganisation, Spontaneität und Hierarchiefeindlichkeit« gehörten »zum festen Bestandteil alternativer Normen«[28]. Noch fehlte die für alle Kräfte verbindliche »konkrete Utopie«, der sie gemeinsam hätten nachstreben können. In den späten siebziger Jahren schien sich jedoch eine mögliche Verknüpfung von Friede, Ökologie, Frauenbefreiung und dem Wunsch nach einem neuen ganzheitlichen und selbstbestimmten Leben anzukündigen. Die »Alternativen« gingen an die Gründung einer eigenen Partei[29].

Alternative Parteigründungen fanden nicht nur in der Bundesrepublik Deutschland statt. Auch in den meisten anderen Demokratien des Westens waren die Krisenzeichen der Moderne erkannt worden. Dabei

[27] Vgl. z. B. den Ber. der grünen Bundestagsabgeordneten Zeitler (1988, 112–116).
[28] Christoph Schulte 1984, 22f.; vgl. auch Derbolav 1984, 115, Anm. 30.
[29] Vgl. als frühes Fallbeispiel Oppositionelles Wahlbündnis zu den Hamburger Bürgerschaftswahlen 1978.

spielten die Vereinigten Staaten von Amerika eine besondere Rolle. Die Neue Linke hatte zuerst in diesem Land die Meinungsführerschaft unter den Intellektuellen gewinnen können. Die Ökologie-, Alternativ-, Friedens- und Frauenbewegung haben ihre Ursprünge ebenfalls in den Vereinigten Staaten[30]. Ihr Ideengut fand in Europa sehr rasch weite Verbreitung. Das gilt vor allem für Skandinavien, die Benelux-Staaten, Frankreich, Italien und die deutschsprachigen Länder. In diesen Staaten wurde Ende der siebziger Jahre über die Überwindung des Industriekapitalismus, den ökologischen Umbau der Gesellschaft und die Ausweitung der Bürgerrechte nachgedacht[31].

Vielerorts kam man zu der Auffassung, daß von den eingesessenen Parteien keine ausreichende Vertretung der Anliegen der neuen sozialen Bewegungen zu erwarten ist. Aus diesem Grund faßten ihre Aktivisten den Entschluß zur Gründung selbständiger Wahlbündnisse, Listen und Parteien. Die erste grüne Partei war vermutlich die neuseeländische Values Party, die Ende der sechziger Jahre entstanden ist. In Europa waren die neuen grünen Parteien vor allem in Belgien und in der Bundesrepublik Deutschland erfolgreich. In Italien und Holland haben sie dagegen nur geringe Bedeutung. Hier werden die grünalternativen Standpunkte überwiegend von den Radikalen Parteien vertreten, die es schon seit langem gibt. Die britische Ecology Party ist unbedeutend[32]. Irland, Spanien, Frankreich und Schweden besitzen ebenfalls ökologische Kleinparteien, die schon Achtungserfolge verbuchen konnten[33]. Die Bemühungen, diese Parteien zu einem europäischen Dachverband zusammenzuschließen, befinden sich noch im Anfangsstadium. Allerdings bilden sie im Europäischen Parlament eine gemeinsame Fraktion, die sogenannte »Regenbogen-Fraktion«.

In der Schweiz und in Österreich gibt es jeweils zwei alternative Parteien, eine wertkonservativ-bürgerliche Grüne Partei und eine ökosozialistisch-progressive Alternative Partei. In beiden Ländern handelt es sich um voneinander unabhängige Gruppierungen, die jedoch von Fall zu Fall Bündnisse schließen und auf einer gemeinsamen Liste zu Wahlen antreten[34].

Die grün-alternative Bewegung ist also ein internationales Phänomen. Sie hat das Parteiengefüge der meisten westlichen Demokratien verändert. Viele Gemeinsamkeiten verbinden die grünen und alternativen Parteien über die Grenzen hinweg: das Schwanken zwischen wertkonservativen und progressiven Weltanschauungselementen, die Orientie-

[30] Vgl. Spretnak 1985, 227–230.
[31] Vgl. Tallert 1980.
[32] Vgl. Capra 1985, 19–26.
[33] Vgl. Nullmeier/Rubart/Schultz 1983.
[34] Für Österreich vgl. Dachs 1988.

rung am Ideengut der neuen sozialen Bewegungen, die industrie- und staatskritische Einstellung und die Heterogenität der Beteiligten. Alle diese Faktoren sind auch bei den deutschen GRÜNEN zu finden, die im folgenden beschrieben werden.

3. Die Gründung der grünen Sammlungspartei

Um die Mitte der siebziger Jahre herrschte in der Bundesrepublik Deutschland in weiten Bevölkerungskreisen eine zwiespältige Stimmung. Vielen vornehmlich jüngeren Angehörigen der gut ausgebildeten Mittelschicht schien die ökologische Katastrophe unvermeidlich, wenn nicht rasch gehandelt würde; häufig steigerte sich die Industrie-, Wachstums- und Zivilisationskritik zur Schilderung der endzeitlichen Apokalypse. Andererseits breitete sich die Hoffnung aus, eine mitgliederstarke Massenbewegung könne der Naturzerstörung und Atomgefahr ein Ende bereiten, wenn sie nur entschieden und selbstbewußt genug Druck auf die Regierenden ausübe. Die Aktivisten der neuen sozialen Bewegungen schwankten zwischen Resignation und Zuversicht, zwischen Untergangsängsten und neuer Hoffnung auf die »ökologische Wende«[35].

Für Niedergeschlagenheit in der Ökologiebewegung sorgte nicht zuletzt die Haltung der im Parlament vertretenen Parteien. Sie alle gaben deutlich zu verstehen, daß sie keineswegs bereit wären, das Ziel des weiteren industriellen Wachstums, die Förderung der Atomenergie und ihre verteidigungspolitischen Überzeugungen aufzugeben. Besonders die Sozialdemokratische Partei, die das Zeitalter der Reformeuphorie auf allen Gebieten eingeleitet hatte, zeigte sich entschlossen, an dem von ihr propagierten wohlfahrtsstaatlichen »Modell Deutschland« festzuhalten. Zu diesem Zeitpunkt war die Kraft der SPD zur Integration gesellschaftskritischer Strömungen spürbar gesunken[36]; der »Atom-«, »Überwachungs-« und »Industriestaat« war in den Augen der meisten Aktivisten der Ökologie-, Anti-Atomkraft- und Alternativbewegung auch ein »SPD-Staat«[37]. Unter diesen Umständen war von den eingesessenen Parteien keine parlamentarische Vertretung der Anliegen der neuen sozialen Bewegungen zu erwarten[38].

Darüber hinaus gerieten Mitte der siebziger Jahre die außerparlamentarischen Aktions- und Demonstrationsformen in eine Krise. Demon-

[35] Vgl. PAPADAKIS 1984, 46–53.
[36] Vgl. KALTEFLEITER 1983, 97–99.
[37] Vgl. HIMMELMANN 1984, 173–176; DRÄGER/HÜLSBERG 1986, 46–53, 72f. und 85–87.
[38] Vgl. HORACEK 1978, 28f.

strationen und Kundgebungen vor Atomkraftwerken und an den Baustellen geplanter technischer Großprojekte verliefen zunehmend gewalttätig. Das begann die neuen sozialen Bewegungen in der Öffentlichkeit als kommunistisch oder von Chaoten unterwandert zu diskreditieren. Außerdem ließ, je mehr man sich an die Meldungen über Großkundgebungen und spektakuläre Demonstrationen gewöhnt hatte, das Interesse der Medien und der Bevölkerung an der Ökologie- und Anti-Atomkraft-Bewegung zusehends nach. Obwohl eine steigende Zahl von Menschen ihre Sorgen teilte und ihre Anliegen unterstützte, schienen sie zu einem nicht allzu aufregenden Bestandteil des normalen politischen Lebens in der Bundesrepublik zu werden. Der tatsächliche Einfluß der neuen sozialen Bewegungen auf politische Entscheidungen blieb trotz ihrer Fähigkeit zur Aufbietung einer wachsenden Anhänger- und Sympathisantenschar alles in allem enttäuschend gering.

Im Jahre 1977 war die Zeit reif für die Gründung der ersten grünen Parteien und Listen, teils auf regionaler, teils auf Landesebene[39]. Diese frühen Gründungen waren geprägt von den einzelnen Strömungen innerhalb der Ökologiebewegung, die von unterschiedlichen sozialen Gruppen getragen wurden. Der »wertkonservative« Flügel der Umweltschutzbewegung um den ehemaligen CDU-Bundestagsabgeordneten Herbert Gruhl, den schleswig-holsteinischen »Öko-Bauern« Baldur Springmann und Carl Beddermann aus Niedersachsen glaubte an die Wirksamkeit der parlamentarischen Repräsentanz der Ökologie-Bewegung. Die Beendigung des umweltzerstörenden Wirtschaftswachstums und der Nutzung der Atomenergie schien ihnen am ehesten in den Parlamenten durchzusetzen zu sein. Die vom wertkonservativen Flügel der Ökologiebewegung ins Leben gerufenen Parteien, die Grüne Aktion Zukunft, die Grüne Liste Schleswig-Holstein u. a. m. bemühten sich um strikte Abgrenzung gegenüber den linksalternativen Kräften der großstädtischen Subkulturen und der marxistischen K-Gruppen, deren klassenkämpferisch-sozialistisch inspirierte Forderungen sie als mit ökologischem Gedankengut unverträglich ansahen.

Demgegenüber glaubte der »mittlere« Flügel der Ökologiebewegung, dem der anthroposophisch orientierte »Achberger Kreis«, die »Freie Internationale Universität«, der »Weltbund zum Schutz des Lebens« und die »Aktionsgemeinschaft Unabhängiger Deutscher« zugerechnet werden können, an einen »Dritten Weg« zwischen Kapitalismus und orthodoxem Sozialismus, der ökologisch und basisdemokratisch aus der weltweiten Krise führen sollte[40].

[39] Vgl. Mittermüller 1987, 88–100 und Klotzsch/Stöss 1984, 1514–1534.
[40] Vgl. Der grüne Kurs 1980.

Während sich in den Jahren 1977 und 1978 in den Ländern wertkonservative *grüne* Parteien konstituierten, die sich mehr oder weniger entschieden von linksalternativen Kräften absetzten, entstanden gleichzeitig *»bunte«* Listen, die vornehmlich das großstädtisch-subkulturelle Spektrum der neuen sozialen Bewegungen umfaßten[41]. Hierzu zählen zum Beispiel die Berliner ALTERNATIVE LISTE, die sich seit ihrer Gründung als Sammelbecken der unterschiedlichsten Initiativen, Selbsthilfegruppen und linksorientierten Bewegungen verstand, und die radikaldemokratische und erheblich kommunistisch beeinflußte BUNTE LISTE Hamburg.

In den Landtagswahlen der Jahre 1978 und 1979 zeigte sich schnell, daß bunte und grüne Listen nur dann eine Chance besaßen, die Fünf-Prozent-Hürde zu überwinden, wenn sie nicht in Konkurrenz zueinander, sondern gemeinsam an den Wahlen teilnahmen[42]. Obgleich es den konservativen Kräften in der Ökologiebewegung schwerfiel, sich mit den Vertretern der Alternativbewegung oder gar mit K-Gruppen-Aktivisten auf das ungewisse Abenteuer einer gemeinsamen Parteigründung einzulassen[43], gab es einen wichtigen Grund für »diese seltsame Verbindung des studentischen Missionars der proletarischen Weltrevolution mit dem kniebundbehosten, heimatliebenden Naturfreund . . .: die Einsicht, daß man es gemeinsam schaffen könnte, in die Parlamente einzuziehen«[44].

Nachdem ein Bündnis grüner Listen und Parteien, das unter der Bezeichnung »Sonstige Politische Vereinigung – Die GRÜNEN« an der Europawahl 1979 teilnahm, mit 3,2% der Stimmen einen Achtungserfolg erzielt hatte, gründeten Abgesandte der grünen und bunten Landesparteien und -listen am 12. und 13. Januar 1980 in Karlsruhe offiziell die Bundespartei »Die GRÜNEN«. Vom 21. bis 23. März desselben Jahres fand der erste Programmparteitag der jungen Partei statt, der ein Programm für die Bundestagswahl ausarbeitete, das zwar zwischen den Parteiflügeln umstritten war, jedoch von der Dortmunder Bundesversammlung der GRÜNEN im Juni 1980 angenommen wurde.

Bereits die Gründungsphase der GRÜNEN als Bundespartei war von heftigen Auseinandersetzungen zwischen dem wertkonservativen Parteiflügel um HERBERT GRUHL, der ein ausschließlich ökologische Belange berücksichtigendes Programm anstrebte, und dem linksalternativen Parteiflügel begleitet, der sich dafür einsetzte, die traditio-

[41] Vgl. auch MEZ/WOLTER 1978.
[42] Vgl. SCHWENDTER 1988, 215.
[43] Vgl. HOLMES 1983, 29f.
[44] JOSCHKA FISCHER 1986, 178.

nellen Forderungen der Neuen Linken, der Frauenbewegung und der übrigen sozialen Protestbewegungen in die Programmatik der Partei aufzunehmen. Vor allem die wirtschafts-, sozial- und frauenpolitischen Programmteile waren heftig umkämpft; nur die Drohung mit der Spaltung der eben erst gegründeten Partei vermochte in vielen Fällen die Beteiligten zu einem Kompromiß zu veranlassen.

Zu diesem Zeitpunkt verband die Delegierten auf den grünen Bundesversammlungen wenig Gemeinsames. Inhaltlich bestanden Berührungspunkte vornehmlich in der Ablehnung der Nutzung der Kernenergie und in dem Wunsch nach der ökologischen Erneuerung von Wirtschaft und Industrie. Das wichtigste verbindende Element zwischen den weltanschaulich äußerst verschiedenartigen Strömungen war aber die klare Erkenntnis, daß die grüne Partei nur dann eine Chance habe, wenn es ihr gelinge, die Sympathisanten und Anhänger aller Protestbewegungen als Wähler zu gewinnen, so unterschiedlich ihre Einstellungen, Forderungen und Ziele auch sein mochten.

Diese wahltaktischen Rücksichten prägten auch die grüne Programmatik. Strittige Programmteile zeichneten sich in aller Regel durch einen »hohen Grad an Allgemeinheit und Unbestimmtheit« aus, so daß alle innerparteilichen Kräfte dem gefundenen Kompromiß zustimmen konnten. Außerdem führte das Kräfteverhältnis der vertretenen Gruppierungen dazu, daß die Programme der GRÜNEN eine »einfache Addition der Forderungen« enthalten, »die über Inkonsistenzen souverän hinwegschreitet«. Das dabei entstandene »Amalgam verschiedener Radikalismen« umfaßt »deutliche Spuren einer anarchistischen Mentalität«, »sehr deutliche sozialistische Komponenten« und einen klaren »emanzipatorischen« und »pazifistischen« Zug[45]. Die Ansicht, die GRÜNEN seien eine »Ein-Punkt-Partei«, die ein rein naturschützerisches Anliegen verfolge, ist falsch. Angemessener ist die Beschreibung als Partei mit einer Sammelsuriums-Programmatik, die sich in der Aufzählung der Einzelforderungen der verschiedenen innerparteilichen Interessengruppen erschöpft und allen alles zu bieten versucht[46].

Von Anfang an war die grüne Programmatik durch den spürbaren Anteil gekennzeichnet, den links-alternative und sozialistische Kräfte an ihrer Formulierung gehabt hatten. Daß die junge Partei schon in ihrer Entstehungsphase Forderungen der Neuen Linken, der radikalen Frauenbewegung und der anarchistisch-spontaneistischen Subkulturen in ihre Programme aufnahm, führte zum Auszug des wertkonservativen Parteiflügels um HERBERT GRUHL und BALDUR SPRINGMANN, die schon

[45] KIELMANNSEGG 1983, 26f. und 31f.
[46] Vgl. z.B. GLÜCK/HUTTNER 1983, 9.

im Jahre 1981 eine eigenständige Umweltpartei, die Ökologisch-Demokratische Partei[47], gründeten.

In den folgenden Jahren verließen mehrere andere bekannte Parteimitglieder und Amtsinhaber die GRÜNEN mit der Begründung, die Ökologie komme in ihrer Programmatik zu kurz. BETTINA KREMS-HEMESATH zum Beispiel, die dem nordrhein-westfälischen Landesvorstand angehört hatte, rechtfertigte 1986 ihren Parteiaustritt mit der Vorherrschaft der marxistischen Gesellschaftsanalyse, die die »frühvergreisten KB-Fritzen und die Leute aus dem Sozialistischen Büro« bei den GRÜNEN durchgesetzt hätten, und mit dem »Durchmarsch der lila Lottas«, in dessen Gefolge die Partei auf eine feministische Linie eingeschwenkt wäre. Die GRÜNEN seien längst keine Umweltpartei mehr, sondern nur noch ein »grünlich verpackter rot-violetter Haufen« von Pöstchenjägern und selbstgerechten Besserwissern[48].

In ähnlicher Weise meinten politische Gegner der GRÜNEN, diese Partei verbinde »außer ihrem Namen nichts mehr mit Ökologie«. Sie versuche, Umweltprobleme nicht in parlamentarischer Arbeit zu lösen, sondern mißbrauche sie, um mit medienwirksam aufgemachten Katastrophenmeldungen »auf Stimmenfang zu gehen«[49]. Auch die Fundamentalistin JUTTA DITFURTH wandte sich scharf gegen den grünen hessischen Umweltminister und Realpolitiker JOSCHKA FISCHER, dessen rücksichtslose Müllexportpolitik manche Ökologen dazu veranlaßt habe, »sich schaudernd von den GRÜNEN« abzuwenden[50].

Diese Beispiele sind ein Zeichen für die großen Schwierigkeiten, die bei der Frage entstehen, wie die GRÜNEN in das Parteiengefüge der Bundesrepublik einzuordnen sind. Wenn man in Betracht zieht, wie diese Frage in den ersten Jahren nach der Gründung der grünen Partei beantwortet wurde, stößt man auf ein bemerkenswertes Phänomen: Autoren, die sich als progressiv verstehen, betonten vor allem die konservativen Züge in der Programmatik der GRÜNEN, wohingegen konservative Autoren auf den sozialistischen Ursprung der grünen Ziele und ihrer Repräsentanten hinwiesen.

Für die Sozialdemokraten SCHARPING und HOFMANN-GÖTTING beispielsweise befindet sich »die Kritik der GRÜNEN am Sozialstaat . . . in

47 Zu ihrem Selbstverständnis vgl. ÖKOLOGISCH-DEMOKRATISCHE PARTEI (ÖDP): Warum wir wesentliche Ziele der GRÜNEN ablehnen müssen. Flugblatt. Ungekürzter Abdruck in: GASSMANN 1987, 43f.

48 KREMS-HEMESATH 1986, 197.

49 SCHMIDBAUER 1987, 358, 360 und 364.

50 DITFURTH: Verändern ist wichtiger als Regieren. Kritische Notizen zu Fischers Umweltpolitik in Hessen, Frühjahr 1987. In: DITFURTH 1988, 240–248, hier: 241 und 243f.

der Nähe neokonservativer Entstaatlichungs- und Privatisierungsforderungen«[51]. Das Streben der GRÜNEN nach Erhalt der Natur, ihre Pläne zur Wiederherstellung überschaubarer Lebens- und Arbeitsverhältnisse und ihre Abneigung gegen staatliche und wirtschaftliche Großeinheiten schienen darüber hinaus einer Reihe progressiver Autoren gefährliche Parallelen zur Kulturkritik und Programmatik der Alten und Neuen Rechten aufzuweisen. Sie witterten den »brenzligen Geruch . . . von den Feuerstellen der Gegenaufklärung«, spürten den »frischen Wind von gestern« und mutmaßten die »fortschrittliche Verkleidung rückschrittlicher Interessen« bei den GRÜNEN[52].

Weniger die Programmatik, sondern mehr die Methoden der politischen Auseinandersetzung, die manche grüne Parteirepräsentanten anwandten, trugen der grünen Partei Vergleiche mit faschistischen Bewegungen und mit nationalsozialistischen Gewalttätern ein. So soll der damalige hessische Ministerpräsident HOLGER BÖRNER die GRÜNEN anfänglich als »Ökofaschisten« bezeichnet haben[53]. Mehrere Politiker von CDU und CSU verglichen »›grüne‹ mit ›braunen‹ Schlägern«[54]. Die politisch bedeutungslose Europäische Arbeiterpartei – um ein anderes Beispiel für unzulässige Vergleiche zu nennen – sah in den sozial- und naturromantischen Zielen und in den bisweilen rüden Methoden der politischen Auseinandersetzung, die die GRÜNEN befürworteten, »ganz typische Merkmale einer faschistischen Massenbewegung«[55]. Sie begründete dieses Urteil mit der »tragenden Rolle«, die die »organisierte radikale Rechte in allen Schattierungen . . . beim Aufbau der grünen Bewegung und ihrer Parteien . . . gespielt hat und immer noch spielt«. Unter »radikaler Rechter« sind dabei die »alten und jungen Nazis in der grün-faschistischen Bewegung« zu verstehen[56].

Andere wiederum verweisen auf den Einfluß ehemaliger K-Gruppen-Anhänger in den »moskaugesteuerten« neuen sozialen Bewegungen und bei den GRÜNEN. Der in den letzten Jahren wichtigste Erfolg der Ostblockstaaten im »Kampf um Mitteleuropa« habe darin bestanden, »als GRÜNE getarnte Kommunisten . . . in die Parlamente« einziehen zu lassen: Man brauche nur »die naturgrüne Tarnkappe von den Köpfen der alternativen Propagandisten ziehen, um die haßerfüllten roten Köpfe zu

[51] SCHARPING/HOFMANN-GÖTTIG 1982, 404.
[52] WOLF SCHÄFER 1983a, 6f.
[53] Vgl. VOLLRADS 1982.
[54] HONOLKA 1987, 47.
[55] ZEPP-LAROUCHE 1982, 7.
[56] Die braune Substanz der grün-radikalen »Umweltschützer«. In: Bundesvorstand der EUROPÄISCHEN ARBEITERPARTEI 1982, 54–59, hier: 54 und 59.

erkennen«[57], die in der Bundesrepublik einen kommunistischen Staat nach sowjetischem Vorbild anstrebten[58].

Alle diese Deutungen, so übertrieben und verzerrt sie auch sein mögen, besitzen einen wahren Kern, denn politische Extremisten aller Lager haben in der Geschichte der grünen Partei eine gewisse Bedeutung erlangt[59]. Dennoch genügt der Hinweis auf rechts- oder linksradikale Strömungen bei den GRÜNEN nicht, wenn man ihren politischen Standort im Parteienspektrum der Bundesrepublik bestimmen möchte.

Nach dem Ausscheiden der wertkonservativen Teile der Ökologiebewegung sowie nach parteiinternen Ermittlungen, die zum Ausschluß einer Reihe als faschistisch oder rechtsradikal eingestufter Personen und Gruppen führten[60], machte sich bei den GRÜNEN eine spürbare Linkswendung bemerkbar. Nachdem schon ihre ersten Programme und Wahlplattformen trotz des erbitterten Widerstandes des wertkonservativen Parteiflügels eine Vielzahl traditionell »linker« Forderungen enthalten hatten, wurde die »marxistisch-antikapitalistische Grundtendenz« späterer Parteiprogramme »im wesentlichen nur weiter ausgefüllt«: »Den Linksextremisten ist es gelungen, klassische Bestandteile der marxistischen Kerndogmatik in das grüne Parteiprogramm hinüber zu retten«[61]. Die außerordentlich hohe personelle Kontinuität, die die GRÜNEN mit den Zirkeln und Organisationen der Außerparlamentarischen Opposition (APO) der sechziger und mit den leninistischen, maoistischen und trotzkistischen K-Gruppen der siebziger Jahre verbindet[62], ist nur ein äußeres Anzeichen für den erfolgreichen Versuch der »undogmatischen, ökologischen Linken«, das politische Thema »Ökologie sozial und demokratisch zu besetzen«[63].

Die »ökologische Wende« der undogmatischen Linken in den siebziger Jahren war nicht nur der Einsicht in die Notwendigkeit des Umweltschutzes und des Kampfes gegen die Kernenergie zu verdanken, sondern auch der Hoffnung, die neuen sozialen Bewegungen böten zum erstenmal in der deutschen Geschichte die Chance, eine Massenbewe-

[57] ROMAHN 1983, 38, 70 und 76. In dieselbe Richtung geht das Bild von den GRÜNEN als »Melonen-Partei«: »außen grün, aber innen blutrot« (HUYN 1988, 67).

[58] Zur Einschätzung der GRÜNEN in der Sowjetunion vgl. GRANOV/FOGELER/VASIN/ORLOV 1985 (ich danke STEFAN SCHULTE, der die wichtigsten Teile dieses russischen Sammelbands für mich übersetzt hat).

[59] Vgl. auch KAHL 1988.

[60] Vgl. Die GRÜNEN Baden-Württemberg 1982, 13.

[61] FOGT 1987, 151f.

[62] Vgl. GISELHER SCHMIDT 1988, 2f.

[63] DITFURTH: Tierbefreiungsaktionen gilt unsere Sympathie . . . Ein Interview (1986). In: DITFURTH 1988, 133–137, hier: 136.

gung als revolutionäres Subjekt aufbieten zu können[64]. Die Strategie des »Entrismus«[65], des Einsickerns in die grüne Partei und der Durchsetzung sozialistischer und marxistischer Programmpunkte mit Hilfe der Kadertaktik leninistischen Musters, war zwar anfänglich umstritten, setzte sich jedoch mit zunehmendem Erfolg durch. Teils lösten sich die kommunistischen Splitterparteien auf, wobei zahlreiche Mitglieder anschließend den GRÜNEN beitraten und dort teilweise Führungspositionen bekleideten, teils blieben sie bestehen, empfahlen ihren Anhängern aber die »verdeckte Mitarbeit« unter anderem bei den GRÜNEN, »um dort revolutionär-sozialistische Strömungen zu entwickeln«[66].

Die in weiten Bereichen marxistisch inspirierte Gesellschafts- und Wirtschaftskritik der GRÜNEN, ihre Reformziele, die eine große Anzahl »progressiver« Forderungen enthalten, die spektakulären öffentlichen Auftritte mancher Parteirepräsentanten und das vielbeachtete Gedankengut der »Ökosozialisten«, einer vom Kommunistischen Bund beeinflußten innerparteilichen Gruppierung, die alte klassenkämpferische und revolutionäre Ziele mit ökologischen Zielen zu vereinbaren sucht, haben bei mehr als der Hälfte der Bundesbürger zu der Ansicht geführt, die GRÜNEN seien »eine weit links stehende Partei«[67]. »Daß die GRÜNEN die Inhalte der Neuen Linken übernommen haben«, daß »all die alten, wohlvertrauten Figuren, Ideen und Begriffe« unter ökologischem Etikett wieder aufleben und daß die GRÜNEN das »theoretische und ideologische Erbe« des »linken Radikalismus« angetreten haben, wie JOSCHKA FISCHER bemerkte[68], bedeutet allerdings nicht, daß die GRÜNEN eine sozialistische oder marxistische Partei alten Stils sind. Ihr Selbstverständnis als Partei deutet eher in eine andere Richtung.

4. Parteiverständnis und Stammwählerschaft

Seit der Parteigründung verstehen sich die GRÜNEN als Repräsentanten der neuen sozialen Bewegungen. Obwohl die Vorstellungen von Fundamentalisten und Realpolitikern über die parlamentarische Arbeit weit auseinandergehen, herrscht doch weitgehende Übereinstimmung darin, die Anhängerschaft der neuen sozialen Bewegungen als politi-

[64] Vgl. HERLES 1988, 147.

[65] Zu der seinerzeit von TROTZKI empfohlenen »entristischen« Vorgehensweise und ihren Grenzen vgl. BAMBERY 1985.

[66] Vgl. Bundesminister des Innern 1988, 54–56.

[67] Im Jahre 1986 vertraten 53% der Bundesbürger diese Auffassung (vgl. FOGT 1987, 130).

[68] JOSCHKA FISCHER 1984c, 127f.

sches »Standbein«, die Parlamentsfraktionen und die grüne Partei im ganzen als »Spielbein« der neuen sozialen Bewegungen zu betrachten. Das »Spielbein« soll die Anliegen des »Standbeins« auf dem parlamentarischen Forum der Öffentlichkeit verständlich machen, für neue Anhänger sorgen, Informationen beschaffen und staatliche Pläne und Entscheidungsprozeduren offenlegen[69].

Das Unterordnungsverhältnis der grünen Partei zu den in der Parteibasis organisierten Teilen der neuen sozialen Bewegungen zeigt sich in den organisatorischen Bestimmungen, die die Professionalisierung der grünen Amts- und Mandatsträger verhindern und die Teilnahme der »Basis« an der politischen Willensbildung sicherstellen sollten. Das Verbot der Häufung von Partei- und Regierungs- bzw. parlamentarischen Ämtern, das Rotationsprinzip, das imperative Mandat, die Öffentlichkeit aller Sitzungen und das Rederecht für jeden Anwesenden, obgleich in der Praxis oft problematisch und deshalb bald aufgegeben oder zumindest stillschweigend außer Kraft gesetzt[70], schienen theoretisch zu gewährleisten, daß die grünen Politiker gleichsam als Stellvertreter der neuen sozialen Bewegungen in die Parlamente einzogen. Dort sollten sie bis auf Widerruf die Positionen einnehmen, zu deren Vertretung sie das imperative Mandat verpflichtete[71].

Die Theorie von den GRÜNEN als Vertretern der neuen sozialen Bewegungen wird allerdings von der Praxis nur unzureichend bestätigt. Zwar wählen die Anhänger der Ökologie- und Anti-Atomkraft-Bewegung tatsächlich verhältnismäßig häufig die GRÜNEN. Die Anhänger der Friedensbewegung jedoch bevorzugen entgegen der landläufigen Meinung[72] eindeutig die Sozialdemokratische Partei[73]. Die Gleichsetzung von GRÜNEN und neuen sozialen Bewegungen ist demnach zu einseitig.

Der Name »neue soziale Bewegung« legt außerdem eine Einheitlichkeit des damit bezeichneten Phänomens nahe, die in der Wirklichkeit nicht anzutreffen ist[74]. Die einzelnen Flügel, Gruppierungen und Fraktionen jeder Bewegung sind so vielgestaltig und in ihren Auffassungen so zersplittert, daß der Anspruch, eine soziale Bewegung im ganzen parlamentarisch zu vertreten, kaum zu erfüllen ist.

[69] Vgl. auch den die Standbein-Spielbein-Theorie persiflierenden Titel des Buches von SIEGERT/ULRICH/HIRSCH/KÜHLE 1986.

[70] Vgl. KUNZ 1988, 136–139; GEIPERT 1983. Zur Wiederbelebung des Rotationsgebots vgl. EMIL-PETER MÜLLER 1989.

[71] Vgl. PATERSON 1987, 172–174.

[72] Vgl. z. B. PFALTZGRAFF 1983.

[73] Vgl. MÜLLER-ROMMEL/WATTS 1984, 603 f.

[74] Zur Problematik der Bezeichnung »neue soziale Bewegungen« vgl. WIESNER 1984, 91 und 115.

Ein Beispiel dafür ist die Reaktion der autonomen Frauenbewegung auf das parteioffizielle Selbstverständnis der GRÜNEN, demzufolge sie sich unter anderem als »Sprachrohr« für die Frauenbewegung begreifen[75]. Ein Teil der autonomen Frauenbewegung begrüßt diese Haltung und erblickt in den GRÜNEN einen »relativ aufgeschlossenen Wirkungsbereich« für die Durchsetzung ihrer Forderungen[76], in dem sich Feministinnen auch in Zukunft »frauenspezifisch einmischen« sollten[77]. Andererseits beklagen zahlreiche »autonome Frauen«, »im Bewußtsein der GRÜNEN« sei »kein Verständnis für das Besondere von feministischen Positionen vorhanden«[78]. Manche befürchten, von den GRÜNEN zum Zweck der Parteiwerbung vereinnahmt zu werden[79] und fühlen sich bei gemeinsamen Veranstaltungen von der »Selbstdarstellung der grünen Frauen auf dem Podium« belästigt und bevormundet[80]. Die in der grünen Partei tätigen Feministinnen bemängeln das »Gockelverhalten einiger exponierter Männer«, die in ihrer Gesamtheit bei den GRÜNEN »genauso patriarchalisch, chauvinistisch und lernunwillig wie die meisten anderen« seien[81]. Sie kritisieren den mangelnden frauenpolitischen Einsatzwillen ihrer nicht-feministischen Parteifreundinnen[82] und den »alternativen Antifeminismus« in weiten Parteikreisen, bei denen schon das Wort »feministisch« zu gereizter Stimmung führe[83]. »Ein Teil der Frauen würde deshalb nicht mehr in die eigene grüne Partei eintreten, ja sogar Feministinnen davon abhalten, dies zu tun, um sich selbst ein Refugium in autonomen Frauengruppen offenzuhalten, während die anderen nach Macht und Einflußnahme innerhalb der und durch die GRÜNEN streben, um die Frauenfrage zu lösen«[84].

Angesichts der Schwierigkeit, eine einzelne soziale Bewegung, geschweige die Gesamtheit der neuen sozialen Bewegungen zu repräsentieren, hat sich bei den GRÜNEN in den letzten Jahren die Einsicht durchgesetzt, daß die grüne Partei in absehbarer Zeit keine »ökologische Volkspartei« werden könne. Dennoch wollen sie weiterhin ein »breites soziales, ökologisches, pazifistisches und radikaldemokratisches

[75] Vgl. ROHOWSKY 1987, 196, die diesen Anspruch zurückweist.
[76] SCHÖLLER 1986, 35.
[77] Vgl. RITA WERKMEISTER, in: STUMM/WERKMEISTER 1985, 31–33.
[78] DANN 1985, 70.
[79] Vgl. BUSSFELD/KÜHN/PINL/UNMÜSSIG/ZIMMERMANN 1987, 8.
[80] BUCHBERGER 1987, 163.
[81] TSCHIKOWANI/HEINSOHN 1985, 34–36.
[82] Vgl. AGNES HANSEN, in: Grüne Politik ist den Frauen nicht grün 1985, 42f.
[83] Vgl. MAY 1985, 137f. und 141.
[84] SIMONIS 1986, 84f.

Reformbündnis« anstreben, »das weit über das grüne Wählerpotential hinausgehen . . . soll«[85].

Nach eigener Einschätzung vertreten die GRÜNEN, obwohl sie keine Volkspartei sind, »klassenübergreifende Forderungen«, also Anliegen und Ziele wie Frieden, Umweltschutz und Gleichberechtigung der Frau. Ihre Verwirklichung käme nicht einer einzelnen Gruppe oder Schicht, sondern allen Menschen zugute[86]. Dennoch müssen sie mit Rücksicht auf ihre Stammwählerschaft und »bei Strafe des Untergangs allen Formzwängen« der schichtenübergreifenden »Volkspartei« ausweichen[87], besonders dem parlamentarischen Kompromiß und der programmatischen Unverbindlichkeit. In gewisser Weise sichert die verbale Radikalität der GRÜNEN ihr parlamentarisches Überleben, jedenfalls solange, wie ihnen die eingesessenen Volksparteien mit ihrem Zwang zur Harmonisierung von Interessengegensätzen und Konflikten in dieser Hinsicht keine ernsthafte Konkurrenz machen können.

Der Radikalität grüner Ziele und Politikformen verdankt die Partei den nicht unerheblichen Stimmenanteil der Protest- und »Denkzettel«-Wähler. Diese Wähler wollen ihre allgemeine oder aus konkretem Anlaß hervorgegangene Verärgerung über Entscheidungen von Politik und Verwaltung, ihre Enttäuschung über die empfundene Verschlechterung ihrer Lebensbedingungen oder ihre Besorgnis über die umwelt- und friedenspolitische Säumigkeit der übrigen Parteien durch die Stimmabgabe zugunsten der GRÜNEN als »ökologischem Korrektiv« kundtun. »Taktische Wähler« wiederum sehen die mit ihrer Hilfe im Parlament eingezogenen GRÜNEN entweder als »Mehrheitsbeschaffer für die SPD oder auch als ihren ›Bremser‹«, der absolute Mehrheiten verhindert[88].

Eine Sonderform der taktischen Wähler stellen die zahlreichen Studenten und Jungakademiker dar, die angesichts schlechter Aussichten auf einen gut dotierten, ihrer beruflichen Ausbildung angemessenen Arbeitsplatz die Partei wählen, die ihnen am ehesten die Gewähr zu bieten scheint, daß erhebliche öffentliche Mittel für den Erhalt und die Schaffung von Stellen im »qualifizierten Dienstleistungsbereich« aufgewendet werden. Die Sorge um künftiges Prestige und Einkommen und die berufliche Unsicherheit angehender Sozial- und Geisteswissenschaftler, Lehrer, Sozialpädagogen und sonstiger Angehöriger der sozialen Dienstleistungsberufe dürften viele von ihnen dazu bewegen, den GRÜNEN ihre Stimme zu geben[89].

[85] Die GRÜNEN Baden-Württemberg, Programm '88, 6f.
[86] Vgl. JAPP 1984, 320f.
[87] ZEUNER 1984, 120.
[88] Vgl. KARL-WERNER BRAND/HONOLKA 1984, 387.
[89] Vgl. BÜRKLIN 1984, 575.

Neben taktischen und Protest-Wählern besteht die Anhängerschaft der GRÜNEN zum Teil aus den Angehörigen überwiegend großstädtischer Subkulturen. VEEN hat die GRÜNEN deshalb als die »Milieupartei unserer Tage« oder genauer als die »Partei des links-alternativen Milieus« beschrieben. Das links-alternative Milieu setzt sich nach VEEN aus den Aktivisten und Sympathisanten der Alternativbewegung zusammen. In den zurückliegenden Jahren sind eine Vielzahl von Einrichtungen und Organisationen geschaffen worden, die in ihrer Gesamtheit alle »wirtschaftlichen, kulturellen, vor allem aber emotionalen und sozialen Bedürfnisse der Zugehörigkeit und Geborgenheit« befriedigen, die die Angehörigen einer Gegenkultur an sie herantragen. Die Spannbreite reicht von Eltern-Kind-Gruppen und Freien Schulen über Alternativ-Kneipen, alternative Handwerks-, Dienstleistungs- und landwirtschaftliche Betriebe bis zu Alternativ-Zeitungen, -Verlagen, -Theatern und -Forschungsinstituten. Die geschlossene Lebenswelt, die das links-alternative Milieu bereitstellt, findet ihre Vervollständigung in einer eigenen Milieupartei, obwohl das Verhältnis zwischen Teilen des Milieus und den GRÜNEN als parlamentarischer Partei mitunter gespannt ist. Trotzdem wählt das Milieu mit überwältigender Mehrheit grün: »Der Wahlakt wird . . . zuvörderst ein Akt der Identifizierung, der politischen Demonstration seiner Andersartigkeit, der ideologischen und sozial-kulturellen Selbstvergewisserung des Milieus«. Das links-alternative Milieu, aus dem die meisten grünen Parteirepräsentanten hervorgegangen sind, wählt »in erster Linie ›sich selber‹«[90].

Trotz der starken personellen und weltanschaulichen Verflechtung der grünen Partei mit dem links-alternativen Milieu kann aufgrund seiner geringen zahlenmäßigen Bedeutung keine Rede davon sein, daß die Grünen *nur* eine Milieupartei seien; ebensowenig sind sie – entgegen ihrer Selbsteinschätzung – *die* Partei, die die neuen sozialen Bewegungen in den Parlamenten vertritt. Auch die Ansicht mancher ihrer Kritiker, die GRÜNEN seien *nur* eine Protestpartei, ist nicht zutreffend. Sie sind das alles in einem, und sie sind mehr als das.

Um zu einer Einschätzung der GRÜNEN zu gelangen, ist es hilfreich, ihre Wählerschaft genauer zu betrachten. Nach inzwischen hinreichend gesicherter Auffassung waren die GRÜNEN zumindest in den ersten Jahren nach ihrer Gründung eine »Jungwähler-« und »Jungakademiker-Partei«. Ein Drittel ihrer Wähler waren Mitte der achtziger Jahre jünger als 24, ein weiteres Drittel zwischen 25 und 35 Jahre alt. Mehr als ein Drittel der GRÜNEN-Wähler besaß das Abitur oder hatte ein Hochschul-

90 VEEN 1987, 64–67, 70, 79, 81, 87, 103, 105, 107 und 115.

studium durchlaufen; »der Anteil der noch nicht Berufstätigen, vor allem Studenten und Oberschüler«, war im Vergleich zu anderen Parteien »extrem hoch«. Bereits berufstätige Stammwähler der GRÜNEN arbeiteten »vornehmlich in höheren öffentlichen Diensten oder in den oberen Angestellten-Chargen der Wirtschaftsverwaltungen«[91]. Lehrer, Beschäftigte an Hochschulen und sonstige Angehörige sozialer Dienstleistungsberufe stellten einen großen Teil der grünen Wähler und Mitglieder, die »überwiegend aus der gebildeten Mittelschicht« stammten[92].

Für den Erfolg der GRÜNEN bei den an höheren Schulen und Hochschulen gut ausgebildeten Jungwählern gibt es mehrere Erklärungen. Viele Angehörige dieser Alters- und Sozialgruppe dürften die GRÜNEN aus allgemeinen umwelt- und friedenspolitischen Rücksichten wählen. Bei manchen ist der Wahlentscheid zugunsten der GRÜNEN eher Ausdruck einer vorübergehenden Jugendmode als Zeichen für eine stabile weltanschauliche Grundorientierung[93]. Allerdings deuten empirische Erhebungen darauf hin, »daß die Trägerschaft der GRÜNEN . . . durch ein gemeinsames (postmaterielles) Wertesystem verbunden ist, das Themen der ›neuen‹ Politik eine vergleichsweise größere Bedeutung beimißt als ›alten‹ Politikthemen«[94]. Das bedeutet, daß die von INGLEHART beschriebene »stille Revolution«[95] politisch bedeutsam geworden ist. In ihrem Gefolge sind »materialistische« Werthaltungen wie Wachstums- und Wohlstandsstreben, Arbeitsamkeit, Leistungsbereitschaft, Unterordnungswille, Disziplin- und Gehorsamsbereitschaft und der Wille zum Verzicht auf unmittelbare Bedürfnisbefriedigung zugunsten anderer Güter und Ziele zurückgegangen. »Postmaterielle« Werthaltungen wie Genußfreude, Partizipationsverlangen, Hochschätzung der unversehrten natürlichen und sozialen Lebensumwelt, Wille zur Zusammenarbeit, Sanftmut, materielle Bescheidenheit, Streben nach körperlichem und emotionalem Wohlbefinden und allgemeine Harmoniebedürfnisse haben dagegen vor allem in der jüngeren Generation stark zugenommen. Sie scheinen in den GRÜNEN einen politischen Ausdruck zu finden.

Zur Änderung der Werthaltungen der jüngeren Bevölkerung dürften die höheren Schulen und Hochschulen einen gewissen Beitrag geleistet haben. Es sei besonders »dem Bildungssystem . . . zu verdanken«, meinte ein Gründungsmitglied der GRÜNEN, »daß zunehmend eine

[91] VEEN 1986, 3 und 6f.

[92] SCHUSTER/ZENDER/NIEMANN/WERSEBE/KANITZ/KRAMER 1985, 10.

[93] Vgl. auch FEND/PRESTER 1985, 387.

[94] MÜLLER-ROMMEL 1983, 91.

[95] INGLEHART 1977.

ökologische Systemänderung verlangt wird«[96]. Ein politischer Gegner der GRÜNEN war ebenfalls überzeugt, daß »die Protestbewegungen der späten 70er Jahre, aus denen die GRÜNEN hervorgegangen sind, . . . ihre heutige politische Wirkung nicht ohne . . . die intellektuelle Ausstattung aus dem Umfeld der Universitäten (hätten) erlangen können«[97]. Die Staats-, Gesellschafts-, Wirtschafts- und Industrialismuskritik, die ab Mitte der sechziger Jahre die Sozial- und Geisteswissenschaften zeitweilig stark beschäftigte, und die Empfindung, daß die Wirklichkeit nicht den Idealen einer gerechten, menschlichen und umweltbewußten Gesellschaft entspreche, prägten die weltanschauliche Stimmungslage des »Magistermilieus«[98] der angehenden Jungakademiker. Noch heute sind die »Studenten . . . das kritische Potential in dieser Gesellschaft, mit hohen demokratischen Ansprüchen und einer mehrheitlich grünalternativen oder sozialdemokratischen Grundhaltung«[99].

Auch an den Schulen breitete sich die kritische Stimmung aus. Junge Lehrer werteten häufig die bestehenden Verhältnisse »zu Gunsten emanzipatorischer und partizipatorischer Demokratielehren« ab, vernachlässigten die Erziehung zu sozialpflichtigem Handeln und äußerten sich verächtlich und feindselig über die herrschenden Institutionen[100]. Das in der öffentlichen Meinung, in manchen Medien und Werken der belletristischen Literatur verbreitete Unbehagen an der Moderne, die Feindschaft gegen die staatliche und wirtschaftliche Ordnung der Bundesrepublik und das aufkeimende Bewußtsein, in einer äußerst mangelhaften und besserungsbedürftigen Gesellschaft zu leben, deren Struktur repressiv, deren Bestand auf Gewaltverhältnissen gegründet war[101], begünstigte den diffusen Widerwillen, den zahlreiche Schüler und Studenten gegen ihre Lebensbedingungen und -verhältnisse empfanden[102].

Nur eine kleine Gruppe in der Schüler- und Studentenschaft dürfte als Aktivisten der neuen sozialen Bewegungen oder der GRÜNEN einzuschätzen sein. Die überwiegende Mehrheit von ihnen scheint aber den GRÜNEN und dem von ihnen vertretenen Gedankengut immerhin

96 LÜDKE 1980, 56.

97 CHRISTOPH BRAND: Vorwort. In: BRAND/GLEUMES 1986, 5.

98 Diese Formulierung in Anlehnung an RÖNSCH 1979, 19 und 26.

99 andere-seiten-Interview mit Tino Bargel. In: andere seiten, Zeitung der Juso-Hochschulgruppe Konstanz, Nr. 9 (1987), 11–15, hier: 15.

100 Vgl. VEEN 1984, 15.

101 Vgl. die umstrittene, als Zeitdokument aber nicht uninteressante Studie von ULSAMER 1987.

102 Vgl. auch KARL-WERNER BRAND/HONOLKA 1987, 198f.

wohlwollend gegenüberzustehen[103]. Es hat offenbar eine starke »Anziehungskraft« und »erhebliche Ausstrahlung« durch die »bewußtseinsprägende Problemansprache«[104], die von engagierten Schülern und Lehrern, von Presse und Literatur ausgeht.

Die GRÜNEN verdanken ihre Wahlerfolge der jungen Generation, deren Ängste und Sorgen sie ernst zu nehmen und für deren Wünsche und Hoffnungen sie zu kämpfen versprechen. Die Utopien der GRÜNEN von einer harmonischen, sozial- und umweltverträglichen, herrschaftsfreien und anforderungsarmen Gesellschaft drücken die vage Grundgestimmtheit und die gefühlsmäßigen Bedürfnisse eines Gutteils der Unter-35-jährigen aus.

Die Befürchtung scheint allerdings berechtigt, daß sich politische »Inhalte und Formen, die auch besonders Jugendliche ansprechen und ernstnehmen, im grün-alternativen Klima . . . in Zukunft« nicht mehr »von selbst« einstellen[105]. Um die Mitte der achtziger Jahre ergaben Wahlanalysen, daß die GRÜNEN zwar einerseits über eine parteitreue Stammwählerschaft mit einem Altersschwerpunkt zwischen 25 und 45 Jahren verfügen, daß sie aber andererseits bei den Unter-25-jährigen im Vergleich mit früheren Wahlen zurückfielen[106]. Da der Nachwuchs in der Partei neuerdings zahlenmäßig hinter den zuversichtlichen Erwartungen zurückbleibt, planen einige grüne Politiker seit geraumer Zeit die verstärkte Werbung von Jugendlichen und die Schaffung einer selbständigen grünen Jugendorganisation nach dem Vorbild der Jugendverbände der übrigen Parteien[107].

Die GRÜNEN werden, wenn die Anzeichen nicht trügen, von einer »Jungwähler-Partei« langsam zu einer »Generationspartei«. Damit ist gemeint, daß sie verhältnismäßig viele Wähler aus der Generation gewinnen, deren Angehörige Mitte der achtziger Jahre 25- bis 45jährig gewesen sind. Dagegen erzielen sie bei den Älteren, aber auch bei den Jüngeren unterdurchschnittliche Stimmenanteile. Mit der gebotenen Vorsicht läßt sich derzeit sagen, daß die grüne Partei sowohl in ihrem Personal wie auch in ihrer Programmatik und ihrem Politikverständnis die Grundstimmung eines Teils der »68er-Generation« repräsentiert, deren für die weltanschauliche Prägung bedeutsame Jugendzeit zwischen den späten fünfziger und frühen siebziger Jahren lag, sowie der »Ökologiegeneration«, die von Mitte der siebziger bis Anfang der achtziger Jahre ihre politische Prägung erfuhr.

[103] Vgl. die Zusammenfassung der Befragungsergebnisse bei SCHERER 1988, 164–190.
[104] KLEMM/ROLFF/TILLMANN 1986, 138.
[105] DICK 1986, 32.
[106] Vgl. Grufties in Grün. In: Der Spiegel, 40. Jg. (1986), Nr. 51, 38f.
[107] Vgl. REINHARDT 1988, 10.

Trotz der nicht zu vernachlässigenden sozialistischen und marxistischen Bestandteile in ihrer Programmatik sind – zusammenfassend gesagt – die GRÜNEN keine sozialistische Klassenkampfpartei alten Stils. Sie sind eher der Ausdruck partizipatorischer, emanzipatorischer, moralistischer und utopischer Wünsche und Forderungen, die der »postmateriellen« Wertordnung entspringen, die im Bevölkerungsteil der gut ausgebildeten jüngeren Altersjahrgänge häufig anzutreffen ist. Die allgemeine Grundgestimmtheit dieser Bevölkerungsgruppe beruht weniger auf den Lehren des »Wissenschaftlichen« oder Materialistischen Sozialismus, sondern sehr viel stärker auf einer vagen, über zahlreiche Zwischenstationen vermittelten Rezeption der Ideenwelt des Utopischen Sozialismus und des Anarchismus des 19. Jahrhunderts[108] sowie der moralischen Normen eines urgemeindlich-kommunitär verstandenen Christentums[109].

Die GRÜNEN sind jedoch nicht nur in ihren Idealen und Werthaltungen Ausdruck einer einflußreichen Strömung des Zeitgeistes, sondern auch in ihrer Gegenwartsdeutung und in den Argumentationsmustern, die sie in weltanschaulichen Auseinandersetzungen verwenden.

5. Weltdeutung, Argumentationstechniken und politischer Moralismus

Die grüne Partei wird als Phänomen der Zeitgeschichte häufig pauschal mit den Kräften des Lichts oder der Finsternis gleichgesetzt – je nach dem weltanschaulichen Standort des Verfassers. Die gleiche Denkweise findet sich auch in der Weltdeutung, die für die Programmatik der GRÜNEN und für die Gedankenwelt zahlreicher grüner Politiker typisch ist. Weil diese Form der Gegenwartsdeutung und der mit ihr zusammenhängende politische Moralismus der GRÜNEN im fundamentalistischen Parteiflügel am nachhaltigsten ausgeprägt sind, werden im folgenden vor allem Angehörige der fundamental-oppositionellen Fraktion der GRÜNEN zitiert[110]. Das bedeutet aber nicht, daß diese Denkweise nicht

[108] Vgl. als Überblick hierzu BARTSCH 1985.

[109] Als Fallbeispiele vgl. QUISTORP 1988, 63f. und NICKELS 1988, 19f.

[110] Natürlich ist bei den folgenden Zitaten zu berücksichtigen, daß sie nicht leichtfertig verallgemeinernd als Zeugnisse über die Weltdeutung und politischen Ziele *der* GRÜNEN schlechthin angesehen werden dürfen. Andererseits ist es zum Beispiel im Falle der ehemaligen fundamentalistischen Bundesvorstandssprecherin JUTTA DITFURTH im Hinblick auf ihr wichtiges Parteiamt und ihre innerparteiliche Rolle als informelle Führungsfigur »wohl legitim . . ., den obersten Vertreter einer Partei als Meinungsführer heranzuziehen und von ihm auch auf die Partei Rückschlüsse zu ziehen« (MINHOFF 1988, 156).

auch bei den übrigen innerparteilichen Gruppierungen in ähnlicher Form anzutreffen ist[111].

Nach Auffassung der GRÜNEN ist der einfache Bürger längst zum Spielball »bestimmter Interessengruppen« geworden, »die den Staat unter sich ausmachen«[112]. JUTTA DITFURTH, die dem fundamentalistischen Parteiflügel angehört, vertritt diese Ansicht am nachdrücklichsten. Das hat ihr unter anderem den Vorwurf eingetragen, sie besitze »kein positiv formuliertes Staatsverständnis«[113]. In Anbetracht der Äußerungen DITFURTHS ist die Anschuldigung ihrer Kritiker, sie habe ein gebrochenes Verhältnis zu den staatlichen Institutionen und zu den Personen, die öffentliche Ämter bekleiden, noch vorsichtig formuliert. In ihren Augen beging beispielsweise der damalige hessische Ministerpräsident HOLGER BÖRNER (SPD) das Vergehen der »Volksverhetzung« und des »geistigen Terrorismus«, als er vor Gewalttätern in der Ökologiebewegung warnte. Der ehemalige Frankfurter Oberbürgermeister WALTER WALLMANN (CDU) träume von der »totalitären Alleinherrschaft«. Auf die »unabhängige Justiz« brauche man »keine große Hoffnung« mehr zu setzen, da sie längst von Politikern und Bürokraten gesteuert werde. Die Polizei, gekennzeichnet durch ihr »faschistoides Menschenbild«, übe »Terror aus«[114], wenn sie Demonstranten jage und drangsaliere: »der Polizeistaat zeigt sein Gesicht«. Sie unterscheide sich in ihren Einsatzmitteln, in ihrem inneren Aufbau und in ihrer Vorgehensweise »nicht mehr wesentlich vom Polizeiapparat in Chile oder Polen«[115]. Großes Aufsehen erregte die Bemerkung, der »Staat«, beherrscht von den rassistischen und fremdenfeindlichen Großparteien CDU und SPD[116], brauche, »um vom allgegenwärtigen Staatsterrorismus« und von der »Gewalt« abzulenken, die er den meisten seiner Bürger und der Natur antue[117], »fast nichts so sehnsüchtig wie den ›Terror‹, den Schrecken«, den extremistische Kommandos verbreiten. So könne er mit Hilfe der »neuen Unsicherheitsgesetze«, der »Volksaushorchung« und der »Polizeiaufrüstung« die »demokratischen Freihei-

111 Vgl. UHL 1988.

112 BARTMANN 1983, 43.

113 DITFURTH: . . . und noch immer kein »positiv formuliertes Staatsverständnis«. Unveröffentlichte Notizen, November 87. In: DITFURTH 1988, 201–205.

114 Die vorausgehenden Zitate bei DITFURTH: Der Polizeiüberfall in der Rohrbachstraße. Die Auseinandersetzungen um die Startbahn West. In: DITFURTH 1988, 156–175, hier: 167, 169f. und 173.

115 DITFURTH: Wen wundert's, wenn da Scheiben klirren? (1985). In: DITFURTH: 1988, 192f., hier: 192.

116 Vgl. DITFURTH: Große Koalition gegen Flüchtlinge – Für ein uneingeschränktes Asylrecht (1986). In: DITFURTH 1988, 313f., hier: 313.

117 DITFURTH: Wir sind alle TerroristInnen. § 129a und § 130a – Staatsterrorgesetze und Widerstandsperspektiven (1986/87). In: DITFURTH 1988, 206–213, hier: 209.

ten« endgültig zerstören, die ihn bislang an hemmungsloser Machtausübung hinderten[118].

In der Weltdeutung der GRÜNEN nehmen aber nicht nur Politiker und höhere Verwaltungsbeamte die Rolle der Kräfte des Bösen ein, sondern auch die Vertreter von Banken und Industrie. In den neuen sozialen Bewegungen hat sich allem Anschein nach als herrschende Auffassung »eine Weiterbildung« des »Zerrbilds vom Kapitalisten mit Zylinder und Zigarre« durchgesetzt, der sich Gesetzgebung und Parlamente zur Verfolgung seines »Profitinteresses« dienstbar mache: »Das primitive Feindbild«, das öfters anzutreffen ist, stellt eine »Art Dreieinigkeit aus einem Bürokraten, einem Ingenieur und einem Wirtschaftsmanager«[119] dar. Die GRÜNEN sind, an das Ideengut der neuen sozialen Bewegungen anschließend, weitgehend darin einig, daß sich »die Regierenden« nicht für die Belange der Bevölkerungsmehrheit, geschweige für das Überleben der Menschheit einsetzen, sondern ausschließlich »die Interessen der Industrie vertreten«. »Die eigentliche Macht in unserer Gesellschaft« besäßen anstelle der Parlamente als Repräsentanten der Wahlbürger gegenwärtig »die Banken« als Inbegriff der Konzentration des Kapitals[120].

Die Überzeugung vieler grüner Parteipolitiker, Anhänger und Wähler, daß die Welt von einem unterdrückerischen und profitgierigen Kartell aus Banken, Großindustrie und korrupten Parteien regiert werde, speist sich nicht zuletzt aus der inzwischen zum diffusen Allgemeingut gewordenen »Verschwörungstheorie« des »Durchschnittsvulgärmarxisten«, die POPPER vor Jahrzehnten beschrieben hat[121]. Nach der »vulgärmarxistischen Verschwörungstheorie« gehen alle als bedrohlich empfundenen Phänomene wie Kriege, Arbeitslosigkeit, Umweltzerstörung, Armut, Hunger, Streß, Arbeitsteilung und Entfremdung zu Lasten einer geheimen Verschwörung einflußreicher Einzelpersonen oder Interessengruppen, die aus Selbstsucht, Profitgier und Machthunger die einfache Bevölkerung ausbeuteten und unterjochten[122]; eine Spielart dieser »Theorie« in anderem weltanschaulichen Zusammenhang war die von den Nationalsozialisten behauptete Verschwörung des »internationalen Judentums« mit dem »Sowjet-Bolschewismus« und den »angloamerikanischen Wallstreet-Plutokraten«[123].

[118] DITFURTH: Für die Amnestie der politischen Gefangenen – Recht vor Gnade! 10 Jahre Deutscher Herbst (1987). In: DITFURTH 1988, 198–200, hier: 199.
[119] MOHLER 1981c, 82; vgl. PIEL 1987, 150.
[120] SAIBOLD 1987, 166.
[121] Vgl. POPPER 1958, 119f. und 125–127.
[122] Vgl. Die GRÜNEN, Bundesvorstand 1989, 4 und 11.
[123] Vgl. UTHMANN 1986, 98.

Hauptsächlich im fundamentalistischen Parteiflügel der GRÜNEN finden sich vergleichbare Vorstellungen; selbst das dort gebräuchliche Vokabular mutet vertraut an. Nach Meinung DITFURTHS, die zwar eine Extremposition einnimmt, aber keineswegs ohne Gefolgschaft ist, entscheidet zum Beispiel über Krieg und Frieden in Europa der »US-amerikanische Präsident« in Absprache »mit den US-amerikanischen Rüstungskonzernen, mit der internationalen Finanzelite, . . . mit den bundesdeutschen Ideologen von ›lieber tot als rot‹«. Sie alle würden bedenkenlos die »Menschen für die Interessen der Herrschenden . . . wie Lämmer zur Schlachtbank führen«[124]. Als Motive für die undemokratischen und inhumanen Machenschaften der Verschwörer werden ihr »allgemeines Profitinteresse, die spezifischen Interessen des militärisch-industriellen Komplexes und schlicht und einfach« die »massenhaft und reichlich« vorhandenen »Herrschaftsgelüste« genannt[125].

Diese Beweggründe der »Verschwörer« sind in den Augen prominenter Wortführer der GRÜNEN nicht nur moralisch verwerflich, sondern haben die Menschheit auch an einen Abgrund geführt – »die Katastrophe steht vor der Tür«[126]. Christlich geprägte GRÜNE wie PETRA KELLY sind davon überzeugt, daß »wir uns jetzt in jener letzten menschlichen Krise befinden«, unmittelbar vor der »Endzeit weltweiter Gewalt«, »die der Jesus der Evangelien sich vorgestellt hat«[127]: Überall sind die Kräfte des Bösen am Werke, die in blindwütiger Irrationalität oder aber mit voller Absicht die Menschheit in den Untergang stürzen wollen.

Zu den Schwächen mancher vielgelesener, sich kritisch oder progressiv verstehender Intellektueller, deren Schriften die GRÜNEN in entscheidendem Maß beeinflußt haben, zählt die Bereitwilligkeit, an ein moralisch negativ bewertetes Strukturprinzip zu glauben, das alle gesellschaftlichen Bereiche und Phänomene durchzieht[128]. Solche hypothetischen Konstrukte, zum Beispiel die angenommene »strukturelle Gewalt«, die »geschlechtsspezifische Arbeitsteilung«, die »Entfremdung« des modernen Menschen oder die »gesellschaftlichen Herrschafts- und Ausbeutungsverhältnisse«, können durchaus zur Erklä-

[124] DITFURTH: Sprengkammern zugemauert (1984). In: DITFURTH 1988, 36–47, hier: 43 und 45.

[125] DITFURTH: Der Preis des Fortschritts. Rede auf einer Konferenz vor 2000 Computer- und Wirtschaftsfachleuten in Zürich am 26. 11. 1987. In: DITFURTH 1988, 17–27, hier: 24.

[126] Erklärung der GRÜNEN IM RÖMER zur konstituierenden Stadtversammlung am 22. April 1981. In: DITFURTH 1988, 144.

[127] KELLY 1988b, 169f.

[128] Vgl. SALAMUN 1988, 101f. Zur Wurzel dieser Überzeugung in der HEGELschen Dialektik und im Historischen Materialismus MARX' vgl. auch LEACOCK 1978a, 120.

rung mancher Sachverhalte beitragen. Werden sie jedoch auf alle denkbaren Bereiche menschlichen Lebens angewendet, resultiert aus dieser unangemessenen Übertragung ein einseitig verzerrtes Weltbild, in dem beispielsweise Sozialbeziehungen nur unter dem Gesichtspunkt von »Herrschaft«, »Ausbeutung«, »Fremdbestimmung« und »Gewalt« beschrieben werden können[129]. Positive Erfahrungen müssen dagegen entweder außer acht gelassen, geleugnet oder solange umgedeutet werden, bis sie sich in den vorgegebenen Erklärungsrahmen einpassen.

Die moralische Verurteilung eines oder mehrerer als schädlich oder menschenunwürdig empfundenen Strukturmerkmale und die Geringschätzung aller gesellschaftlichen Institutionen und Regeln, in denen ihr Wirken angeblich entdeckt werden kann, haben eine Reihe bekannter Intellektueller und Schriftsteller dahin geführt, die herrschende Wirtschafts- und Gesellschaftsordnung abzulehnen. Dieser »Konformismus der Negation«[130] als literarische und publizistische Modeströmung dürfte inzwischen zum Gemeingut vieler Menschen geworden sein, die üblicherweise gut ausgebildet sind und über ein verhältnismäßig hohes Einkommen verfügen bzw. in Zukunft verfügen werden. Der »Alternativ-Spießer«, der »den Dissens um seiner selbst willen« liebt und sich in der Rolle des mißtrauischen, zynischen, aufbegehrenden oder kämpferischen Systemkritikers gefällt[131], hat anscheinend vor allem unter der akademischen Jugend zahlreiche Nachahmer gefunden. Man gibt sich dort gerne kritisch, über die selbstsüchtigen Machenschaften von »denen da oben« gut informiert, skeptisch, was die moralischen Qualitäten der bestehenden Wirtschafts- und Gesellschaftsordnung anlangt, und gefällt sich in einer prinzipiell oppositionellen Pose. Verständlicherweise ist diese Bevölkerungsgruppe deshalb für die Argumente der Grünen besonders empfänglich.

Vieles an der in der Öffentlichkeit im allgemeinen oder von den Grünen im besonderen geäußerten Kritik ist berechtigt. In diesem Zusammenhang geht es aber nicht um die Frage, ob und wieviel Kritik angemessen und nötig ist, sondern darum, bestimmte Denkfehler darzustellen, die den Kritikern bei den Grünen und anderswo unterlaufen. Ein solcher Fehler besteht darin, daß sämtliche Phänomene der Gegenwart, die als störend, bedrohlich, gefährlich oder unmoralisch angesehen werden, in einen scheinbar notwendigen Zusammenhang miteinander gebracht und als Symptome tieferliegender Mißstände gedeutet werden. Nach diesem einfachen Denkschema ist für alle nur denkbaren Mißstände und Bedrohungen von der Umweltzerstörung bis

129 Vgl. Zimmer 1978, 58f.
130 Mohler 1981d, 129.
131 Beltz 1983, 96f.

zur Kriegsgefahr, von der »Unterdrückung der Frau« bis zur »Ausbeutung der Dritten Welt«, kurz: für alles »soziale und ökologische Elend« nur das »System« verantwortlich, und zwar besonders das »kapitalistische System« mit seiner irrationalen »Kapitallogik«[132]. Die komplizierten Ursachen für Mängel und schädliche Nebenwirkungen des »Systems«, die es zweifellos gibt und die große Probleme aufwerfen[133], werden so in brachialer Vereinfachung[134] zurückgeführt auf die moralisch negativen Triebkräfte zahlenmäßig kleiner, jedoch einflußreicher Interessengruppen, nämlich auf die »Profitgier böser Kapitalisten«, die Kriegslüsternheit unverbesserlicher Militaristen, den Herrschaftswahn machtbesessener Politiker und Parteifunktionäre[135] oder auf ein Konglomerat dieser drei Motive.

Im grünen Radikalismus, der alle Mißstände bis an ihre »Wurzel« zurückverfolgen möchte, leben die alten Träume von der umfassenden Umwälzung weiter, »die die ganze soziale Welt radikal umgestalten wird«[136]. Nichts liegt scheinbar näher, als das Übel mit der Wurzel auszurotten. Auch die GRÜNEN, auf deren Parteitagen »der des Beifalls ziemlich sicher sein kann, der in radikalen Worten das System für alles Schlechte verantwortlich macht«, neigen deshalb in ihren Äußerungen zu den apodiktischen Lösungsformeln »Weg mit dem System!«, »Weg mit Konzernen und Multis!«, »Weg mit der ›Quasselbude‹ Parlament!«[137] Anstatt vernünftige Detailverbesserungen zu ersinnen, die die Mängel des »Systems« beheben, seine unbestreitbaren Leistungen aber aufrechterhalten, fordern vor allem Angehörige des fundamentalistischen Parteiflügels seine völlige Destruktion, um anstelle der »versoffenen Mechanismen der Institutionen und Apparate dieser kapitalisti-

[132] DITFURTH: Radikal und phantasievoll gesellschaftliche Gegenmacht organisieren! Skizzen einer radikalökologischen Position, 1984. In: DITFURTH 1988, 258–275, hier: 260.

[133] Wenn Gegner und Befürworter der industriellen Zivilisation aufeinandertreffen, kommt es meist zu einer sozialpsychologisch verständlichen, aber wenig wirklichkeitsgerechten Gegenüberstellung: Während seine Kritiker das »System« in allen Einzelheiten verdammen, neigen die »Apologeten der Industriegesellschaft häufig dazu . . ., die humanen und sozialen Folgelasten des industriellen Fortschritts unter Hinweis auf Sachgesetzlichkeiten zu bagatellisieren« (HEPP 1987a, 33). Diese Einseitigkeit der Standpunkte dürfte in vielen Fällen zu der »Dialogunfähigkeit« beigetragen haben, die sich beide Seiten ab und an bescheinigen.

[134] Zur Reduktion von Komplexität als Mittel der politischen Rhetorik vgl. z. B. JACOBY 1987, 52.

[135] Vgl. BOGER 1986, 94.

[136] POPPER 1957, 223f. und 226.

[137] THOMAS SCHMID in der »Tageszeitung« (taz) vom 19. Januar 1985. Hier zit. nach: Die GRÜNEN Dokumentation 1987, 14.

schen Gesellschaft«[138] eine neue, gerechte, schöne Welt zu erschaffen. Dieses radikale, an die Wurzel gehende Denken, die Geschlossenheit von einfachen Freund-Feind-Weltbildern, die scheinbar alles erklären können[139], und die »Reduktion komplexer Sachverhalte« auf eingängige Formeln beeindrucken gerade junge Menschen, die in einer Welt, deren Unübersichtlichkeit und Komplexität sich bedrohlich steigert, nach einer verläßlichen weltanschaulichen Orientierung suchen[140]. Dem Bedürfnis nach klaren Fronten, nach dem kühnen Zukunftsentwurf, nach der besseren, der vollkommenen Welt, aber auch nach Geborgenheit, sozialer Wärme und Mitmenschlichkeit, das in vielen Menschen durch die gesellschaftlichen Verhältnisse der Gegenwart nicht befriedigt wird, kommen die moralisierenden und ästhetisierenden Utopien der GRÜNEN weit entgegen[141].

Die »radikale« Kritik und Verurteilung[142] der bestehenden staatlichen und wirtschaftlichen Verhältnisse und der Gruppen, die an ihrer Ausgestaltung beteiligt sind, appelliert vor allem an die moralischen Gesinnungseinstellungen[143], aber auch an die Befürchtungen und Ängste der Bevölkerung. Die »apokalyptischen Motive des grünen Fundamentalismus«, dessen Wortführer die industrielle Zivilisation vor dem alles vernichtenden Sturz in den Abgrund sahen, fanden Anfang der achtziger Jahre angesichts der »parteiübergreifenden Verbreitung diffuser endzeitlicher Ängste« rasch Zustimmung und Unterstützung[144]: Im März 1983 zogen die GRÜNEN als parlamentarische Partei in den Deutschen Bundestag ein.

Der Wahlerfolg der GRÜNEN war nicht zuletzt darauf zurückzuführen, daß sie sich als die einzig denkbaren Retter aus der verzweifelten

[138] DITFURTH/KUHNERT: GRÜNE Wende rechtswärts. Die GRÜNEN-Hessen im Oktober 1983. In: DITFURTH 1988, 234–239, hier: 236.

[139] Vgl. MOHLER 1981b, 29.

[140] Vgl. LANGNER 1987a, 49f. Wie SONTHEIMER (1976, bes. 69–108) betont, verhilft die »linke« Theorie ihren Anhängern sowohl zu intellektueller als auch zu moralischer Orientierung. Sie ermöglicht ihnen *intellektuelle* Gewißheit, weil sie die widersprüchlichen Erscheinungen der Wirklichkeit einleuchtend und zusammenhängend zu deuten vorgibt. Die *moralische* Gewißheit verschafft sie ihnen durch die unablässige Verkündung moralisch anspruchsvoller Maximen. Damit erweckt sie den Eindruck, geistig und sittlich höchsten Ansprüchen zu genügen.

[141] Zu den Bedürfnissen von Oberschülern und Studenten nach weltanschaulicher Orientierung, nach Glaubensmöglichkeiten, nach Idealen und großen Zukunftshoffnungen vgl. HÖHLER 1978, 32–37.

[142] Zur Totalnegation als Mittel politischer Agitation vgl. STRASSNER 1987, 42.

[143] Vgl. SCHULTZ 1983, 54 und 59.

[144] KALLSCHEUER 1986a, 21f. in einem kritischen Aufsatz über das Selbstverständnis der GRÜNEN. Die formelhaften Wendungen, die er anführt, findet man im Original z.B. in Die GRÜNEN Bremen 1987a, ohne Seitenzählung.

Lage darstellten, in die die moderne industrielle Lebensform anscheinend geraten war. Wie viele religiöse und philosophische Bewegungen vor ihnen versprachen sie aber nicht nur, die Gefahr der völligen Ausrottung der Menschheit abzuwenden, sondern auch die Heraufkunft des »baldigen irdischen Heils«, eines langwährenden Zeitalters des Friedens, der Versöhnung mit der Natur, der sozialen Gerechtigkeit, der Freiheit und Eintracht[145].

Die Gegenüberstellung von Gut und Böse, von endzeitlicher Katastrophe und Hoffnung auf Erlösung ist keineswegs eine Eigentümlichkeit des fundamentalistischen Parteiflügels. Sie wird – zumindest als Argumentationsstrategie – von den meisten innerparteilichen Gruppierungen eingesetzt[146]. So heißt es im Programm zu den Bundestagswahlen 1987, die Bundesbürger erteilen »*entweder* . . . einen Blankoscheck für Aushöhlung demokratischer Rechte, Industriewachstum und Umweltzerstörung, Arbeitslosigkeit und Sozialabbau, Rüstungs- und Kriegsgefahr«, indem sie ihre Stimme den eingesessenen Parteien als den Kräften der Finsternis gäben, »*oder* sie ermutigen die Kräfte, die dem Kurs der Zerstörung entschlossen entgegentreten« und die sich in den GRÜNEN eine eigene Partei geschaffen hätten.

»Umweltbelastung, Erwerbslosigkeit und Armut« könnten durch einen »ökologischen, sozialen und demokratischen Umbau« der bestehenden Ordnung »drastisch vermindert« und auf längere Sicht endgültig beseitigt werden[147].

Die aus dieser Gut-Böse-Gegenüberstellung erkennbare »Selbststilisierung messianischer Erwähltheit« zu einer »Elite mit absolutem Heilswissen wie mit makellosem Gerechtigkeitssinn«, die an den GRÜNEN immer wieder kritisiert wird[148], speist sich aus zwei Quellen.

Zum einen sind zahlreiche GRÜNE davon überzeugt, sie hätten in der wissenschaftlichen Disziplin der Ökologie die unveränderlichen »Gesetze des Seins« entdeckt, die die Menschheit »bei Strafe des Untergangs« streng befolgen müsse. Deshalb seien die ökologischen Forderungen und Pläne der GRÜNEN auf einer »wissenschaftlichen Grundlage« entstanden und »exakt beweisbar«: »Das ist nicht Glauben, Überzeugung, Gesellschaftsentwurf, sondern *Wissen*«[149]. Aus dieser Ansicht wird dann in einem naturalistischen Fehlschluß gefolgert, daß sich aus gesichertem Wissen normative oder Sollensforderungen gewin-

[145] Zum apokalyptischen und chiliastischen Gedankengut und seiner Geschichte vgl. THIEMER 1984, 108–111.
[146] Vgl. JOHNSEN 1989, 108.
[147] Die GRÜNEN, Bundestagswahlprogramm 1987, 5 und 34.
[148] GISELHER SCHMIDT 1986, 103; vgl. ferner SCHNEIDER 1983, 186.
[149] MAREN-GRISEBACH 1982, 32.

nen ließen[150]. Die Ökologie ist damit als »normative ›Superwissenschaft‹« für die Gestaltung von Wirtschaft, Staat und Gesellschaft zuständig[151]. Wer sich den Sollensforderungen der »wissenschaftlichen Ökologen« widersetzt, ist entweder völlig unfähig, wissenschaftliche Erkenntnisse zu begreifen und nach ihren »Normen« zu handeln, oder böswillig und von niedrigen Beweggründen getrieben.

Aus dieser Überzeugung der GRÜNEN erwächst zum zweiten häufig eine Annahme, die psychologisch verständlich, jedoch fehlerhaft ist. Dieser Annahme zufolge muß ein politischer Gegner der GRÜNEN, der bestimmte Maßnahmen ablehnt, die die GRÜNEN fordern, auch andere Ziele verfolgen. Eine Partei, die das Verbot des Einsatzes chemischen Düngers in der Landwirtschaft als für den Umweltschutz ungeeignete Maßnahme ablehnt, spricht sich demnach auch gegen ökologische Notwendigkeiten und damit gegen das Überleben der Menschheit aus. Aus dem Konflikt in der Wahl der Mittel wird auf diese Weise ein Zielkonflikt konstruiert[152]. Da die GRÜNEN die Gattungsinteressen und die großen Werte der Menschheit vertreten, können ihre politischen Gegenspieler – so der Fehlschluß – nur Ziele zu erreichen versuchen, die den Gattungsinteressen bzw. Menschheitswerten zuwiderlaufen, ihre Durchsetzung gefährden oder unmöglich machen.

Zu diesen »wahren«, unausgesprochenen und erst zu entlarvenden Zielen und Beweggründen zählen besonders die oben geschilderten »Profit- und Herrschaftsinteressen« der »Regierenden« und der Unternehmer. Seit Mitte der sechziger Jahre gelten vielen Intellektuellen »Profit« und Gewinn, Herrschaft und Kontrolle als äußerst negative Phänomene[153]. Daß die Wirtschaft nicht nur der Bedürfnisbefriedigung der Konsumenten, sondern auch der Erzielung von Gewinnen dient und daraus ihre mächtigste Triebkraft erhält, daß die Demokratie ein *Herrschafts*system darstellt, wenn auch ein System *zeitlich begrenzter, durch Wahlen kontrollierter* und *gewaltenteiliger* Herrschaft von Menschen über Menschen, war für die große Bevölkerungsmehrheit, die die bestehende Staats- und Wirtschaftsordnung befürwortete, nie ein großes Problem. Mit dem den »linken und alternativen« Kreisen »eigenen Freiheitspathos«[154] wurden »Profit« und »Herrschaft« jedoch nun als amoralische und verwerfliche Erscheinungen angesehen[155], die

150 Vgl. zum naturalistischen Fehlschluß ALBERT 1972, 57. Zur Kritik auch GLÜCK 1986, 76–78 und 95f.

151 Vgl. die Kritik bei DIEMER 1984, 317. Aus einem denkbar anderen weltanschaulichen Blickwinkel kommt MOHLER 1981a, 13 zur gleichen Auffassung.

152 Vgl. hierzu FUHS 1987, 156f.

153 Vgl. die Beiträge in HAAG 1981.

154 JOSCHKA FISCHER 1984b, 55.

155 Zur Vorgeschichte der herrschaftskritischen Einstellung vgl. FREYER 1963, 101.

beseitigt werden müßten: »Kein Staat, keine Macht, kein Eigentum« war eine Formel, die viele Intellektuelle besonders aus jüngeren Altersjahrgängen anzuziehen vermochte[156].

Mit der Zurückführung aller Pläne des politischen Gegners auf moralisch verwerfliche Beweggründe und mit ihrer Selbststilisierung als sittlich hochstehende Vertreter des allgemeinen menschlichen Gattungsinteresses, also mit einer Denk- und Argumentationsweise, die sich als »politischer Moralismus« bezeichnen läßt[157], besitzen die GRÜNEN ein schlagkräftiges und öffentlichkeitswirksames Mittel der politischen Auseinandersetzung. Die »Moral« hat gegenwärtig »Konjunktur«: »Vor allem die führenden Politiker und Intellektuellen, vorneweg unsere Dichter, überbieten sich gegenseitig in der Beschwörung und . . . Bekundung neuer Moralität«, wobei »die GRÜNEN . . . am stärksten auf Moral, ja auf Moralismus« zu pochen scheinen[158]. Der Moralismus PETRA KELLYS – für die GRÜNEN nicht untypisch – äußert sich in dem sie anspornenden Wunsch, »nach dem Vorbild Jesu« »*Partei* [zu] *ergreifen* für Entrechtete, Ohnmächtige, für Machtlose, für Arme und Kranke . . . in allen Teilen der Welt«[159], und in dem sie beseelenden Verantwortungsgefühl »für alle Mitmenschen und alle Lebewesen und alle Dinge«[160]. Für politische Moralisten kennzeichnend ist die Auffassung, es könne »keinen moralischen Freiraum« geben[161]. Jede Meinung und jede menschliche Handlung müssen zuerst einmal unter moralischem Gesichtspunkt geprüft werden. Dabei geht der politische Moralist natürlich davon aus, er wisse, was das moralisch Gebotene und einzig Richtige sei.

Wenn in Streitfragen eine Seite die »höhere«, »bessere« Moral für sich reklamiert, ist Vorsicht geboten. Das »vermessene Auslesebewußtsein«, das der vermeintliche Besitz der höheren Moral und die Orientierung an »idealen Sollensnormen« hervorrufen[162], erzeugt leicht die dem Selbstgefühl schmeichelnde Überzeugung, man sei im Besitz der letztgültigen Wahrheit – im Unterschied zu allen anderen Menschen[163]. Grüne Fundamentalisten – darin religiösen Fundamentalisten vergleich-

[156] JOSCHKA FISCHER 1984a, 19f. Vgl. auch SÖLLE 1986, 71.
[157] Vgl. LÜBBE 1987, bes. 120f.
[158] WERNER BECKER 1987, 39, 44 und 51.
[159] KELLY 1988a, 163.
[160] KELLY 1988b, 168.
[161] DITFURTH: ». . . den Stoß gegen den Juden immer viel zu flach angesetzt«. Zur Auseinandersetzung um die Verleihung des Goethe-Preises an den Nazi-Ideologen Ernst Jünger 1982. In: DITFURTH 1988, 287–303, hier: 287.
[162] BREZINKA 1966, 25.
[163] Vgl. FETSCHER 1986, 148f.

bar[164] – betrachten nicht zuletzt aus diesem Grund parlamentarische Bündnisse mit anderen Parteien, die Kompromisse und Abstriche nötig machen, als Verstoß gegen unumstößliche grüne Grundsätze, als Verrat an den weltanschaulichen Überzeugungen der Partei[165]. Sie sehen sie als unwiderruflichen »Schritt auf die Seite der Herrschenden«[166]. Wie DITFURTH, die informelle Führerin der grünen Fundamentalisten, meint, ist der Gedanke an eine Bindung an Parteien, die das »System« tragen, widersinnig. Es könne »keinen Konsens zwischen der Zerstörung der Natur und gesundem Leben oder der Ausbeutung und Erniedrigung des Menschen und seinem Glück«[167], zwischen Gut und Böse, Schurken und Helden, Sündern und Heiligen geben.

Diese quasi-religiöse Heilsgewißheit hat zu einer ungewohnt starken Emotionalisierung der Auseinandersetzungen geführt. Die allgegenwärtige Beschwörung der Katastrophe, die Angst vor gegenwärtigen und künftigen Bedrohungen und die Gewißheit, daß »unsere Subjektivität, . . . die eigene Kreativität . . . sicherer als alle aufgezwungenen Kenntnisse«[168] die GRÜNEN das politisch Richtige und zur Abwendung der Katastrophe einzig Mögliche erkennen ließen, sind die Ursachen für die häufige Abwertung rationaler Argumente zugunsten gefühlsmäßiger Einsichten und Überzeugungen[169].

Auslesebewußtsein, Heilsgewißheit und starke emotionale Anteilnahme rufen erfahrungsgemäß offene Gesinnungsaggressivität hervor, die sich unter anderem in der haßerfüllten, herabsetzenden Sprache äußert, mit der zahlreiche prominente GRÜNE die Auseinandersetzung mit dem politischen Widersacher, aber auch mit Parteikollegen führen[170]. Wenn die Politik zum Glaubenskrieg um Sein und Nichtsein wird, besteht außerdem immer die Gefahr, daß aus dem vermeintlich höheren Recht und der Gewißheit, allein im Besitz der Wahrheit zu sein, auch die Legitimation zum Gesetzesbruch und zum Einsatz gewalttätiger Mittel gewonnen wird, um dem Guten zum Sieg zu verhelfen[171]. Bei

164 Vgl. hierzu auch SCHEUCH 1987, 313f.

165 Vgl. DITFURTH: Der radikale Weg verspricht Erfolg. SPD und GRÜNE (1985). In: DITFURTH 1988, 216–233, bes. 219 und 230.

166 DITFURTH: Die GRÜNEN als Teil des herrschenden Systems? Günther Sare und Die GRÜNEN-HESSEN, Kommentar vom 21. 10. 85. In: DITFURTH 1988, 194–197, hier: 194.

167 DITFURTH: Vorwort. In: DITFURTH 1988, 13–16, hier: 16.

168 VOLLMAR-MAEK 1985, 53.

169 Vgl. GASSMANN 1987, 127, Anm. 108. Zum rationalitätskritischen »Betroffenheitsmythos« und der Hochschätzung des spontanen Gefühls in der Beurteilung politischer Sachverhalte vgl. u. a. auch BÖHR 1988, 13f.

170 Vgl. EISEL 1987, 252f. und 271; MAUTNER/FRANK 1988.

171 Vgl. POPPER 1985, 358–360.

manchen GRÜNEN zeigt sich diese Gefahr beispielsweise in der Verklärung »unberechenbarer« und »unbeherrschbarer« »Widerstandsformen« wie »Pfeifen, Kreischen, Schreien, Besprühen« und Tomatenwerfen[172], aber auch in ihrem äußerst unklaren Verhältnis zur Gewalt als Mittel politischer Auseinandersetzung[173].

Demokratietheoretisch bringt das Elitebewußtsein der GRÜNEN große Schwierigkeiten mit sich. Zwar wissen sie sich »in den Zielen . . . einig mit der Mehrheit der Bevölkerung«, doch haben sich die neuen »Mehrheiten« in Fragen der Nutzung der Kernenergie, des Umweltschutzes und der Abrüstung »freilich noch nicht . . . in parlamentarischen Mehrheiten niedergeschlagen«[174]. Die Katastrophe läßt jedoch nicht auf sich warten, bis sich parlamentarische Mehrheiten zu ihrer Abwendung entschließen können. Deshalb werden »dynamische, expansive Minderheiten . . . als Avantgarde des neuen Mehrheitsbewußtseins« bisweilen als zur »Errichtung einer vormundschaftlichen Gewalt gegenüber den für sich selbst nicht sprech- und urteilsfähigen Massen« berechtigt angesehen. Da es um »nichts Geringeres . . . als die Rettung der Natur und der Menschheit« gehe, hätten »engagierte, sachkundige und hochgradig betroffene Minderheiten« das moralische Recht, die Entscheidungen von Politikern zu korrigieren, die ihre Wahl den Stimmen der »apathischen, schlecht informierten und . . . auch völlig desinteressierten« Mehrheit verdankten[175]. Die von »Ersatzkonsum« und politischer Indoktrination, von »Großkapital« und »etablierten Parteien« verführte und in Unwissenheit gehaltene Bevölkerungsmehrheit muß nach Auffassung vieler GRÜNER, die mit dem Gedanken der »fürsorglichen Öko-Diktatur« spielen[176], von denen regiert werden, denen es bereits gelungen ist, sich aus dem Zustand der Verblendung zu befreien und größere Einsicht in die wirklichen Zusammenhänge zu gewinnen[177].

Bei der Einschätzung der GRÜNEN und ihrer Spitzenpolitiker sollte jedoch stets berücksichtigt werden, daß sie mit den bestehenden Verhältnissen unzufrieden sind, ja daß sie an ihrer Unvollkommenheit leiden. Die Lauterkeit ihres Wunsches nach einer besseren und gerechteren Welt im allgemeinen zu bestreiten, dürfte ihnen nicht gerecht werden. Das schließt aber nicht aus, daß die nachteiligen Auswirkungen des moralischen Utopismus klar ausgesprochen werden.

172 Vgl. die bewundernde Darstellung dieser »Widerstandsformen« der Frauenbewegung bei MICHALIK 1985, 62f.

173 Vgl. EISEL 1984, 95–99; FRIEDRICH-NAUMANN-STIFTUNG 1987.

174 Die GRÜNEN Baden-Württemberg, Programm ’88, 3 und 6.

175 GUGGENBERGER 1986, 48, 50, 55 und 60.

176 Zur Kritik vgl. OBERREUTER 1986a, 34.

177 Kritisch hierzu BIERETT 1984, 47f. Ähnlich SCHULLER 1989.

Die zahlenmäßig unbedeutende innerparteiliche Fraktion der »Öko-libertären« wandte sich in ihrer Gründungserklärung unter anderem gegen die schulmeisterliche Art, mit der die GRÜNEN die Weltverbesserung predigten, gegen die Selbstgerechtigkeit, mit der sie sich im Besitz unumstößlicher Wahrheit glaubten, gegen die primitive Freund-Feind-Agitation, die in der Partei die Diskussion beherrsche, und gegen die »autoritäre, erziehungsdiktatorische« Neigung der GRÜNEN, Menschen mit abweichenden Meinungen solange zu »bearbeiten, bis diese ihrer hohen Weisheit würdig sind«[178]. Der Ökosozialist EBERMANN erklärte mit der ihm eigenen drastischen Ausdrucksweise, was er vom missionarischen Eifer der GRÜNEN, ihrer Selbsteinschätzung als »welthistorisches Ereignis«[179] und ihrer moralischen Überheblichkeit halte: »Alles von dieser Sorte kotzt mich extrem an«[180].

Es ist deutlich geworden, warum sich die GRÜNEN nicht zu Unrecht als »Partei neuen Typs« betrachten. Sie verlangen auf allen Gebieten des öffentlichen und privaten Lebens tiefgreifende Reformmaßnahmen. Das gilt auch für die Erziehung. Sowohl die Erziehung in der Familie als auch die schulische Erziehung sollen sich von Grund auf wandeln. Außerdem wollen die GRÜNEN die »neuen Lebensgemeinschaften«, die an die Stelle der traditionellen Familie treten sollen, und die reformierte Schulerziehung für die Durchsetzung ihrer politischen Ziele nutzen. Bevor die entscheidenden Gebiete Familie und Schule behandelt werden, muß aber das Menschenbild kritisch analysiert werden, das den Erziehungstheorien der GRÜNEN zugrunde liegt.

[178] Einigkeit und Grün und Freiheit 1984, 23–25.
[179] Vgl. auch DORMANN 1985, ohne Seitenzählung.
[180] EBERMANN 1988, 140–142.

II. Das Menschenbild der Grünen und seine Auswirkungen auf ihre Erziehungstheorie

Zum Verständnis der politischen und pädagogischen Anschauungen einer weltanschaulichen Gruppe ist die Kenntnis ihres Menschenbilds unerläßlich. Von den Vorstellungen über das Wesen des Menschen, seine Persönlichkeit, seinen Charakter oder seine »wahre Natur« hängt viel ab. Das gilt vor allem für Annahmen über die angeborenen Prädispositionen des Menschen und die Kräfte, die das Werden seiner Persönlichkeit beeinflussen. Politische und pädagogische Handlungsanweisungen fallen je nach dem ihnen zugrundeliegenden Menschenbild höchst verschieden aus. Auch die Unterschiede zwischen den gängigen psychologischen »Entwicklungstheorien« sind zum guten Teil durch unterschiedliche Menschenbilder zu erklären[1]. Manche sehen den Menschen im Anschluß an die behavioristische Psychologie als Gefäß, das mit nahezu beliebigen Inhalten gefüllt werden kann. Andere verstehen ihn als Produkt des ihn umgebenden »Ensembles der gesellschaftlichen Verhältnisse«. Wieder andere betonen die angeborenen genetischen Voraussetzungen, die das Werden des Menschen bestimmen[2].

Jede dieser Auffassungen vom Menschen ist zugleich die »verborgene Mitte« eines ihr zugehörenden »pädagogischen Systems«. Aus diesem Grund ist das jeweilige »Bild vom Menschen auch der geeignete Schlüssel, hinter die Einzelheiten der pädagogischen Lehren zu dringen und sie . . . in der inneren Notwendigkeit ihres Zusammenhangs zu begreifen«: »Das Einzelne erscheint als bedingt durch eine allgemeine Auffassung vom Menschen und darum auch nicht mehr als zufällig und beliebig vertauschbar, sondern als notwendiges Glied eines größeren Ganzen. Es wird verständlich von diesem Ganzen her.«[3]

Auch die pädagogischen Vorstellungen der Grünen kann man nur dann angemessen beurteilen, wenn man das Menschenbild kennt, das ihnen zugrunde liegt. Als erstes ist zu fragen, ob es überhaupt ein »grünes Menschenbild« gibt.

[1] Vgl. Flammer 1988, 23 und passim.
[2] Vgl. Sutor 1985, 374 und 377.
[3] Bollnow 1965, 15–17 und 65.

Einige Autoren verneinen das. Es gäbe zwar ein »christliches oder auch ein sozialistisches Menschenbild, nach dem erzogen werden kann, aber eben kein ›grünes‹«[4]. Diese Ansicht ist teilweise berechtigt. Die GRÜNEN besitzen kein neuartiges, für ihre Partei typisches Menschenbild, das sie von allen konkurrierenden Gruppen unterscheidet. Das bedeutet jedoch nicht, daß die GRÜNEN keine Vorstellung vom Menschen hätten. Im Gegenteil: Ihr Menschenbild ist zwar erst bei genauer Analyse zu erkennen, doch ist es bei aller Buntheit der Partei erstaunlich einheitlich. Es hat eine lange Reihe von Vorläufern, die von der Aufklärung bis zu neuesten weltanschaulichen Strömungen reicht. Das grüne Menschenbild ist besonders von den Annahmen über die Natur des Menschen und das Werden seiner Persönlichkeit beeinflußt, die die Neue Linke vertreten und populär gemacht hat. Zur Beschreibung des Menschenbilds der GRÜNEN werden deshalb die von BREZINKA herausgearbeiteten Merkmale des Menschenbilds der Neuen Linken verwendet[5]. An geeigneten Stellen finden sich außerdem Hinweise auf weitere Quellen, die das grüne Verständnis vom Menschen geprägt haben.

Bei der Betrachtung des grünen Menschenbilds und besonders der Vorstellungen über Kinder und Jugendliche ist allerdings eine Einschränkung zu berücksichtigen. Da es keine offiziellen Stellungnahmen der Partei zu ihrem Menschenbild gibt, muß auf verstreute Aussagen in Wahlprogrammen und in den Schriften von Einzelpersonen zurückgegriffen werden. Dadurch könnte der Eindruck entstehen, als sei das geschilderte Menschenbild der GRÜNEN uneinheitlich und wenig verbindlich. Daß sich innerparteilich nur kleine und verhältnismäßig unbedeutende Gruppen mit dem grünen Menschen- und Kinderbild beschäftigen, dürfte diese Meinung noch bestärken. Sie ist allerdings unzutreffend. Wie sich im weiteren zeigen wird, ist das oft unausgesprochene Menschenbild den allermeisten Parteiangehörigen und -anhängern gemeinsam. Es ist ein nicht wegzudenkender Bestandteil der »grünen Identität«.

1. Die Merkmale des Menschenbildes der Grünen

1.1. Die Güte der menschlichen Natur

Die wichtigste Annahme der GRÜNEN über den Menschen besteht in dem Glauben an die Güte seiner Natur. Sie geht auf ROUSSEAU zurück, der seinen Erziehungsroman »Emile« mit den Worten beginnen läßt: »Alles

[4] PLETTENBERG 1987, 2.
[5] Vgl. BREZINKA 1981, 106–119.

ist gut, wie es aus den Händen des Schöpfers der Dinge hervorgeht; alles entartet unter den Händen des Menschen«[6]. Die Güte der menschlichen Natur zeigt sich nach dieser Überzeugung am deutlichsten bei Kindern, weil sie den verderblichen Einflüssen der gesellschaftlichen Umwelt noch nicht lange ausgesetzt waren. ROUSSEAUS »These von der guten kindlichen Natur« lebte in der deutschen Reformpädagogik des frühen 20. Jahrhunderts, in der »Landerziehungsheimbewegung«, bei den Hamburger, Bremer und Berliner Schulreformern der Weimarer Republik und bei den Vorkämpfern der »Pädagogik vom Kinde aus« fort[7]. Es waren jedoch vornehmlich die Schriften NEILLS und der zeitgenössischen »Antipädagogen«, die seit den späten sechziger Jahren zur Verbreitung dieser Sichtweise in links-alternativen Kreisen beitrugen. Daneben sind sozialistische und neomarxistische Theorieeinflüsse ebenso unverkennbar wie Einsprengsel aus psychoanalytischen Lehrgebäuden.

Mit Recht hat man gesagt, die GRÜNEN seien »die ›Urenkel‹ Jean-Jacques Rousseaus«: »Wie Rousseau sehen die GRÜNEN im Naturzustand den wahrhaft paradiesischen Zustand«, in dem der einzelne als »unschuldiges Naturkind« lebt[8]. Dieses Paradies ist natürlich längst verloren. Sein schwacher Abglanz habe sich jedoch in der unverfälschten Natur des Kindes erhalten. Aus diesem Grund ist der Antipädagoge v. BRAUNMÜHL davon überzeugt, daß nur in Freiheit aufwachsende Kinder »tatsächlich ›das Humane‹ erschließen« könnten. »Wenn ihre Entwicklung wirklich ungeplant fluten und unbesetzte Räume füllen kann«, könnten die Erwachsenen »unendlich viel von ihnen lernen, z. B. über Freundschaft, Weisheit, Tapferkeit, Lebenskunst und mitmenschliches (politisches) Engagement . . ., weil sie stark und klug und sozialeingestellt sind«[9]. SCHOENEBECK findet, daß Kinder »weise« sind. Erfüllt von »Kraft, Spontaneität und Echtheit«, von »Selbstvertrauen und Ich-Sicherheit«, hätten sie das »Gespür für das Angemessene« und besäßen »ein Wissen, wie es wohl ursprünglich aus uns kommt, . . . ein Wissen von innen«[10].

Diese auch bei den GRÜNEN anzutreffenden Auffassungen gehen davon aus, daß jeder Mensch eine vermutlich genetisch bedingte, jedenfalls aber angeborene Prädisposition zu allen als gut und wertvoll eingeschätzten Eigenschaften wie Einstellungen, Tugenden und Kenntnissen besitze. Diese Überzeugung ist die Grundlage einer »Entwicklungstheorie«, die bei den GRÜNEN zur herrschenden Meinung gehört.

[6] ROUSSEAU 1963, 11.
[7] Vgl. MASTHOFF 1981, 50f.
[8] GASSMANN 1987, 56 und 58.
[9] BRAUNMÜHL 1975, 171, 237 und 264.
[10] SCHOENEBECK 1982, 16 und 63.

1.2. *Der persönlichkeitstheoretische Nativismus und Evolutionismus*

Mit den Namen »persönlichkeitstheoretischer Nativismus« und »Evolutionismus« wird in der Fachliteratur eine Entwicklungstheorie gekennzeichnet, nach der die menschliche »Persönlichkeit durch ›Entwicklung‹ . . . oder ›Entfaltung‹ von angeborenen . . . Anlagen entsteht, in denen ihre Eigenschaften keimhaft . . . bereits vorhanden sind«[11]. Damit ist meistens die Annahme verknüpft, daß diese natürlichen Anlagen zu moralisch wertvollen Eigenschaften heranreifen. So hieß es in einem Vortrag beim zweiten schulpolitischen Kongreß der bayerischen GRÜNEN, daß die »ursprüngliche und in die Zukunft weisende Idee des Menschen . . . im Kind, im jungen Menschen keimhaft verborgen« sei. Dem »zukünftigen neuen Menschen, der da kommen will und kommen muß«, müsse man »den Boden bereiten«. Gelänge das, so trüge »der junge Mensch . . . seine eigenständigen Moralvorstellungen und Ideen in die Gesellschaft hinein und impulsiert so die kulturelle Entwicklung«[12].

Das soweit wie möglich im Naturzustand belassene Kind erscheint in dieser Betrachtungsweise als dem Erwachsenen nicht nur ebenbürtig, sondern sogar als ihm weit überlegen. Es ist angeblich frei von allen Fehlern, Mängeln und Lastern, die Erwachsene aufweisen.

1.3. *Gesellschaft und Erziehung als Ursachen für die »Fehlentwicklung« des Menschen*

Wer an die angeborene Güte der menschlichen Natur glaubt, steht vor einem schwierigen Problem. Er muß erklären, warum es trotz der menschlichen Prädisposition zu moralisch wertvollem Denken, Fühlen und Handeln immer wieder zu »schlechten«, d. h. moralisch abzulehnenden Charaktereigenschaften und Handlungen von Kindern und Erwachsenen kommt. Da die Natur des Menschen als vollkommen angesehen wird, kann die Bereitschaft zu diesen »Fehlentwicklungen« nicht angeboren sein. Ihre Ursache muß deshalb außerhalb der Natur oder der Psyche des einzelnen gesucht werden.

Die Erkenntnisse der Gesellschaftswissenschaften bieten für dieses Problem einen gangbaren Ausweg an. Man weiß heute, daß der Mensch aufgrund seiner großen psychischen Plastizität, der Ungerichtetheit

[11] BREZINKA 1987, 71.
[12] RAINER MÜLLER 1983, 21f.

seiner Antriebe und seiner gewaltigen Lern- und Anpassungsfähigkeit[13] zu einem wesentlichen Teil »ein Produkt der gesellschaftlichen Umstände« ist. Dieses Wissen hat »im wissenschaftlichen ... und sozialpolitischen Denken« die Neigung begünstigt, die »Verantwortlichkeit vom Einzelnen auf die Gesellschaft« zu verschieben. Alle seine Fehler, Schwächen, Untugenden und Mängel werden auf ungünstige gesellschaftliche Bedingungen zurückgeführt. Er erscheint als hilfloses Opfer der Gesellschaft. Daher kann er als Einzelwesen »für nichts mehr verantwortlich« gemacht werden. Er ist ja nur eine Marionette der Gesellschaft, ein »rollenspielender Hampelmann, ein Herdentier«[14]. Weil das Individuum wehrlos dem Wirken ungünstiger gesellschaftlicher Bedingungen ausgesetzt ist, gibt es keine persönliche Schuld[15]. Im Grunde handelt es sich hier um eine säkularisierte Form der Sündenvergebung, um eine gesellschaftswissenschaftlich begründete Lossprechung von Schuld und Verantwortung[16]. Unausgesprochen wird damit natürlich auch die Entscheidungs- und Willensfreiheit des einzelnen geleugnet.

Im Anschluß an Rousseau[17] und Marx haben sozialistische und neomarxistische Theoretiker immer wieder die Auffassung vertreten, die Mangelhaftigkeit der Gesellschaft sei die einzige Ursache für jede menschliche »Fehlentwicklung«. Auch die Grünen teilen größtenteils diese Ansicht. Für Ditfurth beispielsweise ist die herrschende »Gewaltnatur des Menschen« nicht »unabänderlich« und »naturgegeben«, sondern das »Ergebnis bestimmter existierender Gesellschaftsstrukturen« und der »Gewaltstruktur des Industriesystems als Ganzem«[18]. Die schleswig-holsteinischen Grünen sind der Meinung, daß die in der Gegenwart zu beobachtenden Straftaten nur die »Antwort auf eine unmenschliche Gesellschaft« sein können[19]. »Gründe für Gewalt und sozialschädliche Kriminalität«, ergänzen die baden-württembergischen Grünen, »sind zu suchen in der Vereinzelung der Menschen, in der Angst vor Arbeitslosigkeit und Existenzverlust, in der Ohnmacht gegenüber staatlicher Politik, in der ungerechten Verteilung gesellschaftlichen Reichtums«[20].

Diese Einschätzungen sind sicherlich nicht ganz unberechtigt. Viele

[13] Vgl. Brezinka 1981a, 40–62.
[14] Alle vorausgegangenen Zitate bei Gross 1985, 203 und 209.
[15] Vgl. auch Mengelkamp 1986, 8.
[16] Vgl. Dienst 1989a, 14f.
[17] Vgl. auch Günter Rudolf Schmidt 1989, 152–156.
[18] Ditfurth: Was ist die Polizei? (1986). In: Ditfurth 1988, 176–191, hier: 190.
[19] Die Grünen Schleswig-Holstein 1987, 60.
[20] Die Grünen Baden-Württemberg, Programm '88, 47.

psychische Dispositionen des Menschen, seine Erlebnis- und Handlungsbereitschaften sind tatsächlich in hohem Maße von der Kultur geformt, die ihn umgibt. Andererseits ist er jedoch weniger von den herrschenden Verhältnissen gesteuert, als es sozialdeterministische Persönlichkeits- und Entwicklungstheorien nahelegen. In den meisten Fällen sind seine Wahlmöglichkeiten in den modernen pluralistischen Wohlfahrtsstaaten so groß, daß die behaupteten monokausalen Ursache-Wirkungs-Zusammenhänge für eine hinreichende Erklärung menschlichen Denkens und Handelns nicht ausreichen. Der einzelne ist nicht die »Marionette« oder das »Opfer der Gesellschaft«. Er wählt aus den vielfältigen Denk- und Handlungsmöglichkeiten aus, die ihm offenstehen. Die Gesellschaft ist meistens nicht sein Verhängnis, sondern seine Chance[21].

Die Erziehung ist die zweite Einflußgröße, die häufig für die »Fehlentwicklung« der ursprünglich zum Guten prädisponierten menschlichen Natur verantwortlich gemacht wird. Auch diese Betrachtungsweise hat viele Vorläufer. »Von den Dialogen des Sokrates bis in unsere Tage« ist die Geschichte der Pädagogik auch eine Geschichte der Erziehungs- und Schulkritik[22]. Es dürfte kaum eine Form der Erziehung und des Schulwesens geben, die nicht kritisiert worden wäre. Von der Gesamtheit der erziehungs- und schulkritischen Literatur sind in diesem Zusammenhang diejenigen Schriften bedeutsam, deren Verfasser eine nativistisch-evolutionistische Theorie des Werdens der menschlichen Persönlichkeit vertreten. In jüngerer Zeit gehören dazu vor allem reformpädagogische Theoretiker. LUDWIG GURLITT, ELLEN KEY, BERTHOLD OTTO und GUSTAV WYNEKEN waren die zu Beginn des 20. Jahrhunderts bekanntesten Reformpädagogen, die auf die Unvereinbarkeit von menschlicher »Entwicklung« und erzieherischen Zwängen hingewiesen haben. Nach ihrer Überzeugung ist die »natürliche, freie und volle Entfaltung der Persönlichkeit« von Kindern und Jugendlichen durch die »entfremdenden, disziplinierenden, normierenden und uniformierenden Auswirkungen der traditionellen Staatsschule« gefährdet[23]. Die elterliche Erziehung hätte dieselben Auswirkungen. Wegen der Einschränkungen, Zwänge und Verhaltenserwartungen, die sie dem Kind auferlege, zerstöre sie seine Anlage zur »harmonischen Entfaltung« und »Selbstverwirklichung«. NEILL, ein noch heute vielgelesener antiautoritärer Autor, faßt diese psychoanalytisch inspirierten Vermutungen folgendermaßen zusammen: Jeder Erziehungsstil, der nicht die

[21] Zur Kritik der Vorstellung von der lückenlosen genetischen oder sozialen Determination des Menschen vgl. HERNEGGER 1989.

[22] HEITGER 1984 a, 5.

[23] WALTER MÜLLER 1978, 19.

Freiheit und Selbstbestimmungsfähigkeit des Edukanden achte, müsse zu disziplinierenden Lenkungsmaßnahmen greifen. Die »auferlegte Disziplin [jedoch] macht Menschen zu Sklaven, zu Minderwertigen, zu Masochisten«. Kinder, die ihr schutzlos ausgesetzt gewesen wären, seien in ihrem späteren Leben zu diesem Schicksal verdammt; ihnen blieben nur ihre psychischen »Ketten«, an die sie sich zwanghaft »klammern«[24].

Diese erziehungskritischen Vorstellungen wurden ab Mitte der sechziger Jahre von Teilen der Neuen Linken wieder aufgegriffen[25]. Ihre äußerste Zuspitzung erfuhren sie ein Jahrzehnt später im »antipädagogischen« Schrifttum. Den antipädagogischen Autoren erschien jede Form von Erziehung als gewaltsamer Versuch, »wehrlose Kleinkinder mit pädagogischen Manipulationen zu terrorisieren«. Erziehende Erwachsene seien entweder »Sadisten oder Angstneurotiker«, die mit der nachwachsenden Generation im »Erziehungskrieg« lägen. Aus persönlicher »Herrschlust« unternähmen sie den »kolonialistisch-imperialistischen, religiös-missionarischen, weltverbesserischen« Versuch, alle Kinder einer »zunehmend trickreich veranstalteten« »Gehirnwäsche« zu unterziehen. »Erziehung in jeder Form« sei aber mit der Menschenwürde des Kindes unvereinbar. Sie sei ein »totalitärer und auf Entselbstung zielender, . . . kinder-, menschen-, lebensfeindlicher, . . . verbrecherischer« Akt der »Kindesmißhandlung«. »Gedankenlos und sadistisch« vernichteten erziehende Erwachsene die besten Anlagen und Kräfte der jungen Menschen, ihre »Chancen zu existentiellem Selbstbewußtsein, existentieller Selbstsicherheit und zur mitmenschlichen Solidarität«[26].

Andere Kritiker haben die Geschichte der von Pädagogikern entworfenen Kunstlehren der Erziehung untersucht. Indem sie sich auf ihre aus heutiger Sicht negativ bewerteten Bestandteile beschränkten und mit großem Fleiß die düstersten und nach modernen Maßstäben verabscheuungswürdigsten Erziehungsratschläge zusammensuchten[27], glaubten sie den Beweis für die beispiellose moralische Verkommenheit der Pädagogik zu erbringen. Von Luther bis Pestalozzi und weit darüber hinaus hätte man in Theorie und Praxis die »pädagogische Keule« geschwungen. Bis auf den heutigen Tag habe sich im Grunde »nichts an der Prügelpädagogik geändert«. Die große »pädagogische Verschwörung« sei noch immer bestrebt, die Unterdrückung des

[24] Neill 1970, 337.
[25] Vgl. auch Horn 1987.
[26] Braunmühl 1975, 16, 65, 78, 84, 91, 102, 121, 131, 140, 237 und 245.
[27] Vgl. Rutschky 1977.

»Untertanen Kind« nach Kräften zu unterstützen[28]. Einige Autoren machen vor allem das Schulwesen für die Auslöschung der »hervorragendsten Potentiale der Spezies Mensch« verantwortlich. Durch ihre Zwanghaftigkeit, Starrheit und Lebensferne schwäche die Schule die naturgegebene, unglaublich hohe Lernfähigkeit des Kindes[29]. »Nur ein kleiner Teil der robusten Kinder gedeiht dennoch«. Die übrigen würden schon als ABC-Schützen »lustlos, bekommen Bauchweh oder erkranken an Legasthenie«[30].

Alle diese Kritiken an der Erziehung[31], der Schule und der Pädagogik haben die GRÜNEN stark beeinflußt. Faßt man die wesentlichen Punkte zusammen, so ergibt sich folgendes: Erziehung und andere Versuche der Verhaltenslenkung sind als solche bereits menschenrechtswidrige Handlungen. Darüber hinaus schädigen sie die natürliche »Entwicklung« des Kindes. Jeder Eingriff in das Werden der kindlichen Persönlichkeit, jeder Lenkungsversuch, jeder Erziehungsakt ist *per definitionem* der natürlichen »Entfaltung« der angeborenen Anlagen abträglich. Weil diese Anlagen von Natur aus gut seien und sich stets zu »guten« Charakterzügen und Eigenschaften »entwickelten«, ist ihre Hemmung außerdem immer eine Veränderung zum Schlechteren hin. Jede von außen auf den Menschen einwirkende und mit Erfolg vorgenommene Beeinflussung ist also ein Unglück für das ihr ausgesetzte Individuum und für die Gesellschaft. Diesem Gedankengang folgend, »sehen die GRÜNEN nur die Unterdrückung und die mangelnde Selbstverwirklichung der Kinder. Eine übersteigerte, kaum noch realitätsnahe gesellschafts- [und erziehungs-]kritische Haltung verführt dann zu politischen Forderungen wie dieser: ›Freiheit ist nur möglich ohne Erziehung‹.«[32]

1.4. Ideale Umweltbedingungen zur Förderung der Selbstverwirklichung

Es gibt in der Tat eine Reihe grüner Verlautbarungen, in denen die Abschaffung der Erziehung gefordert wird. Allerdings ist schwer abzuschätzen, inwieweit sie für die Gesamtpartei repräsentativ sind. Höchstwahrscheinlich dürften sie gegenwärtig kaum die Zustimmung

[28] MALLET o. J., 4 und MALLET 1987.
[29] SENSENSCHMIDT o. J., 6.
[30] PREM o. J., 15.
[31] Vgl. auch die weitverbreiteten Schriften der Psychoanalytikerin ALICE MILLER (1980, 1980a, 1981, 1981a, 1985).
[32] THIEMER 1985, 103. Die Ermittlung der Originalquelle war leider unmöglich.

der Mehrheit der Parteimitglieder finden. Auf der anderen Seite sind solche Stimmen aber auch nicht bedeutungslos. Gerade in den Gremien, die für die erziehungs- und jugendpolitische Programmatik der Partei maßgeblich sind, sind sie allen Anzeichen nach vorherrschend. Man sollte sie deshalb zur Kenntnis nehmen, wenn man sich ein Bild über die Ziele und Pläne der GRÜNEN machen will.

Die Abschaffung der Erziehung wurde bisher vornehmlich von den nordrhein-westfälischen GRÜNEN verlangt. Die erziehungsfeindlichen Antipädagogen haben dort viele Jahre lang die Programmarbeit der Partei geprägt[33]. Dementsprechend heißt es in einem »Diskussionspapier« der »Landesarbeitsgemeinschaft Schule« der GRÜNEN in Nordrhein-Westfalen: »Die GRÜNEN . . . setzen sich ein für die Gleichberechtigung aller Generationen«. Um dieses Ziel zu erreichen, müsse der kindliche »Status des Erziehungsobjektes« abgeschafft werden. Die Erwachsenen hätten auf »jede Form von auf die Zukunft gerichtetem ›Beglückungszwang‹« zu verzichten, damit Kinder und Jugendliche sich endlich »selbst . . . bestimmen und . . . verwirklichen« könnten[34].

Die GRÜNEN lassen es mit der Forderung nach Abschaffung der Erziehung nicht bewenden. Sie machen sich auch Gedanken darüber, was an ihre Stelle treten soll. Pädagogiker, die eine nativistische und evolutionistische »Entwicklungstheorie« vertreten, sehen die Lösung dieses Problems einzig in der Schaffung »entwicklungsfördernder« Umweltbedingungen. Die »Natur« des Kindes müsse von den äußeren Hemmnissen befreit werden, die ihrer »Entfaltung« und »Selbstverwirklichung« im Wege stünden. Die schwedische Schulkritikerin und Reformpädagogin ELLEN KEY hat diese Überzeugung um die Jahrhundertwende in folgenden Worten ausgedrückt: »Ruhig und langsam die Natur sich selbst helfen lassen und nur sehen, *daß die umgebenden Verhältnisse die Arbeit der Natur unterstützen*, das ist Erziehung«[35].

Die modernen Antipädagogen haben diesen Gedanken noch weiter zugespitzt. Was den Erwachsenen allenfalls zugestanden werden könne, sei der »erziehungsfreie . . . Umgang« zwischen den Generationen. Anstelle des traditionellen Erziehungsverhältnisses müsse die intensive Eltern-Kind-Beziehung gesucht werden. Diese »äußerst dichte, solidarische, nicht vereinnahmende Form menschlicher Begegnung« müsse seitens der Eltern geprägt sein von »Respekt, Achtung, vorsichtiger Empathie . . . und behutsam anbietender Selbstdarstellung«. Ihr Ergeb-

[33] Vgl. PREUSS-LAUSITZ/ZIMMERMANN 1984, 221.

[34] Die GRÜNEN Nordrhein-Westfalen, Landesarbeitsgemeinschaft Schule 1983, 1; vgl. auch GÖDECKE 1986, S. 15.

[35] KEY 1905, 110 (meine Hervorhebung). Zur »Ideologie des Wachsenlassens« vgl. auch AEBLI 1987, 247.

nis sei die »Entwicklung« von »Solidarität, Verantwortung und Autonomie« seitens der Kinder[36]. Aus den Eltern würden auf diese Weise »kinderfreundliche und kinderloyale Geschwister ihrer Kinder«, aus den Lehrern Freunde und Vertraute ihrer Schüler[37].

Indem die Eltern und alle Erwachsenen »repressionsfrei« mit Kindern und Jugendlichen zusammenlebten[38], könnten sie bestmögliche Bedingungen für die ungehinderte »Selbstentfaltung« des Nachwuchses schaffen. Zu diesem Zweck müßten freilich auch die gesamtgesellschaftlichen Verhältnisse verändert werden. In ihrem Programm zu den Bundestagswahlen 1987 haben die GRÜNEN einen Text wiedergegeben, der ihre Träume vom Leben in »Utopia« beschreibt. Dort gebe es »keine Kinder mehr, nur noch Menschen«. Krieg, Rechtsstreit, Arbeitslosigkeit und Armut seien ebenso unbekannt wie Privateigentum, Macht und Herrschaft. Arbeit und Muße seien eins; entstehende Konflikte würden im gemeinsamen Ratschluß gelöst[39].

Diese Vorstellung einer anarchisch-utopischen Idealwelt dürfte auch von den GRÜNEN geteilt werden, die sich mit Kinder- und Jugendpolitik beschäftigen. Vielleicht könnte in einer derartigen anforderungs- und konfliktarmen Umwelt tatsächlich auf die bislang notwendigen erzieherischen Bemühungen verzichtet werden, weil Kinder und Jugendliche wie von selbst in ihre Gesellschaft hineinwüchsen. Das bedeutet jedoch nicht, daß Erziehung unter den gegenwärtigen Bedingungen überflüssig ist. Auch in Zukunft ist damit nicht zu rechnen. Das liegt unter anderem daran, daß nach allen bisherigen Erfahrungen in »einer Welt der Knappheit« und »unvermeidlichen Interessenkonflikte« die Hoffnung auf eine herrschaftsfreie und zwanglose Gesellschaftsordnung illusorisch ist[40]. Ihre Wirklichkeitsferne wird teilweise sogar von ihren Vorkämpfern zugegeben. Allerdings weisen sie darauf hin, daß »das ›Machbare‹. . . ohnehin keine ökologische Kategorie [sei], sondern . . . zu den fehlleitenden Adjektiven der alten Ordnung bzw. Unordnung« gehöre[41]. Dieses Scheinargument kann aber nicht darüber hinwegtäuschen, daß es Erzieher immer mit dem »Machbaren« zu tun haben. Sie leben nicht in einer unerreichbaren Idealwelt, die ihre Aufgabe überflüssig macht. Daran wird sich nichts ändern.

Außerdem wollen viele antipädagogisch beeinflußte GRÜNE die Erziehung nicht erst in einer fernen Zukunftsgesellschaft abgeschafft

[36] HINTE 1983, 89f.
[37] SCHOENEBECK 1982, 9 und 213.
[38] Die GRÜNEN Saar 1985, 16.
[39] JÄGER/MICHALIK 1987, 16.
[40] ALBERT 1978, 100f. und 139.
[41] AMERY 1985, 98.

sehen, sondern schon in der Gegenwart. Auch unter den heutigen Bedingungen sei sie menschenunwürdig, überflüssig und schädlich, weil sich Kinder und Jugendliche sehr wohl »selbst bestimmen« könnten. Diese Annahme stellt ein weiteres bedeutsames Merkmal des grünen Menschenbildes dar.

1.5. Das Recht und die Fähigkeit zur unbegrenzten Selbstbestimmung

Die GRÜNEN verstehen sich als emanzipatorische Freiheitsbewegung. Zu ihrem unverbrüchlichen Selbstverständnis gehört die Bereitschaft, die »Privilegien für bestimmte Gruppen dieser Gesellschaft« abzuschaffen und »allen Menschen« zu einem »allgemeinen sozial-kulturellen Lebensstandard« zu verhelfen[42]. Die Vorstellung, daß es bevorrechtigte Bevölkerungsgruppen geben könnte, ist ihnen unerträglich. Deshalb müsse nach ihrer Meinung den Benachteiligten zum Genuß aller Rechte und Privilegien verholfen werden. Die GRÜNEN verfolgen dieses Ziel auch im Hinblick auf Kinder und Jugendliche.

Dabei sind die grünen Kinder- und Jugendrechtler stark von der amerikanischen »Kinderrechtsbewegung« beeinflußt. Sie war Ende der sechziger Jahre als Absplitterung der amerikanischen Bürgerrechtsbewegung entstanden. Ihre Wortführer dehnten die Gleichberechtigungs- und Gleichstellungsforderungen, die von Farbigen, Frauen und anderen Gruppen erhoben wurden, auf Kinder und Jugendliche aus. »Jede Vergrößerung des Freiheitsraumes im Leben« sei »an sich schon« ein lohnendes Ziel. Deswegen müsse der Staat auch den Freiheitsraum der letzten unterprivilegierten Minderheit, der Kinder, ausweiten. Alle Rechte und Freiheiten, deren sich Erwachsene erfreuten, seien ihnen vorbehaltlos zu gewähren. Auch Kinder sollten das »Recht auf freie Wahl der Umgebung«, auf eine »kindgemäße Umwelt«, auf ein »Leben ohne Körperstrafe«, auf »sexuelle Freiheit«, auf »wirtschaftliche Betätigung«, auf »politischen Einfluß«, das Wahlrecht, das Recht zu arbeiten und Verträge zu schließen sowie das Recht, ein Auto zu fahren, besitzen. Selbst wenn sie diese Rechte altersbedingt nicht wahrnehmen könnten, sollten sie ihnen durch Gesetze verliehen werden. Das gesetzlich gesicherte Recht auf uneingeschränkte Selbstbestimmung sei nämlich die Grundlage der »Kinderemanzipation«[43].

[42] Die GRÜNEN Nordrhein-Westfalen 1985a, 24 und 59.
[43] FARSON 1975, 7, 24, 109 und 120.

Die Kinderrechtsbewegung[44] ist mit antipädagogischen Strömungen eng verwoben. Sie argumentiert überwiegend juristisch. Der Anspruch auf Genuß der bürgerlichen Rechte und Freiheiten sei seinem Gehalt nach universal, weshalb Kinder nicht von ihm ausgeschlossen werden dürften. Die Kinderrechtsbewegung vertritt also im wesentlichen nichts anderes als die auf die Spitze getriebenen Gleichstellungsforderungen, die in den zurückliegenden Jahrhunderten geltend gemacht wurden[45]. Das trifft zwar auch auf die antipädagogischen Autoren zu, genügt aber nicht zur Einschätzung ihrer weltanschaulichen Position. Sie begnügen sich nicht mit der gesetzlichen Sicherung des *Rechts* aller Kinder auf Selbstbestimmung. Sie glauben darüber hinaus, jedes Kind habe auch die unbegrenzte *Fähigkeit* zur Selbstbestimmung in allen Belangen, die es betreffen.

In Fragen seiner eigenen »Entwicklung«, »Entfaltung« und »Selbstverwirklichung« sei das Kind sehr viel weitsichtiger als seine Eltern und Erzieher. Von Natur aus sei jedes »Kind . . . sehr wohl fähig, von Geburt an das eigene Beste selbst zu spüren«[46]. Kinder seien »eigenständige, eigenwillige, eigenmächtige Wesen«. »Von Anfang an« wüßten sie »mindestens so gut wie Erwachsene . . ., was sie wollen«[47]. Und was sie wollten, sei immer das Beste für sie und die »freie Entfaltung« ihrer Anlagen. Auf alle Fälle könne man nicht davon ausgehen, meinten die schleswig-holsteinischen GRÜNEN, daß »das Bewußtsein von Erwachsenen einen Vorsprung vor dem von Kindern und Jugendlichen hat«. Aus diesem Grund dürften Erwachsene nicht lenkend in das Werden der kindlichen Persönlichkeit eingreifen, sondern lediglich »gleichberechtigt und solidarisch« die »kindlichen Selbststeuerungsprozesse« fördern[48].

Alle diese Annahmen über das Kind und seine Entwicklung haben sich in den »kinderpolitischen« Plänen der GRÜNEN niedergeschlagen. Sie werden im folgenden beschrieben. Anschließend wird das Menschenbild der GRÜNEN mit Hilfe wissenschaftlicher Erkenntnisse kritisiert.

44 Vgl. auch das »Kindermanifest« der deutschen Kinderrechtsbewegung bei SCHOENEBECK 1986, 12–14.

45 Vgl. auch FROMM 1970, 11.

46 SCHOENEBECK 1985, 19.

47 BRAUNMÜHL 1983, 90.

48 Die GRÜNEN Schleswig-Holstein 1987a, 10.

2. Die Kinderpolitik der Grünen

Ihrem Selbstverständnis nach lehnen die GRÜNEN jegliche Herrschaft, jeden von außen auf den Einzelnen einwirkenden Zwang und jede Machtausübung von Menschen über Menschen als illegitim ab[49]. Um zu einem wirklich »emanzipatorischen Eltern-Kind-Verhältnis« zu gelangen, müßten zuerst einmal die »Fesseln« der Kinder »ans Haus« abgeschafft werden[50]. Damit ist die tiefgreifende Einschränkung des grundgesetzlich geschützten elterlichen Erziehungsrechts und der elterlichen Sorge gemeint. Nach dem Willen der bayerischen GRÜNEN müßten sich »Kinder und Jugendliche . . . vom Elternhaus jederzeit lösen dürfen«. Die »Eltern und andere Bezugspersonen« hätten sich aus ihrem Leben »zurückzuziehen, sobald Kinder und Jugendliche dies wollen«. Kinder, die »zum Beispiel mißhandelt werden, als Sündenbock herhalten müssen oder sich auf andere Weise abgelehnt fühlen, sollten in Lebensgemeinschaften oder Pflegefamilien ihrer Wahl wechseln können«. Wenn Eltern dagegen Einwände erhöben, müßte »notfalls« durch vermehrte »Gerichtsentscheidungen« der Wille des Kindes durchgesetzt werden[51]. Diese Forderung stellt gewissermaßen einen Vorgriff auf die utopische Zukunftsgesellschaft dar, die die GRÜNEN verwirklichen wollen. Dort soll jede Person – und damit auch jedes Kind – frei entscheiden, »wen und ob sie Menschen zu ihrer Familie macht«[52]. Die Bindungen zwischen den Eltern und ihrem Nachwuchs könnten dann von den Kindern schon in verhältnismäßig jungen Jahren aufgekündigt werden.

Hier zeigt sich unmittelbar, wie einseitig die Parteinahme der GRÜNEN in dem vermeintlichen »Erziehungskrieg« zwischen Eltern und Kindern ist. Unkritisch schlagen sie sich in allen Fällen auf die Seite des angeblich Unterdrückten, Fremdbestimmten und in seiner »Entfaltung« und »Selbstverwirklichung« Gehinderten – des Kindes. Seit eh und je reden »die Linken . . . immer nur von Interessen«[53]. Demgemäß sprechen die grün-alternativen »Kinderpolitiker« vor allem von den »Problemen und Bedürfnissen« von Kindern und Jugendlichen, deren »Stolz, Würde und Freiheitsbewußtsein« nicht angetastet werden dürften[54]. Die »Interessen« und »Bedürfnisse« der Eltern spielen demgegenüber in der kinderpolitischen Programmatik der GRÜNEN keine Rolle. Die Eltern

[49] Vgl. KOSTEDE 1983, 96; ENZENSBERGER 1983.
[50] Die GRÜNEN Schleswig-Holstein 1987, 32.
[51] Die GRÜNEN Bayern 1986, 66.
[52] ADRIENNE GOEHLER 1986, 132.
[53] WESEL 1988, 54.
[54] Die GRÜNEN Baden-Württemberg, Programm ’88, 72.

erscheinen hier nur als negative Größe, deren entwicklungshemmender und freiheitseinschränkender Einfluß[55] auf ihre Kinder so weit wie möglich begrenzt werden muß.

Im Denken der GRÜNEN herrscht nahezu uneingeschränkt die Vorstellung, Kinder und Erwachsene hätten *grundsätzlich* einander widersprechende »Interessen« und »Bedürfnisse«. Nicht zuletzt aus diesem Grund verlangt der schleswig-holsteinische Landesverband »wirksame Eingriffsrechte und das kommunale Wahlrecht« für »Jugendliche . . . ab dem 15. Lebensjahr«[56]. Die bayerischen GRÜNEN schlagen die Schaffung von »autonomen Kinderräten« auf allen politischen Ebenen vor, mit deren Hilfe die Kinder »ihre eigenen Forderungen und Bedürfnisse gegenüber den Erwachsenen . . . formulieren und durchsetzen« könnten[57]. In dieser Interessenauseinandersetzung stehen die GRÜNEN, entsprechend ihrem emanzipatorischen Selbstverständnis, auf der Seite der vermeintlich schwächeren Kinder und Jugendlichen. Diese unüberlegte Parteinahme zugunsten angeblicher »Interessen« der Kinder hat jedoch anläßlich der sogenannten »Kindersex-Debatte« für die GRÜNEN ungeahnte Folgen gehabt.

3. Die »Kindersex-Debatte«

Für die Öffentlichkeit war die »Kinderpolitik« der GRÜNEN bis Mitte der achtziger Jahre unbekannt. Man wußte bestenfalls, daß sie hier und da Kinderfeste und sonstige Vergnügungen für den Nachwuchs ausrichteten, bei denen die Eltern die Wahlrede eines grünen Spitzenpolitikers hören konnten. Das änderte sich im Frühjahr 1985 dramatisch. Über Nacht wurde die sogenannte »Kindersex-Debatte« das medienwirksamste Thema des Wahlkampfs in Nordrhein-Westfalen. Seit dieser Zeit kommen die GRÜNEN immer wieder mit »Pädophilie in die Blätter«[58]. Noch heute sind die damaligen Vorgänge nicht vergessen. Was war geschehen?

Im Vorfeld der nordrhein-westfälischen Landtagswahlen im Mai 1985 hatte sich eine Reihe grüner Jungpolitiker mit der Forderung zu Wort gemeldet, »gewaltfreie, sozusagen zärtliche geschlechtliche Beziehungen zwischen Erwachsenen und Kindern endlich zu entkriminalisieren«[59]. Ein Aufschrei der Empörung ging daraufhin durch die Medien.

[55] Zur Geschichte dieser Anschauung vgl. GEISSLER 1978, 6f. und 27.
[56] Die GRÜNEN Schleswig-Holstein 1987, 61.
[57] Die GRÜNEN Bayern 1983, 44.
[58] GREFFRATH 1986, 139.
[59] LÜBBE 1987, 55.

Zu spät bemerkten die GRÜNEN, daß sie an eins der letzten Tabus moderner Gesellschaften gerührt hatten. Sofort zeigten sich die negativen Auswirkungen. Mit dem radikalen Verlangen nach Freigabe »freiwilliger« sexueller Beziehungen zwischen Kindern und Erwachsenen stieß die grüne Partei viele Menschen ab, die ihr ansonsten wohlwollend gegenüber gestanden hätten[60]. Es dürfte »jenes unsägliche Gerede über die Straffreiheit für Päderasten« gewesen sein, das für die unerwartet deutliche Wahlniederlage der nordrhein-westfälischen GRÜNEN verantwortlich war[61].

Die häufig vertretene Auffassung, die »Päderastie-Debatte« sei den GRÜNEN von »einigen Lobbyisten« aufgezwungen worden, die »sich hier unhinterfragt Eingang ins Programm verschafft« hätten[62], ist jedoch nicht ganz zutreffend. Parteioffiziell hatten mehrere grüne Landesverbände schon früher ähnliche Forderungen geltend gemacht. Damals war allerdings fast niemand auf die Tragweite dieser unklar gehaltenen Programmpassagen aufmerksam geworden. Bereits 1982 hatte die Hamburger GRÜN-ALTERNATIVE LISTE darauf hingewiesen, sie befürworte die »freie selbstbestimmte, ungestörte Entfaltung der kindlichen Sexualität«[63]. Die Bundesarbeitsgemeinschaft »Schwule, Päderasten und Transsexuelle bei den GRÜNEN und Alternativen Listen« strebte seit mehreren Jahren die ersatzlose Streichung des 13. Abschnitts des Strafgesetzbuchs (»Straftaten gegen die sexuelle Selbstbestimmung«) an, »da Sexualität als solche nicht strafbar sein könne«[64].

Bei der zuletzt genannten Gruppe handelt es sich klarerweise um »Lobbyisten«, denen an der Durchsetzung ihrer Interessen gelegen ist. Sie ist jedoch zahlenmäßig klein und innerparteilich ohne Gewicht. Die wohlwollende Unterstützung, die ihr Anliegen bei vielen GRÜNEN findet, muß deshalb andere Ursachen haben. Sie gilt es im folgenden zu erläutern.

Ein wichtiger Grund für die Abschaffung rechtlicher Bestimmungen, die der ungehinderten sexuellen Aktivität von Kindern und Jugendlichen im Wege stehen, liegt in der hohen Wertschätzung, die den Gütern »Selbstbestimmung«, »Freiheit« und »Selbstverwirklichung« zuteil wird. Die Kinderrechtsbewegung und die Antipädagogen, die Kinder vor Fremdbestimmung und Zwang bewahren wollen, hatten seit je auch

60 Vgl. allgemein OFFE 1986, 48.

61 Die GRÜNEN vor der Zerreißprobe 1985, 9f.

62 GRUPP 1986, 46 und 95f.

63 GAL (GRÜN-ALTERNATIVE LISTE): Programm für Hamburg 1982. Hier zitiert nach GÖBEL/SCHLAFFKE 1985, 276.

64 Schwule und Päderasten. Sexualstrafrecht ersatzlos streichen. In: grüner basisdienst, Jg. 1984, H. 2, 38.

das Recht auf sexuelle Selbstbestimmung zu den grundlegenden, unantastbaren Kinderrechten gezählt. Sie geben damit einer Zeitströmung Ausdruck, die seit Ende der sechziger Jahre festzustellen ist. Weit über intellektuelle Kreise hinaus fand damals FREUDS Lehre von der »psychosexuellen Entwicklung« des Kindes neue Beachtung. Das »kleine Kind« wurde jetzt nicht mehr einseitig als asexuelles Wesen gesehen, sondern ebenso einseitig als »Subjekt intensiver . . . sexueller Bedürfnisse« und »Wünsche«[65]. Seit dieser Zeit sind immer wieder Stimmen zu hören, die die »wirkliche Befreiung des Kindes« darin sehen, daß es nach Wunsch und ohne Einschränkung sexuelle Beziehungen mit Altersgenossen oder Erwachsenen eingehen darf[66]. Diese libertinistische Auffassung paßte gut in das Klima der permanenten »sexuellen Revolution«, die vielen neomarxistisch und psychoanalytisch inspirierten Theoretikern ein wichtiger »Meilenstein auf dem Weg zur neuen freien Gesellschaft« zu sein schien[67]. So waren die Anhänger HERBERT MARCUSES davon überzeugt, daß die »autoritär-repressiven« Sexual- und Moralvorschriften »Widerstand, Haß, Verzweiflung und Aggression in jeder Form, Mord und Krieg« heraufbeschwören. Erst die »Preisgabe jeder Repression im sexuellen Bereich werde ein aggressions- und haßfreies Paradies auf Erden erzeugen«[68].

MARCUSES »Sexualmessianismus« hat inzwischen seine Anziehungskraft weitgehend verloren. Ungeachtet aller sexuellen und moralischen Liberalisierung sind weder der »neue Mensch« noch die »neue Gesellschaftsordnung« entstanden. Was sich vom Gedankengut des Zeitalters der »sexuellen Revolution« vornehmlich unter gebildeten Mittelschichtangehörigen erhalten hat, sind eine gewisse modische Geringschätzung für traditionelle sexuelle Verhaltensnormen und die Bereitschaft zur Duldung abweichenden Sexualverhaltens.

Diese Aufgeschlossenheit für bislang verfemte sexuelle Außenseiter und das Verständnis für ihre Wünsche und Forderungen gehört zur innerparteilich anerkannten »grünen Identität«. Weil Papier geduldig ist, konnte die Partei außerdem lange Zeit unverbindliche Lippenbekenntnisse zum »sexuellen Selbstbestimmungsrecht von Kindern und Jugendlichen« abgeben. Meistens war damit nicht mehr gemeint als eine möglichst verbots- und angstfreie Sexualerziehung und -aufklärung und die Empfehlung, bestimmte sexuelle Handlungen von Kindern als normalen Vorgang in ihrer »Entwicklung« zu sehen.

Mit der nordrhein-westfälischen »Kindersex-Debatte« änderte sich

65 ALICE MILLER, in: MILLER/RUSH 1982, 12.
66 RENE SCHERER 1975, 53 und passim.
67 HÄUSSLER 1983, 66f. Vgl. auch VOLLMER 1986b, 26.
68 LANDMANN 1974, 29–32, 69f., 144f., 160–163, 174 und 185.

das Bild grundlegend. Jetzt kamen Erwachsene als mögliche Beteiligte am Sexualleben von Kindern ins Blickfeld. Die allermeisten GRÜNEN sahen sofort, daß die Einführung von »Straffreiheit für *gewaltfreie* Sexualität zwischen Erwachsenen und Kindern« zur »sexuellen Ausbeutung der Kinder führen kann«. Darum lehnten »99% der GRÜNEN«, beruhigte der baden-württembergische Landesverband die aufgebrachte Öffentlichkeit, diese »Forderung *einiger weniger* GRÜNER« entschieden ab; die »Schutzaltersgrenze von 14 Jahren« solle »selbstverständlich erhalten bleiben«[69].

Dieser Ansicht dürfte die Mehrzahl der Parteiführer und -angehörigen zustimmen. Andererseits sind die »Kindersex-Debatte« und das Ideengut, das sie ausgelöst hat, keineswegs überwunden. Immer wieder finden bei den GRÜNEN Anläufe zur Abschaffung der einschlägigen Paragraphen des Strafgesetzbuchs statt. Ohne ihren Inhalt anzugeben, verlangten die Hamburger GRÜNEN im Jahre 1986 beispielsweise die »ersatzlose Streichung der §§ 175, 180 Abs. 1, 182, 183, 183a aus dem Strafgesetzbuch«[70]. Sie betreffen teilweise Kinder und Jugendliche. Das gilt für den § 175 (»Homosexuelle Handlungen« an bzw. mit Unter-18jährigen), 180 Abs. 1 (»Förderung sexueller Handlungen Minderjähriger«) und 182 (»Verführung« eines »Mädchens unter sechzehn Jahren«)[71].

Ein Jahr später wurde der Bundesvorstand der GRÜNEN noch deutlicher. IRMELA WIEMANN stellte in Bonn der Öffentlichkeit eine »Broschüre zur Jugendpolitik« vor, die in Ton und Inhalt den schon überwunden geglaubten Verlautbarungen aus der Zeit der nordrhein-westfälischen »Kindersex-Debatte« glich[72]. Wieder sollte »mehr Freiheit für Minderjährige« erkämpft werden. Ihnen würden ungerechtfertigterweise »elementare Rechte« wie die »freie Wahl des persönlichen Umgangs, der individuellen Lebensgestaltung und des eigenen Umgangs mit Sexualität« vorenthalten[73].

Die Presse mutmaßte sofort ein Wiederaufleben der Päderastie-Debatte bei den GRÜNEN und warnte eindringlich vor den verhängnisvollen Vorschlägen libertinistischer Parteitheoretiker aus dem fundamentalistischen Lager[74]. Der realpolitische Parteiflügel, der anscheinend von dem »peinlichen und schädlichen Alleingang« des Bundesvor-

[69] Die GRÜNEN Baden-Württemberg/HERMANN 1986, 43f. (meine Hervorhebung).

[70] Die GRÜNEN Hamburg 1986, 13.

[71] Vgl. DREHER/TRÖNDLE 1986, 897, 914 und 933f.

[72] Vgl. Die GRÜNEN, Bundesvorstand 1987.

[73] »Mehr Freiheit für Minderjährige«. In: Badische Zeitung, 42. Jg. (1987), Nr. 189 vom 19. August 1987, 2.

[74] Vgl. die in der FAZ abgedruckten Pressekommentare: Frankfurter Allgemeine Zeitung, Jg. 1987, Nr. 191/34 D vom 20. August 1987, 2.

stands überrascht war, bemühte sich umgehend um die Beruhigung der aufgeregten Medienöffentlichkeit. IRIS BLAUL, die jugendpolitische Sprecherin der grünen Landtagsfraktion in Hessen, sah in der Broschüre des Parteivorstands eine »äußerst fragliche Pubertätsbewältigung«. Die hessischen GRÜNEN meinten, ihre Verbreitung sei am besten einzustellen und »das Papier einer umweltschonenden Recycling-Maßnahme zuzuführen«[75]. Jedenfalls dächten sie nicht daran, die strafgesetzlichen Bestimmungen zum Schutz von Kindern und Jugendlichen vor sexuellem Mißbrauch in Frage zu stellen.

Wie die Dinge liegen, wird der Streit zwischen Mehrheit und Minderheit weiter andauern. Der eigentliche Kernpunkt der Auseinandersetzung besteht aber nicht darin, ob Kindern grundsätzlich *gewaltfreie,* zwanglose sexuelle Beziehungen zu Erwachsenen gestattet sein sollten. Soweit zu erkennen ist, dürften die meisten grünen »Kinderpolitiker« diesem utopischen Ideal beipflichten. Wenn die sexuelle Beziehung zwischen Kindern und Erwachsenen tatsächlich ohne Zwang, Fremdbestimmung und Ausnutzung vonstatten ginge, hätten sie nichts gegen sie einzuwenden. Schließlich könne Kindern und Jugendlichen nicht verboten werden, was Erwachsenen gestattet sei. Die Frage ist nur, wann die entsprechenden strafrechtlichen Bestimmungen abgeschafft werden können. Während die fundamentalistischen grünen »Kinderpolitiker« sie lieber heute als morgen beseitigen würden, halten ihre realpolitischen Gegner die »Verhältnisse« für noch nicht »reif« genug. In einer utopischen Zukunftsgesellschaft dagegen, die von allen gesellschaftlichen Repressionen frei wäre, käme niemand auf den Gedanken, ein Kind zu ihm unerwünschten sexuellen Handlungen zu zwingen. Auf diese Weise würden Strafgesetze, die Kinder vor sexuellem Mißbrauch schützen, von selbst überflüssig.

Genau hier liegt der Punkt, an dem die Vorstellungen der GRÜNEN zur Liberalisierung des Sexualstrafrechts kritisiert werden müssen. Es führt nicht weiter, ihnen einfach »geistige Umweltverschmutzung« vorzuwerfen, weil sie den »straffreien Sexualverkehr mit Kindern fordern«[76]. Man muß vielmehr die Gründe nennen, warum die libertinistischen Reformpläne grüner »Kinderpolitiker« unausweichlich zum Scheitern verurteilt sind.

Kritiker haben mit Recht festgestellt, daß die »Idee . . . sexueller Emanzipation« von Kindern in den allermeisten Fällen verhängnisvolle Auswirkungen hat. Vom Staat geduldete »sexuelle Libertinage« erzeugt, sofern sie sich auf Kinder erstreckt, immer »auch sexuelle

[75] »Fragliche Pubertätsbewältigung«. In: Südkurier, 43. Jg. (1987), Nr. 201 vom 2. September 1987, 2.

[76] CHRISTLICHE LIGA o. J., ohne Seitenzählung.

Opfer« – die betroffenen Kinder nämlich[77]. Dabei spielt es keine große Rolle, ob die sexuelle Beziehung zwischen Erwachsenem und Kind vom Kind »freiwillig« eingegangen wird oder nicht.

Ein sexuelles Verhältnis zwischen einem Erwachsenen und einem Kind ist stets »eine völlig ungleiche Beziehung mit einem mehrfach begründeten Machtgefälle«. Ein »struktureller Unterschied hinsichtlich Macht und Verantwortung sowie unterschiedliche soziale und emotionale Reife und sexuelle Informiertheit« trennen die an dieser »Pseudopartnerschaft« Beteiligten[78]. Wie immer die »gesellschaftlichen Verhältnisse« beschaffen sein mögen, der Erwachsene ist dem Kind überlegen. Je jünger das Kind ist, desto stärker ist seine Abhängigkeit von Erwachsenen. Kinder und Erwachsene können deshalb grundsätzlich keine gleichberechtigten Partner sein, die ihre Beziehungen in gegenseitigem Einvernehmen und zu beiderseitiger Zufriedenheit gestalten. Diesem Wissen um die Abhängigkeit und Hilflosigkeit des Kindes sein »Recht auf Selbstbestimmung« in sexuellen Belangen entgegenzusetzen, ist bloßes Wunschdenken. Ob es einem gefällt oder nicht: Das Kind ist allein auf Grund seines mangelnden Wissens, seiner sexuellen Unreife und seiner unaufhebbaren Abhängigkeit vom Erwachsenen das Opfer par excellence für Notzuchtdelikte[79]. Ihm in der vagen Hoffnung, daß Erwachsene sein sexuelles »Selbstbestimmungsrecht« achten, den strafrechtlichen Schutz zu entziehen, ist nicht allein weltfremd und naiv. Es ist auch gefährlich. Es fördert den wirklichkeitsfremden Glauben, man könnte zwischen »freiwilligen« und »unfreiwilligen« sexuellen Kontakten zwischen Kindern und Erwachsenen unterscheiden. Angesichts der »strukturellen« Unterlegenheit des Kindes ist diese Annahme unsinnig. Ihm bleibt kein Entscheidungsspielraum. Es kann sich nicht »freiwillig« und »selbstbestimmt« auf eine sexuelle Beziehung einlassen; es wird zu ihr gezwungen, verführt oder überredet[80].

Aus diesem Grund liegt es im Interesse gerade der Kinder, daß die zu ihrem Schutz vor sexuellem Mißbrauch erlassenen Strafgesetze bestehen bleiben. Statt utopischer Träumereien von »Kinderemanzipation« und »sexueller Selbstbestimmung« des Kindes hilft nur die Einsicht, daß Kinder wirkungsvoll vor sexuellen Übergriffen bewahrt werden müssen. Angesichts der erschütternden Zahlen über die Vergewaltigung und den Mißbrauch von Kindern innerhalb und außerhalb der Familie[81] muß

[77] Thiemer 1985 a, 111 f.
[78] Fegert 1987, 167 f.
[79] Zur Kasuistik vgl. Weiss 1963, 27–52. Zu den physischen und psychischen Folgeschäden vgl. Rush 1982, 30, 35–41 und 130.
[80] Vgl. Mathias Hirsch 1987, 14.
[81] Vgl. Rust 1986, 7–9.

bezweifelt werden, daß der Abbau strafrechtlicher Bestimmungen zum Schutz der sexuellen Unversehrtheit von Kindern ratsam ist. Den Kindern erweist man damit jedenfalls keinen Dienst. Sie werden nicht »befreit«, sondern zu Opfern einer wirklichkeitsfernen Emanzipationsideologie.

4. Kritik des grünen Menschenbildes

Am Beispiel der grünen »Kindersex-Debatte« zeigen sich die Gefahren besonders deutlich, die im Menschenbild der GRÜNEN liegen. Indem aus dem Kind ein kleiner Erwachsener gemacht wird, bürdet man ihm Lasten auf, die es nicht bewältigen kann. Es soll »frei« und »selbstbestimmt« über sein Leben entscheiden, ohne dazu in der Lage zu sein. »Spontan« und »autonom«, »kreativ« und »sozial verantwortlich«, »vernünftig«, »lebhaft« und »unbekümmert«, so sehen viele Menschen aus dem links-alternativen Milieu ihre Kinder. Im Grunde handelt es sich hier um eine Projektion, ein Ideal: Die Kinder scheinen »unverdorben von den Unsicherheiten und Selbstwertproblemen«, die die Elterngeneration bedrängen. Viele Erwachsene verklären deswegen die Kinder zu »kleinen Erwachsenen . . ., die, weil sie nicht so ›vermurkst‹ sind wie wir, den Geist der Autonomie leichter realisieren können«. Auf diese Weise werden aus Kindern die »besseren« Menschen. Außerdem bedeutet die »Vorstellung, daß Kinder autonome Menschen sind«, eine große Entlastung. Um die lästige Verantwortung ablegen zu können, macht man sein Kind zu einem »Erwachsenen . . ., der für sich selbst entscheiden können *muß*«[82].

Es ist fraglich, ob Kinder ihrem »Wesen« oder ihrer »Natur« nach tatsächlich diesen Wunschvorstellungen entsprechen. Wenn das nicht der Fall ist, ergeben sich daraus ernste Probleme. Weder Erziehungslehren noch »kinderpolitische« Reformpläne können sich mit Aussicht auf Erfolg auf ein Menschenbild stützen, das auf unhaltbaren Annahmen über das Kind und das Werden seiner Persönlichkeit beruht. Selbstverständlich gilt diese Einsicht auch für die Pädagogik der GRÜNEN. Daraus ergibt sich die Frage, wie realistisch ihr Menschenbild ist. Es scheint schwere Mängel zu haben. Worin liegen die irrtümlichen Annahmen in der grünen Vorstellung vom Menschen?

[82] HORX 1983a, 133, 136 und 138f.

Empirische Einwände

Gegen das Menschenbild der GRÜNEN sind empirische und normative Einwände geltend zu machen. Als erstes werden die Erfahrungstatsachen behandelt, die gegen die entwicklungstheoretischen Annahmen der grünen »Kinderpolitiker« sprechen. Anschließend werden die normativen Einwände gegen den Verzicht auf Erziehung erörtert.

Die erfahrungswissenschaftlichen Einwände richten sich vor allem gegen die nativistisch-evolutionistische Theorie der Persönlichkeitsentwicklung, gegen das Idol des autonomen, von den Erwachsenen weitgehend unabhängigen Kindes und gegen die Idee der gleichberechtigten Partnerschaft von Kindern und Erwachsenen. Die bei den grünen »Kinderpolitikern« verbreitete »optimistisch-naive Anschauung über die Kindheit«, die »Verherrlichung des harmonischen, freien Kindes« und die Schwärmereien über die angeborene Güte der menschlichen »Natur« halten einer kritischen Betrachtung nicht stand[83].

Es ist natürlich schwierig, allgemeingültige Aussagen über die »wahre menschliche Natur« zu machen[84]. Dennoch kann man mit Sicherheit sagen, daß die naiven nativistischen und evolutionistischen Persönlichkeitstheorien der GRÜNEN gesicherten biologischen und entwicklungspsychologischen Erkenntnissen widersprechen.

Allgemein geht man heute davon aus, daß es angeborene psychische Prädispositionen gibt. Damit sind Anlagen gemeint, aus denen *unter bestimmten Bedingungen* infolge von *Lernvorgängen* verhältnismäßig dauerhafte Erlebnis- und Verhaltensbereitschaften hervorgehen. Es trifft jedoch nicht zu, daß allein diese ererbten Anlagen das Werden der Persönlichkeit determinieren. Das Verhalten des Menschen wird »nicht durch organische Gesetzmäßigkeiten starr festgelegt; . . . er ist plastisch und formbar. Statt der Instinkte besitzt das menschliche Kind eine geradezu unglaubliche Fähigkeit, zu lernen.« Gesellschaft und Kultur prägen die »wesentlichen Grundzüge seines Charakters«[85].

Die psychischen Prädispositionen sind jedoch keineswegs alle von gleichem Wert. Die Vorstellung vom »Guten« in der menschlichen Natur ist von Zeit zu Zeit und von Kultur zu Kultur verschieden. Deshalb ist der auch bei vielen grünen »Kinderpolitikern« anzutreffende Glaube wirklichkeitsfremd, dem Menschen seien nur diejenigen Anlagen keimhaft zu eigen, die gegenwärtig und in diesem Kulturraum als moralisch wertvoll gelten. Vielmehr weiß man, daß der Mensch von

[83] Zur Geschichte dieser Vorstellung vgl. HÖLTERSHINKEN 1971, 141–143 und 145 f.; zur Kritik FLITNER 1982, S. 81–83 und 95.

[84] Vgl. LEACOCK 1978b, 82.

[85] BREZINKA 1988, 151–153.

Geburt an auch über negativ bewertete psychische Prädispositionen verfügt. So ist beispielsweise dem einzelnen ein gewisses »Aggressionspotential« angeboren.

Je nach Umweltbedingungen ist das Ausmaß allerdings unterschiedlich, in dem die menschliche Prädisposition für aggressives Verhalten zu einer dauerhaften psychischen Disposition »Aggressivität« wird[86]. Zahlreiche Kulturen belohnen aggressives Handeln mit »Geld, Prestige und Status«[87]. Deshalb erwirbt der Nachwuchs hier die psychische Verhaltensbereitschaft »Aggressivität« in stärkerem Maße als in Kulturen, die aggressives Verhalten einschränken und bestrafen. Die beobachteten Unterschiede in der Aggressivität ihrer Mitglieder gehen auf Lern-, Anpassungs- und Erziehungsvorgänge zurück; sie sind nicht angeboren oder »naturgegeben«[88].

Wenn man die »Natur« des Kindes, seine Prädispositionen sowohl zum »Guten« wie zum »Schlechten«, seine Instinktarmut, seine Plastizität und Formbarkeit, seine Lernfähigkeit und sein Lernbedürfnis realistisch einschätzt, muß man die nativistisch-evolutionistische Theorie über die harmonische Selbstentfaltung der menschlichen Persönlichkeit zurückweisen. Dasselbe gilt für die Annahme, daß Kinder autonom seien. Es stimmt nicht, daß sie keine haltgebenden Regeln und keine verläßliche Orientierung bräuchten. Es trifft auch nicht zu, daß die Eltern auf die Erziehung ihrer Kinder verzichten und sie als gleichberechtigte Partner behandeln könnten.

Erst in den letzten Jahren ist wieder darauf aufmerksam gemacht worden, daß »Kinder . . . Grenzen suchende Wesen« sind. Sie »brauchen Festigkeit und Sicherheit«, die haltgebende Bindung an eine verläßliche Sozialgruppe und eine stabile, sicherheitsspendende Lebensordnung. »Richtig irgendwo dazugehören« und zu wissen, »wie man sich richtig verhält«, sind ursprüngliche Wünsche des Kindes: »Es gerät in Begeisterung, wo Regeln entfaltet werden«, an die es sich halten kann[89]. Das heißt nicht, Erziehung bestünde nur aus Disziplin- und Gehorsamsforderungen. Emotionale Geborgenheit in einem Klima der elterlichen Liebe ist die wichtigste Bedingung für das Werden der kindlichen Persönlichkeit. Daraus darf aber nicht gefolgert werden, daß Festigkeit und das Bestehen auf der Einhaltung verbindlicher Grenzen überflüssig oder schädlich wären. Auch sie sind notwendig. Der amerikanische Kinderarzt und Entwicklungspsychologe BRAZELTON hat diesen Sachverhalt so beschrieben: Die »zweitwichtigste Aufgabe

86 Vgl. WILSON 1978, 99, 105f. und 119.

87 BUSS 1972, 31.

88 LEACOCK 1980a, 469; OELKERS 1986, bes. 98; ROTH 1976, 13–15 und 182–184.

89 GÜNTHER 1988, 25.

der Eltern ist die Disziplin. Die Liebe kommt zuerst, aber feste Grenzen kommen als zweites.«[90]

Das Bedürfnis des Kindes nach Orientierung, Sicherheit und Autorität ist ebenso eine anthropologische Grundkonstante wie sein Streben nach Selbständigkeit. Es kann nicht durch einen elterlichen Willensakt außer Kraft gesetzt werden. Für diese Einsicht liegt auch eine überzeugende empirische Bestätigung vor. Sie stützt sich auf Erfahrungen aus den antiautoritären Kinderläden der späten sechziger und frühen siebziger Jahre. Damals erlebte der »Traum vom antiautoritären Arkadien« eine neue Blüte. Seine Anhänger glaubten auf das »gewisse Maß an Disziplin, Autorität und Anpassung« völlig verzichten zu können, dessen »jeder Sozialverband . . . bedarf«[91]. Eltern und Kinder sollten als »gleichberechtigte Partner« miteinander umgehen. Es zeigte sich jedoch rasch, daß die vier- bis sechsjährigen Kinder der Forderung nach »Autonomie« und »Selbstregulierung« nicht gerecht werden konnten. Wider Erwarten erlebten sie ihre Eltern »in gleichem Ausmaß . . . als ›Autoritäten‹« wie herkömmlich betreute Kindergartenkinder. Trotz des erstrebten »kollektiven Bewußtseins« waren sie emotional hauptsächlich von ihren Eltern abhängig. Die Kinderladenkinder nahmen die Überlegenheit der Eltern nicht nur als Tatsache hin, sondern schienen die »elterliche Autorität« geradezu zu suchen[92].

Außerdem erwies sich in den antiautoritären Kinderläden, daß der Verzicht auf Gehorsamsforderungen und Verhaltenseinschränkungen schädliche Wirkungen hat. Nach den Vorstellungen der Betreuer sollten die Kinder »selbstreguliert« ihr Gruppenleben gestalten, ohne daß die anwesenden Erwachsenen mit Anweisungen, Verboten und Strafen in das Geschehen eingriffen. Man erwartete sich von dieser möglichst umfassenden Permissivität gegenüber dem Handeln der Kinder unter anderem den Rückgang aggressiven Verhaltens. Das Gegenteil war der Fall. Es stellte sich heraus, daß gerade die »Permissivität des Erziehungsmilieus bzgl. aggressiven Verhaltens . . . sicher gehäuftes Zeigen dieses Verhaltens« bewirkt. Die Kinder lernten, daß sich aggressives Verhalten in vielen Situationen auszahlt. Weil es ihnen nicht verboten wurde, benutzten sie es deshalb umso häufiger für die Durchsetzung ihrer Ziele und Wünsche. Wegen der Scheu der Betreuer vor »autoritären« Erziehungsmaßnahmen und auf Grund ihrer Weigerung, verbindlichen sozialen Regeln und Verhaltensanforderungen Geltung zu verschaffen,

[90] Brazelton 1989, 42 (meine Übersetzung).
[91] Topitsch/Salamun 1972, 66f.
[92] Henningsen 1973, 124–126 und 139.

breitete sich ein aggressives Normalverhalten aus, das weit über dem für Kinder dieser Altersgruppe üblichen Maß lag[93].

Nach allen bisherigen Erfahrungen bringt der Verzicht auf Erziehung also große Nachteile mit sich. Er enthält den Kindern eine wichtige Gelegenheit vor, sich in einer verbindlichen Lebensordnung sicher und geborgen zu fühlen, Orientierung zu gewinnen und die in ihrer Kultur für wertvoll erachteten psychischen Erlebnis- und Verhaltensbereitschaften zu erwerben. Kinder benötigen nicht schrankenlose Freiheit und bloße »Selbstentfaltungschancen«, sondern die erzieherische Hilfe ihrer Eltern. Nicht ohne Grund klagen die Kinder und Jugendlichen alternativer Eltern, »die zum Kumpel erzogen (oder besser nicht erzogen)« wurden, »daß ihnen etwas verweigert« wurde. Davon abgesehen sind die mit Absicht nicht-erzogenen »Kinder . . . längst so unerträglich geworden, daß es tatsächlich nicht mehr zum Aushalten ist«[94]. Der Verzicht auf Erziehung bringt nicht das autonome, selbstbestimmte und moralische Individuum hervor, sondern begünstigt unter ungünstigen Umständen die Entstehung gerade derjenigen psychischen Dispositionen, die die Eltern vermeiden wollten[95].

Normative Einwände

Gegen den Verzicht auf Erziehung sind auch normative Einwände zu erheben. Bevor sie erläutert werden, muß ein Irrtum richtiggestellt werden. Er ist von den Antipädagogen aufgebracht worden und hat bei den GRÜNEN viele Anhänger gefunden. Sie behaupten, Erziehung sei moralisch unstatthaft. Das trifft jedoch nicht zu, wenn die Erzieher dem Kind mit Verständnis und Wertschätzung begegnen und auf sein Wohl bedacht sind.

Es gibt zahlreiche rechtliche und moralische Gründe, die für die Erziehung sprechen. Ihnen liegt folgender Gedanke zugrunde: Der Mensch trägt die angeborenen psychischen Prädispositionen zum »Guten« ebenso in sich wie die zum »Schlechten«. Daher liegt das Bestreben nahe, die für das Werden der menschlichen Persönlichkeit maßgeblichen Umwelteinflüsse zu kontrollieren. Das Kind soll nach Möglichkeit Lerngelegenheiten erhalten, die das Werden seines psychischen Dispositionsgefüges in eine von den Erwachsenen positiv bewertete Richtung lenken. Es soll diejenigen psychischen Verhaltens- und Erlebnisbereitschaften erwerben, die in seiner Gesellschaft erwünscht

[93] VOLKSMANN-RAUE 1977, 272, 274, 278, 291 und 293.
[94] HORX 1987, 91.
[95] BREZINKA 1981, 169.

sind. Die Entstehung von Dispositionen, die als schlecht bewertet werden, wird zu verhüten versucht. Kurz: Das Kind wird erzogen[96]. Das liegt nicht nur im Interesse der Erwachsenen, sondern auch in dem des Kindes: In der komplizierten und anforderungsreichen modernen Kultur kann der Mensch nur dann erfolgreich sein Leben meistern, wenn er in Kindheit und Jugend die erforderlichen Kenntnisse, Fertigkeiten und Charaktereigenschaften erworben hat. Die Erwachsenen und besonders seine Eltern können ihm dabei durch gute Erziehung helfen. Mit moralisch verdammenswürdiger Fremdbestimmung und Tyrannei hat das nichts zu tun. Die Erziehung läßt sich sehr wohl »mit Verständnis, Achtung und Ehrfurcht vor dem Kind vereinbaren«[97].

Nach nationalem wie internationalem Recht hat das Kind Anspruch auf eine gute Erziehung, die es auf sein späteres Erwachsenenleben vorbereitet. In diesem Sinn heißt es im Sozialgesetzbuch der Bundesrepublik Deutschland: »Jeder junge Mensch hat zur Entfaltung seiner Persönlichkeit ein Recht auf Erziehung«[98]. Nach dem Jugendwohlfahrtsgesetz hat »jedes deutsche Kind . . . ein Recht auf Erziehung zur leiblichen, seelischen und gesellschaftlichen Tüchtigkeit«. Im Regelfall soll dieser »Anspruch des Kindes auf Erziehung von der Familie . . . erfüllt« werden[99].

Die ordnungsgemäße Erziehung ihrer Kinder ist nicht nur das »natürliche Recht der Eltern«, sondern auch »die zuvörderst ihnen obliegende Pflicht«[100]. Zur »elterlichen Sorge«[101] gehört neben Pflege und Aufsicht auch die »Pflicht, das Kind . . . zu erziehen«[102]. Das heißt aber nicht, daß sie das Kind nach Gutdünken behandeln dürfen. Sie dürfen keine »entwürdigenden Erziehungsmaßnahmen«[103] ergreifen und müssen die »wachsende Fähigkeit und das wachsende Bedürfnis des Kindes zu selbständigem und verantwortungsbewußtem Handeln«[104] bei der Erziehung berücksichtigen.

Der Maßstab, an dem die elterliche Erziehung zu messen ist, ist das Wohl des Kindes[105]. Im »Übereinkommen [der Vereinten Nationen] über die Rechte des Kindes« aus dem Jahr 1989 wird bestimmt, daß bei

[96] Brezinka 1981 b, 95.
[97] Brezinka 1971, 288.
[98] Sozialgesetzbuch, Allgemeiner Teil, Art. I, § 8 (zit. nach Jugendrecht 1985, S. 2).
[99] Gesetz für Jugendwohlfahrt, § 1 Abs. 1 und 3 (zit. nach Jugendrecht 1985, S. 11); vgl. Brezinka 1987.
[100] Grundgesetz für die Bundesrepublik Deutschland, Art. 6 Abs. 2.
[101] Vgl. Bürgerliches Gesetzbuch, § 1626 (1987, S. 330).
[102] Ebd., § 1631 Abs. 1 (1987, S. 331).
[103] Ebd., § 1631 Abs. 2 (1987, S. 331).
[104] Ebd., § 1626 Abs. 2 (1987, S. 330).
[105] Vgl. ebd., § 1627 (1987, S. 330).

der Erziehung das Wohl des Kindes das »Grundanliegen« der Eltern sein muß. Erst bei Versagen der Eltern soll der Staat eingreifen, um durch geeignete Erziehungsmaßnahmen das Kind vor »Verwahrlosung oder Vernachlässigung . . . zu schützen«[106].

Solange die Erziehung dem allgemein anerkannten Gut des Wohls des Kindes dient, gibt es keinen plausiblen Grund, sie als moralisch unzulässig zu verleumden und ihre Abschaffung zu verlangen. Im Gegenteil: Es müssen alle Maßnahmen ergriffen werden, damit die Eltern ihre Kinder gut erziehen und sie dadurch angemessen auf ihr Erwachsenenleben vorbereiten können. Nur auf diese Weise läßt sich die Forderung nach Achtung des Kindeswohls erfüllen. Der absichtliche Verzicht auf Erziehung hat dagegen andere Folgen: Schlimmstenfalls führt er dazu, daß manche Eltern ihre Pflichten vernachlässigen und ihre Kinder verwahrlosen lassen.

Es mag sein, daß der von den meisten grünen »Kinderpolitikern« propagierte Verzicht auf Erziehung aus kinderfreundlichen Beweggründen erfolgt. Er scheint jedoch in den allermeisten Fällen negative Auswirkungen zu haben – für die Kinder, ihre Eltern und nicht zuletzt für die Gesellschaft.

106 Übereinkommen [der Vereinten Nationen] über die Rechte des Kindes, Art. 18 und 19 (1989, S. 12f.).

III. Die »Frauenpolitik« der Grünen in ihren Auswirkungen auf die Familienerziehung

Die Familie ist die wichtigste Institution im Leben eines Kindes. Sie bietet ihm Schutz, Pflege und Erziehung. Hier erwirbt es dauerhafte Bindungen an seine Eltern und Geschwister, vielleicht auch an andere im Haushalt lebende Familienmitglieder. Hier begegnet das Kind zuerst den Normen, Werthaltungen und Glaubensüberzeugungen, die in seiner Kultur wirksam sind. Eine Studie über die »Pädagogik der GRÜNEN« muß deshalb alle familienpolitischen Zielvorstellungen berücksichtigen, für die sich diese Partei einsetzt. Dabei hat sie im besonderen die Auswirkungen abzuschätzen, die die Verwirklichung der familienpolitischen Reformpläne der GRÜNEN auf den Nachwuchs und seine Erziehung hätte.

Wenn man sich mit der Familienpolitik der GRÜNEN beschäftigt, stößt man auf die erstaunliche Tatsache, daß es in der grünen Partei keine familienpolitischen Reformpläne, ja nicht einmal Stellungnahmen zu diesem Thema zu geben scheint. »Wir machen Frauenpolitik«, erklärten die GRÜNEN in ihrem Programm zu den Bundestagswahlen 1987 mit Nachdruck, »nicht Familienpolitik«[1]. Bei näherer Betrachtung zeigt sich aber rasch, daß sie nicht auf Familien gerichtete Politik im allgemeinen, sondern eine bestimmte Art von Familienpolitik ablehnen. Unter der Bezeichnung »Frauenpolitik« enthält die Programmatik der GRÜNEN zahlreiche Aussagen und Forderungen zu Ehe und Familie, zu neuen oder alternativen Lebensformen und -gemeinschaften, zum Kinder- und Betreuungsgeld, zum Scheidungsrecht und zum Verhältnis zwischen Eltern und Kindern, also zu Themen, die die übrigen Parteien traditionell unter dem Sammelnamen »Familienpolitik« zusammenfassen.

Daß diese Themen bei den GRÜNEN als Bestandteil der »*Frauen*politik« behandelt werden, ist auf den überaus starken Einfluß zurückzuführen, den Angehörige der Frauenbewegung parteiintern ausüben. Obgleich die ihrem Selbstverständnis nach radikalen Feministinnen zahlenmäßig nur eine verschwindende Minderheit darstellen[2], ist es

[1] Die GRÜNEN, Bundestagswahlprogramm 1987, 14.
[2] Vgl. RICHARDSEN/MICHALIK 1985a, 7.

ihnen von der Parteigründung an gelungen, ihre Forderungen im innerparteilichen Wettstreit der Meinungen geltend zu machen. In der Programmatik der GRÜNEN hat sich der Feminismus spätestens Mitte der achtziger Jahre in ganzer Breite durchgesetzt[3].

Da die Feministinnen, die in der Ende der sechziger Jahre entstandenen Neuen oder Zweiten Frauenbewegung engagiert sind, nahezu einhellig die Institution Familie ablehnen, ist es verständlich, daß sie mit aller Entschiedenheit politische Maßnahmen zu ihrer Unterstützung und Förderung verhindern wollen. So machen sie schon durch die Wahl des Namens »Frauenpolitik« deutlich, daß sie nicht an *familien*fördernde politische Maßnahmen denken, sondern an Reformen, durch die die *Frauen* aus ihrer »Abhängigkeit« von Ehemann und Familie »befreit« werden sollen.

Die in den letzten Jahren an die Öffentlichkeit getretene »Mütterfraktion« bei den GRÜNEN hat es bislang nicht vermocht, die Monopolstellung des feministischen Gedankenguts in der grünen Programmatik zu schwächen, geschweige zu brechen. Deshalb wird im folgenden die feministisch dominierte »frauenpolitische« Programmatik der GRÜNEN als in der Partei vorherrschende Mehrheitsmeinung ausführlich dargestellt und kommentiert, die über viel geringeren Einfluß verfügende »Mütterfraktion« jedoch in einem gesonderten Unterkapitel behandelt (Kap. III.3).

1. Die Kritik der Grünen an der Familie

Die Ablehnung und moralische Verurteilung der herkömmlichen Institutionen Ehe und Familie, die die grüne Programmatik und das Ideengut der Mehrheit ihrer Befürworter kennzeichnen, gehen vor allem auf zwei familienkritische Strömungen zurück. Die eine entspringt den in den dreißiger Jahren verfaßten Schriften des marxistischen Gesellschaftstheoretikers MAX HORKHEIMER und der marxistisch inspirierten Psychoanalytiker ERICH FROMM und WILHELM REICH, die Ende der sechziger Jahre von der Neuen Linken erneut aufgegriffen wurden. Die andere speist sich aus den Werken, die der radikale Feminismus in den letzten Jahrzehnten hervorgebracht hat.

[3] Vgl. BALLEIS 1985, XVIII.

Die Kritik der Neuen Linken

In seiner 1936 unter dem Eindruck der faschistischen und nationalsozialistischen Diktaturen entstandenen Schrift »Autorität und Familie«[4] versuchte HORKHEIMER, eine Erklärung für die scheinbare Autoritätshörigkeit der Bevölkerung zu geben. Die Ursache für das Denken in hierarchischen Kategorien, für die Anerkennung von Herrschaft, Macht und Privateigentum und für die Willensschwäche, das mangelnde Selbstwertgefühl und die Kritiklosigkeit, die HORKHEIMER bei den meisten Menschen zu finden glaubte, sah er in der Erziehung des Kindes in der bürgerlichen Kleinfamilie. Dort werde es so nachhaltig zu Unterordnungs- und Gehorsamsbereitschaft gezwungen, daß diese Prägung ein Leben lang nachwirke. In der herkömmlichen, hierarchisch geordneten Kleinfamilie erwerbe das Kind den »autoritären Charakter«, der einerseits ungerechtfertigte Herrschaft willig und ohne Aufbegehren ertrage, andererseits jede Gelegenheit nutze, um selbst diktatorische Macht über andere Menschen auszuüben.

ERICH FROMM[5] und WILHELM REICH[6] ergänzten diese Vermutungen HORKHEIMERS durch die auf das Gedankengut der Psychoanalyse FREUDS zurückgehende Annahme, für die Unterordnung des späteren Erwachsenen unter irrationale Macht- und Herrschaftsansprüche und das Werden der »autoritären Persönlichkeit« seien vor allem die Unterdrückung der sexuellen Triebregungen des Kindes und die Verinnerlichung einer rigiden Sexualmoral verantwortlich. Habe das Kind einmal ihre Restriktionen akzeptiert, sei es für alle Zeiten ein autoritätshöriger Untertan, der sich danach sehne, bei jeder sich ihm bietenden Gelegenheit selbst zum Unterdrücker zu werden.

Diesen Gedankengang, der das Fortdauern scheinbar autoritärer und repressiver gesellschaftlicher Strukturen durch ihre stete Erneuerung mit Hilfe der Kindererziehung in der Familie glaubte erklären zu können, griff die Neue Linke begierig auf. Dagegen nahm sie die Schriften des alten HORKHEIMER nicht zur Kenntnis, in denen er zwar über die gegenwärtigen Mängel der Institution Familie klagte, sie grundsätzlich aber als unumgänglich notwendig und schützenswert verteidigte[7]. Die Autoren der Neuen Linken konzentrierten sich auf die als schädlich und verhängnisvoll angesehenen Züge der herkömmlichen Kleinfamilie. Sie erblickten in ihr eine staatlicherseits geschützte Zwangsinstitution zur Aufrechterhaltung herrschaftskonformer Denk-

[4] Vgl. HORKHEIMER 1968, 277–360.
[5] Vgl. FROMM 1936.
[6] Vgl. REICH 1971.
[7] Vgl. hierzu und zum folgenden BREZINKA 1981, 122–129.

weisen und Wertorientierungen, eine von den herrschenden Mächten in Politik und Wirtschaft gelenkte Einrichtung zur Schaffung des »falschen«, nämlich nicht-sozialistischen und nicht-klassenkämpferischen Bewußtseins in der nachwachsenden Generation, eine »Erziehungsinstanz« zur Hervorbringung »angepaßter Untertanen«. Außerdem diene sie als »Reproduktionsinstanz für ausgepowerte Arbeitskräfte«, die sich in ihr erholen und ihre in der Arbeitswelt aufgestauten Aggressionen abreagieren könnten[8].

Diese einseitige Verengung des Blickfelds auf die als negativ empfundenen Seiten der Institution Familie und die Vernachlässigung und Leugnung ihrer positiven Aspekte führten große Teile der Neuen Linken zu der Forderung nach Abschaffung der herkömmlichen Kleinfamilie. Sie sollte im Zuge einer sozialistischen Umgestaltung der Gesellschaft nach und nach in kommunitäre Lebensformen überführt werden und schließlich als überlebtes Relikt der bürgerlichen Epoche aussterben[9].

Die Kritik der Frauenbewegung

Während die Neue Linke stärker die gesamtgesellschaftlichen politischen und ökonomischen Wirkungen der bürgerlichen Kleinfamilie betonte, neigt der radikale Feminismus eher dazu, die *inner*familiären Verhältnisse einer vernichtenden Kritik zu unterziehen. Weil die parteioffizielle Programmatik der GRÜNEN sich eng an das theoretische Schrifttum der Frauenbewegung anlehnt, braucht dieses nicht eigens dargestellt zu werden. Es genügt, bei der Schilderung der Familienkritik der GRÜNEN an den geeigneten Stellen auf die Gedankengänge hinzuweisen, die die GRÜNEN aus dem Ideengut der autonomen Frauenbewegung übernommen haben.

Sowohl radikale Feministinnen als auch die parteioffizielle grüne Programmatik beschreiben die Situation der Frauen in herkömmlichen Kleinfamilien mit einem Raster von »›Negativbegriffen‹ . . . wie Patriarchat, Herrschaftsverhältnis, Unterdrückung und Abhängigkeit . . ., Gewalt, Diskriminierung«, Ausbeutung und Fremdbestimmung[10]. In dieser Weltsicht ist jede Frau Opfer der Gewalt, die von Männern und dem von ihnen geschaffenen und aufrechterhaltenen kapitalistisch-patriarchalen System ausgeübt wird. Diese Gewalt

[8] NOTZ/NOTZ/TROSCHEIT 1988, 74 und 76.

[9] Zu den berühmten »Kommunen« der antiautoritären Studentenbewegung um 1968 vgl. MOHR/COHN-BENDIT 1988, 68–80.

[10] KNÄPPER 1988b, 143, 148 und 150.

braucht nicht von einer konkreten Person angewendet zu werden. Sie wird vielmehr von bestimmten »Strukturen« des »Systems« ausgeübt. Sie ist anonym, allumfassend und unausweichlich. Niemand kann sich der »strukturellen Gewalt« entziehen. Sie beeinträchtigt das Leben aller Menschen und hindert sie daran, in Glück, Freiheit und Selbstbestimmung zu leben.

Die »strukturelle Gewalt«, der Frauen aufgrund ihres Geschlechts unterworfen seien, finde ihre einschneidenste Ausprägung in den Institutionen Ehe[11] und Familie. In der »hierarchisch strukturierten« »Normalfamilie« würden die »Herrschafts- und Ausbeutungsverhältnisse aus dem öffentlichen Bereich . . . in der Privatsphäre fortgesetzt«. Die vorherrschende »geschlechtsspezifische (sexistische) Arbeitsteilung« sorge dafür, daß die »Herrschaft des Mannes über Frau, Kinder und Natur« unangetastet bliebe[12].

Die wichtigste Annahme des radikalen Feminismus und der GRÜNEN besteht in der Auffassung, daß es den Männern gelungen sei, sich »qua Geschlecht die gesellschaftlichen Machtbereiche« im Erwerbsleben und in der Politik zu reservieren. Den Frauen, verführt durch die allgegenwärtige Weiblichkeits- und Mütterlichkeitsideologie, dem rhetorischen »Zuckerguß über einem riesigen Scheißhaufen«, werde die familieninterne Haus- und Erziehungsarbeit aufgebürdet[13].

Die nach Geschlechtern unterschiedene Zuweisung der außerhäuslichen Berufsarbeit an den Mann und der innerhäuslichen Hausarbeit an die Frau, ihre Zuständigkeit für die »physischen und emotionalen Bedürfnisse« der übrigen Familienmitglieder und die häufig anzutreffende »Doppel- und Dreifachbelastung« der Frau durch »Beruf, Haushalt und Kindererziehung« bzw. ihre »Isolation als ›Nur-Hausfrau‹« führten zur Dominanz des Ehemanns, der aufgrund seiner Rolle als Garant des Familieneinkommens seine Frau in »finanzieller Abhängigkeit« halten könne[14]. Was im innerfamiliären Machtkampf zähle, sei die bei den Männern liegende Verfügungsgewalt über das Geldeinkommen der Familie, mit dessen Erwerb sie ihre Vormachtstellung rechtfertigten. Demgegenüber werde die »unbezahlte, unerkannte und diskriminierte Arbeit« der Hausfrauen als geringwertig angesehen und als »Nicht-Arbeit«, als »Liebeswerk« ausgegeben, das mit Leichtigkeit erledigt werden könne[15].

[11] So schon GALTUNG 1977c, 86.

[12] Die GRÜNEN Saar 1985, 11f.

[13] GABRIELE POTTHAST: Rede vor dem Deutschen Bundestag vom 12. April 1984. In: Verhandlungen des Deutschen Bundestages, 10. Wahlperiode, Stenographische Berichte Bd. 127, Bonn 1984, 4656–4658.

[14] Die GRÜNEN Baden-Württemberg 1984, 32.

[15] OUBAID 1986, 44.

Die Unterwerfung der Ehefrau unter den Willen ihres Mannes hat nach Auffassung radikaler Feministinnen aber nicht nur ökonomische Gründe. Brutale physische und psychische Machtausübung der Ehemänner sei in zahlreichen Fällen die Ursache, daß für eine unübersehbare Anzahl von Frauen die Familie zum »Ort der Entwürdigung und Gewalt« würde: »Frauen werden vor allem in ihrer Familie . . . geschlagen, verhöhnt, vergewaltigt und ermordet«, sexuell genötigt, gequält, zum Objekt der Launen ihrer Beherrscher gemacht und ihrer Würde beraubt[16].

Eine Richtung innerhalb des Feminismus macht undifferenziert »den Mann« bzw. »die Männer« als Geschlecht für die »Versklavung der Frau«, für den alltäglichen »Sexismus« und die frauenfeindliche »strukturelle Gewalt« in der Gesellschaft verantwortlich. Andere Feministinnen sehen die Ursache dafür eher in der »kapitalistischen« Industriegesellschaft. In großem Maßstab betrachtet, habe sich in den letzten zweihundert Jahren die vollständige »Subsumtion der Hausarbeit unters Kapital« vollzogen. Einerseits, so heißt es im grundlegenden Text dieser ökonomisch argumentierenden, kapitalismuskritischen feministischen Denkströmung, könnten die Unternehmer ihren Arbeitnehmern jetzt »zu niedrige Löhne . . . bezahlen«, weil sich die Arbeiter ihrerseits an der unbezahlten Hausarbeit ihrer Ehefrauen bereichern könnten. Andererseits sorgten die Frauen in der Kindererziehung auch noch dafür, daß dem »Kapital« stets neue Generationen gesunder, arbeitswilliger und leistungsbereiter Heranwachsender zur Verfügung stünden. Die »Produktion« neuer Arbeitskräfte und die häusliche »Reproduktion« der bereits vorhandenen machten die Frauen zum »Herz des Kapitals. Es steht und fällt damit, sich ihrer Liebe, ihrer ›Natur‹, ihrer Arbeit umsonst bedienen zu können«[17].

Patriarchat und Kapitalismus sind nach dieser Deutung eine unheilige Allianz zum Nachteil der Frau eingegangen: »Der patriarchalische Kapitalismus«, schrieben die bayerischen GRÜNEN in enger Anlehnung an feministisches Ideengut, »behandelt Frauen wie einen nachwachsenden Rohstoff, dessen Arbeitskraft, Gebärfähigkeit und Emotionalität unendlich ausbeutbar« sei. Frauen gälten allgemein als »Besitz von Männern . . ., mit dem diese machen können, was sie wollen«. »Unterdrückung und Gewalt gegen Frauen« seien keineswegs Einzelfälle, sondern »Wesensmerkmale der patriarchalen Kulturen, die alle sozialen Klassen durchziehen« und die den Frauen den »Aufbau einer

[16] Die GRÜNEN Schleswig-Holstein 1987, 33. Vgl. auch LEACOCK 1983, 113.

[17] BOCK/DUDEN 1977, 161, 165–171 und 177f. Vgl. auch KITTLER 1980; LEACOCK 1975, 602; 1977a, 8f.; zum Ursprung dieser Sichtweise bei FRIEDRICH ENGELS vgl. LEACOCK 1972, 29–46.

selbstbestimmten und befriedigenden Existenz« fast unmöglich machten[18]. Den Fortbestand dieser skandalösen Zustände gewährleiste der Staat durch steuer-, erb- und familienrechtliche Regelungen, die die »Gleichschaltung der Lebensformen auf Ehe, Familie und Partnerschaft« und die »polarisierte Rollenverteilung der Geschlechter« einschließlich der »Zwangsheterosexualität« erzwängen, wobei er von den Kirchen nach Kräften unterstützt werde[19].

Gegen die scharfe feministische Kritik an der Familie lassen sich schwerwiegende Einwände vorbringen. Dabei handelt es sich um theoretische, historische und empirische Einwände.

Theoretische Einwände

Das weltanschauliche Ideengut der Frauenbewegung enthält Vorurteile und Irrtümer, die seinen Wert mindern. Das gilt auch für ihre Kritik an der Familie. Das häufigste Vorurteil in feministischen Texten ist die verdeckte Geringschätzung des weiblichen Geschlechts. Die Denkfehler des Feminismus liegen vor allem in seiner Lehre vom »falschen Bewußtsein« und in einer Verschwörungstheorie, die auf fehlerhaften Annahmen beruht.

Sowohl die Frauenbewegung als auch die GRÜNEN weisen mit Entschiedenheit darauf hin, daß Frauen zu allen historisch bekannten Zeiten und in allen Kulturen wehrlose Opfer patriarchaler Gewalt, Unterdrückte und Ausgebeutete gewesen seien[20]. Obwohl ihre Anhänger das nicht erkennen, ist diese Behauptung jedoch äußerst problematisch. Sie schließt nämlich das unausgesprochene Vorurteil ein, daß Frauen in allen Fällen das *nicht siegreiche*, das *unterlegene*, das *inferiore* Geschlecht gewesen seien: »Aus welchem Grund auch immer, Frauen sind einfach unfähig, den ihnen zustehenden Platz in der Männerwelt einzunehmen. . . . Darauf zu bestehen, daß Frauen von einer Gewalt, die außerhalb ihrer Einflußmöglichkeiten liegt, in die Knechtschaft gezwungen worden sind, heißt dem Gedanken zustimmen, daß sie minderwertig sind«[21]. Man ist versucht, hier eine indirekte, sublime Frauenverachtung am Werk zu glauben, die der des schlimmsten Frauenfeinds in nichts nachsteht. Bis ins kleinste wiederholt die Frauenbewegung jedenfalls gedankenlos Argumente, die immer wieder

[18] Die GRÜNEN Bayern 1986, 33, 36f. und 39.
[19] Die GRÜNEN Hamburg 1986, 12f.
[20] Vgl. KÜBLER 1984, 72.
[21] DECTER 1973, 40–42 und 180 (meine Übersetzung).

von Autoren vorgebracht werden, die die Inferiorität der Frau in modernen Kulturen nachweisen wollen[22].

Das feministische Theorem des »falschen Bewußtseins« besagt, daß es den Frauen, die unablässig den »sexistischen Wirkungen« »patriarchaler Institutionen« ausgesetzt seien, an »Einsicht in die eigene Arbeits- und Lebensrealität« fehle, daß es ihnen schwerfalle, ihre Lage objektiv zu »durchschauen« und sich der ihnen eingeimpften »Illusionen weiblicher ›Normalität‹ zu entledigen«[23]. Die Lehre vom objektiven Interessen zuwiderlaufenden »falschen Bewußtsein«, die immer dann vertreten wurde, wenn Menschen nicht das glauben und einsehen wollten, was sie aus der Sicht einer Weltanschauung hätten glauben und einsehen müssen, erlaubt die abenteuerlichsten argumentativen Verdrehungen[24]. Mit ihrer Hilfe können die Ansichten anderer Menschen, selbst wenn sie den Erwartungen völlig zuwiderlaufen, als Bestätigung der eigenen Auffassung gedeutet werden. Aus logischer Sicht ist das Theorem vom »falschen Bewußtsein« abzulehnen. Es ist in Wirklichkeit nur eine unzulässige Pseudo-Erklärung, die die eigenen Vorurteile vor der Widerlegung durch Tatsachen in Schutz nimmt.

Hierzu ein Beispiel: Angesichts der Erkenntnis, daß die meisten in einer empirischen Untersuchung befragten Frauen »feministische Analysen bezüglich Mutterschaft und Arbeitsteilung« irrelevant, nichtssagend oder unglaubwürdig finden und gerne Hausfrauen und Mütter sind[25], verfallen Feministinnen leicht auf den Gedanken, darin eine besonders hinterlistige Domestizierung der Frau zu sehen, die in der patriarchalen Gesellschaftsordnung einer Prägung unterzogen werde, die sie ihre wirklichen Interessen nicht mehr wahrnehmen lasse. Durch dieses gedankliche Manöver gelingt es ihnen, die Lehre von der Unterdrückung der Frau beizubehalten, obwohl sie den Tatsachen widerspricht.

Auch die feministische Lehre von der allgegenwärtigen Verschwörung der Männer ist aus logischen Gründen äußerst zweifelhaft. Feministinnen betrachten die Institutionen Ehe und Familie häufig als von Männern erdachte und durchgesetzte raffinierte Arrangements zur Unterdrückung der Frau und zur Aneignung ihrer Arbeitskraft, Sexualität, Gebärfähigkeit usw. Daß es für diese Verschwörungsthese nicht die Spur eines Beweises gibt, macht eine zusätzliche Annahme erforderlich: daß die Männer die Geschichte gefälscht und die »Indi-

[22] Vgl. auch Leacock 1981 a, 2f.; 1981 b, 183; Lowe/Hubbard 1983 a, XI; Smith 1983.

[23] Enders-Dragässer 1988, 123f.

[24] Vgl. auch Topitsch 1989.

[25] Hehr 1988, 141f. und 149f.

zien« für ihren »Betrug« hätten »verschwinden lassen«[26]. Durch diesen verblüffenden Gedanken wird die Nicht-Existenz von Indizien für einen Vorgang (die Verschwörung der Männer) zum Indiz für denselben Vorgang. Diese feministische Argumentation ist allerdings höchstens ein Ausdruck dialektischen Unfugs, nicht jedoch eine wissenschaftlich beweiskräftige Aussage. Diese Spielart von »Frauengeschichtsschreibung«, ihre willkürliche Einführung von Annahmen und ihr Beharren auf der intuitiv gefühlten historischen »Wahrheit« sind unhaltbar. Viele dieser Texte gehören in die Gattungen Romanliteratur und Mythologie, nicht aber zu den ernsthaften Studien in den Fächern Geschichte, Ethnologie und Anthropologie. Mit einer Schilderung der Wirklichkeit haben sie nichts zu tun.

Die feministische Kritik an der Familie stützt sich also teilweise auf Annahmen, die einer logischen Prüfung nicht standhalten. Dasselbe gilt für die historischen Behauptungen der Frauenbewegung.

Historische Einwände

Die historischen Einwände richten sich vor allem gegen die unzutreffenden Annahmen der Frauenbewegung über die Gründe, die zur Entstehung der Familie geführt haben. Historisch betrachtet war die Urfamilie nicht eine auf Unterdrückung der Frau gründende und zum einseitigen Vorteil des Mannes gewaltsam aufrechterhaltene Zwangsinstitution, sondern eine Einrichtung zu *beiderseitigem* Nutzen. Die von Feministinnen behauptete Interessen*divergenz* von Männern und Frauen, die die Geschichte ähnlich durchziehe wie die in anderen Weltanschauungen angenommenen Klassenkämpfe, erscheint im Licht frühgeschichtlicher und ethnologischer Erkenntnisse unhaltbar; dort wird für die Entstehung der Familie eher die Interessen*konvergenz* der Geschlechter angenommen, beispielsweise das bei beiden vorhandene Überlebensinteresse und das Interesse an einer möglichst reibungslosen und effizienten Pflege des gemeinsamen Nachwuchses[27].

Aus der Vorgeschichtsforschung und aus der Ethnologie ist bekannt, daß die »normale kleine Familie: ein Mann, eine Frau, ihre Kinder . . . zwischen 50000 und 500000 Jahre« alt ist[28]. Bereits in frühesten Jäger- und Sammlergesellschaften herrschte »geschlechtsspezifische Arbeitsteilung«. Die Frauen betreuten die Kinder, sammelten Nahrung und bereiteten sie zu. Die Männer jagten, führten Kriege und schützten die

[26] Spender 1985, 152.
[27] Vgl. auch Leacock 1977, 236.
[28] Hierzu und zum folgenden Wesel 1980, 78–84.

Gruppe vor äußeren Feinden[29]. Diese Aufgabenverteilung war optimal. Bemerkenswerterweise wurden Frauen in diesen ersten Kleinfamilien nicht so stark eingeschränkt wie in späteren historischen Epochen. Die Familie hat demnach mit der Stellung der Frau sehr viel weniger zu tun, als gemeinhin angenommen wird. Für ihre verhältnismäßige Freiheit oder Beschränkung dürften andere kulturspezifische Normen ausschlaggebend sein, nicht die Institution (arbeitsteilige) Familie als solche.

Auch unter den heutigen Verhältnissen scheinen viele Menschen die arbeitsteilige Kleinfamilie unter dem Gesichtspunkt gegenseitiger Kooperation attraktiv zu finden. Der nach wie vor große Prozentsatz von Personen, die eine Ehe eingehen und eine Familie gründen wollen, ist ein deutlicher Anhaltspunkt für diese Sichtweise.

Empirische Einwände

Die empirischen Einwände gegen die feministische Kritik an der Familie stützen sich auf gesicherte Erhebungsdaten. Mit ihrer Hilfe läßt sich zeigen, wie unseriös die globale Familienkritik der Frauenbewegung und der GRÜNEN in Wirklichkeit ist.

Viele Tatsachenbehauptungen feministischer Theoretikerinnen sind zweifellos falsch. Hierfür ein Beispiel: In den Schriften der Frauenbewegung herrscht ein generalisiertes Negativbild der herkömmlichen Familie. Die menschenverachtende Mischung aus offener und versteckter Gewalt des Mannes, aus Fremdbestimmung und erzwungenem Gehorsam der Frau, aus ungezügeltem Herrschaftswahn und grenzenloser Erniedrigung erinnert eher an Karikaturen der bürgerlichen, vom Familienoberhaupt dominierten Familie des 19. Jahrhunderts[30] als an die moderne Kleinfamilie, in die zunehmend partnerschaftliche Umgangsformen Eingang gefunden haben. Jedenfalls gehört der selbstherrliche Patriarch, der die feministische Literatur beherrscht, – von Ausnahmen abgesehen – längst der Vergangenheit an.

Wie ahistorisch und undifferenziert das Familienbild zahlreicher Wortführerinnen der Frauenbewegung ist, erkennt man unter anderem an der Zählebigkeit einer Annahme, die inzwischen – wenn sie je in großem Rahmen zutreffend war – überholt ist. Die Überzeugung, daß der erwerbstätige Familienvater nach Gutdünken über die finanziellen Mittel des Haushalts entscheide und mit Hilfe dieser Verfügungsgewalt

[29] TYRELL 1978, 618, 629 und 645, Anm. 15; LEIBOWITZ 1983.
[30] Vgl. dazu WEBER-KELLERMANN 1974, 97–118.

in Gelddingen Macht über Frau und Kinder ausübe, ist falsch. Feministische Theoretikerinnen, die sich mit der Frage befaßt haben, welcher Ehepartner über wieviel Einfluß auf das Erwerbseinkommen des berufstätigen Ehemannes verfügt, gelangten zu dem Ergebnis, »daß das meiste Geld der Männer durch die Hände der Frauen fließt, daß weitgehend die Frauen bestimmen, was gekauft wird«[31]. Angesichts dieses empirischen Befundes ist es abwegig, zu behaupten, Frauen besäßen keinen nennenswerten innerfamiliären Einfluß. Wirklichkeitsnäher ist die Annahme, daß in zahlreichen Familien die Hausfrau das Budgetrecht – das ehemals wichtigste Recht des Parlaments gegenüber dem Monarchen – entweder allein besitzt oder in Absprache mit dem Ehepartner ausübt. Von finanzieller Abhängigkeit und daraus folgender Unterdrückung der Frauen kann nicht die Rede sein[32].

In der empirischen Sozialforschung hat man deshalb das Bild von der »vaterdominierten, engen und autoritären« patriarchalischen Kleinfamilie längst aufgegeben. Neuere Untersuchungen deuten nämlich darauf hin, daß es allenfalls für ein Viertel aller Familien zutreffend sein dürfte. Demgegenüber nehmen in 60% der Familien die Mütter die »beherrschende Stellung« ein. Nach eigenem Bekunden erleben die Kinder in der Mehrheit der Familien »keine ›partnerschaftliche‹ Machtverteilung zwischen den Eltern«: »Für die Hälfte der Jugendlichen ist die führende Rolle der Mutter in der Familie verbunden mit dem Erleben des Vaters als schwach. . . . Der Vater läßt in der Mehrheit der Familien geschehen, was die Mutter will.«[33] Angesichts dieser Befunde kann man sagen, daß die Annahmen der Frauenbewegung und der Grünen über die durchschnittliche Familie falsch sind.

Zusammenfassend läßt sich feststellen, daß das negative Zerrbild, das die radikale Frauenbewegung und in ihrem Gefolge die Grünen von der herkömmlichen Kleinfamilie zeichnen, zwar auf eine unbekannte Zahl von Fällen zutrifft, jedoch keine Beschreibung der vorherrschenden »Durchschnittsfamilie« ist. Es hält der historischen und empirischen Prüfung nicht stand. Statt der behaupteten völligen »Viktimisierung« der Frau und der uneingeschränkten patriarchalen Dominanz des Mannes überwiegen partnerschaftliche Kooperationsformen in beiderseitigem grundsätzlichen Einvernehmen und zu beiderseitigem Nutzen. Mangelnder Realitätssinn und fragwürdige bis falsche Theoreme des Feminismus lenken aber stärker von den tatsächlichen Problemen der Familie ab, als daß sie sie erhellten.

[31] Ruth Becker 1988, 154.

[32] Ökonomische Theorien über die innerfamiliäre Machtverteilung referiert zusammenfassend Nauck 1987/88, bes. 5–13.

[33] Günther 1982, 57f. und 174.

2. Die frauenpolitischen Ziele der Grünen

2.1. Der »Abbau der Geschlechterrollen«

In modernen Industriegesellschaften westlicher Prägung haben sich im Laufe der letzten zweihundertfünfzig Jahre »individuelle Freiheit«, »Selbstbestimmung« und Unabhängigkeit als von vielen Menschen geschätzte Ideale durchgesetzt[34]. In der individuellen Werthierarchie der Meinungsführer und Anhänger der GRÜNEN genießen diese Güter unbedingten Vorrang: »Unerbittlich für Menschenrechte«, für »Selbstbestimmung und Befreiung« einzutreten, macht einen Grundbestandteil des grünen Selbstverständnisses, der »grünen Identität« aus; »wenn ihnen etwas zugetragen wird«, was ein Verstoß gegen die Menschenrechte und gegen das Gebot der Verwirklichung individueller Freiheit zu sein scheint, »dann gehen sie der Sache nach, auch wenn es ziemlich unwahrscheinlich klingt«[35].

Bei einer Partei, zu deren wichtigsten Zielen die »Befreiung der menschlichen Natur von institutionellen und gesellschaftlichen Zwängen« zählt und die dem einzelnen nur das unabdingbare »Minimum an gesellschaftlicher Zwangsverpflichtung« zuzumuten bereit ist[36], erregten die feministischen Schilderungen des unterdrückerischen Herrschaftsverhältnisses, dem die Männer die Frauen unterworfen hätten, natürlich großes Aufsehen. Um eine »gewaltfreie menschliche Welt ohne Hierarchien zwischen Frauen und Männern« zu schaffen, in der Frauen »ohne Beschränkungen durch Rollenklischees und Männerdominanz . . . leben« könnten und »Selbstbestimmung« über ihren Körper, ihre Arbeitskraft und ihre Lebensgestaltung besäßen[37], müsse mit unbedingtem Vorrang die »finanzielle und die daraus folgende psychische Abhängigkeit« der Frauen von ihren Ehemännern beseitigt werden. Das sei nur durch die »Aufhebung der geschlechtsspezifischen Arbeitsteilung« zu erreichen[38].

In ihrem vielbeachteten Entwurf zu einem »Antidiskriminierungsgesetz«, der unter Federführung der strikt feministisch ausgerichteten »Bundesarbeitsgemeinschaft Frauen« der GRÜNEN und unter Hinzuziehung zahlreicher Fachleute ausgearbeitet wurde, beschrieb die grüne Bundestagsfraktion eingehend, wie die Abschaffung der »geschlechtsspezifischen Arbeitsteilung in Gesellschaft und Familie« zu bewerkstel-

[34] BERNINGHAUSEN/KERSTAN 1988, 189.

[35] REENTS 1988, 192, 195 und 197.

[36] FRANZKE/MUTSCHELLER/HORST/BOTZUM 1987, 7.

[37] Die GRÜNEN Schleswig-Holstein 1987, 31–34.

[38] Die GRÜNEN Bayern 1986, 33.

ligen sei[39]. Zur Verwirklichung des Ziels, »die Einflußnahme und Beteiligung von Frauen in gleichem Umfange« wie die der Männer in »allen gesellschaftlichen, d. h. politischen, wirtschaftlichen, sozialen und kulturellen Bereichen zu gewährleisten«, sei es nötig, »alle Ausbildungs- und Erwerbsarbeitsplätze . . . zu mindestens 50 vom Hundert für Frauen zur Verfügung zu stellen«. Darüber hinaus müßten Maßnahmen ergriffen werden, die geeignet seien, »unentgeltliche Arbeitsleistungen in Haus und Familie auf Männer und Frauen gleichermaßen zu verteilen«[40]. Das bedeutet, daß auch Frauen mit Kindern ebenso selbstverständlich einer Arbeit außer Haus nachgehen wie sich die Männer an der Hausarbeit und an der Kindererziehung beteiligen[41].

Die im Antidiskriminierungsgesetz geforderten Maßnahmen sind bei den GRÜNEN nicht unumstritten, obwohl sie als fester Bestandteil zur offiziellen Programmatik der Partei zählen. Der Plan, alle Erwerbsarbeitsplätze im Verhältnis 50 zu 50 auf Männer und Frauen zu verteilen – kurz »Quotierung« genannt[42] –, scheint vielen weiblichen Parteimitgliedern ein untaugliches Mittel des »bürokratischen Feminismus«, das die Lage der überwältigenden Mehrheit der Frauen mit Kindern nicht bessern könne. Die Reservierung der Hälfte aller Erwerbsarbeitsplätze für Frauen, die auch rechtlich kaum gerechtfertigt werden kann, da in bislang männerdominierten Berufen mit geringer Personalfluktuation bei Einführung der Quotierung auf Jahre hinaus keine Einstellungschance für junge Männer bestünde[43], betrachten sie weniger als erfolgversprechenden Schritt zur Frauenbefreiung, sondern als feministisch verbrämte Methode von Karrierefrauen, sich allein aufgrund ihrer Geschlechtszugehörigkeit einen lukrativen Posten im Erwerbsleben zu sichern. Der Verdacht, daß sich hinter dem Anspruch der Frauenbewegung, die Befreiung der Frau im allgemeinen zu erkämpfen, »selbstsüchtige Motive« und handfeste »Machtansprüche« ihrer Wortführerinnen verbergen[44], ist nicht von vornherein von der Hand zu weisen. MARIELUISE BECK-OBERDORFS Bemerkung beispielsweise, es werde »mit der Quotierung« erst dort »interessant«, »wo es um die besseren

[39] Vgl. auch VERENA KRIEGER 1987.
[40] Die GRÜNEN, Antidiskriminierungsgesetz 1986, 18.
[41] Vgl. ALTERNATIVE LISTE Berlin 1989, 3.
[42] Vgl. auch HAIBACH 1987.
[43] Vgl. zur juristischen Problematik SYBILLE RAASCH: Diskussionsbeitrag bei der Sachverständigenanhörung zum Antidiskriminierungsgesetz, veranstaltet vom Arbeitskreis der GRÜNEN am 29. April 1986 in Bonn. In: Die GRÜNEN, Antidiskriminierungsgesetz 1986, 70–72; STOBER 1988, 58f.
[44] KÖRNER 1984, 42.

Arbeitsplätze geht«[45], schien den Kritikerinnen recht zu geben, die befürchteten, diese Maßnahme wirke sich vorteilhaft nur für kinderlose Frauen im Berufsleben aus, denen sie zum schnelleren und reibungsloseren Erklimmen der Karriereleiter verhelfe[46].

Die wirtschafts- und frauenpolitische Zielsetzung, zeitlich drastisch verkürzte außerhäusliche Erwerbsarbeit einerseits und Hausarbeit und Erziehungstätigkeit andererseits gleichmäßig auf beide Geschlechter zu verteilen, soll nach Auffassung von Frauenbewegung und grüner Mehrheit langfristig dazu führen, daß die herkömmlichen »Geschlechtsrollen« von Männern und Frauen überwunden werden. Beiden Geschlechtern müsse es möglich sein, »die Wahl in der sozialen Entwicklung auch auf die Kategorie des Geschlechts aus[zu]dehnen«, »neue Facetten in ihrem Charakter [zu] entwickeln« und »›Geschlechtsrollen‹ neu zu erfinden, zu phantasieren, umzugestalten«[47].

Die Aversion der GRÜNEN gegen die typischen »Geschlechtsrollen« hat im wesentlichen zwei Ursachen. Die eine besteht in der grundsätzlichen Feindschaft gegen alles, was als »gesellschaftlicher Zwang« gedeutet werden kann, als herkömmliche Verhaltenserwartung, die von den etablierten kulturellen Mächten an den einzelnen gestellt wird. Jeder »Rollenausbruch«, jedes Aufbegehren gegen Erwartungen der »Gesellschaft«, die den Menschen an einer völlig »autonomen«, unabhängigen Entscheidung hinderten, entspreche »emanzipativen Vorstellungen und ist deshalb legitim«[48], erklärten die nordrhein-westfälischen GRÜNEN. Aus diesem Grund sei alles, was zum Abbau von »Geschlechtsrollen« unternommen werden kann, moralisch gerechtfertigt und unbedingt erstrebenswert.

Die zweite Ursache liegt in einer Annahme, die bis Ende der siebziger Jahre in der Frauenbewegung kaum angezweifelt wurde und bis heute die Mehrheitsmeinung darstellen dürfte. Sie besagt, daß »Weiblichkeit und Männlichkeit als soziale Kategorien« nicht »objektive, quasinatürliche Phänomene« seien, sondern Erzeugnisse einer jahrtausendelang patriarchalisch geprägten Geschichte. Sie seien »armselige Konstrukte reduzierter menschlicher Möglichkeiten«[49], die das Werden der menschlichen Persönlichkeit zugunsten standardisierter »Geschlechtsrollen« einschränkten und den Menschen so der Gelegenheit beraubten,

45 BECK-OBERDORF: Diskussionsbeitrag auf dem Antidiskriminierungsgesetz-Kongreß »Ende der Bescheidenheit« am 28. und 29. Juni 1986 in Frankfurt. In: Die GRÜNEN, Antidiskriminierungsgesetz 1986, 75.

46 Allgemein hierzu auch SICHTERMANN 1984c, 104f.

47 LENZ 1987, 72 und 74.

48 Die GRÜNEN Nordrhein-Westfalen 1985a, 68.

49 NEIDIG/SELDERS 1987, 83f.

wertvolle Eigenschaften zu erwerben, nur weil sie üblicherweise dem anderen Geschlecht vorbehalten seien. Wären die »Geschlechtsrollen« und der Druck auf den einzelnen, sich ihnen psychisch anzugleichen, erst einmal beseitigt, dann könnten die Angehörigen *beider* Geschlechter die für wertvoll erachteten psychischen Dispositionen erwerben, die bislang zum »Rollenklischee« nur eines der beiden Geschlechter gehört haben. Dadurch, daß Männer ihre »männlichen Eigenschaften und Zwänge« ablegen und »andere, bisher typisch weibliche Fähigkeiten . . . erlangen«, eröffneten sie sich die »Chance auf eine grundlegende gesamtgesellschaftliche Veränderung hin zu menschenwürdigem Dasein, wo an menschlichen Bedürfnissen orientierte Produktion und Lebensweise das Handeln, Denken und Fühlen bestimmt und wo . . . jegliche Unterdrückung abgeschafft wird«[50]. Im Grunde handelt es sich hier um einen Wunschtraum: der »ganzheitliche«, »androgyne«, d. h. gemischtgeschlechtliche Mensch soll in sich alle jene wertvollen Charaktereigenschaften vereinigen, die gegenwärtig noch typischerweise auf die beiden Geschlechter »verteilt« sind[51].

Die Hoffnung auf die Veränderbarkeit selbst der tiefsitzenden Bestandteile des Charakters oder Dispositionsgefüges speist sich aus der Vorstellung, alle den Menschen prägenden »Denkgewohnheiten und Anschauungsweisen, . . . Normen, Gesetze, Bilder, Muster, Denk- und Sprachschienen« seien ihm von den in seiner Gruppe vorherrschenden Bedingungen »eingeimpft« worden[52]. Die Auffassung, der Mensch sei in allen Belangen das Produkt der ihn umgebenden sozialen und materiellen Verhältnisse, hat Karl Marx zwar nicht als erster, wohl aber am folgenreichsten in Worte gefaßt: »Es ist nicht das Bewußtsein der Menschen, das ihr Sein, sondern umgekehrt ihr gesellschaftliches Sein, das ihr Bewußtsein bestimmt«[53]. Wenn sich das soziale Sein als die Gesamtheit der kulturellen Bedingungen, unter denen der Mensch lebe, ändere, dann müsse sich notwendigerweise auch sein Bewußtsein, das Gefüge seiner psychischen Dispositionen, Einstellungen, Glaubensüberzeugungen, Werthaltungen und Wünsche ändern, und zwar nicht nur partiell, sondern bei entsprechend starker Wandlung der Umweltbedingungen von Grund auf.

Marx' Überzeugung von der grundsätzlichen Veränderbarkeit aller Züge des menschlichen Charakters wurde rasch zu einer vielerorts akzeptierten Annahme progressiver Autoren. Die große Plastizität des

[50] Richardsen 1984, 28.
[51] Zum Stand der psychologischen Androgynie-Forschung vgl. Bierhoff-Alfermann 1989.
[52] Göttner-Abendroth 1988, 9.
[53] Marx 1974, 9.

psychischen Dispositionsgefüges im Kindes- und Jugendalter, die den Menschen »in höchstem Grade bestimmbar macht durch soziale und kulturelle Einflüsse«[54], deuten manche Entwicklungstheoretiker als Beweis dafür, daß nicht nur dem jungen Menschen eine überwältigende Variationsbreite für den potentiellen Erwerb psychischer Dispositionen offensteht, sondern daß auch das psychische Dispositionsgefüge des Erwachsenen mit Hilfe gewandelter Umwelt- und Lebensbedingungen beliebig verändert werden könne.

Empirische Einwände

Tatsächlich zeigt die historische Erfahrung, daß sich das typische Erscheinungsbild des Menschen in der Abfolge der Generationen wandeln kann. Andererseits spricht manches dafür, daß sich Mann und Frau nicht so grundlegend verändern, wie es der Glaube an die Entstehung oder Erschaffung des »neuen Menschen« nahelegt.

Ob dafür die Erbanlagen oder Umweltbedingungen maßgeblich sind, ist beim jetzigen Stand des Wissens kaum zu entscheiden. Im Hinblick auf hochfliegende Erwartungen ist aber Skepsis angebracht. Weil der Erwachsene die Forderungen und Erwartungen der Gesellschaft oder der gesellschaftlichen Teilgruppen, in denen er lebt, in seiner Kindheit und Jugend übernommen hat, erscheinen sie ihm meistens nicht als von außen »eingeimpfte« Zwänge und als grundsätzlich kritikwürdige Formen der Fremdbestimmung, sondern als Teil seiner selbst. Sie sind ein wichtiger Bereich dessen, was er als seine Identität, als sein »Ich« erlebt. Er wird deshalb in der Regel an ihnen festhalten.

SIGMUND FREUD hat darauf hingewiesen, daß die »sogenannt materialistischen Geschichtsauffassungen«, die die »›Ideologien‹ der Menschen . . . als Ergebnis und Überbau ihrer aktuellen ökonomischen Verhältnisse« abtun, wohl am meisten darin »sündigen«, daß sie die »von den ökonomischen Verhältnissen unabhängige« Bedeutung leugnen, die die »Tradition«, die »zeitbeständigen Wertungen, die sich . . . über Generationen fortgepflanzt haben«, die »Vergangenheit« und das »Vorbild der Eltern« für die seelische Gesundheit spielen[55]. Die Zähigkeit, mit der Individuen und ganze Gesellschaften an den herkömmlichen sozialen Rollen festhalten, ist natürlich noch kein Argument für ihre Naturbedingtheit oder Dauerhaftigkeit. Sie gibt jedoch Aufschluß darüber, mit welchen Schwierigkeiten gerechnet werden muß, wenn seitens der Politik oder des Staates die »Abschaffung der

[54] BREZINKA 1981 a, 43.
[55] FREUD 1961, 73 f.

herkömmlichen Geschlechtsrollen« vorangetrieben werden soll. Jedenfalls scheint unter den gegenwärtigen Bedingungen das Festhalten an herkömmlichen Rollen für die Lebensführung nützlich zu sein, weil sie als identitätsstabilisierend und sicherheitsspendend erlebt werden.

Diese Vermutung wird bestätigt durch Erfahrungen aus der Psychotherapie, wo in den letzten Jahren zunehmend »Zweifel an der stabilisierenden Wirkung der neuen Sexualrollen aufzutauchen« beginnen, wie sie im alternativen Milieu propagiert und zu verwirklichen versucht werden[56]. Anscheinend ist der Glaube illusionär, der Mensch könne durch einen Willensakt problemlos eine neue Identität annehmen, die einerseits nur in vagen Umrissen zu erahnen ist und die sich andererseits noch nicht als wirklichkeitsangemessen erwiesen hat[57].

Normative Einwände

Man trifft hier auf das »Zentralproblem vieler revolutionärer und utopischer Denkmodelle: Das Neue kann angeblich nur dann gelingen, wenn wir erst einmal alles Alte über Bord werfen!« Daß eine Partei wie die GRÜNEN, die den Erhalt der natürlichen und mitmenschlich-kleinräumigen Lebenswelt anstrebt, um dem Menschen ein naturnahes und sozial befriedigendes Leben zu sichern, ohne weiteres seine identitätskonstituierenden und -stabilisierenden »psychischen Grundstrukturen zerschmettern« möchte und an ihre Stelle die vage Hoffnung auf den ganzheitlichen androgynen Charakter setzt, der in einer glücklichen Zukunft leben soll, paßt nicht recht zusammen: »Man hält den Menschen zwar für gift- und atomgefährdet, glaubt aber, obwohl der Körper zu schützen sei, müsse die Seele erst einmal abgeholzt werden.«[58]

Die Wertungsgrundlage, von der aus normative Einwände gegen die Pläne der GRÜNEN zur Umgestaltung der Psyche der Menschen erhoben werden müssen, ist vor allem das allgemein anerkannte Gebot zur Achtung der Persönlichkeit. Kein Bürger braucht es hinzunehmen, daß seine seelische Struktur, seine Werteinstellungen und seine Charaktereigenschaften gegen seinen Willen staatlich überwacht oder gar durch

[56] BORNEMAN 1984, 18–20.

[57] »Es drängt uns weg von dem Bestehenden«, ohne daß wir »präzise beschreiben . . . können, wie das aussieht, wohin es uns treibt«, bestätigen zwei in der Hamburger GRÜN-ALTERNATIVEN LISTE tätige Feministinnen die Vagheit und Verschwommenheit der Utopien der Frauenbewegung (TRECKENTRUP/GOEHLER 1985, 124).

[58] ERLER 1985, 50f. Zur philosophischen Analyse und Kritik der Idee von der Schaffung des »neuen Menschen« vgl. MARTEN 1988, 104–109 u. ö.

staatliche Maßnahmen von Grund auf verändert werden. Da der von den GRÜNEN geplante Versuch zur »Aufhebung der Geschlechtsrollen« eine solche radikale Umgestaltung zum Ziel hat, ist er aus rechtlichen und moralischen Gründen abzulehnen. Er ist menschenrechtswidrig.

Bei realistischer Einschätzung gibt es jedoch wenig Anlaß für die Hoffnung, daß sich der Charakter des Menschen ohne weiteres ändern läßt. In der Vergangenheit sind die meisten von Staaten oder Weltanschauungsgemeinschaften unternommenen Anstrengungen, die herkömmlichen »Geschlechtsrollen« zu überwinden, spätestens nach einer Generation gescheitert[59]. Der Versuch, mit Hilfe der Erziehung das »Bewußtsein« des Menschen zu verändern, dürfte deshalb bei unveränderten Rahmenbedingungen keinen oder nur unbefriedigenden Erfolg haben. Die Änderung rechtlicher, ökonomischer und arbeitsmarktpolitischer Bedingungen, durch die die GRÜNEN diesen Bewußtseinswandel zu erreichen suchen, könnte dagegen mehr Aussicht auf Erfolg haben. Allerdings könnten die völlig unvorhersehbaren psychischen und gesellschaftlichen Auswirkungen und Nebenwirkungen dieser Maßnahmen schwerwiegende und dem Zweck zuwiderlaufende Wirkungen auslösen.

2.2. *Die »neuen Lebensgemeinschaften«*

Die Befreiung der Frau soll vor allem dadurch vorangetrieben werden, daß die »frauenfeindliche« und »unterdrückerische« arbeitsteilige Kleinfamilie als bislang verbreitetste private Lebensform ihrer Privilegien entkleidet wird. Zu diesem Zweck verlangen die GRÜNEN die »Abschaffung der Ehe als staatlicher Institution (Abschaffung von Artikel 6 des Grundgesetzes) und aller damit verbundenen Vorrechte von Verheirateten«[60] in Steuer-, Erb- und Vormundschaftssachen[61].

Die Forderung, die steuerrechtliche Bevorzugung verheirateter Personen abzuschaffen, dürfte nicht zuletzt auf die finanziellen Interessen der gegenwärtig steuerlich hochbelasteten Unverheirateten zugeschnitten sein, die im Jahre 1985 immerhin drei Viertel der Anhängerschaft der GRÜNEN stellten[62]. Sie können sich von der stärkeren Heranziehung von Verheirateten zur Erbringung des Steueraufkommens eine gewisse Entlastung versprechen.

[59] Vgl. z. B. EIBL-EIBESFELDT 1988, 86 f. und 133 f. über die israelischen Kibbuzim, wo sich »letztlich doch die traditionellen Muster durch[gesetzt]« haben.

[60] ALTERNATIVE LISTE Berlin 1981, 75.

[61] Vgl. hierzu HELGARD ULSHOEFER 1988.

[62] Vgl. NOELLE-NEUMANN 1987, 14.

Darüber hinaus verfolgen die GRÜNEN mit ihrem Plan zur Abschaffung der Vorrechte der Familie aber auch gesellschaftspolitische Ziele. Das gesetzlich allen Bewohnern der Bundesrepublik Deutschland ohnehin gewährleistete Recht, frei zu entscheiden, ob sie »allein, zu zweit oder in Gruppen wohnen und leben wollen«, muß nach Auffassung der GRÜNEN durch die Maßgabe ergänzt werden, daß »niemand wegen seiner sexuellen Orientierung oder wegen seines Familienstands benachteiligt oder bevorzugt werden« dürfe[63]. Auf lange Sicht sollte erreicht werden, »daß homosexuelle wie andere Partnerschaften, die sich nicht an der herkömmlichen Familienstruktur ausrichten, als selbstverständlich akzeptiert werden«. Um diesen Wandlungsvorgang im öffentlichen Bewußtsein zu beschleunigen, müsse der Staat gesetzliche Änderungen vornehmen, die einerseits die Kleinfamilie nicht länger steuerlich begünstigen und andererseits nicht-eheliche oder homosexuelle Partnerschaften im Vormundschafts-, Sorge- und Adoptionsrecht herkömmlichen ehelichen Gemeinschaften gleichstellen[64]. Alle menschlichen Lebensgemeinschaften seien gleich wertvoll und deshalb auch gleich förderungswürdig.

Die Unverzichtbarkeit menschlichen Zusammenlebens bestreiten die GRÜNEN keineswegs; sie sind jedoch davon überzeugt, daß die arbeitsteilige Kleinfamilie nicht die geeignetste Form der Lebensgemeinschaft ist. Wie sie sich günstigere, freiere und befriedigendere Lebensformen vorstellen, ist wegen der Vagheit der Vorschläge nur mit einigen Schwierigkeiten wiederzugeben. Außerdem muß man berücksichtigen, daß nicht alle GRÜNEN die im folgenden geschilderten Utopien bejahen oder an eine ernsthafte Chance glauben, sie verwirklichen zu können. Allerdings scheinen sie die gefühlsmäßige Präferenz der Anhängerschaft der grünen Partei mehr oder minder genau zu treffen. Auch wenn sie die Utopien der Parteitheoretiker und ihrer Vorgänger nicht bis ins kleinste teilt, gehen ihre eigenen Wünsche und Hoffnungen auf die Zukunft doch in die gleiche Richtung. Die Grundlinien der grünen Mehrheitsmeinung sind jedenfalls deutlich genug, um sie zutreffend nachzeichnen zu können.

Um auf lange Sicht das Ziel einer »zukünftigen, humanen Gesellschaft« zu erreichen, sind nach Auffassung der GRÜNEN »drastische Veränderungen der Arbeits- und Lebensverhältnisse erforderlich«. »Familiäre Veränderungen« müßten von seiten des Staates durch die »Förderung anderer Wohn- und Lebensformen im Sinne von kommunitären und kollektiven Modellen« vorangetrieben werden. Neben die herkömmliche Kleinfamilie, die rasch an Attraktivität einbüßen würde,

[63] Die GRÜNEN Hamburg 1986, 12f.

[64] Die GRÜNEN Baden-Württemberg 1984, 55.

wenn sie ihre rechtlichen Privilegien verloren hätte, sollten »größere Sozialeinheiten wie Wohngruppen, Kommunen und Großfamilien (Mehrgenerationenfamilie)« treten, in denen auch »nicht-eheliche Formen des Zusammenlebens« möglich seien. Ein wichtiger Vorteil dieser »kollektiven Wohnformen« läge darin, daß in ihnen »Haus- und Erziehungsarbeit . . . in einem Reihum-Wechsel erledigt werden können«, was einen unumgänglichen Beitrag zur »Befreiung [der Frau] von ihrer traditionellen Rolle« darstelle[65].

Einige Autoren, die für die GRÜNEN von Bedeutung sind, schlagen angesichts des »Zerfalls der Familie« in der modernen Industriekultur die Einrichtung »kibbuzartiger Erziehungssiedlungen und horizontaler Großfamilien« vor, mit deren Hilfe die Vereinsamung der Angehörigen herkömmlicher Familien beseitigt werden könne. Weil sie dem einzelnen ein Leben in mitmenschlicher Geborgenheit böten, lägen hier »Zukunftschancen einer neuen Humanität« und die Möglichkeit, »neuen Lebenssinn« in der Gemeinschaft zu finden[66].

Quellen und Vorläufer

Die kollektiven und kommunitären Siedlungs-, Arbeits- und Lebensformen, die den GRÜNEN zur Gestaltung der Gesellschaft der Zukunft vorschweben, und die Ziele, die mit ihrer Hilfe verwirklicht werden sollen, haben eine lange Geschichte, die bis in die Antike zurückreicht. Über viele religiöse, weltanschauliche und philosophische Quellen vermittelt, lebt bei ihnen die Hoffnung auf Wiederherstellung der kommunitären christlichen Urgemeinde weiter, in der »die Menge der Gläubigen . . . ein Herz und eine Seele [war]; auch nicht einer sagte von seinen Gütern, daß sie sein wären, sondern es war ihnen alles gemeinsam«[67].

Die Vorstellung von der harmonischen Gemeinschaft rechtschaffener Christen, dem tausendjährigen Friedensreich Gottes auf Erden, in dem gegenseitige Liebe, Glaube und menschliche Wärme anstelle von Neid, Zuchtlosigkeit und Gottlosigkeit herrschen sollten, wurde im mittelalterlichen Europa immer wieder in die Tat umzusetzen versucht. Eine Reihe christlicher Gemeinschaften, die sich von der Kirche lossagten, bemühte sich, die kommunitäre Urgemeinde nachzuahmen, wie sie in der Heiligen Schrift beschrieben wird. Vor allem die Beseitigung sozialer Rangunterschiede zwischen den Gläubigen, die Abschaffung des

[65] Die GRÜNEN Saar 1985, 13f.
[66] BORNEMANN 1982, 14 und 16.
[67] Apostelgeschichte 4, 32.

Unfrieden stiftenden Privateigentums und eine Lebensführung streng nach den Geboten der Bibel schienen die beste Gewähr für die Heraufkunft des ersehnten Gottesreichs zu bieten.

Die Hoffnung auf die kollektiv geordnete »neue Gesellschaft« lebte, ihrer spezifisch christlichen, religiösen und transzendenten Bestandteile entledigt, in den Lehren der Utopischen Sozialisten HENRI DE SAINT-SIMON, CHARLES FOURIER, ROBERT OWEN und ihrer Nachfolger Ende des 18. und Anfang des 19. Jahrhunderts wieder auf[68]. Im Anschluß an ROUSSEAUS Überzeugung, der Mensch sei seinem inneren Wesen nach gut und werde nur durch die schädlichen Einflüsse der in ihrem Kern verrotteten Gesellschaft verdorben, gründete SAINT-SIMON die von ihm vorgeschlagene Gesellschaftsordnung der Zukunft auf das einzige Gesetz, daß alle Menschen die Brüderlichkeit lieben sollten. ROBERT OWEN betrachtete Privateigentum, Religion und Ehe als die schlimmsten Übel, unter denen die Menschheit litte. In seiner bald gescheiterten Siedlung New Harmony in Indiana, die er 1826 schuf, glaubte er, eine ideale kommunitäre, egalitäre und harmonische Zukunftsgesellschaft in kleinem Maßstab verwirklichen zu können[69]. Um die Mitte des 19. Jahrhunderts wurden in den Vereinigten Staaten mehrere genossenschaftliche und kollektive Ansiedlungen geschaffen. Sie waren teilweise der Idee des urgemeindlich-kommunitären Christentums verpflichtet und sollten allen Menschen als sinnfälliges Beispiel für den Erfolg und die Segnungen des »christlichen Sozialismus« dienen, teilweise orientierten sich ihre Führer am Gedankengut des Utopischen Sozialismus als säkularisierter Heilslehre. Früher oder später sind jedoch alle diese Versuche wegen innerer Konflikte, weltanschaulicher Meinungsverschiedenheiten zwischen ihren Führungsgruppen oder wegen wirtschaftlicher Schwierigkeiten gescheitert[70].

Zur selben Zeit schuf der junge MARX das Idealbild der »kommunistischen Gesellschaft«, in der die Grundübel der menschlichen Geschichte, Arbeitsteilung und Entfremdung, beseitigt wären. Indem »die Gesellschaft die allgemeine Produktion regelt«, gewährt sie nach MARX' Überzeugung dem einzelnen die Entscheidungsfreiheit, »heute dies, morgen jenes zu tun, morgens zu jagen, nachmittags zu fischen, abends Viehzucht zu treiben, auch das Essen zu kritisieren, ohne je Jäger, Fischer oder Hirt oder Kritiker zu werden, wie ich gerade Lust habe«[71]. In dem zwanglosen »Reich der Freiheit«, das MARX beschrieb, sollte nicht nur materieller Überfluß allen wirtschaftlichen Nöten der

[68] Vgl. BREZINKA 1981, 87–92.
[69] Vgl. ROBERT T. FISHER 1963, 25f.
[70] Vgl. zum Themenkreis auch die Studie von HAYDEN 1976.
[71] MARX 1971, 361.

Menschen ein Ende bereiten, sondern auch die ganzheitlich-harmonische Persönlichkeit entstehen, die sich je nach ihrem Geschmack mit allen sie interessierenden Gegenständen und Tätigkeiten beschäftigt, ohne zu irgend etwas gezwungen oder verpflichtet zu sein.

Säkularisierte Paradiesvorstellungen wie die der Utopischen Sozialisten oder Marx' sind in der Geschichte des 19. und 20. Jahrhunderts immer wieder anzutreffen. In Deutschland reichen ihre Wurzeln bis zur religiösen Sehnsucht der Romantiker nach einem »neuen Jerusalem«, zum »›philosophischen Chiliasmus‹ eines Kant« und zum Pietismus zurück, der ein »tausendjähriges Gottesreich der freudigen Liebe und des Friedens« schon auf Erden erhoffte. Um die Jahrhundertwende und Anfang der zwanziger Jahre dieses Jahrhunderts gab es eine Vielzahl kommunitärer Experimente, deren Gründer mit ihrer Hilfe den Zwängen und schädigenden Wirkungen des Industriezeitalters zu entgehen und ein naturnahes, friedfertiges und selbstgenügsames Leben zu führen versuchten. Anarchische Gemeinschaftsvorstellungen, Naturschwärmerei und der Traum vom einfachen und unverfälschten Leben wirkten weit über die damaligen Kommunen hinaus: »Die Kommune . . . war . . . ein heiliger Ort, ein sakraler Topos« der deutschen Geistesgeschichte, ein die »Herzen und Hände bewegendes Zauberwort«, das von einer neuen, besseren Welt kündete[72].

Teile der Neuen Linken griffen Ende der sechziger Jahre die Idee der kollektiven Arbeits- und Lebensweise auf. Die »andere Gesellschaft«, die von den Mängeln der gegenwärtigen frei wäre, sei »vom kollektiv und um das kollektiv herum aufgebaut. Die kollektive funktionieren als grossfamilien und/oder tagesstätten und/oder schulen und/oder arbeitsplätze«. Durch diese Form des Lebens und Arbeitens glaubte man, die entfremdeten und außengesteuerten Menschen wieder in »kontakt zu ihrer situation«, »umgebung, . . . arbeit« zu bringen; »die grossen ideale« vom selbstbestimmten und menschlich befriedigenden Dasein bräuchten in der kollektiven Gesellschaft nicht länger »vom täglichen leben . . . getrennt zu werden«[73]. In den kleinen, dezentralen und autonomen Gemeinschaften werde der einzelne nicht mehr »zu einem Zahnrad oder Sandkorn degradiert« und den »großen und alles beherrschenden ökonomischen und bürokratischen Zusammenhängen« unterworfen, sondern sei endlich in seiner Lebensführung und -gestaltung selbständig und frei[74].

Alle diese Quellen und Vorläufer haben ihre Spuren im Gedankengut der Alternativbewegung hinterlassen, die ab Mitte der siebziger Jahre

[72] Linse 1986, 65–71.

[73] Vestin 1971, 61 f.

[74] Barabas/Barabas 1983, 87.

von sich reden machte. Wiederum bemühten sich junge Leute vor allem aus der gut ausgebildeten Mittelschicht, ihre Ideale in die Tat umzusetzen. Die sie bewegenden Motive stellten im wesentlichen ein Konglomerat aus den zivilisations- und industriekritischen, stärker konservativen Strömungen der letzten beiden Jahrhunderte und der marxistisch inspirierten Gesellschaftsphilosophie dar. Vor allem sollten in den Alternativbetrieben alle Trennungen überwunden werden, unter denen der Mensch in der industriellen Welt litte: die Trennung von Kopf- und Handarbeit, die Trennung von Mensch und Natur, von Arbeit und Freizeit, von Produktion und Konsum, von Führern und Geführten, von Unternehmern und Arbeitnehmern, von Männerwelt und Frauenwelt[75]. Die Alternativbetriebe und die mit ihnen verbundenen kollektiven Wohnformen schienen die »Bedürfnisse nach Spontaneität, nach Unmittelbarkeit und Natürlichkeit«, nach »kooperativen Formen der Zusammenarbeit« erfüllen zu können, die im modernen Arbeitsleben zu kurz kamen, die »Eindimensionalität der technisch-ökonomisch geprägten Arbeitswelt zu sprengen, die Panzerung unserer Sinnlichkeit und Emotionalität, ihre Zurichtung auf die Norm des zweckrationalen, leistungs- und konkurrenzorientierten Verhaltens zu durchbrechen, die Isolierung und Zerstückelung, die äußeren Abhängigkeiten und Fremdbestimmungen des industriellen Lebens aufzuheben«[76].

Individualistische und kollektivistische Bedürfnisse

Die Grünen haben die wichtigsten Bestandteile des Ideenguts der Alternativbewegung unverändert übernommen, sowohl was ihre Pläne zur Schaffung einer dezentralen ökologischen Kreislaufwirtschaft[77] als auch ihre Vorstellungen über die Einführung neuer Lebens- und Arbeitsgemeinschaften anlangt[78]. Auf den ersten Blick ist es verwunderlich, daß eine extrem institutionskritische und individualistische Partei wie die Grünen kollektive Lebens- und Arbeitsweisen eindeutig bevorzugt. Dafür gibt es allerdings eine Erklärung.

Aus den Ergebnissen empirischer Untersuchungen geht hervor, daß bei Anhängern der Grünen »ausgeprägt anti-institutionelle Affekte« und das »Bedürfnis [vorherrschend sind], sich möglichst grenzenlos frei selbst verwirklichen zu können«. Überwiegend werden der einzelne,

[75] Vgl. auch Kelly 1982, 72.
[76] Karl-Werner Brand/Büsser/Rucht 1986, 156f. und 161–164. Vgl. auch Marcuse 1976, bes. 31–34.
[77] Vgl. hierzu Friedrich 1988, 85–87.
[78] Vgl. auch Giselher Schmidt 1988a.

seine »individuellen Interessen und Bedürfnisse . . . und seine Selbstverwirklichung in das Zentrum politischen Denkens, Handelns und Beurteilens gestellt«. Der grenzenlose Individualismus in den Einstellungen der grünen Anhängerschaft stellt jedoch nur die eine Seite dar; »ebenfalls stark ausgeprägt« ist andererseits das »Sehnen nach Freundschaft, Solidarität, Gerechtigkeit, Wärme und Hingabe an [die] Gemeinschaft und ideale Ziele, . . . nach Zugehörigkeit, ›Nestwärme‹ . . . und Identifikation« mit einer geborgenheitsspendenden Gruppe[79].

Der Widerstreit zwischen kollektivistischen und individualistischen Neigungen und Zielvorstellungen, der für viele Anhänger der GRÜNEN festgestellt wurde, ist beileibe keine Erfindung, sondern ein deutlich wahrgenommener Bestandteil der »alternativen« und »grünen Identität«. »Wir GRÜNEN«, schreibt MAREN-GRISEBACH 1982, »erleben mitten durch uns hindurch . . . diese Zwickmühle: entweder mein Ich in der Selbstverwirklichung oder die anderen mit mir in der Gemeinschaft . . . in einer Einheit ohne Schranken. Entweder das eine oder das andere. Wir aber möchten beides.«[80] Einige Gedichtzeilen NAZIM HIKMETS, die die GRÜNEN in Schleswig-Holstein ihrem Wahlprogramm voranstellten, geben dieses Lebensgefühl eindrucksvoll wieder: »Leben – / Einzeln und frei / wie ein Baum, / und schwesterlich / wie ein Wald – / das ist unser Traum!«[81]

Es dürfte dieser Zwiespalt zwischen dem Bedürfnis nach dauerhafter Zugehörigkeit zu einer haltgebenden Gruppe und dem Drang nach Individualität, Ungebundenheit und Selbstentfaltung sein, der viele alternative Einrichtungen hat scheitern lassen[82]. Deshalb müssen seine Auswirkungen im folgenden eingehender analysiert werden. Die bisweilen geäußerte Befürchtung, die Pläne der GRÜNEN zum Umbau der Industriegesellschaft nach dem Vorbild alternativer und kommunitärer Lebens- und Arbeitsweisen erzwängen die »Rückkehr in ein neues finsteres Zeitalter« und führten zu einem vorindustriellen »Feudalismus in moderner Verpackung«[83], mögen berechtigt sein, brauchen aber in diesem Zusammenhang nicht weiter geprüft zu werden[84].

[79] VEEN 1988, 113–115.

[80] MAREN-GRISEBACH 1982, 74.

[81] NAZIM HIKMET, wiedergegeben in: Die GRÜNEN Schleswig-Holstein 1987, 2.

[82] Zur Kritik der institutionszerstörenden »Selbstverwirklichungsideologie« vgl. auch HOFFMANN-NOWOTNY 1977, 30–32.

[83] SERRI 1982, 34.

[84] Vgl. dazu z. B. EMIL-PETER MÜLLER 1987.

Empirische Einwände

Ein wichtiger empirischer Einwand gegen die Bevorzugung kommunitärer und kollektiver Lebensformen liegt in der von Kennern der »Szene« schon vor Jahren beschriebenen Beobachtung, »daß die meisten alternativen Träume . . . gescheitert sind«[85]. Häufig scheint für den Zerfall alternativer Lebensformen Bindungsfurcht die Hauptursache zu sein: »Läuft ein Projekt/eine Beziehung/ein Lebenszusammenhang auf Stabilität hinaus, entsteht unausweichlich ein handfester Krach . . . – und mit einiger Sicherheit schaffen es die Betroffenen, den Erfolg in ein Scheitern zu verwandeln«[86].

Obwohl das alternative »Paradies« aus einer »Komposition aus Einfachheit, Menschlichkeit, Harmonie und Stillstand« oder besser Beständigkeit bestehen soll und die »Sehnsucht nach Vertrautheit, Stabilität und Konsolidierung« deutlich hervortritt[87], scheuen viele GRÜNE und Alternative verpflichtende Bindungen. Damit gehören sie zu einer in den letzten Jahren rasch angewachsenen Bevölkerungsgruppe, bei der der »Wunsch nach individueller Freiheit und Unabhängigkeit, nach ungestörter persönlicher und beruflicher Entfaltung, nach sexueller Freizügigkeit, aber auch das Bedürfnis, mehr Freunde und Kontakt mit einer größeren Zahl von Menschen zu haben, im Vordergrund [steht] – und die Erfahrung oder Befürchtung, daß dies alles bei einer festen und dauerhaften Bindung nicht oder nicht ausreichend zu verwirklichen sei«. Deshalb ist die Bereitschaft dieser Gruppe hoch, »auf ständige Bindungen, die immer auch Kompromisse einschließen, zu verzichten«[88]. Die von den GRÜNEN vorgeschlagenen kollektiven und kommunitären Lebensformen sollen einerseits all diese Wünsche erfüllen, andererseits dem einzelnen nicht das geringste Opfer abverlangen. Im Grunde sind sie damit der von der alternativen Kultur ersehnte Wunschtraum des Zusammenlebens – die individuellen Bedürfnisse befriedigend, ohne irgendwelche Anforderungen zu stellen.

Viele GRÜNE sehen in den sozialistischen Kibbuzim Israels ein gutes Beispiel, wie Menschen in neuen Gesellungsformen naturnah, herrschaftsfrei und kameradschaftlich zusammenleben können[89]. Obwohl diese Lebensform sehr beständig ist, sollte man jedoch auch die Nachteile im Auge behalten, die in Kauf nehmen muß, wer in ihnen lebt.

[85] HORX 1985, 8f. und 108.
[86] HORX 1983, 25f.
[87] MAST 1980, 74–78.
[88] SPIEGEL 1983, 72 und 85.
[89] Vgl. zur Geschichte, Soziologie und Kultur der Kibbuzim die Beiträge in HEINSOHN 1982.

Sie zeigen sich vor allem in der Entscheidung, die die Kibbuzniks zwischen den beiden Gütern Individualität und Kollektivwohl haben treffen müssen.

In den Kibbuzim, die ab den dreißiger Jahren in Palästina entstanden sind, hatten sich die Gründer ursprünglich zum Ziel gesetzt, eine Sozialordnung der vollkommenen Gleichheit und Brüderlichkeit zu schaffen, die gleichwohl die persönliche Freiheit und Eigenart des Gruppenmitglieds in keiner Weise einschränken sollte. Sie erkannten jedoch bald, daß die »ursprünglich freizügige Denkungsart« und die »Freiheit der Instinkte . . . dem erstrebten Gemeinschaftsgeist widersprachen; und wann immer die beiden philosophischen Standpunkte in Konflikt gerieten – von denen der eine betonte, was für ein Individuum, der andere, was für die Gemeinschaft gut sei –, das Kollektiv siegte«. Entgegen den Erwartungen der ersten Kibbuzniks herrschte in den Kibbuzim nach einiger Zeit ein Sozialklima, das für dauerhafte kollektive und kommunitäre Gemeinschaften kennzeichnend ist: Die allgegenwärtige Beobachtung der Gruppenmitglieder untereinander sorgte dafür, daß individuelle Abweichungen von den Auffassungen des Kollektivs sofort bestraft wurden. Dadurch wurde ein gewaltiger Anpassungsdruck auf den einzelnen hervorgerufen. Die überaus starke Neigung zur Gruppenkonformität ließ anstelle der ehedem geplanten engen Gemeinschaft von Individualisten eine hochgeschlossene Sozialgruppe entstehen, eine »Gesellschaft von Strenggläubigen«, die von »beispielhafter spartanischer Genügsamkeit«, »eiserner Pflichterfüllung« und »starken sexuellen Beschränkungen« und Tabus geprägt war. Je mehr die Siedlung »zu einem echten Kibbuz wurde, desto mehr Individuation ging verloren«. Wenn sich der einzelne nicht dem rigorosen Regiment der Gruppe zu beugen und seine Pflichten zu erfüllen bereit war, wurde er aus ihr vertrieben – ein Gedanke, der für einen im Kibbuz geborenen und aufgewachsenen Menschen »vernichtend« ist, weil er seine gesamte Identität aus der Zugehörigkeit zum Kollektiv gewinnt: »Wer den Platz in der Gruppe verliert, dem bleibt nichts«[90].

Dieser Werdegang der israelischen Kibbuzim scheint für alle kollektiven und kommunitären Lebensformen typisch zu sein, denen es gelingt, die vom ausgeprägten Individualismus der Gründer gekennzeichnete Anfangsphase zu überwinden und sich dauerhaft einzurichten[91]. Jedenfalls darf mit Sicherheit angenommen werden, daß die Behauptung unzutreffend ist, die von den Grünen empfohlenen neuen Lebensge-

[90] Bettelheim 1971, 62, 89f., 129–134, 177, 186, 213f., 269, 280–283 und 315f.; vgl. auch Rosenfeld 1951.

[91] Vgl. auch Linse 1983, 63–66.

meinschaften gewährleisteten viel besser als die herkömmliche Familie die »individuelle Entwicklung und persönliche Entfaltung aller Beteiligten« und böten ihnen ein »Mehr an Emanzipation, Mündigkeit und Persönlichkeitsentfaltung«[92]. Das Gegenteil dürfte nach allen historischen Erfahrungen der Fall sein.

Normative Einwände

Gegen den Plan der GRÜNEN, die Familie durch kommunitäre Lebensgemeinschaften zu ersetzen, sprechen aber nicht nur die schlechten praktischen Erfahrungen, die man mit ihnen gemacht hat. Das Bestreben nach Abschaffung der Familie ist auch aus rechtlichen und moralischen Gründen zurückzuweisen.

Nach international anerkannter Übereinkunft ist die Familie die »natürliche und grundlegende Einheit der Gesellschaft«. Eine Familie zu gründen und in einer Familie zu leben sind Menschenrechte[93]. Die Familie hat daher »Anspruch auf Schutz durch Gesellschaft und Staat«[94]. Das gilt besonders dann, wenn »sie für die Betreuung und Erziehung« von Kindern »verantwortlich ist«[95].

Anders als viele GRÜNE begreift das »Grundgesetz die Familie als etwas Naturgegebenes, Vorkonstitutionelles«. Weil nach dieser Einschätzung Ehe und Familie die Grundlage der menschlichen Gemeinschaft bilden, auf die nicht verzichtet werden kann, ohne den Bestand des Ganzen zu gefährden, »stehen . . . [beide] unter dem besonderen Schutze der staatlichen Ordnung«, wie es in Artikel 6 Absatz 1 formuliert wird[96]. Der Gesetzgeber argumentiert hier sowohl naturrechtlich wie funktional zugunsten von Ehe und Familie: Einerseits wird die Familie als »Naturphänomen« und Konstante menschlichen Lebens um ihrer selbst willen für schutzwürdig erachtet, andererseits klingt an, daß nur auf ihr aufbauend menschliche und damit staatliche Gemeinschaft möglich ist[97].

92 Die GRÜNEN Saar 1985, 11.

93 Allgemeine Erklärung der Menschenrechte vom 10. Dezember 1948. Abgedruckt bei BERBER 1983, 133–139, hier: 136 (Art. 16 Abs. 1 und 3).

94 Internationaler Pakt über bürgerliche und politische Rechte vom 16. 12. 1966. Abgedruckt bei BERBER 1983, 187–204, hier: 195 (Art. 23 Abs. 1).

95 Internationaler Pakt über wirtschaftliche, soziale und kulturelle Rechte vom 16. 12. 1966. Abgedruckt bei BERBER 1983, 205–214, hier: 208 (Art. 10 Abs. 1).

96 Vgl. THIEMER 1985, 101f.

97 Vgl. auch HOLTKEMPER 1985, 164f. Nach neueren Meinungsumfragen teilt die überwältigende Bevölkerungsmehrheit diese Ansicht (vgl. BARBARA SCHÄFER 1985).

Die Rechtslage ist eindeutig. Sie gibt der Familie unbedingten Vorrang vor kommunitären Lebensgemeinschaften. Dafür gibt es hauptsächlich zwei normative Gründe. Sehr viel mehr als eine lose kollektive Gesellungsform ist die Familie geeignet, dem einzelnen ein Leben in einer haltgebenden und sicherheitsspendenden Ordnung zu ermöglichen und seine Privatsphäre vor äußeren Eingriffen zu schützen. Sie hält die Erwachsenen zu dauernder Bindung und gegenseitiger Verpflichtung an. Die Familie ist außerdem die Institution, die am ehesten jedem Kind eine angemessene Pflege und eine gute Erziehung zukommen lassen kann. Sie dient damit dem Wohl des Kindes. Die Familie ist sowohl für Kinder als auch für Erwachsene unentbehrlich. Wer sie abschaffen möchte, gefährdet damit das Wohlergehen von Kindern und Erwachsenen, also allgemein anerkannte Güter, und leistet dem sozialschädlichen Egoismus und der Verantwortungsscheu Vorschub. Das erkennt man deutlich, wenn man sich die Folgen der Abschaffung des gesetzlichen Schutzes von Ehe und Familie vor Augen hält.

Die gesetzlich sanktionierte Bindung in Ehe und Familie ist nicht nur ein Zwang, der die freie Entfaltung des einzelnen zugunsten der Belange anderer einschränkt, sondern auch ein Schutz, eine haltgebende Sicherung vor Gefahren, Bedrohungen und Schicksalsschlägen. Wer diesen Schutz und Halt für sich in Anspruch nehmen möchte, muß auch zu Opfern bereit sein. Sicherheit und Geborgenheit erhält nur, wer sich an andere bindet mit der Verpflichtung, jederzeit für sie einzutreten und sie zu unterstützen.

In Verkennung dieser Beziehung von Bindung und Sicherheit streben einflußreiche Teile der grünen Partei nach einem möglichst umfassenden Abbau von *»Zwängen«*, ohne zu bemerken, daß diese Zwänge auch *Sicherungen* sind. Wenn zum Beispiel die Ehe von einer gesetzlich geschützten Gemeinschaft mit tiefgreifenden beiderseitigen Verpflichtungen zu einer leicht lösbaren, privatrechtlich geregelten Lebensform unter anderen wird[98], besteht immer die Gefahr, daß ein Ehepartner den anderen verläßt, sobald er ihm lästig fällt.

Wenn die Sanktionierung der Bindung und Verpflichtung durch den Staat abgemildert oder aufgehoben wird, ist damit zu rechnen, daß nicht alle beteiligten Personen bereit sind, sich der moralischen Selbstverpflichtung gegenüber ihren Partnern bzw. Mitbewohnern zu unterwerfen. Wenn der äußere Zwang zur Aufrechterhaltung der Lebensgemeinschaft entfällt, werden viele ihr nur solange angehören, wie sie ihnen Vorteile einträgt, sie aber verlassen, sobald sie sie als nachteilig und belastend empfinden. Deshalb ist die Sorge berechtigt, die von den

[98] Vgl. die GRÜNEN Hamburg 1986, 13.

GRÜNEN parteioffiziell erstrebten Lebensgemeinschaften seien in ihrem »Bestand . . . von Beliebigkeit und Zufall abhängig« und könnten »jederzeit erheblich leichter verlassen werden – Familienbande können nicht so leicht aufgelöst werden«[99]. Durch den Abbau staatlicher Sanktionen würde ein wichtiges Schutzrecht für die wirtschaftlich Schwächsten im Familienverband entfallen: für die nicht-berufstätige Ehefrau, die Kinder und alte und kranke Familienmitglieder.

Ungewollt hat der moderne Wohlfahrtsstaat diese Entwicklung beschleunigt, indem er die Familien zunehmend aus der Sorge um Alte, Kranke und Hilfsbedürftige entlassen und ihre Aufgaben den Institutionen der Wohlfahrtspflege und der Sozialversicherung übertragen hat[100]. So bedeutend die Leistungen des Wohlfahrtsstaats sind, sie haben auch ihre Schattenseite. Dazu gehört nicht nur, daß sie den einzelnen zusehends »entmündigten«, wie die ökolibertären GRÜNEN hervorheben[101], sondern auch die nicht auszuschließende »Gefahr, daß die Alten«, Kranken und Hilfsbedürftigen »von ihren Familienangehörigen einfach abgeschoben werden«, sobald sie der Bequemlichkeit, dem psychischen Wohlergehen oder dem materiellen Lebensstandard der Familie Abbruch tun[102].

Obwohl sie das keineswegs wollen, tragen die GRÜNEN zu dieser Entwicklung bei. Wenn sie beispielsweise die »Abschaffung der Unterhaltspflicht für Familienangehörige, Haushaltsangehörige und in eheähnlichen Gemeinschaften« Lebende fordern[103] und für jeden Bürger finanzielle »Eigenständigkeit« und ein leistungsunabhängiges »Grundeinkommen« verlangen[104], könnte das dazu führen, daß im Zuge dieser sozialpolitischen Maßnahmen der Ansporn geschwächt wird, auch in Notzeiten zur Familie bzw. Lebensgemeinschaft zu halten und sie zu unterstützen. In manchen Staaten ist in den letzten Jahren sogar die den ursprünglichen Absichten der Wohlfahrtsbehörden zuwiderlaufende Situation entstanden, daß durch lukrative Geldleistungen an Geschiedene und Getrenntlebende ein kräftiger finanzieller Anreiz zur Auflösung noch bestehender Familienbande geschaffen wurde[105]. Die sozialpolitischen Pläne der GRÜNEN haben dieselbe Folge: Was als wirtschaftliche Absicherung für Hilfsbedürftige gedacht war und in bestimmtem

[99] THIEMER 1985, 102.
[100] Vgl. auch STAUDINGER/SCHLÜTER 1981, 258–262.
[101] Vgl. LANGGUTH 1984, 76f.
[102] HEIMANN 1982, 126.
[103] Die GRÜNEN Saar 1985, 37.
[104] Die GRÜNEN Baden-Württemberg 1984, 51.
[105] Vgl. GILDER 1981, 144–147 und 151; SCHULTHEIS 1988, bes. 386 zeigt, wie staatliche Sozialhilfemaßnahmen die Bereitschaft zur Gründung einer Familie beeinträchtigen können.

Ausmaß wirksam sein dürfte, trägt zur Destabilisierung von Familien und Lebensgemeinschaften bei. Sie werden immer mehr zu vorübergehenden Gesellungsformen. Ihre Annehmlichkeiten werden genossen, solange sie dem einzelnen keine großen Opfer zumuten, man verläßt sie jedoch häufig, wenn sich einem vorteilhaftere Arrangements bieten.

Die Befürchtung, daß vertraute Menschen einen in Notzeiten vielleicht allein lassen könnten, stellt schon für Erwachsene eine Belastung dar. »Daher sucht der Mensch die Gemeinschaft mit anderen . . . so dauerhaft wie möglich zu gestalten.« Es war nicht zuletzt der »Wille zur bleibenden Gemeinsamkeit«, der die Entstehung von Ehe und Familie als staatlich geschützte Rechtsgüter förderte[106].

Für Kinder sind Dauerhaftigkeit und Stabilität familiärer Lebensformen noch wichtiger als für Erwachsene. Alle Erfahrungen mit kommunitären und kollektiven Lebensformen, deren Weiterbestand von der freiwilligen Entscheidung ihrer Mitglieder abhing, deuten darauf hin, daß nicht sie, sondern die herkömmliche Familie die »Dinge . . . am ehesten liefert«, deren Kinder bedürfen: »Vertrauen in Konstanz der Umwelt, Behütung, Liebe und Zärtlichkeit, Hautkontakte, Unterweisung in täglicher Lebenspraxis, Vorbild im Verhalten«[107]. Der alle Haushaltsmitglieder einbeziehende »Rundum-Wechsel« in der Erledigung der Erwerbs-, Haus- und Erziehungsarbeit, der ein wichtiges Merkmal der von den GRÜNEN angestrebten kommunitären und kollektiven Lebensformen darstellt, ist zwar möglich, bringt aber besonders bei Kindern im Säuglingsalter Probleme mit sich: »Die Pflegeperson des Menschenkindes ist in dieser frühen Phase . . . keineswegs beliebig austauschbar«, ohne daß man befürchten muß, dem Kind ein »Konstanzerleben« und das »echte Gefühl von Geborgenheit und Urvertrauen« gerade in der für sein weiteres Werden bedeutsamen »Prägungsphase« vorzuenthalten[108]. Lebensgemeinschaften mit stetig wechselnder Mitgliedschaft sind weit weniger als die traditionelle Familie imstande, die Dauerhaftigkeit, Gleichmäßigkeit und Zuverlässigkeit zu gewährleisten, die für die Pflege und Erziehung von Kindern geboten sind.

Außerdem spricht manches dafür, daß die Familie »in ihrer spezifischen Vereinigung von Emotionalität, Erziehungskraft, Existenzsicherung, Nothilfe . . . unersetzlich« ist, da das Kind in ihr erlebt und lernt, was es bedeutet, »soziale Bindungen« einzugehen und einem größeren Verband anzugehören: »Es gibt kein friedliches, zur Harmonie tendierendes staatliches und gesellschaftliches Zusammenleben von Menschen

[106] RAMMINGER 1982, 75 und 78.
[107] HANS SCHAEFER 1987, 4.
[108] RENGGLI 1976, 86f.

ohne solche sozialen Bindungen . . ., die dem Unterfutter des Gewebes der Gesellschaft Halt« verleihen[109].

Zusammenfassend läßt sich sagen, daß die herkömmliche Familie die bislang beste Lösung zu sein scheint, um die widerstreitenden Bedürfnisse des Menschen nach Geborgenheit, Sicherheit, Intimität, Zwanglosigkeit und Individualität in ein tragfähiges Gleichgewicht zu bringen[110]. Das dürfte auch die Ursache dafür sein, daß die herkömmliche Kleinfamilie, ungeachtet ihrer vielbeschworenen Krise, für die überwältigende Bevölkerungsmehrheit seit eh und je die anziehendste Gesellungsform darstellt[111]. Auch als Erziehungsinstitution ist die Familie den kommunitären Lebensgemeinschaften weit überlegen. Wenn man dem Wohlergehen von Kindern und Erwachsenen einen hohen Wert beimißt, wird man auf Ehe und Familie nicht verzichten können.

Daß viele GRÜNE die erheblichen Nachteile nicht zur Kenntnis nehmen, die das Leben in kommunitären und kollektiven Siedlungen dem einzelnen zumutet, liegt nicht zuletzt daran, daß »ideologische Verliebtheit in abstrakte Modelle . . . eben auch durch schlechte Praxiserfahrungen nicht getrübt« wird[112]. Die Leichtfertigkeit, mit der vor allem sich »progressiv« verstehende Kräfte die Umgestaltung, Reform oder Revolutionierung traditionell gewachsener Institutionen wie der Familie planen, entspringt aber auch dem allgemeinen Trend zur »zunehmenden Politisierung des gesamten Lebens«[113]. Der Auffassung folgend, das »Private« sei politisch[114], kommt man zu der Forderung, auch das Privatleben der Menschen müsse politisch geordnet, geregelt und überwacht werden. Auf diese Weise werden der Staat, die Parlamente oder sonstige politische Institutionen wie Räte und Komitees für Bereiche zuständig, die bislang der Privatsphäre der Individuen zugerechnet wurden.

Diese unablässigen Eingriffe und Kontrollen werden damit gerechtfertigt, daß »der Rückgang des Privaten das Gruppengerechte zum Wohle der Gesamtheit befördern« wird[115]. Das ist die alte Vorstellung, daß der einzelne um eines verschwommenen künftigen Gemeinwohls willen erst einmal einschneidende Opfer bringen muß. In bestimmten Grenzen ist sie gewiß zutreffend. Auf der anderen Seite sollten die Rechte des Individuums und die Ansprüche der Gemeinschaft in einem

[109] FICHTNER 1987, 8.
[110] Vgl. BERGER/BERGER 1984, bes. 163f. und 185.
[111] Vgl. KÖCHER 1985, 4–27, 134–144 und 199–204.
[112] EISEL 1987, 271.
[113] BÜHL 1984, 156.
[114] Vgl. auch UTA C. SCHMIDT 1988, 507; HAUSER 1986, 139.
[115] MAREN-GRISEBACH 1983a, 128.

ausgewogenen Gleichgewicht zueinander stehen. Zahlreiche GRÜNE neigen jedoch dazu, dieses Gleichgewicht zuungunsten des Individuums zu verschieben und einem egalitären Kollektivismus den Vorrang zu geben. Daß »die Sphäre des Politischen . . . eine neben anderen« ist, wird dabei gern übersehen. Zu groß scheint die Versuchung, durch die möglichst lückenlose Neuordnung aller Lebensbereiche jedem einzelnen »Glück und Lebenserfüllung« zu gewährleisten und die Menschheit paradiesischen Zeiten entgegenzuführen.

Der Reformeifer, mit dem manche »grüne Ayatollahs« das Leben ihrer Mitmenschen bis in seine privatesten Grundlagen hinein verändern wollen, steht jedoch im Gegensatz zu der mit guten Gründen erhobenen Mahnung, den »Zuständigkeitsbereich von Politik . . . eher zu beschränken, . . . ihre Ansprüche an das Individuum zu begrenzen« und »Fragen des Lebensstils den Individuen zu überlassen«[116]. Daß viele grüne Programmatiker nicht nur die Seele des Menschen, sondern auch ihn stützende und ihm Sicherheit schenkende Institutionen umgestalten, radikal verändern und von Grund auf neu erschaffen wollen, sollte nachdenklich stimmen, zumal alle bisherigen Versuche, hochfliegende Utopien vom »neuen Menschen« und der »neuen Gesellschaft« in die Tat umzusetzen – gemessen an den ursprünglichen Absichten und Hoffnungen – gescheitert sind. Oft genug sind sie zum Ausgangspunkt besonders rigider Herrschaftsordnungen geworden. Vielleicht ist die Beharrlichkeit, mit der die Bevölkerung an den herkömmlichen »Geschlechtsrollen« und an den traditionellen Institutionen Ehe und Familie hängt, rationaler, befriedigender und politisch klüger[117], als es viele intellektuelle Reformer wahrhaben wollen[118].

2.3. Kurzfristige familienpolitische Reformpläne

Der Hinweis auf die relative Dauerhaftigkeit und Anziehungskraft der Institutionen Ehe und Familie bedeutet allerdings nicht, daß mit ihnen alles zum besten stünde und es keinen Bedarf an familienpolitischen Reformmaßnahmen gäbe. Alle Bundestagsparteien sind sich gegenwärtig darin einig, daß seitens des Staates versucht werden müsse, in der einen oder anderen Form auf die von vielen Beobachtern festgestellte Krise von Ehe und Familie zu reagieren.

Die kurzfristigen familienpolitischen Reformpläne der GRÜNEN[119]

[116] WIEBE 1988, 283.

[117] Vgl. auch TRIGG 1988, 81 und 111.

[118] Zur Funktionalität der Tradition vgl. auch HAYEK 1983.

[119] Hierzu auch Die GRÜNEN in der Bremischen Bürgerschaft o. J.

verfolgen jedoch nicht das Ziel, zur Behebung von Krisensymptomen beizutragen. Sie sind vielmehr als erste Schritte auf dem Weg zur Verwirklichung der frauenpolitischen Fernziele der Partei gedacht, nämlich vor allem der »Aufhebung der geschlechtsspezifischen Arbeitsteilung« und der Einführung neuer Lebens- und Arbeitsgemeinschaften kollektiven und kommunitären Zuschnitts. Die in einer Krise befindlichen Institutionen würden dadurch nicht funktionsfähiger gemacht, sondern radikal verändert.

Wie in der Programmatik der alten sozialistischen Parteien lassen sich auch bei den GRÜNEN radikal-utopische und reformistische Programmteile unterscheiden. Neben den frauen- und gesellschaftspolitischen Utopien der Partei finden sich zahlreiche Vorschläge, wie die gegenwärtige Lage in einer Abfolge kleiner Schritte zu reformieren sei. Dazu gehören besonders die Verbesserung des gesetzlichen Schutzes für Frauen, die Ausweitung der institutionellen Kinderbetreuung und die drastische Erhöhung des Kindergelds. Im folgenden werden diese kurzfristigen familienpolitischen Reformpläne der GRÜNEN beschrieben und daraufhin geprüft, inwieweit sie zur Verwirklichung der Fernziele der Partei geeignet sind.

Neue Frauenministerien auf Länderebene, Gleichstellungsstellen und kommunale Frauenbeauftragte sollen nach Auffassung der GRÜNEN die Durchführung staatlicher Maßnahmen überwachen, die zur Verbesserung der Lage der Frau zu ergreifen sind. Dazu zählen unter anderem die Einhaltung der Bestimmungen des Quotierungsgesetzes und von Frauenförderplänen in Betrieben und Behörden. Ein weiterer Schwerpunkt liegt in der Einführung juristischer Bestimmungen, mit denen Vergewaltigung in der Ehe unter Strafe gestellt wird, in der strengen Anwendung der bestehenden Gesetzesvorschriften zum Schutz vor Nötigung und Mißhandlung in der Ehe und in der Forderung, Gerichte und Verwaltung mögen in Streitfällen großzügig zugunsten der mißhandelten Ehefrau entscheiden. Staatlich unterstützte Selbsthilfegruppen und Frauenhäuser sollten als Beratungseinrichtungen und Zufluchtsstätten ausgebaut werden[120].

Maßnahmen zur »Aufhebung der geschlechtsspezifischen Arbeitsteilung« werfen dagegen viel größere Schwierigkeiten auf. Das Fernziel, daß Frauen und Männer sowohl Erwerbs- als auch Haus- und Erziehungsarbeit zu gleichen Teilen verrichten, macht die spürbare Verringerung der Erwerbsarbeitszeit und die Einbeziehung möglichst aller Frauen in die Berufsarbeit nötig. Die GRÜNEN lassen keinen Zweifel daran, daß es nach ihrer Auffassung nicht mit der Schaffung von

[120] Die GRÜNEN Bayern 1986, 33f. und 36f.

Teilzeitsarbeitsplätzen getan ist, die sozial mangelhaft abgesichert seien und nur ein »Zubrot und besseres Taschengeld« einbrächten. Außerdem änderten sie an der vorherrschenden Alleinzuständigkeit der Frauen für Haushalt und Kinderpflege nichts[121], sondern trügen zur »Festschreibung der Mehrfachbelastung und Diskriminierung der Frau« bei[122].

Da die Männer nicht die Unrechtmäßigkeit der vielen Privilegien einsähen, die sie besäßen, seien gesetzliche Rahmenbedingungen zu schaffen, die ihren »Bewußtseinswandel« vorantrieben. Teilzeitarbeitsplätze für Frauen müßten finanziell und versicherungsrechtlich so abgesichert sein, daß sie ihnen ein unabhängiges Leben auch dann ermöglichten, wenn sie Kinder zu betreuen hätten. Diesem Zweck dient auch der großzügige Ausbau von Kindertagesstätten und des Kindergartenwesens. Damit Menschen den »Beruf der Mutter und . . . des Vaters mit jeder anderen Berufstätigkeit reibungslos« in Einklang bringen könnten, müßte das Angebot an qualitativ hochwertigen Betreuungsplätzen ausgeweitet werden[123]. Statt die knappen öffentlichen Mittel für nutzlose Prestigebauten zu vergeuden[124], sollten die Kommunen kostenlose Kindertagesstätten- und Kindergartenplätze zur Verfügung stellen. Die Anzahl der Kinder pro Gruppe sei zu verringern, die Öffnungszeiten zu verlängern und die Selbstverwaltung durch Eltern und Erzieher zu gewährleisten.

Weil Kinder in vieler Hinsicht »lästig« sein können, »sind Eltern . . . geneigt, Leistungen, die sie selber für das Kind aufbringen sollten und könnten, auf die Gesellschaft, die gemeinsamen Institutionen abzuschieben«[125]. Viele Eltern begrüßen es, wenn es für Kinder jeden Alters möglichst umfassende institutionelle Betreuungsmöglichkeiten gibt[126]. Die Programmatik der GRÜNEN spiegelt den Wunsch, alle von Kindern den Eltern auferlegten Opfer und Benachteiligungen müßten staatlich ausgeglichen werden: Ein »Leben mit Kindern« dürfe auf keinen Fall die »Erziehenden . . . unter Aufgabe eigener Lebensziele zur Häuslichkeit« zwangsverpflichten. Außerdem müsse jeder die »Entscheidung für ein Leben mit oder ohne Kinder ohne finanziellen Druck« treffen können. Wer Kinder betreue, habe Anspruch auf ein »existenzsicherndes Betreuungsgeld«, auf eine eigene »Kranken-, Arbeitslosen- und Ren-

121 Vgl. BECK-OBERDORF: Reden vor dem Deutschen Bundestag vom 12. April 1984. In: Verhandlungen des Deutschen Bundestages, 10. Wahlperiode, Stenographische Berichte Bd. 127, Bonn 1984, 4643–4645 und 4677f.

122 Die GRÜNEN Baden-Württemberg 1984, 38f.

123 Hierzu und zum folgenden Die GRÜNEN Kiel 1986, 16, 19 und 33f.

124 Vgl. als Fallbeispiel »GRÜNE leiten Bürgerentscheid ein«. In: PR (Public Relations Überlingen), 2. Jg. (1987), Nr. 46 vom 12. November 1987, 7.

125 v. HENTIG 1973, 175.

126 Vgl. z. B. MARION GÖHLER 1988, 130f.

tenversicherung« und auf jederzeitige Rückkehr in das Berufsleben[127]. Das staatliche Kindergeld müsse mindestens »in Höhe des Existenzminimums« liegen[128].

Kinder bedeuten unter den gegenwärtigen steuer- und sozialrechtlichen Bedingungen ein schweres Opfer für ihre Eltern. Sie verursachen eine »deutliche wirtschaftliche Verschlechterung« im Vergleich zu kinderlosen Paaren[129]. Über diesen Sachverhalt herrscht allgemeine Übereinstimmung, doch geht keine Partei in ihren Forderungen so weit wie die GRÜNEN, die vom Staat den völligen Ausgleich aller wirtschaftlichen Einbußen verlangen, die die Betreuung und Erziehung von Kindern verursachen. Allerdings ist die Art und Weise umstritten, wie dieser finanzielle Ausgleich vorzunehmen sei. Am weitreichendsten sind wohl die Vorstellungen JUTTA OESTERLE-SCHWERINS, die zur Sicherstellung der »ökonomischen Unabhängigkeit derjenigen Menschen, die Kinder betreuen«, ein Betreuungsgeld zuzüglich zum Kindergeld vorschlug, das bei Kindern unter drei Jahren 2000 und bei Kindern unter zwölf 1000 DM im Monat betragen sollte[130].

Andererseits bezeichnen viele GRÜNE das bisherige staatliche Erziehungsgeld im ersten Lebensjahr und die von der Stiftung »Mutter und Kind« vergebenen Mittel als »Gebärprämien«, als »Almosen«, mit denen konservative Kräfte die Frauen auf ihre traditionelle Mutterrolle festlegen wollten[131]. Darüber hinaus ginge es diesen Kreisen um die Sicherung des für die Landesverteidigung und die »Erhaltung der kapitalistischen Wachstumsgesellschaft« dringend benötigten Nachwuchses. Ihr »Nationalismus und Chauvinismus« lasse sie mit allen Mitteln danach trachten, daß vor allem »mehr deutsche Kinder geboren werden«[132].

Wie sind die kurzfristigen familienpolitischen Reformpläne der GRÜNEN zu bewerten? Obgleich die GRÜNEN aus grundsätzlichen Erwägungen jede Art von Bevölkerungspolitik ablehnen, die darauf abzielt, die Geburtenzahl zu erhöhen, dürften ihre Vorschläge zur Verbesserung der Lage von Familien oder Lebensgemeinschaften mit Kindern gerade diese Auswirkung haben. Es ist erstaunlich, daß die GRÜNEN im Zuge ihrer Bestrebungen, die »vollständige ökonomische Abhängigkeit der Frau vom Mann«[133] zu beenden und die »Aufhebung

[127] Die GRÜNEN Baden-Württemberg, Programm '88, 71.
[128] Die GRÜNEN Nordrhein-Westfalen 1983, 82.
[129] SCHNABEL 1987, 21 f., 26, 36, 38, 41 und 44–46.
[130] OESTERLE-SCHWERIN 1987, ohne Seitenzählung.
[131] Die GRÜNEN Schleswig-Holstein 1987, 33.
[132] KNÄPPER 1988 a, 157–163.
[133] HELGA KRIEGER 1984, 46.

der geschlechtsspezifischen Arbeitsteilung« durchzusetzen, die denkbaren kontraproduktiven Auswirkungen ihrer Reformpläne übersehen. Wenn man sich vor Augen hält, welche Folgen beispielsweise die drastische Erhöhung des Kindergelds und die Einführung eines lukrativen Betreuungsgeldes hätten – so wünschenswert sie immer sein mögen –, kann man vermuten, daß keineswegs mehr Frauen nach der Geburt eines Kindes wieder in das Berufsleben einträten. Nimmt man an, daß Mütter über ein durchschnittliches bis gutes Einkommen verfügen, das sie auf dem Arbeitsmarkt nicht ohne weiteres erzielen könnten, ist die Vermutung naheliegend, daß viele von ihnen ihre Fähigkeit zur Mutterschaft zum Beruf machen. Damit würde die Trennung der traditionellen Tätigkeitsbereiche von Frauen und Männern, die die Mehrheit der GRÜNEN beseitigen wollte, nur noch weiter vorangetrieben.

Von solchen kontraproduktiven Nebeneffekten abgesehen, muß man sich darüber im klaren sein, daß der Adressat grüner Frauen- oder Familienpolitik nicht die Familie, ja nicht einmal die als langfristiges Ziel propagierte »neue Lebensgemeinschaft« ist, sondern die »Person, die Kinder betreut«. Es geht um »Leute, die wegen der Kinder nicht erwerbstätig sein können«[134]. Dementsprechend lehnen die GRÜNEN Sozialleistungen an die Familie ab und fordern das Individualprinzip bei der Leistungsbemessung. Durch die Individualisierung der staatlichen Hilfe, den Ausgleich aller finanziellen Belastungen und den Ausbau von Institutionen zur professionellen Kinderbetreuung[135] – wie besserungswürdig die Zustände auf diesen Gebieten auch sind – erreicht man eben auch, daß die Familie als ökonomische Gemeinschaft überflüssig wird. Wer sie verläßt, hat keine Nachteile. So bedauerlich diese Tatsache ist: Übersteigt die den Familienangehörigen im Fall der Trennung gewährte Hilfe ein bestimmtes Maß, so werden geradezu staatliche Anreize zur Auflösung der Familiengemeinschaft geschaffen, weil sich dem einzelnen nun auf den ersten Blick attraktivere Möglichkeiten der Lebensgestaltung bieten.

Die kurzfristigen frauenpolitischen Maßnahmen der GRÜNEN begünstigen den ohnehin festzustellenden Trend zum Anstieg der Scheidungsrate und damit der Zahl der Scheidungswaisen, der Ein-Elternteil-Familien und der Ein-Personen-Haushalte[136]. Da andererseits die erstrebte Sicherheit durch enge Bindungen ermöglichende »Großfamilien« und »neue Lebensformen« allen empirischen Befunden nach ausbleibt, dürfte dieser Prozeß vielen Erwachsenen, vor allem jedoch

[134] HACH-VAN SCHERPENBERG 1987, 1.
[135] Vgl. auch Quirl o. J. mit einer Aufzählung der einschlägigen Forderungen.
[136] Vgl. hierzu NAUCK 1988, 2.

Kindern zahlreiche Nachteile bringen. Ob gewollt oder ungewollt, in der Hoffnung auf das Bessere, das sich vermutlich niemals in der gewünschten Form verwirklichen läßt, wird das trotz aller Mängel Brauchbare und Bewährte gefährdet und in vielen Fällen zerstört.

3. Die grüne Mütterpolitik

Im theoretischen Schrifttum der Frauenbewegung herrscht eine wohlwollende Einstellung zur Mutterschaft und zum Leben mit Kindern. Dafür gibt es mehrere Gründe. Zunächst einmal hat die Menschheit ohne Nachwuchs keine Zukunft. Schon allein deshalb ist es unumgänglich, daß genügend viele Frauen Kinder gebären. Schwangerschaft und Geburt seien außerdem einzigartige, zutiefst weibliche Erfahrungen, die manche Frauen mit Recht als Bestandteil ihres Selbstverständnisses, als Quelle ihres Selbstbewußtseins und als Stütze ihres Selbstwertgefühls betrachteten. Auf alle Fälle könne keiner Frau aus weltanschaulichen Gründen die selbstbestimmte Erfüllung ihres Kinderwunsches verwehrt werden, wenn er »tief aus ihrem Bauch« käme[137].

Andererseits stößt der Gedanke an Mutterschaft und ein Leben mit Kindern unter den gegenwärtigen Bedingungen in großen Teilen der Frauenbewegung auf Zurückhaltung und Ablehnung[138]. Die als wertvoll erachteten Güter »persönliche und berufliche Selbstbestimmung, Durchsetzungsvermögen, Unabhängigkeit« schienen Frauen mit Kindern unerreichbar zu sein[139]. Seit jeher galten »Schwangerschaft und Mutterschaft« zahlreichen Feministinnen »als (tendenzielle) Behinderung der Freiheit der Frau« und als »Einschränkung« ihrer »Selbstbestimmtheit«[140]. Der Kampf gegen das gesetzliche Abtreibungsverbot (§ 218 Strafgesetzbuch) begünstigte zudem die unterschwellige Gefühlseinstellung, im Kind zuerst einmal etwas Negatives zu sehen. Wenn von Kindern die Rede war, beschränkte sich die Diskussion oftmals auf die mit ihnen einhergehenden Nachteile und Beeinträchtigungen.

Alles in allem billigte die Frauenbewegung zwar in ihrer Theorie den selbstbestimmten Wunsch nach Kindern, in der Praxis jedoch trafen Mütter und Kinder auf starke Vorbehalte und auf spürbaren Argwohn. Allzu willfährig schienen sie dem Patriarchat, seiner Mütterlichkeitsideologie und dem auf Frauen lastenden Gebärzwang erlegen zu sein[141].

[137] Vgl. z. B. Sichtermann 1980, 40f.
[138] Vgl. Walterspiel 1983, 110f.
[139] Gissrau 1988, 108.
[140] Zimmermann 1988, 59.
[141] Vgl. auch Leyrer 1986.

Statt selbstbewußt ihr Leben zu gestalten und an ihrer Befreiung von der Hausfrauen- und Mutterrolle zu arbeiten, opferten sie sich für ihre Kinder und sogar für ihren Mann auf. Mit Erbitterung empfanden orthodoxe Feministinnen diese Lebensweise als Anschlag gegen die Ziele der Frauenbewegung, hinter dem nur das Patriarchat stehen konnte[142].

Ende der siebziger Jahre begann sich eine kleine Gruppe in der Frauenbewegung der Ansicht zu widersetzen, daß Frauen mit Kindern notwendigerweise der Bewegung in den Rücken fielen. Anfänglich zögernd, jedoch mit stetig wachsendem Nachdruck bemühten sich einzelne feministische Theoretikerinnen um ein neues Verständnis von Weiblichkeit und Mutterschaft. Zu diesen neuen Strömungen in der Frauenbewegung zählen der Ökofeminismus, der sich hauptsächlich auf Texte der ökologischen und feministischen Literatur Nordamerikas stützt, und vor allem die viel pragmatischere Theorie der Mütterpolitik[143].

Die Auffächerung der Richtungen in der Frauenbewegung wurde Außenstehenden erst bewußt, als sie zum von den Medien vielbeachteten Politikum geworden war und die grüne Partei erfaßte. Bis Mitte der achtziger Jahre galten die GRÜNEN allgemein als Partei, deren Programmatik sich strikt an feministisches Gedankengut anschloß. Im Herbst 1986 wurde diese Auffassung jedoch nachhaltig erschüttert. Damals fand mit Unterstützung der grünen Partei der erste »Mütterkongreß« statt, dem im März 1987 die Veröffentlichung des »Müttermanifests« folgte. Im Mai desselben Jahres beschloß die Bundesdelegiertenkonferenz der GRÜNEN die Einrichtung einer selbständigen Untergruppe »Mütterpolitik« als Ergänzung zu der seit Jahren bestehenden, streng feministisch ausgerichteten »Bundesarbeitsgemeinschaft Frauen«[144].

Entgegen der landläufigen Meinung entstammen die Wortführerinnen der Mütterfraktion jedoch der traditionellen Frauenbewegung. GISELA ERLER beispielsweise hat öfters betont, der »Traditionsfeminismus« sei die »Grundlage der Mütterpolitik«[145]. Auf den ersten Blick ist diese Aussage überraschend. Es wird sich im weiteren aber zeigen, daß sie richtig ist.

142 Vgl. auch VOLLMER 1986a, 14.
143 Vgl. zum folgenden UHL 1989.
144 Vgl. KOLINSKY 1988, 143f.
145 HÖNOW/BESEL/KLAUSMANN 1988, 59.

Die Kritik am Feminismus

Ausgangspunkt der Mütterpolitikerinnen war die Kritik an weltanschaulichen Überzeugungen und Utopien der traditionsfeministischen Frauenbewegung. Bereits Ende der siebziger Jahre hatten einige einflußreiche Theoretikerinnen der Frauenbewegung Zweifel an der Stichhaltigkeit mancher feministischer Annahmen geäußert. Obwohl sie in den meisten Fällen der Bewegung verbunden blieben, wiesen sie nachdrücklich auf ihre theoretischen Schwächen und Ungereimtheiten hin.

Zu diesen Schwächen zählte besonders die häufig vorgetragene Behauptung, daß allein schon die Abschaffung der Ehe als gesetzlich geschützte Institution, die Freigabe der Abtreibung und die Einbeziehung in die Erwerbstätigkeit die Lage der Frauen von Grund auf verbessern würden. Die Änderung einiger familien- und arbeitsrechtlicher Regelungen müßte nach dieser Einschätzung genügen, um der Befreiung der Frau aus allen materiellen und psychischen Abhängigkeiten entscheidend näher zu kommen. Im Zuge der weltanschaulichen und theoretischen Pluralisierung der Frauenbewegung begannen sich jedoch die Stimmen zu mehren, die die Wirklichkeitsferne dieser optimistischen Annahme kritisierten. Sie stützten sich nicht zuletzt auf neuere Arbeiten der Frauengeschichtsschreibung, die die unerwünschten Nebenwirkungen und Mängel historisch vergleichbarer Maßnahmen zur Befreiung der Frau schilderten.

Häufig wurde das Beispiel der Sowjetunion genannt. Unmittelbar nach der Oktoberrevolution wurden dort das Ehe- und Familienrecht entscheidend verändert, die Abtreibung freigegeben, die kollektive Kindererziehung in staatlichen Institutionen einzuführen versucht und die Frauen in großem Umfang in das Erwerbsleben eingegliedert. Die herkömmliche Familie, so glaubten viele damalige Wissenschaftler und Parteifunktionäre, sei zum Untergang verurteilt. Der Sozialismus bringe endlich das emanzipierte, autonome und gleichwohl vergesellschaftete Individuum hervor[146].

Bekanntlich sind die »hochfliegend-utopischen Vorstellungen über die revolutionäre Umwandlung des Geschlechterverhältnisses«, das die politische Führung der Sowjetunion angestrebt hatte, gescheitert. Die Einführung der leicht aufzukündigenden Zivilehe und die Erleichterung der Scheidung, die als Maßnahmen zur Beendigung der Abhängigkeit vom Ehemann gedacht waren, haben sich rasch als »Bumerang für die Frauen« erwiesen: Die geringe Sicherheit, die ihnen die alte Ehe gegeben hatte, war ihnen entzogen worden, ohne daß neue Sicherheiten an ihre

[146] Vgl. hierzu z. B. LACHMANN 1985, 159f.

Stelle getreten wären. Darüber hinaus hat die Unwilligkeit der Männer, ihre berufstätigen Ehefrauen im Haushalt und bei der Kindererziehung zu unterstützen, zur Doppelbelastung der Frau geführt[147].

Das ernüchternde sowjetische Beispiel vor Augen, verallgemeinerten eine Reihe von Autorinnen die dort gewonnenen Erfahrungen. In den letzten hundert Jahren hätten die Frauen tatsächlich zahlreiche Rechte und Einflußmöglichkeiten hinzugewonnen. Gleichzeitig seien sie dadurch aber auch vieler traditioneller Sicherungen beraubt und in einen dauernden »chronischen Entscheidungszwang« gedrängt worden. Für was sich die Frau auch entscheide, es trage ihr immer empfindliche Nachteile ein. Die freie Entscheidung über Verhütung und Kinderzahl beispielsweise, die ihr jetzt zugestanden werde, habe unter anderem ihre alleinige Zuständigkeit und Verantwortlichkeit auf diesem Gebiet herbeigeführt[148]. Ihre Befreiung aus Abhängigkeit und Fremdbestimmung habe zugleich ihre »emotionale und soziale Belastung« empfindlich gesteigert, ohne daß ein wirksamer Ausgleich stattgefunden hätte[149].

Zu den utopischen Wunschvorstellungen der Frauenbewegung gehört auch das Hoffen auf die »neue Partnerschaft«, in der sich Frauen und Männer Erwerbs- und Hausarbeit gleichmäßig teilten. Die »neue Partnerschaft« soll als Ergebnis der Aufhebung der geschlechtsspezifischen Arbeitsteilung entstehen. Was dazu vor allem erforderlich ist, ist der »neue Mann«. In den neuen sozialen Bewegungen galt seine Entstehung und Ausbreitung lange Zeit als feststehende Tatsache. »Eine wachsende Anzahl von Männern in den westlichen Industrieländern [sei] nicht mehr bereit, ihrer Lohnarbeit und anderen außerhäuslichen Ambitionen und Verpflichtungen den Vorrang zu geben vor ihrer Rolle als Familienvater zu Hause«[150]. In der ökologischen und mitmenschlichen Zukunftsgesellschaft werde der »ganzheitliche« Mann seine einseitige rationalistisch-materialistische Ausrichtung auf die Berufsarbeit überwunden haben und sich aus innerem Bedürfnis an der subsistenzwirtschaftlichen Hausarbeit und der fürsorglichen Kindererziehung beteiligen.

Inzwischen ist jedoch empirisch gesichert, daß der »neue Mann« nirgendwo in nennenswertem Umfang anzutreffen ist. Selbst in Schweden, wo von seiten des Staats die Einbeziehung der Frauen in das Erwerbsleben und der Männer in Hausarbeit und Kindererziehung am stärksten gefördert wurde, hat sich die herkömmliche Aufgabenvertei-

[147] Engert 1987, 179–181 und 183.
[148] Vgl. hierzu z. B. Helfferich 1983, 94 und 106.
[149] Kickbusch 1987, 159f., 185 und 243.
[150] Robertson 1985, 69.

lung in der Familie kaum gewandelt. Dennoch beharrt die Frauenbewegung darauf, daß die Schaffung des »neuen Mannes« unabdingbar nötig und möglich sei. Um die unwilligen Männer zu einem Bewußtseinswandel zu veranlassen und aus den »massenhaften (Klein-)Patriarchen der Gegenwart ›neue Männer‹ werden« zu lassen, müßte der Staat »radikal gehandhabte« »dirigistische Maßnahmen« ergreifen[151].

Demgegenüber sind die Müttertheoretikerinnen überzeugt, daß staatliche Maßnahmen zur Erschaffung des »neuen Mannes« von vorneherein zum Scheitern verurteilt sind: »Wir haben in keinem Land der Welt einen Hebel«, sagte Gisela Erler in einer Diskussionsrunde, der Männer dazu veranlaßt, »massenhaft... und irgendwie dauerhaft in Familie ein[zu]steigen«[152]. Die Hoffnungen der Frauenbewegung auf den »neuen Mann« seien deshalb illusorisch.

Das gleiche gelte für die kommunitären und kollektiven Lebensformen, die Traditionsfeministinnen an die Stelle der herkömmlichen Familie setzen wollen. Sie seien nur ein schöner Traum, ein Wunschbild, das sich nicht habe verwirklichen lassen. Ob es einem passe oder nicht, meinen viele Mütterpolitikerinnen, es führe kein Weg an der Kleinfamilie vorbei[153].

Für eine industriekritische Partei wie die Grünen ist besonders der prinzipielle ökologische Einwand bedeutsam[154], den die Mütterpolitikerinnen erheben: Die Grünen versuchen auf der einen Seite, die bestehende Industriegesellschaft in ein Netz dezentraler, weitgehend autarker und subsistenzorientierter Gemeinschaften umzuwandeln. Andererseits zielt ihre Frauenpolitik darauf ab, möglichst alle Frauen zuerst einmal in das herkömmliche Berufsleben einzugliedern. Auf diese Weise entstünde ein »bizarrer Kurzschluß: Rein in die Erwerbslogik, aber raus aus der Logik des Systems!«[155]

Die Müttertheoretikerinnen schließen sich hier ökofeministischem Gedankengut an. Die Einbeziehung aller Frauen in das Erwerbsleben hätte nach Überzeugung der Ökofeministinnen verheerende Auswirkungen. Sie zerstöre die letzten, überwiegend von Frauen getragenen Gruppen und Lebensweisen, die noch nicht von den Gesetzen des Tausches, des Marktes und des Geldes beherrscht seien. Wenn alle Menschen berufstätig seien, wären sie gezwungen, verschwenderisch die Waren des Industriesystems zu verbrauchen, anstatt ökologisch vernünftige Nahrungsmittel und Verbrauchsgüter selbst herzustellen.

[151] Opielka 1984, 38, 40f. und 45f.
[152] Erler, in: Familienpolitik – Wohin 1987, 140.
[153] Erler 1985, 161–163.
[154] Vgl. auch Erler 1986.
[155] Erler 1985, 139.

Statt Kinder, Kranke und Alte selbst zu betreuen, verlasse man sich auf die anonymen Großinstitutionen des Wohlfahrtsstaats. Die traditionsfeministischen Pläne bewirkten deshalb nicht den lebensnotwendigen ökologisch-subsistenzwirtschaftlichen Umbau der Industriegesellschaft, sondern im Gegenteil die endgültige Industrialisierung und Verstaatlichung der individuellen Lebenswelt[156].

Die wichtigsten weltanschaulichen Unterschiede zwischen Traditionsfeministinnen und Mütterpolitikerinnen liegen jedoch auf zwei anderen Gebieten. Erstens wenden sich die Mütterpolitikerinnen gegen die in der traditionsfeministischen Frauenbewegung vorherrschende Ansicht, die Mutterschaft der Frau könne auf einen rein organischen Vorgang beschränkt werden. Demgegenüber betont Gisela Erler die enge, zu allen Zeiten und in allen Kulturen bestehende, gleichsam naturwüchsige Beziehung zwischen Mutter und Kind, die Traditionsfeministinnen stets als ihr kulturell aufgezwungene, grundsätzlich wandelbare Beeinträchtigung der Frau angesehen hatten[157]. Die starke gefühlsmäßige Bindung von Mutter und Kind sei die wichtigste Bedingung für das Werden der Persönlichkeit des Kindes, weil sie ihm Schutz, Geborgenheit und Vertrauen in das Leben schenke. Die Mütterpolitikerinnen ziehen aus dieser Überzeugung einen naheliegenden Schluß: Da alle alternativen Formen der Betreuung kleiner Kinder der mütterlichen Pflege und Erziehung unterlegen seien, sollten sie nur familienergänzend eingeführt werden. Grundsätzlich müsse aber daran festgehalten werden, daß die Kinderbetreuung in den ersten Lebensjahren überwiegend die Aufgabe nicht-berufstätiger Mütter bleibe[158].

Zweitens wehren sich die Mütterpolitikerinnen gegen die Lehrmeinung der traditionsfeministischen Frauenbewegung, Männer und Frauen seien ihrem Wesen nach gleich. Für die Mehrheit der Frauenbewegung gelten »Weiblichkeit« und »Männlichkeit« nicht als ein für allemal vorhandene, naturgegebene Phänomene, sondern als Erzeugnisse einer über Jahrtausende patriarchal geprägten Geschichte, die schnellstens überwunden werden müßten. Im Gegensatz dazu meinen viele Müttertheoretikerinnen, daß Frauen und Männer ihrem Wesen nach verschieden sind. Die menschliche Entwicklungsgeschichte und die seit undenklichen Zeiten vorgenommene Arbeitsteilung zwischen den Geschlechtern hätten auch im Gefüge der psychischen Dispositionen von Männern und Frauen ihre Spuren hinterlassen: Während Männer ihrer Natur nach eher der Abstraktion, der anonymen Dingwelt, den großen Institutionen, der Auseinandersetzung und dem

[156] Vgl. z. B. Bennhold-Thomsen 1987, bes. 38.
[157] Vgl. Badinter 1981.
[158] Vgl. Erler 1985, 54–59.

Wettbewerb zuneigten, seien Frauen personenbezogen; ihrem Wesen gemäß widmeten sie sich lieber der Pflege und Betreuung ihrer Mitmenschen, dem Erhalt kleiner, überschaubarer Gemeinschaften, geselligen Nachbarschaftsbeziehungen und naturnahen, ökologisch vernünftigen Wirtschaftsformen[159].

Das Müttermanifest, das grundlegende Forderungsverzeichnis der Mütterpolitikerinnen bei den GRÜNEN, beginnt mit den kämpferischen Worten: »Es ist an der Zeit für eine neue Frauenbewegung«. Ein »erweiterter, ökologischer, zukunftsweisender Emanzipationsbegriff« müsse an die Stelle des alten treten, der die Lage der Frauen ohnehin kaum gebessert habe. Die »Inhalte traditioneller Frauenarbeit, d. h. die Versorgung von Personen« und die »Wahrnehmung sozialer Bezüge«, sollten »als legitime Werte integriert . . . und dann entsprechend wertemäßig sozial, politisch, finanziell anerkannt werden«. Auf lange Sicht wollen die Mütterpolitikerinnen erreichen, daß Erwerbsarbeit einerseits und Haus- und Erziehungsarbeit andererseits als gleichwertige Tätigkeiten eingeschätzt und honoriert werden. Sie wünschen sich eine »Gesellschaft, die Kinder an der Hand zulassen soll«, eine »mütter- und kinderfreundliche Öffentlichkeit«, in der »verschiedene Lebensentwürfe von Müttern, für Beruf und/oder Hausarbeit, Nachbarschaftsarbeit, große und kleine Politik« ihren Platz haben[160], finanziell gut ausgestattete Mütterzentren[161] und großzügige staatliche Unterstützungszahlungen für Frauen mit Kindern.

Alles in allem mußte das selbstbewußte öffentliche Auftreten der Mütterpolitikerinnen den Anhängerinnen des Traditionsfeminismus innerhalb wie außerhalb der GRÜNEN als ungeheuerliche Herausforderung erscheinen. Obgleich die meisten grünen Traditionsfeministinnen die gehaltvolle argumentative Auseinandersetzung mit den Mütterpolitikerinnen suchten[162], kam es teilweise auch zu wüsten und ehrenrührigen Beschimpfungen[163].

Weltanschauliche Gemeinsamkeiten von Mütterpolitik und Feminismus

Trotz der großen weltanschaulichen Gegensätze und ungeachtet aller tagespolitischen Auseinandersetzungen verbindet Traditionsfeministinnen und Mütterpolitikerinnen jedoch mehr als es auf den ersten Blick

[159] Ebd., 32f. und 86.
[160] Müttermanifest 1988, 201 und 203.
[161] Vgl. hierzu JAECKEL/TÜLLMANN u. a. 1988.
[162] Vgl. Stellungnahme grüner Frauen zum Müttermanifest o. J.
[163] Vgl. RUNTE-PLEWNIA 1987, 9.

den Anschein hat. Das trifft zunächst einmal auf die kurzfristigen politischen Forderungen zu, die beide Gruppen erheben. Übereinstimmend verlangen sie die »unabhängige und ausreichende finanzielle Sicherung für Betreuungsarbeit . . .; Mindestrenten . . .; drastische Arbeitszeitverkürzung. . .; Rückkehrmöglichkeiten in alle Berufe. . .; gleichen Lohn für gleiche Arbeit im Erwerbs- und Nichterwerbsbereich . . .; Familienarbeit als Qualifikation« usw. Einzig die Forderung nach staatlicher Unterstützung für Mütterzentren und sonstige nachbarschaftliche »Frauenzusammenhänge« fehlt bislang in der Programmatik der Frauenbewegung und der GRÜNEN[164].

Damit sind die Gemeinsamkeiten aber noch nicht erschöpft. Es wurde bereits erwähnt, daß die führenden Müttertheoretikerinnen in vielem die enttäuschten Töchter der traditionsfeministischen Frauenbewegung sind. Diese in der öffentlichen Diskussion kaum beachtete Tatsache gilt es im folgenden genauer zu untersuchen.

Das neue Matriarchat

Eine erste grundsätzliche Übereinstimmung zwischen Traditionsfeministinnen und Mütterpolitikerinnen besteht in der Einschätzung des männlichen Geschlechts. Beide Strömungen lasten die »vielfältigen Beschädigungen, Vernichtungspotentiale und Entwertungen« der zurückliegenden Jahrtausende der Menschheitsgeschichte der »Kultur des patriarchalen Allmachts- und Fortschritts-Wahns« an[165]. Nach der von allen Richtungen der Frauenbewegung anerkannten Einschätzung sind das männliche Geschlecht und die von ihm hervorgebrachte Herrschaftsform des Patriarchats für alle vorstellbaren Übel verantwortlich. Die Spannbreite der Anschuldigungen ist groß. Sie reicht von der Schaffung der Bedingungen für Ausbeutung, Umweltzerstörung und Kriegsgefahr[166] über den »täglichen Sexismus«[167] im Umgang der Geschlechter bis zu der von den Männern verschuldeten Brutalisierung des Sexuallebens[168], ihrer Liebesunfähigkeit und emotionalen Verarmung[169].

In ihrem Bemühen um ein verändertes weibliches Selbstverständnis neigen die Anhängerinnen der Neuen oder Zweiten Frauenbewegung dazu, die Besonderheit der Frau aus der Verneinung von Eigenschaften

164 PINL 1987, 117.
165 HILZINGER 1988, 230.
166 Vgl. auch THÜRMER-ROHR 1986, 32–34.
167 ZURMÜHL 1986, 93.
168 Hierzu z. B. SICHTERMANN 1981, 7.
169 Vgl. auch WIECK 1987.

zu gewinnen, die als typisch männlich gelten. Worauf die Überlegenheit der Frau zurückzuführen ist, bleibt in der Frauenbewegung umstritten: »Sie wird entweder als Ergebnis patriarchaler Ausgrenzungsprozesse oder als – wenn auch gesellschaftlich verachtetes – biologisches und/oder universal vorhandenes Potential verstanden«[170].

Ende der siebziger Jahre nahm die Suche nach dem Besonderen der Frau teilweise befremdliche Formen an. An den Rändern der Frauenbewegung wurden obskure Fruchtbarkeitsrituale, die Kunst magisch-spiritueller Selbstheilung und Mythen von der natürlichen Höherrangigkeit des weiblichen Prinzips gepflegt[171]. Neben diesen pittoresken Einsprengseln wurde der Ökofeminismus zu einer einflußreichen Strömung in der Frauenbewegung. Hier übertrugen feministische Theoretikerinnen den bekannten Natur-Technik-Gegensatz auf das Geschlechterverhältnis[172]. Die Gesamtheit der Männer weist nach ihrer Auffassung die Charakterzüge eindimensionale Zweckrationalität, Lebensfeindlichkeit und emotionale Verarmung auf[173]. Weiblichkeit dagegen umfaßt das positiv bewertete Gegenideal, das »bessere Prinzip«[174]. Frauen hätten sich die emotionalen Tugenden, die subsistenzorientierten Wirtschaftsformen und die allgemeine Personorientiertheit bewahrt, die für die Bewältigung der Zukunft unabdingbar seien[175].

Diese Auffassung ist jedoch nicht auf die Frauenbewegung beschränkt. In Teilen der neomarxistischen Sozialphilosophie[176], in der New-Age-Literatur und in den theoretischen Grundlagentexten der Ökologiebewegung wird seit Ende der sechziger Jahre die »Todessehnsucht des Patriarchats« beschrieben, die die Menschheit in den sicheren Untergang treibe[177]. Das weibliche Geschlecht erscheint aufgrund seiner Besonderheit und Höherrangigkeit jeweils als die einzige Kraft, die die Katastrophe aufhalten[178] und ein neues Goldenes Zeitalter heraufführen kann. Die Frau als »Retterin der Welt«, als Verkörperung des »besseren Prinzips« gehört zu den unvermeidlichen Grundbestandteilen feministischen Denkens: »Am weiblichen Wesen« soll »einmal wieder . . . die Welt genesen«[179].

Aus dieser auf genetischen Gegebenheiten beruhenden Überlegenheit

170 Gravenhorst 1983, 82.
171 Vgl. Haug 1986, 65f.
172 Zur Ideengeschichte vgl. auch Leacock/Nash 1977, 619–621.
173 Vgl. Fee 1983, 14f.
174 Runte 1988, 91f.
175 Erler 1985, 32f., 46, 71f., 86, 99, 141, 143, 151f., 156, 165 und 174–177.
176 Vgl. z.B. Marcuse 1975.
177 Vgl. auch Bahro 1987, bes. 159–176.
178 Vgl. auch Sander 1986, 104; Drewitz 1986, 123.
179 Vgl. zusammenfassend Holland-Cunz 1988, 87–118, Zitat: 112.

der Frau gewinnen die Müttertheoretikerinnen eine Forderung, die bislang kaum beachtet wurde. Sie ist weitreichender als die in der Frauenbewegung üblichen Zielsetzungen. Im allgemeinen wird dort die »androgyne« oder »geschlechtsintegrierte« Gesellschaft angestrebt. Die Männer müßten sich zwar entscheidend ändern, würden in dieser Zukunftsgesellschaft aber als gleichberechtigte Mitglieder leben. Seltener trifft man auf die Hoffnung auf ein Matriarchat, eine Gesellschaftsform, in der Frauen aufgrund ihrer besonderen Eigenschaften eine fürsorgliche Herrschaft über das männliche Geschlecht ausüben[180]. Vielfach wird das Matriarchat der Zukunft als Wiederholung eines vorzeitlichen Matriarchats im Goldenen Zeitalter der Menschheit angesehen[181].

Die Müttertheoretikerinnen greifen diesen Gedanken wieder auf. Die wichtigste Aufgabe der Gegenwart sei die »gesellschaftliche Rezivilisation des Mannes«. GISELA ERLER hält nur Frauen und Mütter dafür geeignet: »In ihnen ist ein positiver Umgang mit Macht angelegt«. Sie könnten die Männer zur natürlichen Ordnung zurückrufen[182]. Aus der als Höherwertigkeit gedeuteten Unterschiedlichkeit der Frau vom Mann wird auf diese Weise ein Machtanspruch gewonnen. Unklar ist dabei, ob alle Frauen in gleichem Ausmaß über die »weiblichen« Tugenden verfügen oder ob ihr Besitz vor allem Mütter auszeichnet. Auf alle Fälle stellt die fürsorgliche Zwangsvormundschaft über das männliche Geschlecht, die ihm GISELA ERLER wegen seiner angeborenen Mängel und Schwächen auferlegen will, nichts anderes als eine wohlwollende Diktatur der Mütter dar.

Man muß jedoch klar sehen, daß dieser nicht nur demokratietheoretisch äußerst fragwürdige Gedankengang keineswegs zur herrschenden Meinung in der Mütterfraktion zählt. Ihre Angehörigen erstreben vielmehr die gleichberechtigte Einbeziehung der Frauen in die Umgestaltung der Industriegesellschaft. Um ihrem Selbstzerstörungsdrang Einhalt zu gebieten, müssen »weibliche Denkstrukturen, d.h. Intuition, Rücksichtnahme, Komplexität, vor allem aber die Bevorzugung menschlicher Belange über technische Belange«, in allen politischen und wirtschaftlichen Entscheidungen die männlichen »Denkstrukturen« ergänzen[183]. Es kommt auf die ausgewogene Mischung »männlicher« und »weiblicher« Tugenden, Charakterzüge und Dispositionen an.

Ob es die unterschiedlichen »Geschlechtscharaktere«[184] gibt, wie

[180] Vgl. WEINBERGER 1984, 45f.
[181] Vgl. GOLDBERG 1977, 25–34 und 45.
[182] ERLER 1985, 46, 71 und 165.
[183] KOTOWSKI/TRÜPEL u.a. 1984, 37.
[184] KNÄPPER 1988, 19.

stark sie ausgeprägt und auf welche Ursachen sie zurückzuführen sind, ist eine ungeklärte Frage[185]. Zwar dürfte es eine Reihe genetisch und sozial bedingter Unterschiede im Gefüge der psychischen Dispositionen von Männern und Frauen geben. Auf der anderen Seite gibt es wenig Gründe für die Meinung vieler Feministinnen, daß Frauen »von Natur aus« weniger konkurrenzorientiert, durchsetzungsfähig und konfliktfreudig sind. Das ist wohl nicht der Fall. Ebensowenig besitzen Frauen ein *naturgegebenes* Streben nach Zusammenhalt, mitmenschlichem Gleichklang und Selbstlosigkeit, das sie deutlich von den Männern unterscheidet[186]. Daß die »weiblichen« Tugenden unveräußerliche Wesensmerkmale der Frau seien, ist wahrscheinlich mehr Wunschtraum als Wirklichkeit. Die biologische Begründung für die Höherwertigkeit der Frau beruht also auf Überzeugungen, die problematisch, wenn nicht falsch sind. Deshalb ist der Vorwurf berechtigt, die Müttertheoretikerinnen und ihre Vorgängerinnen »mystifizierten« die »weiblichen Erfahrungszusammenhänge«, das »Wesen der Frau«, Geburt und Mutterschaft[187]. Vermutlich dürften die der intimen Sozialgruppe Familie angemessenen »weiblichen« Tugenden ohnehin kaum zur Lösung politischer Probleme geeignet sein.

Genau das wird jedoch von vielen Mütterpolitikerinnen behauptet. Im »Müttermanifest« ist beispielsweise von der Schaffung einer »öffentlichen Wohnstube, eines nachbarschaftlichen Kinderzimmers, einer Überwindung der engen Familiengrenzen« die Rede[188]. Natürlich sind damit zuerst einmal die erstrebten nachbarschaftlichen »Frauenzusammenhänge« gemeint. Sie sollen aber langsam auch in das Wirtschaftsleben und in die Politik vordringen. Im Hintergrund steht dabei die romantische Annahme, diese Bereiche könnten wie die Kleingruppe Familie geordnet sein. Anstelle der allenthalben anzutreffenden Interessenkonkurrenz, der mangelnden gefühlsmäßigen Anteilnahme und der natur- und menschengefährdenden Rücksichtslosigkeit, der Anonymität, Bürokratisierung und Zentralisierung sozialer Großverbände wünschen sich zahlreiche Mütterpolitikerinnen eine Welt, in der die Harmonie, die emotionale Wärme und die gegenseitige Hilfsbereitschaft der wohlgeordneten Familie herrschen. Diese sozialromantische Hoffnung ist nach allem, was die Sozialpsychologie über die Gesetzmäßigkeiten des inneren Aufbaus von Großgruppen herausgefunden hat,

[185] Vgl. Fausto-Sterling 1988; Lowe 1983.
[186] Vgl. Hrdy 1981, 127–130 und 189–191.
[187] Sauer 1984, 38.
[188] Müttermanifest 1988, 201.

unberechtigt[189]. Daß aus der Gesellschaft, dem kalten »System« je eine große Gemeinschaft von Brüdern und Schwestern werden kann, ist unwahrscheinlich.

Der Ausschluß der Väter

Eine wichtige, meist übersehene Gemeinsamkeit von »Mütterpolitik« und Traditionsfeminismus besteht in ihren Plänen über die Zukunft des männlichen Geschlechts. Hier geht es jedoch nicht um Gesellschaftsutopien, sondern um kurzfristige politische Zielsetzungen.

Wie bereits erwähnt, erschien das Kind in den theoretischen Schriften der neuen Frauenbewegung oft als negative Bezugsgröße. Naheliegenderweise gilt das um so mehr für die Männer: »Es gab kein positives Programm, das das andere Geschlecht, das Kinder mitgemeint hätte«[190]. Die Bewegung verstand sich als »autonom«. Soweit wie möglich sollten Männer – als individuelle Stellvertreter der unterdrückerischen patriarchalen Gesellschaftsordnung – aus dem Leben bewußter Feministinnen ausgeschlossen bleiben. Das änderte sich auch nicht, als die Frauenbewegung den »kurzschlüssigen Protest gegen die Mutterschaftsideologie, der dem Patriarchat nicht nur die Ideologie, sondern die Mutterschaft gleich mit vor die Füße geworfen hat, zu korrigieren« begann. Männer kamen in den autonomen »Frauenzusammenhängen« nicht vor. Es schien so, »als seien die in Freude empfangenen Kinder der Frauenbewegung Früchte der Jungfernzeugung«[191].

Diejenigen Angehörigen der Frauenbewegung[192], die ein neues weibliches Selbstverständnis in Schwangerschaft, Geburt und Mutterschaft suchten und fanden, erprobten zunehmend »neue Formen der innigen Partnerschaft zwischen Müttern und ihren Kindern *unter Ausschluß der Männer*«. Die »angestrebte Autonomie bei der Identitätskonstitution auf seiten der Frauen bzw. Mütter« führt auf diese Weise unmittelbar zum »*Ausschluß der Männer bzw. Väter* aus der relevanten Umwelt«[193].

Wenn derzeit in familienpolitischen Gesprächsrunden von Familien gesprochen wird, denkt man im Regelfall an eine aus Vater, Mutter und mindestens einem Kind bestehende Sozialgruppe. Bei den Mütterpoliti-

[189] Zur Kritik solcher sozialromantischer Wunschträume vgl. Hayek 1977.
[190] Sichtermann 1984a, 9.
[191] Sichtermann 1979, 100.
[192] Vgl. Bronnen 1978; Siebenschön 1983; Grauenhaft, entsetzlich. In: Der Spiegel, 43. Jg. (1989), H. 12, 248, 250 und 252.
[193] Wehrspaun 1988, 166f. (meine Hervorhebung).

kerinnen ist das entgegen der landläufigen Meinung keineswegs so. Unter Familie verstehen sie zuerst einmal eine Art Basiseinheit aus der Mutter und einem oder mehreren Kindern. Dieser Gedanke ist nicht neu. Auch in früheren Jahrzehnten wurde bei verschiedenen Gelegenheiten versucht, den »Familienbegriff von der Ehe abzulösen und der Mutterschaft zuzuschlagen«[194]. Für die heutigen Müttertheoretikerinnen ist die unvergleichlich enge Mutter-Kind-Beziehung der Grund für die Annahme, die »eigentliche« Kernfamilie setze sich aus der Mutter und ihren Kindern zusammen.

Diese Auffassung sehen viele Mütterpolitikerinnen durch die gegenwärtige Entwicklung bestätigt. Die steigende Zahl von Ehescheidungen, alleinerziehenden Müttern und »Scheidungswaisen«[195] beweise eindringlich die Alleinzuständigkeit der Mütter für die Pflege und Erziehung ihrer Kinder und die Scheu der Männer, ihre Aufgaben als Familienväter zu erfüllen. In gewisser Weise machen die Mütterpolitikerinnen aus der Not eine Tugend: die ehemals als unvollständig empfundene vaterlose Familie wird bei ihnen jetzt zum durchaus erwünschten Normalfall. Obwohl sie weiterhin »vernünftige und faire Formen der Kooperation« mit Männern wünschten, müßte endlich die »enge Fixierung auf partnerschaftliche Lösungen im Privatbereich« als »gesellschaftliche Scheinperspektive« enttarnt werden[196]. Insgesamt scheint bei den Mütterpolitikerinnen der Eindruck verbreitet zu sein, daß traditionelle »Partnerschaftsmodelle« mitsamt dem sie tragenden »Partnerschaftsdogma« historisch überlebt seien; in der AG Mütterpolitik wurde deshalb die Frage zur Diskussion vorgeschlagen: »Und wo bleiben die Väter«[197]?

Darauf gibt es eine einfache Antwort: Väter kommen im Weltbild der Mütterpolitikerinnen nicht mehr vor. Die Mütter brauchen deshalb eine »ausreichende« und von Männern »unabhängige finanzielle Sicherung« für ihre »Betreuungsarbeit«[198]. Grundsätzlich müsse es jeder Mutter ohne finanzielle Einbußen möglich sein, mit ihren Kindern allein zu leben[199]. Was die Mütterpolitikerinnen befürworten, ist mit anderen Worten ein ›ökonomisches Matriarchat‹. In jüngster Zeit wird dieser Gedanke auch von einer Reihe von Fachleuten vorgebracht, die sich mit sinkenden Geburtenzahlen, der Weigerung zahlreicher Männer zur Erfüllung ihrer Vaterpflichten und dem gleichwohl starken Kinder-

[194] Ein Beispiel dafür bei Schwab 1976, 905.
[195] Vgl. hierzu z. B. Institut für Demoskopie Allensbach 1985, 1f.
[196] Müttermanifest 1988, 206.
[197] AG Mütterpolitik 1987, ohne Seitenzählung.
[198] Müttermanifest 1988, 204.
[199] Vgl. Erler 1979, 28.

wunsch der Frauen befassen. Um jeder Frau die Erfüllung ihres Wunsches zu ermöglichen, müsse sie von seiten des Staates »als Mutter von allen Fesseln befreit werden, die sie an den Mann binden, anders gesagt, ihre Leistung als Mutter muß in vollem Umfang ökonomisch gewertet und gewichtet werden«[200].

Wie die Dinge derzeit liegen, sind sozialpolitische Hilfsmaßnahmen für Mütter sicherlich zu rechtfertigen. Das trifft insbesondere für Frauen zu, die aus irgendwelchen Gründen auf die Unterstützung ihres Partners verzichten müssen. In den neuen familiären Matriarchaten hingegen sollen die Mütter »Form und Inhalt wie auch Grenzen« des Zusammenlebens der Geschlechter »selber . . . bestimmen«[201]. In diesen von Müttern beherrschten Familiengemeinschaften würden die Väter nur solange geduldet, wie sie sich dem Willen der Mütter unterordnen. Deren Machtposition wäre nahezu unbegrenzt[202], da sie nicht länger auf die Unterstützung ihres Partners angewiesen wären. Eine Vielzahl staatlicher Maßnahmen stünde bereit, um ihn entbehrlich zu machen; ein feministischer Wunschtraum wäre – freilich über den Umweg der Mutterschaft – endlich in Erfüllung gegangen[203]. Im Grunde handelt es sich hier um den alten traditionsfeministischen Gedanken der Befreiung der Frau aus der Abhängigkeit des Mannes in neuem Gewand. Der Ehemann und Vater der Kinder erscheint in den Lebensentwürfen der Mütter nur noch als zwar angenehme, aber entbehrliche Dreingabe[204].

Wenn die vaterlose Familie zum durchaus erwünschten Regelfall wird, widerspricht das jedoch allen bisherigen Normen. Angesichts der gespannten finanziellen Lage, in der sich die öffentlichen Haushalte befinden, besteht wenig Aussicht auf die Verwirklichung der von den Mütterpolitikerinnen erhobenen Forderungen. Außerdem dürfte ihre Bereitschaft, den Ausschluß der Väter aus der Familiengemeinschaft hinzunehmen bzw. voranzutreiben, bei den Familienpolitikern anderer Parteien kein Verständnis finden. Dort besteht man nahezu einhellig darauf, daß »Kinder . . . Mütter *und* Väter brauchen . . ., die sie lieben und mit denen sie leben«[205]. Nach ihrer Auffassung müssen familienpo-

[200] Oeter 1987, 300.

[201] Müttermanifest 1988, 206.

[202] Bopp 1984, 58 zu den »monströsen Allmachtsphantasien« der »neuen Mütter«.

[203] Zum ökonomischen Matriarchat vgl. Gilder 1973, 97–100, 104–108, 114–118, 120–127 und passim.

[204] Vgl. auch Wetterer 1983 a, 123 und 126.

[205] So für die Sozialdemokratische Partei Wettig-Danielmeier 1987, 5. In ähnlicher Weise heben besonders Autoren, die verschiedenen psychoanalytischen Schulen angehören, die Wichtigkeit des Vaters für das Werden der kindlichen Persönlichkeit im Kleinkindalter hervor (vgl. Dietl 1987, 196–200; Abelin 1971; Rotmann 1981; Stork 1974; Barz 1984, 91–106 und 131–133).

litische Maßnahmen den Zusammenhalt der Kleinfamilie so gut wie möglich stärken. Die Hilfe für alleinerziehende Eltern ist als subsidiäre Nothilfe gedacht, nicht aber als Normalfall staatlicher Familienpolitik.

Auch innerparteilich haben die grünen Mütterpolitikerinnen einen schweren Stand. Trotz der wohlwollenden Aufmerksamkeit, die sie weit über die GRÜNEN hinaus gefunden haben, bleiben sie vermutlich noch lange Zeit in der Minderheit. Im Hinblick auf die scharfen Auseinandersetzungen zwischen Traditionsfeministinnen und Mütterpolitikerinnen ist es darüber hinaus zweifelhaft, ob es zwischen beiden Strömungen zu einer Verständigung kommen wird. Die jeweiligen Ansichten über das Wesen der Frau, ihre Stellung in einer künftigen Gesellschaft und die Bedeutung der Mutter-Kind-Beziehung sind dafür zu gegensätzlich. Diese Tatsache darf aber nicht darüber hinwegtäuschen, daß es Berührungspunkte zwischen beiden Fraktionen gibt. Zur Durchsetzung einzelner Reformschritte könnte es zweifellos zu Zweckbündnissen kommen. Jedenfalls kann ein grüner Familienminister in zahlreichen Einzelfragen auf die Unterstützung beider frauenpolitischer Fraktionen rechnen. Ungeachtet aller Streitigkeiten, Abgrenzungsversuche und Gegensätze ist die politische Linie der GRÜNEN auch auf frauenpolitischem Gebiet klarer und einheitlicher als allgemein angenommen wird.

4. Zusammenfassung

Die frauenpolitische Mehrheitsmeinung bei den GRÜNEN läßt sich folgendermaßen charakterisieren:

1. *Die Frauenpolitik der GRÜNEN geht von einer negativistischen Geschichts- und Gegenwartsdeutung aus.* Mit Hilfe einfacher, jedoch zweifelhafter Argumentationsmuster und Annahmen wird die Frau zum hilflosen Opfer männlicher Gewalt und Vorherrschaft stilisiert. Die geschichtliche Entwicklung erscheint als endlose Kette von Verschlechterungen der Stellung der Frau und als gelungene Vervollkommnung des »patriarchalen Systems«. Diese Geschichts- und Weltdeutung erlaubt die ausnahmslose Abwertung und moralische Verurteilung jeder bestehenden Institution, jedes vorfindbaren Sachverhalts oder Vorgangs und jeder politischen Maßnahme[206].

2. *Die Frauenpolitik der GRÜNEN ist im Wortsinn radikal.* Das Übel muß nach ihrer Überzeugung an der Wurzel gepackt und von Grund auf beseitigt werden. Damit ist die Frauenpolitik der GRÜNEN Ausdruck eines weitverbreiteten Irrtums: Alles, was mangelhaft ist und den

[206] Vgl. auch WETTERER 1983, 8–10.

Ansprüchen nicht genügt, muß vollständig beseitigt (und nicht zum besseren hin verändert oder reformiert) werden. Die Frauenpolitik der GRÜNEN hat die Umgestaltung der Sozialordnung, der primären sozialen Gruppen, der individuellen Lebensweise und der persönlichen Einstellungen, Anschauungen und Überzeugungen zum Ziel. Sie möchte einen Bewußtseins- und Strukturwandel in ihrem Sinne erreichen.

3. *Die Frauenpolitik der GRÜNEN ist utopistisch.* In einer langen Tradition stehend, entwerfen ihre Befürworter kühne Zukunftsträume vom »neuen Menschen« in einer »neuen Gesellschaft«, Zweifel an ihrer Realisierbarkeit sind jedoch angebracht. Den utopisch-revolutionären Fernzielen der Partei stehen eine Vielzahl kurzfristiger reformpolitischer Forderungen gegenüber. Es ist ungewiß, ob diese Nahziele auch als Zwischenschritte zur Verwirklichung der frauenpolitischen Fernziele der Partei angesehen werden können. Allerdings spricht manches dagegen; unberücksichtigte Nebenwirkungen dürften in vielen Fällen die Erreichung der Fernziele vereiteln. Wie alle Gruppen, die visionäre Heilsvorstellungen zu verwirklichen suchen, stehen auch die GRÜNEN vor dem kaum zu lösenden Problem der Koordinierung utopischer Gesellschaftsentwürfe mit kurzfristigen reformpolitischen Zielen.

4. *Die Frauenpolitik der GRÜNEN neigt zu dirigistischen Zwangsmaßnahmen.* Um ihre radikalen Ziele durchzusetzen, müßten von seiten des Staates erhebliche Machtmittel eingesetzt werden. Obwohl eine solche Politik höchstwahrscheinlich am Widerstand der Bevölkerung scheitern dürfte, muß bei entsprechenden Mehrheitsverhältnissen mit dem Versuch ihrer Durchsetzung gerechnet werden. Dabei könnte es zu erheblichen Eingriffen des Staates und seiner Behörden in die Privatsphäre des einzelnen kommen. Die GRÜNEN scheinen mehrheitlich nicht von der Versuchung frei zu sein, um höherer Ziele willen die Lebensführung und selbst den Charakter des einzelnen reglementieren zu wollen. Je weltfremder Utopien sind, desto schärfer, gewaltsamer und verzweifelter sind meist die zu ihrer Verwirklichung eingesetzten Mittel[207]. Diese Einsicht könnte sich unter Umständen auch bezüglich der Frauenpolitik der GRÜNEN bestätigen.

5. *Die Frauenpolitik der GRÜNEN klammert Kinder aus.* In der *frauen*politischen Programmatik erscheint das Kind nur als anonymer Faktor, als Ursache für die finanzielle Belastung seiner Eltern und als Hemmnis der Selbständigkeit und Selbstbestimmung der Frau. Selbst bei den Mütterpolitikerinnen wird das Kind nur als Größe angesehen, mit deren Hilfe das Selbstbewußtsein der Mutter, ihr Gefühl der Höherrangigkeit und ihr Versorgungsanspruch gewonnen werden.

[207] Allgemein hierzu GÜNTHER 1974, 14–16, 25f., 58 und 108.

IV. Die Schulpolitik der Grünen

1. Die Kritik der Grünen am Schulwesen

Jede Partei muß ihre schulpolitischen Reformpläne rechtfertigen. Üblicherweise geschieht das unter anderem dadurch, daß sie auf die Nachteile und Fehler des bestehenden Schulwesens hinweist. Diese mehr oder minder schwerwiegenden Mängel müssen nach ihrer Auffassung schnellstens behoben werden. Gleichzeitig verspricht sie, daß die von ihr empfohlenen Reformmaßnahmen für alle Beteiligten eine spürbare Verbesserung mit sich bringen. Was immer zu tun vorgeschlagen wird, stets wird als Beweggrund die Reformbedürftigkeit des gegenwärtigen Zustands ins Feld geführt.

Das trifft auch auf die grünen Schulpolitiker zu. Sie unterscheiden sich allerdings in einem wichtigen Punkt von den Vertretern der übrigen Parteien. Ihre Schulkritik gilt nicht einzelnen Mißständen, sondern dem Schulwesen insgesamt. Weder seine Aufgaben noch die zu ihrer Erfüllung eingesetzten Mittel, weder die Auswahl der Lehrstoffe noch die Gestaltung des Unterrichts werden von ihr ausgenommen.

Außerordentlich heftig kritisieren die GRÜNEN die *Erziehungsziele*, die in den staatlichen Schulen verfolgt werden. Nach ihrer Meinung versagen die Schulen, weil sie die wertvollen Anlagen und Eigenschaften ihrer Schüler verkümmern lassen oder sie planmäßig zerstören. Die herkömmliche Schule vernichte bedenkenlos die Begabungen, Stärken und Tugenden, die die Natur ihren Schülern geschenkt habe: »die natürliche Lernfähigkeit und Lernmotivation, die Mitmenschlichkeit und Solidarität, ihre Kritikfähigkeit, Kreativität und Phantasie, vor allem aber die Muße- und Glücksfähigkeit«[1]. An ihrer Stelle erzeuge sie teils willentlich, teils unbeabsichtigt Charakterfehler und Untugenden, unter denen die Menschen ein Leben lang zu leiden hätten.

Diese als schädlich erachteten psychischen Eigenschaften sind sehr zahlreich. Zu ihnen zählt zum Beispiel die militärische »Tötungsbereitschaft«[2], an deren Schaffung sich die Schule durch die einseitige

[1] FRANZKE/MUTSCHELLER/HORST/BOTZUM 1987, 23 und 29.

[2] DITFURTH: Die Verführung zur Tötungsbereitschaft (1983). In: DITFURTH 1988, 28–35.

Werbung für die traditionelle Verteidigungspolitik und den Dienst in den Streitkräften beteilige. Wie Feministinnen betonen, mache sie sich außerdem der »Erziehung zum Mann« und zu allen verabscheuungswürdigen Entstellungen des männlichen »Geschlechtscharakters« schuldig[3]. Der in der »Gesamtgesellschaft vorherrschende Ungeist des Rationalismus und der Mechanisierung des Menschen« habe auch das staatliche Schulwesen fest in seiner Gewalt[4]. Im durch und durch »verkopften« Unterricht[5] würden die »seelischen, körperlichen und sinnlichen Anlagen der Menschen« zugunsten der »ausschließlichen Schulung des Intellekts« vernachlässigt. Dieses Versäumnis führe unweigerlich zu »Gefühllosigkeit selbst den grausamsten Inhalten gegenüber«, zu einem »mechanistisch-materialistischen Weltbild« der Schüler, zu einem »ausbeuterischen Verhältnis« zur Natur und zur Unfähigkeit, »Respekt vor dem natürlich Entstandenen, Verständnis und Liebe für das, was sich ohne den Menschen entwickelt hat«, zu empfinden. Die einseitig verwissenschaftlichten Unterrichtsgegenstände seien oft nur »toter Ballast«, eine lebensferne und zersplitterte »Ansammlung isolierter Wissensgüter« von zweifelhaftem Wert. Im schulischen Konkurrenzkampf um Noten und Abschlüsse lernten die Schüler rasch, daß nur die »Einzelleistung« zähle. Auf diese Weise werde »solidarisches Handeln . . . verhindert« und die rücksichtslose Ellbogenmentalität des modernen Menschen herangezüchtet[6].

Die Abrichtung ihrer Schüler auf die Anforderungen von Staat und Wirtschaft ist in den Augen der Grünen die wichtigste *Aufgabe des Schulwesens,* das völlig unter dem Diktat von »Kapital, Bürokratie und Patriarchat« stünde: Die schulische Erziehung solle ausschließlich »wirtschaftlichen Verwertungsinteressen« und der »politischen Anpassung« der Schüler dienen[7]. »Unser ganzes Bildungssystem«, so beschrieb Hasenclever das heutige Schulwesen, »ist derzeit noch auf die Erziehung von Wirtschaftsidioten programmiert«[8]. Der Staat setze seinerseits alles daran, mit Hilfe der Schulerziehung in den Kindern die lebenslange Bereitschaft zu »duldendem Gehorsam und Untertanengeist« zu verankern[9].

[3] Werth/Csampai-Boettge/Hansen 1985, 44f.

[4] Thomsen 1982, 70.

[5] Die Grünen Niedersachsen 1986, 1. Zur Geschichte des Modeworts »Verkopfung« vgl. Ahlheim 1983.

[6] Die Grünen Baden-Württemberg, Landesarbeitskreis Schule 1986, 8, 14, 17, 19, 21, 23 und 29.

[7] Die Grünen Hamburg 1986, 1f.

[8] Wolf-Dieter Hasenclever: Diskussionsbeitrag auf dem Zeit-Forum »Schöne grüne Welt«. In: Die Zeit, 35. Jg. (1980), Nr. 30 vom 18. Juli 1980, 12.

[9] Die Grünen Baden-Württemberg 1984, 75.

Um dieses Ziel durchzusetzen, bemühten sich vor allem die konservativ geführten Kultusministerien um die Förderung der als Moralerziehung verbrämten weltanschaulichen Bewußtseinssteuerung. Seit eh und je bleuten die Deutschen ihrem Nachwuchs die »höchsten Werte ... Sauberkeit und Bravsein« ein. Den Befürwortern des »Law and Order für Kinder« seien hauptsächlich »Sekundärtugenden ... wie Sauberkeit, Ordnung, Fleiß usw.« wichtig, meint JUTTA DITFURTH[10]. Darüber hinaus habe die »konservative Bildungstheorie« dafür gesorgt, daß die »rechte Interpretation von Familie-Religion-Eigentum in die Lehrpläne« aufgenommen worden sei. Mit Hilfe der »heimatzentrierten« und »emotionalisierten« »Werteerziehung« sollen die »kritische Fragehaltung und [die] analytischen Fähigkeiten« der Schüler unterdrückt und die Mehrheit der Bevölkerung unwissend gehalten werden. Die moralerzieherische »Dressur« spanne sie »immer unverschämter für ideologische, ökonomische und militaristische Zwecke« ein und versuche, sie zu willig funktionierenden Rädchen im Getriebe von Staat und Wirtschaft zu machen[11].

Diese Auffassungen über den verborgenen Zweck der Moralerziehung werden nicht nur von zahlreichen GRÜNEN vertreten. Man findet sie auch bei neomarxistischen Gesellschafts- und Schulkritikern[12] sowie bei Autoren der Undogmatischen Neuen Linken[13]. Der Gedankengang ist im großen und ganzen immer derselbe: Tugenden wie Fleiß, Leistungsbereitschaft, Ehrlichkeit, Treue, Verläßlichkeit und Gewissenhaftigkeit, Achtung vor dem Eigentum und Respekt vor staatlichen, religiösen und sozialen Institutionen lassen sich angeblich nicht mit Selbstbewußtsein, Zivilcourage, Wachsamkeit gegen ungerechtfertigte Übergriffe von Autoritäten, geistiger Selbständigkeit und freien Willensentscheidungen vereinbaren. Diese Ansicht enthält jedoch einen Denkfehler, der aus psychologischer Sicht kritisiert werden muß: Man nimmt irrtümlich an, es gebe kein Sowohl-als-Auch zwischen diesen beiden Gruppen psychischer Dispositionen, sondern nur ein striktes Entweder-Oder. Außerdem wird mitunter der unzutreffende Eindruck erweckt, eine ganze Reihe moralischer Gesinnungs-Einstellungen nützten dem einzelnen nichts, wohl aber dem Unterdrückungs- und Profitinteresse von »Kapital und Bürokratie«. Von manchen progressiven Theoretikern werden diese »moralischen Haltungen ... in Bausch

[10] DITFURTH: Über die Bedingungen des Erfolges. Radikalökologische Reformpolitik statt realpolitische Sekte (1987). In: DITFURTH 1988, 327–331, hier: 330f.

[11] Die GRÜNEN Schleswig-Holstein 1987a, 8, 12 und 17–20.

[12] Vgl. z.B. WANNER 1984, 9–11, 14–18, 22–25, 179f., 187f. und 193.

[13] Vgl. z.B. JOACHIM HIRSCH 1985, 86f.

und Bogen als angeblich ›faschistoid‹« abgelehnt[14], weil sie zur Aufrechterhaltung des »repressiven Gewaltstaats« beitrügen.

So verzerrt dieser Gedanke auch sein mag, er enthält einen wahren Kern: Kein Staat kann ohne ein gewisses Maß an »Sekundärtugenden« und moralischen Gesinnungs-Einstellungen bei seinen Bürgern auskommen. Das gilt jedoch keineswegs nur für die Gegenwart. Der mit Machtmitteln nur spärlich ausgestattete ideale Zukunftsstaat, den die GRÜNEN anstreben, würde noch viel stärker auf den guten Willen, die Disziplin, die Ordnungsliebe, die Mitmenschlichkeit, die Friedfertigkeit und die ökologische Vernunft, also auf die moralischen Handlungsbereitschaften seiner Bürger angewiesen sein. Die Kritik der GRÜNEN an der Moralerziehung ist also auch aus staatstheoretischer und philosophischer Sicht zurückzuweisen. Ein schwacher Staat erfordert nämlich entgegen der unter Intellektuellen geläufigen Auffassung nicht *weniger*, sondern *mehr* staatsbürgerliche Moral. In der Hoffnung auf die »gute Natur« und die Einsichtsfähigkeit des Menschen zu glauben, daß sie sich von selbst einstellt, ist kurzsichtig. Wie später zu zeigen ist, beginnt sich diese Einsicht auch bei den GRÜNEN langsam durchzusetzen.

Neben den Erziehungszielen der Schule kritisieren die GRÜNEN auch ihre *Unterrichtsformen* und *Erziehungsmittel*. Die Schüler würden ungeachtet ihrer besonderen Neigungen, Fähigkeiten und Stimmungen wie Gegenstände eines industriellen Fertigungsvorgangs behandelt. Die »zentralen Eigenschaften des Industriesystems . . .: Standardisierung, Spezialisierung, Synchronisierung, Konzentration, Maximierung und Zentralisierung« kennzeichneten auch das Schulwesen. »Im 45-Minuten-Takt werden die Schüler pausenlos von einer Unterrichtsstunde in die andere gepreßt« und auf einem genau vorherbestimmten Weg mit vorgefertigten Wissensbruchstücken versorgt[15]. Überall würden sie mitleidlos dem »herkömmlichen Frontal-Paukunterricht« unterzogen[16]. Um der verständlichen Unlust der Schüler entgegenzuwirken, ersetze man die »Motivation zum Lernen« durch unverhüllten Zwang. »Klassenarbeiten, Zensuren, Zeugnisse und das Sitzenbleiben« seien die gebräuchlichen Druckmittel, mit deren Hilfe die Schüler zum Lernen gezwungen werden müßten, nachdem ihnen das »echte Interesse an Bildung« längst ausgetrieben worden sei[17].

Neben der »Disziplinierungsfunktion« von Noten, Zeugnissen und Abschlüssen lehnen die grünen Schulprogrammatiker besonders ihre »Selektionsfunktion« ab. Auf keinen Fall dürfe die Schule ihre Schüler in

[14] TOPITSCH 1986, 17.
[15] Die GRÜNEN Baden-Württemberg, Landesarbeitskreis Schule 1986, 20.
[16] Die GRÜNEN Niedersachsen 1986a, 6.
[17] Die GRÜNEN Hamburg 1986, 1f.

»Güteklassen« einteilen und damit als »Verteilungsstelle von Sozialchancen« dienen. Das *dreigliedrige Schulwesen* sei das deutlichste Zeichen der schulischen Klassengesellschaft. Es müsse sowohl aus erzieherischen wie aus sozialpolitischen Gründen abgeschafft werden[18]. Die Hauptschule als »Restschule« für Ausländer[19] und die Sonderschule als »Gettoschule« für »sozial Randständige«[20] steckten so tief in der Krise, daß an eine Reform nicht mehr zu denken sei.

In allen Schulen treffe man auf den »obrigkeitsstaatlichen Zentralismus« der Schulverwaltung und die »elitäre Arroganz gewisser Bildungsplaner«, die bislang das Schulwesen wie einen absolutistischen Staat über die Köpfe von Lehrern, Eltern und Schülern hinweg leiteten[21]. Seit Jahrhunderten seien dieselben »Prinzipien der *Schulordnung und Schulverwaltung*« in Kraft. Sie hätten eine uferlose »Bürokratie« hervorgebracht[22]. Eine Flut von Erlassen und Verordnungen regle den Schulalltag bis ins kleinste, die Lehrpläne ließen keinen Raum für eigene Unterrichtsvorhaben, und die engstirnige Schulverwaltung schlösse mit ihrer bürokratischen Gängelung der Beteiligten jede Mitbestimmung von Schülern und Eltern in Schulangelegenheiten aus. Selbst die bauliche Gestaltung der Schulen spiegle ihre menschenunwürdige Arbeitsweise: Die modernen Schulgebäude aus Stahl, Glas und Beton entsprächen eher der »industriellen Ästhetik« als den menschlichen Bedürfnissen[23]. Die Klassenzimmer seien meistens nach den Vorschriften einer »(un)heimlichen Schulraumpädagogik« gestaltet, »der eigentlich erst die eckenlose, betonierte, gummierte und geweißte Beruhigungszelle eines Landeskrankenhauses genügen könnte«[24].

Die grünen Schulprogrammatiker zeichnen also ein düsteres Bild des heutigen Schulwesens. In ihren Augen gibt es beinahe nichts, was nicht schlecht, für die Schüler schädlich oder moralisch verdammenswert wäre. Wie in vielen Veröffentlichungen der GRÜNEN zeigt sich auch in ihren schulpolitischen Schriften der Hang, alles Bestehende negativ zu bewerten[25].

Angesichts dieser Tatsache stellt sich natürlich die Frage, wie wirklichkeitsangemessen die Vorstellungen der GRÜNEN über das Schulwesen sind. Bestimmt ist es nicht angebracht, sie rundheraus zurückzuweisen. Die Schulen haben wie jede andere Institution Mängel

[18] JÜRGENS-PIEPER/PIEPER/TATZ 1986, 7 und 11–17.
[19] Vgl. HERBORN/WEICHERT u. a. 1983, 40.
[20] PREUSS-LAUSITZ 1986a, 92.
[21] KRETSCHMANN 1982, 353.
[22] BORNEMANN 1983, 56 (meine Hervorhebung).
[23] WAGNER 1983, 20.
[24] JÜRGENS-PIEPER/PIEPER/TATZ 1986, 26f.
[25] Vgl. CLEMENS 1983, 48.

und Fehler. Seit es Schulen gibt, haben Schulkritiker darauf immer wieder aufmerksam zu machen versucht[26]. Auf die herrschenden Mißstände hinzuweisen ist an sich weder besserwisserische Nörgelei noch ein unerlaubter Akt der Nestbeschmutzung. Im Gegenteil: Es gehört geradezu zur »Aufgabe« und zum »Beruf des Intellektuellen«, eindringlich vor möglichen Gefahren, verhängnisvollen Übelständen und mit dem Selbstverständnis einer Gesellschaft unvereinbaren Ungerechtigkeiten zu warnen[27].

Aus diesen Gründen verdient die Schulkritik der GRÜNEN ernst genommen zu werden. In vielen Fällen ist sie durchaus berechtigt. Niemand kann bestreiten, daß die grünen Schulprogrammatiker in einer Reihe von Fällen Schwächen des herkömmlichen Schulwesens klar erkannt haben. Man kann viel von ihnen lernen, was bei einer künftigen Schulreform berücksichtigt werden muß.

Andererseits wäre es ein Fehler, der Schulkritik der GRÜNEN als Ganzes zuviel Vertrauen zu schenken. Sie hat zahlreiche Schwachstellen, die ihren Wert erheblich mindern. Bei ihrer Beurteilung sind vor allem die folgenden Einschränkungen zu berücksichtigen.

Die allumfassende Schulkritik der GRÜNEN verliert dadurch an Wert, daß sie der »gegenwärtig herrschenden Ideologie der Intellektuellen von der Schlechtigkeit unserer Welt« verhaftet ist. Dieses Denkschema ist nach Meinung POPPERS nicht nur eine »Dummheit«, sondern inzwischen schon eine »falsche Religion«[28]. Alles Bestehende in Bausch und Bogen zu verdammen und alle wirklichen oder eingebildeten Mißstände anzuprangern ist in den letzten Jahrzehnten in manchen Bevölkerungsschichten zur modischen Attitüde und bei einigen Autoren zum Selbstzweck geworden. Oftmals wird Kritik um ihrer selbst, nicht um der Verbesserung der Verhältnisse willen geübt.

Diese kritiksüchtige Einstellung hat dazu beigetragen, daß viele Gesellschaftskritiker die Wirklichkeit aus den Augen verloren haben[29]. Auch die GRÜNEN sind dieser Gefahr bisweilen erlegen. In ihrer Erziehungs- und Schulkritik tritt dieser Wirklichkeitsverlust deutlich zutage. Die grünen Programme schildern die »Jugend ›von heute‹, als habe es die Emanzipationsbewegungen der ausgehenden sechziger Jahre« und die in ihrem Gefolge aufgetretenen kulturellen Wandlungen nie gegeben[30]. Die »Schule in ihrer spezifisch preußischen Ausprägung«

[26] Vgl. KRANEMANN 1984, 66.
[27] Vgl. WIEHN 1971, 109–115.
[28] POPPER 1986, 192 und 197f.
[29] Vgl. APPLE 1988, 4.
[30] BANNAS 1987, 10.

wird kurzerhand »mit Schule an sich gleichgesetzt«[31]. So kommt es, daß die Schulkritik der GRÜNEN »merkwürdig unhistorisch« wirkt[32]. Das Schulwesen ist indes längst nicht mehr so, wie es die grünen Schulprogrammatiker in den fünfziger und sechziger Jahren als Schüler erlebt haben. In der Zwischenzeit hat sich sowohl im Erziehungsstil durchschnittlicher Eltern als auch im Schulunterricht viel verändert[33]. Das autoritär-repressive Schreckenssystem »Schule«, wenn es denn je in dieser negativen Gestalt bestanden hat, gehört jedenfalls der Vergangenheit an.

Daß die GRÜNEN diese Veränderungen übersehen haben, hängt mit der verbreiteten Kritik an den Schulen zusammen, die immer wieder in der gleichen Weise vorgebracht wird, ohne daß historische Wandlungen genügend berücksichtigt werden. Insgesamt ist die Schulkritik der GRÜNEN ja eine Zusammenfassung der wichtigsten Vorwürfe, die in den letzten Jahrzehnten von »progressiven« Autoren gegen das öffentliche Schulwesen erhoben wurden[34]. Darüber hinaus wirkt das Erbe zahlreicher deutscher Pädagogiker der letzten zweihundert Jahre nach, die eine ihrer wichtigsten Aufgaben in der Zivilisationskritik erblickt hatten[35]. Sie enthält auch zahlreiche allgemeinere Gedankengänge, die von den gesellschaftskritischen Strömungen der späten sechziger Jahre übernommen sind. Dazu gehört im besonderen GALTUNGS Theorem von der »strukturellen Gewalt«[36]. Auch MARCUSES Überzeugung, daß gegenwärtig der Staat anstelle wirklicher Toleranz nur eine scheinbare und »repressive Toleranz« gegenüber kritischen Menschen zeige, hat die GRÜNEN nachhaltig beeinflußt[37]. Recht häufig stößt man in den schulkritischen Texten der GRÜNEN auf Anklänge an das Ideengut der Antipädagogik, die seit Jahren die »faschistoide«, grundgesetzwidrige und freiheitsbedrohende Arbeitsweise der staatlichen Schulen anklagt[38].

Alle diese von den GRÜNEN gesammelten Vorwürfe gegen das öffentliche Schulwesen haben eine auffällige Eigenart. Sie neigen dazu, der Schule nahezu uneingeschränkte Wirkkraft zuzuschreiben. »Streß, Hetze und Angst« kennzeichneten das Leben der Schüler. Mit »kalkweißen Gesichtern« und »glanzlosen Augen«, geplagt von »Kopf- und Magenschmerzen, Darmbeschwerden und Schlafstörungen« und mit

[31] KARIN ERNST 1986, 56.
[32] PREUSS-LAUSITZ/ZIMMERMANN 1984, 216.
[33] Vgl. auch FEND 1988.
[34] Zusammenfassend hierzu HINTZ 1984, 8f., 16 und 28. Zur Kritik vgl. auch LISTON 1988.
[35] Vgl. BRUNKHORST 1986, 107f.
[36] Vgl. GALTUNG 1977a, 9–13.
[37] Vgl. WESTERHOFF/NEUMANN 1987, 331–333.
[38] STERN 1986a, 40.

»Beruhigungs- und Aufputschmitteln« behandelt, säßen sie in ihren Bänken. Am Ende der Schulzeit seien viele »körperlich und/oder seelisch krank«. »Resignation, Hoffnungslosigkeit und Null-Bock« seien noch ihre »geringsten Probleme«[39].

Manche dieser Kritikpunkte sind durchaus zutreffend. Für eine schwer einzuschätzende Zahl von Kindern und Jugendlichen ist die Schule tatsächlich eine Belastung, die nicht spurlos an ihnen vorübergeht[40]. Auf der anderen Seite ist es jedoch falsch, die Schule allein für alle Schäden bei Kindern und Jugendlichen verantwortlich zu machen. Die Menschen sind keineswegs in jedem Fall »hilflose Opfer« der elterlichen und schulischen Erziehung[41]. Neben Erziehung und Schule sind auch ihre Anlagen und zahllose andere Umwelteinflüsse am Werden ihres Charakters beteiligt. Welche dieser Einflußgrößen jeweils für die Stärken und Schwächen des einzelnen und für sein weiteres Schicksal maßgeblich ist, ist ungewiß. Es steht jedoch fest, daß die Schule mit Sicherheit nicht die »erstaunliche negative Effektivität« besitzt, die ihr »viele Grün-Alternative« zuschreiben: Sonst »müßten lauter Kindermonster die Schule verlassen«[42].

Daß die herkömmliche Staatsschule nicht die von den GRÜNEN beschriebene Hölle für Kinder und Jugendliche ist, läßt sich auch anhand von Befragungen ihrer Schüler zeigen. Es gilt inzwischen als gut gesichert, daß Jugendliche mit ihren Lebensverhältnissen im allgemeinen zufrieden oder sehr zufrieden sind[43]. Das gilt mit gewissen Einschränkungen auch für ihre Einstellung zur Schule. So hat eine Umfrage des »Arbeitskreises Bildung-Wissenschaft-Kultur« der bayerischen GRÜNEN ergeben, daß »82% aller Befragten . . . sich trotz aller Kritik an Noten, Lehrplan und Lehrern in der Schule wohl[fühlen]«[44].

Dieser Befund zeigt, daß das negative Zerrbild der GRÜNEN vom heutigen Schulwesen in weiten Teilen wirklichkeitsfremd ist. Dennoch beherrscht es die grüne Schulprogrammatik unangefochten. Ausgewogenere Stellungnahmen sind selten. Der schulpolitische Sprecher der grünen Landtagsfraktion in Baden-Württemberg, HERMANN, hat eines der wenigen wohlwollenden Urteile abgegeben. Obwohl die »Krise der . . . Staatsschule . . . nicht mehr zu übersehen« sei, wäre nicht jede Schule »nur [ein] Haus der Frustrierten, Desinteressierten und Aggressiven«. »Tolle Schulen« gäbe es nämlich auch, in deren Klassenzimmern

[39] FRANTZKE/MUTSCHELLER/HORST/BOTZUM 1987, 22.
[40] Vgl. hierzu die Beiträge in BERNDT/BUSCH/SCHÖNWÄLDER 1982.
[41] Vgl. auch GERHARDT 1983, 89.
[42] PREUSS-LAUSITZ 1984, 34.
[43] Vgl. JAIDE 1987, 49.
[44] HARTMUT ERNST 1986, 49.

»so kreativ und auf hohem Niveau gelernt [werde] wie noch nie in der Geschichte der Republik«[45].

Daß die Schule auch positive Wirkungen auf ihre Schüler haben kann, scheint für die Mehrheit der grünen Schulprogrammatiker jedoch undenkbar zu sein. Weder ihre Leistungen bei der Wissensvermittlung noch die zahlreichen sonstigen Anregungen, die sie ihren Schülern in verschiedenen Lebensbereichen gewährt, werden mit einem einzigen Wort erwähnt. Damit werden die GRÜNEN den Schulen nicht gerecht. Sie mögen zwar viele Fehler und Mängel haben, sie haben jedoch auch ihre unbestreitbaren Verdienste. Wenn man zu einem gerechten Urteil über das Schulwesen der Gegenwart kommen will, darf man das nicht verschweigen. Sonst besteht immer die Gefahr, daß der schulreformerische Eifer ungewollte Nebenwirkungen hervorruft. Das unangemessen negative Bild des Schulwesens könnte zur Rechtfertigung von Reformmaßnahmen dienen, die nicht nur seine Mängel, sondern auch seine Vorzüge beseitigen. Angespornt von der in vielen Fällen zum Selbstzweck gewordenen Globalkritik am staatlichen Schulwesen, könnten auch manche grüne Schulreformer weit über das Ziel hinausschießen.

Die Schulkritik der GRÜNEN ist allerdings nicht so umfassend, wie es auf den ersten Blick scheint. Sie weist eine eigentümliche Lücke auf. Obwohl die grünen Schulprogrammatiker alle nur denkbaren Anklagepunkte gegen das staatliche Schulwesen aufgreifen, werden die Lehrer nicht kritisiert. Das ist verwunderlich. Schließlich könnte das »autoritär-repressive Zwangssystem« Schule ohne die Mithilfe der Lehrerschaft überhaupt nicht arbeiten, geschweige seinen schädigenden Einfluß auf die Schüler ausüben.

Die bemerkenswerte Zurückhaltung bei der Kritik an den Lehrern geht auf zwei Ursachen zurück. Zum einen neigen die GRÜNEN wie auch weite Teile der neuen sozialen Bewegungen dazu, nur das »System«, seine anonymen »Strukturen« und allenfalls noch die führenden »Bosse der Wirtschaft« oder den Staat für alle Mißstände verantwortlich zu machen. Den Lehrern als Einzelperson wie als Berufsstand könne wegen der verheerenden Mängel der Schulen kaum ein Vorwurf gemacht werden.

Die zweite Ursache ist viel prosaischer. Die GRÜNEN sind eine »Lehrer-Partei«. Damit ist gemeint, daß Lehrer sowohl in ihrer Mitgliederschaft[46] als auch unter ihren Abgeordneten[47] überdurchschnittlich stark vertreten sind. Ein Gutteil der schulpolitischen Texte

[45] HERMANN 1988, 10.

[46] Vgl. SCHUSTER/ZENDER/NIEMANN/WERSEBE/KANITZ/KRAMER 1985, 10.

[47] Vgl. FOGT 1983, 506–510; Prinzip Quatsch. In: Der Spiegel, 37. Jg. (1983), H. 29, 44f.; SCHUCHT 1987, 3.

der GRÜNEN wurde von Lehrern, Sozialpädagogen und Hochschullehrern der Pädagogik verfaßt. Naheliegenderweise gehen diese Personen zwar mit dem Schulwesen im allgemeinen, nicht aber mit ihrem eigenen Berufsstand hart ins Gericht. Auch aus wahltaktischen Rücksichten können sich die GRÜNEN keine scharfen Angriffe auf die Lehrerschaft leisten. Die Lehrer sind eine zu stattliche Mitglieder- und vor allem Wählergruppe, als daß sie verärgert werden dürften. Aus diesem Grund muß ihnen mit aller Deutlichkeit versichert werden, daß sich die Schulkritik keineswegs gegen die Lehrer richtet, sondern einzig gegen die Einrichtung »Schule« als solche.

Angesichts all ihrer Kritik am öffentlichen Schulwesen steht für die grünen Schulprogrammatiker eins mit Sicherheit fest: Einige kleine Verbesserungen genügen nicht, um das marode Staatsschulwesen zu reformieren. Es muß von Grund auf neu gestaltet werden. Allerdings stieß die Ausarbeitung verbindlicher schulpolitischer Grundsätze der GRÜNEN rasch auf Schwierigkeiten. Unstrittig war anfangs nur, daß man die zahlreichen erziehungs- und schulreformerischen »Basisinitiativen« angemessen berücksichtigen müsse. Ihre unterschiedlichen Vorstellungen miteinander zu vereinbaren, erwies sich jedoch als äußerst mühsam. »Der grüne Jahrmarkt der Meinungsvielfalt ist eröffnet«, heißt es über die Arbeit in einem schulpolitischen Gremium: »Da stoppelt und hoppelt es hin und her in bildungspolitischen Überzeugungen«, ohne daß eine klare Linie zu erkennen ist[48].

In den grünen Landesverbänden sind die einzelnen schulpolitischen Flügel unterschiedlich einflußreich. In Bayern, Baden-Württemberg und Nordrhein-Westfalen verfügen Antipädagogen und Staatsschulgegner über einen bemerkenswerten Rückhalt. In Hessen sind vor allem die Alternativschulbefürworter stark vertreten. »In anderen Bundesländern sind viele GRÜNE/Alternative an GEW-Positionen bzw. an deren Fortführung orientiert (dies ist insgesamt die Mehrheit grüner Bildungspolitiker/innen)«[49].

Die innerparteilichen schulpolitischen Flügelkämpfe haben sich aber nicht in der Parteiprogrammatik der GRÜNEN niedergeschlagen. Sie werden deshalb im folgenden nur am Rande behandelt. Diese Vorgehensweise läßt sich mit der Einheitlichkeit des parteioffiziellen Schrifttums der GRÜNEN rechtfertigen. »Bei allen Differenzen in bildungspolitischen Fragen« durchzieht ein »grüner Faden« die Auseinandersetzungen bei den GRÜNEN[50]. Die erziehungs- und schulpolitischen Gegen-

[48] KEESE-PHILIPPS 1987, 57.

[49] KUHN/PREUSS-LAUSITZ 1987, 34.

[50] Bundesarbeitsgemeinschaft (BAG) Bildung der GRÜNEN: Vorwort. In: Die GRÜNEN, Bundesarbeitsgemeinschaft Bildung 1987, 3.

sätze zwischen den einzelnen Gruppen sind heute nicht mehr so groß wie früher. Die GRÜNEN nehmen derzeit eine ziemlich einheitliche, in sich geschlossene und seit einigen Jahren im großen und ganzen unveränderte schulpolitische Position ein[51]. Sie wird im folgenden dargestellt und kritisiert.

2. Die Ziele der Schulerziehung

Schulische Erziehungsziele[52] sind als wertvoll erachtete psychische Dispositionen von Schülern, zu deren Erwerb die Schule beitragen soll. Zu diesen Erlebnis- und Verhaltensbereitschaften zählen Wissen, Fähigkeiten, Fertigkeiten, moralische Tugenden und Gesinnungs-Einstellungen, allgemein geschätzte soziale Handlungsbereitschaften und musisch-ästhetische Erlebnisfähigkeiten. Mit Hilfe erzieherischer Handlungen wird stets beabsichtigt, ein Ziel zu verwirklichen. Das gilt auch für die Erziehung in der Schule. Sie soll die Persönlichkeit der Schüler in irgendeiner Hinsicht dauerhaft verbessern. Ohne einigermaßen klare Ziele kann man in der Schule weder unterrichten noch sonstwie erzieherisch tätig sein.

Aus diesem Grund nehmen Aussagen über Erziehungsziele in schulpolitischen Veröffentlichungen üblicherweise weiten Raum ein. Auf die Texte der GRÜNEN trifft das nur in eingeschränktem Maß zu. Sie enthalten keine zusammenhängenden Ausführungen über die Erziehungsziele, zu deren Verwirklichung das Schulwesen beitragen soll. Man trifft allenfalls auf verstreute Bemerkungen über die für wertvoll erachteten Persönlichkeitseigenschaften, die Kinder und Jugendliche im Lauf ihrer Schulzeit erwerben sollen. Die Scheu der grünen Schulpolitiker vor der Setzung verbindlicher Ziele der Schulerziehung geht auf mehreren Ursachen zurück.

Verzicht auf Erziehungsziele?

Ein Grund für den Verzicht auf Erziehungsziele liegt in der bei den GRÜNEN öfters zu beobachtenden »stillen Übereinkunft, die Grundfragen der Politik auszuklammern«. Aus »Furcht vor dem Auseinanderbrechen« der Partei weichen viele GRÜNE der Frage lieber aus, »wofür wir letzten Endes stehen«[53]. Auch in der Schulpolitik ist diese eigentüm-

[51] Die kürzeste Zusammenfassung der flügelübergreifenden schulpolitischen Überzeugungen der GRÜNEN enthalten die 8 Forderungen 1984.

[52] Zum Begriff des Erziehungsziels vgl. BREZINKA 1981b, 100–155.

[53] CLASS 1986, 9.

liche Zurückhaltung bei der Entscheidung weltanschaulich und politisch umstrittener Grundsatzfragen zu spüren. Um allen weltanschaulichen Auseinandersetzungen zwischen den schulpolitischen Parteiflügeln aus dem Weg zu gehen, üben sich die GRÜNEN »länderübergreifend einheitlich« in der »Verweigerung von ausformulierten ›grünen Lehr- und Lerninhalten‹«[54], d. h. von bindenden Erziehungszielen.

Dafür gibt es nicht nur die erwähnten innerparteilichen Gründe, sondern auch eine Reihe theoretischer Rechtfertigungen. Der Gedanke von der »möglichen Unmöglichkeit der Zukunft«[55] hat großen Einfluß auf die GRÜNEN gehabt. Damit ist folgende Annahme gemeint: Heutzutage seien die Zukunft des Menschengeschlechts und ihre Anforderungen so ungewiß, daß niemand über sie Auskunft geben könne. Man wisse deshalb nicht, welche Kenntnisse und Werthaltungen die nachfolgende Generation für die Meisterung ihres Lebens besitzen müsse. Was ihre Erzieher sie heute lehren, könne schon morgen nutzlos oder schädlich sein[56]. Daher sollten sie auf die Erreichung von Erziehungszielen verzichten und auch in den Schulen »die Zukunft . . . für Kinder offen zu halten« versuchen[57].

Kritisch ist zu dieser Maxime für das erzieherische Handeln folgendes zu sagen: Sie klingt zwar gefällig, ist jedoch inhaltsarm und fehlerhaft. Sie läßt sich nicht präzisieren. Es handelt sich bei ihr um eine pseudonormative Leerformel ohne empirischen Gehalt. Niemand vermag auch nur annähernd anzugeben, welche konkreten »Lernerfahrungen« des Schülers seine »Zukunft offen halten« und welche sie »verbauen«. Daher läßt sich aus der Norm »Halte die Zukunft deines Schülers offen« keine konkrete Anleitung für das erzieherische Handeln gewinnen. Außerdem begünstigt sie den Irrtum, die Erzieher könnten die Schüler ohne Zielvorstellung zum Lernen anleiten. Das ist logisch unmöglich. Man kann nicht ohne Ziele erziehen wollen. Auch der Lehrer, der die »Zukunft« seiner Schüler »offen halten« will, versucht mit seinem Unterricht ein Ziel zu erreichen – oder er unterrichtet nicht. Eine dritte Möglichkeit gibt es nicht. Aus diesem Grund ist der absichtliche Verzicht auf Erziehungsziele nur eine haltlose Illusion. Ob die Kinder und Jugendlichen damit wirklich besser auf die Unwägbarkeiten der Zukunft vorbereitet werden als durch die Gelegenheit zum Erwerb sorgfältig ausgewählter Kenntnisse, Fertigkeiten und Werthaltungen, ist zu bezweifeln.

[54] DÖRMANN/EURICH 1986, 137.

[55] Diese Annahme wird in der Pädagogik z. B. von GEROLD SCHOLZ vertreten (vgl. BIRGITTA M. SCHULTE 1984, 15).

[56] Vgl. SCHOLZ 1984 a, 66 und 68.

[57] GEROLD SCHOLZ nach MUTSCHELLER 1987, 31.

Die Forderung nach dem Verzicht auf Erziehungsziele hat nur dann einen Sinn, wenn sie folgendermaßen gedeutet wird: Es geht nicht darum, überhaupt auf Erziehungsziele zu verzichten. Wichtig ist allein, wer die Erziehungsziele setzt. Sie sollen nicht länger vom Lehrer oder seinen Auftraggebern festgelegt werden, sondern sich aus unumstößlichen Sachnotwendigkeiten zwingend ergeben. Das ist der Kern der »Autonomie-Diskussion«, die seit den sechziger Jahren in der Pädagogik und über sie hinaus geführt wurde. Seit dieser Zeit ist viel von der »Emanzipation«, von der »Autonomie«, von der »Mündigkeit« und von der »Selbstbestimmungsfähigkeit« des Schülers die Rede[58]. Daneben hat auch das Gedankengut des südamerikanischen Pädagogikers Paolo Freire die Grünen stark beeinflußt[59].

Die Grünen hat vor allem Freires Maxime beeindruckt, der Schüler dürfe nicht länger zum unmündigen Objekt der Erziehung gemacht werden. Solange der Mensch als »Erziehungsobjekt« behandelt werde, könne er »nicht Subjekt seiner selbst werden«. Er »verkomme« zum fügsamen »Objekt« der Interessen anderer. Seine Erzieher drängten seine »Persönlichkeit« in eine gewisse Richtung, anstatt ihre »freie Entfaltung« zu unterstützen. Statt zur »Selbstbestimmung« werde er »zu kritikloser Anpassung« an die gegebenen Zustände erzogen[60].

Allerdings wollen auch die meisten Grünen nicht auf die schulische Erziehung verzichten. Damit geraten sie jedoch in ein unauflösliches moralisches Dilemma: Wer den Schulunterricht befürwortet, kommt um die Setzung von Erziehungszielen nicht herum. Dazu ist ein Willensakt des Erziehers oder seiner Auftraggeber notwendig. Sie müssen aufgrund bestimmter Wertüberzeugungen entscheiden, wozu erzogen werden soll[61]. Damit machen sie sich notwendigerweise der »Herrschaft« und »Fremdbestimmung« über die Schulkinder und der »Manipulation« des Werdens ihrer Persönlichkeit schuldig[62].

Es gibt jedoch einen Weg, wie dieses Dilemma umgangen werden kann. Er besteht darin, daß man die Setzung der schulischen Erziehungsziele den Schülern selbst überläßt. In den Alternativschulen haben Eltern und Lehrer zumindest theoretisch diesen Weg beschritten. Sie bieten den Schulkindern nur einen »Marktplatz« der Unterrichtsgegenstände an, aus dem sie »nach Interesse« etwas für sie Passendes

[58] Vgl. die zusammenfassende Darstellung der wichtigsten Gedankengänge bei Koch 1979, 56–68.

[59] Vgl. Freire 1972, 1974 und 1980.

[60] Kohlhepp 1984, 31f.

[61] Vgl. Heid 1972.

[62] Zur Kritik des Ausdruckes Manipulation als abwertendes Synonym für das Wort Erziehung vgl. Frey 1981, 141–143 und 146f.

auswählen oder »weitergehen« können[63]. Diese Lösung scheint auch manchen grünen Schultheoretikern vorzuschweben. Nach ihrem Wunsch sollen die Schüler aus den »vielseitigen Lernangeboten und Projekten« der Schule etwas für sie Interessantes aussuchen und »selbstorganisiert ihren Lernbedürfnissen . . . nachgehen«[64]. Ihre Beschäftigung mit den Lerngegenständen ist freiwillig. Sie wird vom Lehrer weder verlangt noch beurteilt. Er übt keine »Herrschaft« über die Schüler aus und versucht, ihr Lernen nicht zu »manipulieren«. Die Lösung des »Autonomie-Dilemmas« in der Erziehung wird so de facto mit dem Verzicht auf planvolle Erziehung, auf geordneten Unterricht und auf die Autorität des Lehrers erkauft. Alles bleibt den zufälligen »Bedürfnissen« und »Lerninteressen« des Schülers überlassen.

Soweit zu erkennen ist, wollen sich die meisten grünen Schultheoretiker damit nicht mehr zufrieden geben. Erziehung und Unterricht sind ihnen zu wichtig, als daß ihre Ergebnisse dem Zufall überlassen werden könnten. Aus diesem Grund tritt die Auffassung, Erziehung sei moralisch unstatthaft, bei der Mehrzahl der grünen Schultheoretiker zunehmend in den Hintergrund. Damit spielt sich in der Schulpolitik der GRÜNEN ein ähnlicher Vorgang wie in der Alternativpädagogik ab. Seit einigen Jahren wird dort über den »alternativen Bildungsbegriff« nachgedacht[65]. Obwohl dieser Name vermieden wird, stehen Erziehungsziele in der alternativpädagogischen Diskussion im Augenblick obenan. Ohne Scheu spricht man wieder über die wünschenswerten psychischen Dispositionen, zu deren Erwerb Erziehung und Unterricht beitragen sollen. Das hat sich auch in den schulpolitischen Schriften der GRÜNEN niedergeschlagen. Inzwischen findet man dort zahlreiche Erziehungsziele. Sie lassen sich folgendermaßen einteilen.

»Emanzipatorische« Erziehungsziele

Eine Gruppe von Erziehungszielen steht in der rationalistisch-individualistischen Tradition der »Emanzipationspädagogik« der sechziger und siebziger Jahre[66]. Sie wird vor allem von ökosozialistischen Schultheoretikern vertreten. Nach ihrer Auffassung müßten die Schulen besonders traditions-, herrschafts-, staats- und gesellschaftskritische psychische Dispositionen fördern. Als schulische Erziehungsziele

[63] WEIGELT 1979, 148.
[64] Die GRÜNEN Kiel 1986, 34.
[65] Vgl. JÜRGENSMEIER 1986b, 166f.
[66] Zur Kritik dieser pädagogischen Richtung vgl. BREZINKA 1986, 32ff.

werden deshalb »Kritikfähigkeit«[67], »Konfliktbereitschaft«[68] und »Emanzipationsstreben« genannt. Als Persönlichkeitsideal schwebt den Ökosozialisten bei den GRÜNEN das Bild eines Menschen vor, der »keine höheren Instanzen, keine Autoritäten zu respektieren« gewillt ist[69]. Allein seiner autonomen Vernunft gehorchend und seine Interessen und Bedürfnisse verfolgend, soll er jedem Herrschaftsanspruch widerstehen[70] und jede an ihn herangetragene Verhaltenserwartung, jede Tradition, jede moralische Norm »kritisch hinterfragen«[71].

Wie sind diese Erziehungsziele zu bewerten? Die Persönlichkeitsmerkmale Kritikfähigkeit, Selbstbewußtsein, Zivilcourage und geistige Selbständigkeit sind für die Bürger pluralistischer Demokratien wichtig und wertvoll. Manche grünen Erziehungstheoretiker überspitzen sie jedoch derart, daß die mit ihnen verbundenen Vorstellungen groteske Züge annehmen. So ist die Annahme absurd, der Mensch könne *alle* ihn umgebenden Regeln, Normen und Sitten ständig in Frage stellen. Die meisten von ihnen kann er nicht ausschließlich verstandesgemäß auf ihre Berechtigung prüfen. Das gleiche gilt für Autorität und Herrschaft. Die Menschen können die überkommenen Traditionen zwar in Teilen zu ändern versuchen, aber sie können sie nicht von Grund auf neu erschaffen[72]. Keine Gesellschaft kann auf Dauer ohne sie auskommen. Sie sind auch aus anthropologischen Gründen unerläßlich: Nur im großen und ganzen fraglos anerkannte Traditionen, Glaubensüberzeugungen, Normen und Autoritäten gewähren dem Menschen den Halt und die Orientierung, die er für seine Lebensführung braucht[73].

Der Irrtum des naiven Rationalismus und Kritizismus besteht in der Behauptung, der Mensch könne diese sicherheitsspendenden und entlastenden Traditionen und Institutionen in ihrer Gesamtheit unbeschadet in Zweifel ziehen. Das ist jedoch äußerst unwahrscheinlich. Ein Schulunterricht, der von der scharfen Kritik an allem Bestehenden, dem Mißtrauen gegen Normen, Institutionen und Autoritäten und der »kritischen Hinterfragung« von Glaubensüberzeugungen und Werthaltungen gekennzeichnet ist[74], dürfte andere Auswirkungen haben: Er fördert weltanschaulichen Nihilismus und moralischen Relativismus,

[67] Die GRÜNEN Hamburg 1986, 2.
[68] Vgl. GRÜN-ALTERNATIVE LISTE Hamburg 1983a, ohne Seitenzählung. Zur Kritik der »Konfliktpädagogik« vgl. BREZINKA 1989a, 303ff.
[69] EBERMANN 1988, 132.
[70] Vgl. BERNHARD 1987a, 65f.
[71] BERNHARD 1987.
[72] HAYEK 1981, 41–49.
[73] Vgl. BREZINKA 1986, 26; OLIVER 1976, 66–69.
[74] Zur Kritik vgl. auch HAMANN 1989, 53–56.

Orientierungslosigkeit und Wertungsunsicherheit[75]. Außerdem begünstigt er bei manchen Schülern eine psychische Grundeinstellung, die als Disposition zur moralisierenden »Kritik an sich« beschrieben werden könnte[76]. Sofern er unangefochten den Schulunterricht beherrscht, führt der Kritizismus zu einem auch von seinen Anhängern unerwünschten Ergebnis: In den meisten Fällen scheinen sich die intellektuellen Fähigkeiten und die moralische Feinfühligkeit der zur umfassenden Kritik an allem Bestehenden erzogenen Schüler in genau dieser wortreichen, selbstgenügsamen Kritik zu erschöpfen[77]. Damit werden die der Kritik zugrundeliegenden Wertungsgrundlagen nicht gestärkt und die kritisierten Zustände nicht verbessert, sondern die Kritik zum Selbstzweck erhoben. Sie wird zur intellektuellen Spiegelfechterei, um ihrer selbst willen betrieben und in ihrer erhofften Wirkung nahezu folgenlos.

Diese Einsicht setzt sich anscheinend auch bei der Mehrheit der grünen Schultheoretiker durch. Immer häufiger findet man bei ihnen die Überzeugung, daß nur *gegen etwas* zu sein nicht genüge[78]. Über Kritikfähigkeit, Emanzipationsstreben und Mündigkeit hinaus müßten daher in den Schulen Erziehungsziele verfolgt werden, die zur moralischen Orientierung der Schüler beitragen.

Gesinnungs-Einstellungen als Erziehungsziele

Der Hauptgrund für die Wiederbelebung der Forderung nach schulischer Moralerziehung ist das Ergebnis strategischer politischer Überlegungen: Die GRÜNEN müßten »in die gesellschaftliche Wertediskussion eingreifen, damit nicht der rechte Block« den unvermeidlichen »Kampf um die Köpfe« der nächsten Generation gewinnt. Sie könnten nur dann »gesellschaftliche Gegenmacht« und eine »phantasievolle, rebellische, stabile politische« »Opposition« schaffen[79], wenn sich die »Ideologie der herrschenden Politik . . . in den Köpfen der Menschen«, das »herrschende Bewußtsein«, gewandelt hätte[80]. Bei der Durchsetzung des »von den GRÜNEN angestrebten Bewußtseinswandels« kommt dem

[75] Vgl. BREZINKA 1986, 12–25.
[76] Vgl. auch WANGERIN 1987, bes. 109f.
[77] Vgl. auch GIESECKE 1977, 170.
[78] Vgl. CLASS 1986, 9.
[79] DITFURTH: Perspektiven jenseits von Koalitionen. Kommentar zum Koalitionsbruch in Hessen, Mai 1987. In: DITFURTH 1988, 249–252, hier: 251f.
[80] DITFURTH: Kommunalpolitik: Konkrete Schritte auf dem Weg zu grundsätzlichen gesellschaftlichen Veränderungen (1985). In: DITFURTH 1988, 141–155, hier: 145f. und 148.

Schulwesen eine Schlüsselrolle zu, weil hier die Gesinnungs-Einstellungen der Schüler »von Kind auf« beeinflußt werden können[81]. Den Antipädagogen und Emanzipationsideologen zum Trotz könne man darum nicht länger auf die planmäßige Erziehung zu den Persönlichkeitseigenschaften und Gesinnungs-Einstellungen verzichten, die die Menschen zur Bewältigung der Bedrohungen der Gegenwart und für das Leben in einer besseren Zukunft bräuchten. Angesichts der allgegenwärtigen Krise bräuchten die Erzieher und Lehrer neuen »Mut zur . . . Erziehung«. Die »Sinnkrise in der Erziehung« sei nur zu überwinden, indem sie das »klare Bekenntnis zu den obersten Werten Leben und Friedensfähigkeit« ablegen und nach ihnen erziehen[82].

Die von der schulpolitischen Mehrheitsfraktion bei den GRÜNEN befürworteten Erziehungsziele der Schule sind Teil eines Persönlichkeitsideals. Sie beschreiben die Eigenschaften des friedliebenden, ökologisch vernünftigen, einsichtigen und selbstbewußten Menschen mit »gewandeltem Bewußtsein«. Diese Gruppe von Erziehungszielen umfaßt überwiegend Gesinnungs-Einstellungen. Es handelt sich dabei um psychische Dispositionen, die mit den politischen Zielen der GRÜNEN und mit ihrer Gesellschaftsutopie übereinstimmen. Nach dem Willen der Parteimehrheit sollen die Schüler schon heute zu Bürgern der künftigen »ökologischen Gesellschaft« erzogen werden.

»Die Grundprinzipien einer ökologisch orientierten Gesellschaft sind: gewaltfrei, demokratisch, sozial und ökologisch«[83]. Die ihnen entsprechenden Persönlichkeitsmerkmale ihrer Bürger sind Friedensliebe, Mitmenschlichkeit und Verbundenheit mit der Natur.

Nach Ansicht der GRÜNEN sollte die *»Friedensfähigkeit«* des Menschen das Ziel der Friedenserziehung sein. Mit diesem Persönlichkeitsmerkmal ist die Fähigkeit zum »bewußten Umgang mit eigenen Aggressionen, Vorurteilen usw.« gemeint. Durch die persönliche »Bereitschaft zum gewaltfreien Austragen von Konflikten« werde die »Voraussetzung für ein friedliches Zusammenleben der Völker« geschaffen. Daneben strebt die von den GRÜNEN geplante schulische Friedenserziehung aber auch eindeutig parteipolitisch orientierte Ziele an. Sie soll nicht nur der »Diffamierung des Pazifismus« entgegenwirken, sondern auch ausführlich »alternative Konzepte der Verteidigung« und die »Positionen der Friedensbewegung« behandeln[84]. Dabei ist keineswegs an die vorurteilslose Darstellung der einander widerstreitenden verteidigungspolitischen Richtungen gedacht. Im Gegenteil: Die

[81] Die GRÜNEN Baden-Württemberg 1983, 10.
[82] PREUSS-LAUSITZ 1986, 18f.
[83] Die GRÜNEN Baden-Württemberg, Landesarbeitskreis Schule 1986, 10.
[84] Die GRÜNEN Baden-Württemberg 1984, 24.

schulische Friedenserziehung soll eindeutig für die Friedensbewegung und die GRÜNEN und gegen Regierung und Parlamentsmehrheit Stellung beziehen. In aller Deutlichkeit findet man diese Forderung in einem schulpolitischen Text der Hamburger GRÜNEN. Dort wird die Hauptaufgabe der schulischen Friedenserziehung so bestimmt: *»Konsequente* Friedenserziehung heißt praktische Parteinahme gegen Imperialismus und Militarismus auch im eigenen Lande, heißt Aufklärung über die friedensbedrohende Politik der Bundesregierung«[85].

Damit wird die Friedenserziehung zur Waffe im politischen Kampf. Die Ziele, die sie verfolgt, bestehen aus zwei unmerklich ineinander verwobenen Klassen. Zum einen gibt es die von allen wichtigen gesellschaftlichen Gruppen für wertvoll erachteten Persönlichkeitseigenschaften Friedfertigkeit, Bereitschaft zur Aggressionsbeherrschung und Einsatzwillen für den Frieden zwischen den Staaten[86]. Diese Klasse von Erziehungszielen dürfte allgemein zustimmungsfähig sein. Andererseits strebt die von den GRÜNEN geforderte schulische Friedenserziehung die Verwirklichung von Erziehungszielen an, die den weltanschaulichen und sicherheitspolitischen Überzeugungen der Bevölkerungsmehrheit zuwiderlaufen. Sie entstammen dem »simplen politischen Dogmatismus im ökopazifistischen Lager«[87]. Ihr Zweck ist die Werbung für die verteidigungspolitischen Ansichten und Reformpläne der Friedensbewegung und der GRÜNEN. Durch die Verquickung allgemein zustimmungsfähiger Ziele der Friedenserziehung mit unzweifelhaft parteipolitischen Absichten wird eine bemerkenswerte Tatsache verdeckt: Trotz aller Zugeständnisse an die »Autonomie« und »Mündigkeit« des Schülers wollen die GRÜNEN das Schulwesen bewußt als Werbeagentur für die gesellschaftspolitischen Ziele ihrer Partei einsetzen.

Das zeigt sich auch an dem zweiten wichtigen Erziehungsziel, das nach dem Willen der GRÜNEN der Schulerziehung gesetzt werden soll. Man kann es das *»ökologische Bewußtsein«* nennen. Wieder finden sich neben allgemein zustimmungsfähigen Erziehungszielen auch solche, die hauptsächlich parteipolitischen Zwecken dienen. Zu den mehrheitsfähigen Zielen der »ökologischen« Erziehung zählen Handlungs- und Erlebnisbereitschaften wie die »positive Einstellung zur Natur«, »Betroffenheit, Ehrfurcht vor dem Lebendigen und ein Verantwortungsgefühl für die Natur«, »Naturliebe, Naturkenntnis und Naturver-

[85] Die GRÜNEN Hamburg 1986, 2.

[86] Zu den Erziehungszielen, die im allgemeinen in friedenspädagogischen Texten genannt werden, vgl. FRIESEN/WIELER 1988.

[87] KALLSCHEUER 1989, 64.

bundenheit« usw.[88] Außerdem sollen die Schüler das »neue Denken in vernetzten, sich ergänzenden und vielschichtig ineinandergreifenden Zusammenhängen« lernen[89]. Auf diese Weise könnten sie Verständnis für die Wechselwirkungen und Abhängigkeiten gewinnen, die den Menschen mit der Natur verbinden.

Das ist jedoch nur die eine Seite der »ökologischen« Erziehung. Die *»politische Ökologie«*, die ihr zugrunde liegt, hat noch eine zweite. Sie ist im wesentlichen Kritik, und zwar Kritik an den herkömmlichen wirtschaftlichen und politischen Verhältnissen. Was als wünschenswerte »Umwelterziehung« mißverstanden werden könnte, ist für die GRÜNEN nicht zuletzt politische Propaganda. Der schon zitierte schulpolitische Text der Hamburger GRÜNEN stellt deshalb eindeutig fest, die »ökologische« Erziehung in den Schulen dürfe nicht die »abstrakte moralische Verantwortung der menschlichen Gattung vor der Natur . . . predigen«. Stattdessen müsse die *»konsequente* Umwelterziehung . . . sich mit den lebensbedrohenden Folgen der kapitalistischen Industrieproduktion auseinandersetzen und Wege des politischen Widerstands *im Sinne der Umweltschutzbewegung* weisen . . . und dabei auch Verursacher und Verantwortliche nennen«[90]. Die GRÜNEN wollen die Schulen voll und ganz in den Dienst der antikapitalistischen und antiindustriellen *»Bewußtseinsrevolution«* stellen, die von der »politischen Ökologiebewegung« verlangt wird[91].

Ähnliches trifft noch auf eine Reihe weiterer Erziehungsziele zu. Die *kritisch-zurückhaltende Einstellung zu Technik und Wissenschaft*[92] ist sicher wichtig, damit die Schüler nicht der blinden Technikbegeisterung und dem Machbarkeitswahn verfallen. Andererseits soll die Schule nach Auffassung der GRÜNEN dafür sorgen, »daß die Schüler/innen die Zusammenhänge von Technik mit Politik, ökonomischer Herrschaft, ökologischer Zerstörung und sozialem Elend erkennen«. Die »Technik-Kritik als Bestandteil der Allgemeinbildung« ist in der Tradition der Neuen Linken vor allem Kritik von »Kapitalverwertungsinteressen«. Neben dem düsteren Bild der Gegenwart steht die Utopie von der »sanften, mensch- und naturgerechten Technologie«. »Gesellschaftskritische Technikbeurteilung« geht Hand in Hand mit der »Beschäftigung mit sozial sowie ökologisch verträglichen Alternativ-Techniken«, wie sie die GRÜNEN einführen wollen. Die in diesem Zusammenhang geforderte »ökologisch bewahrende, sozial gerechte, friedlich und

[88] KARL 1986, 33 und 35.
[89] Die GRÜNEN Niedersachsen 1986, 1.
[90] Die GRÜNEN Hamburg 1986, 2 (die letzte Hervorhebung von mir).
[91] EGON BECKER 1986, 262.
[92] Vgl. Die GRÜNEN Baden-Württemberg, Technologie-Politik o. J., 4, 6–8 und 15.

basisdemokratisch verfaßte Bildung« in den Schulen bezieht ihre Unterrichtsgegenstände und die mit ihnen verbundenen Erziehungsziele aus den politischen Forderungskatalogen der GRÜNEN[93]. In den Schulen wird so für eine bessere Welt geworben, die angeblich nur die GRÜNEN schaffen können.

Das kommt auch in dem Erziehungsziel *»Geschichts- und Heimatbewußtsein«* zum Ausdruck. Hier geht es wieder um das im Sinne der GRÜNEN »richtige« Bewußtsein. Nach ihrer Meinung ist die gegenwärtige Einstellung der meisten Menschen zu ihrer Geschichte und Heimat ein Zeichen ihres »falschen Bewußtseins«. Unter Führung der Bundesregierung sorgten »konservative Geschichtsklempner« dafür, daß der »deutsche Nationalismus« geschürt werde. Sie erzeugten unberechtigten Stolz auf die eigene Geschichte, »Optimismus« und Selbstvertrauen. Das »kritische Bewußtsein« und der »Antifaschismus« vergangener Zeiten »landen« dagegen »im Krähwinkel« des Vergessens oder der Geringschätzung[94]. Die »Heimat- und Liedgutpflege süddeutscher Kultusverwaltungen« scheint den GRÜNEN ebenfalls »verdächtig«. Hinter der schulischen Heimatkunde und dem Bemühen um den Erhalt der Volkskultur stehen in ihren Augen nur allzu oft rassistische, nationalistische oder sogar nationalsozialistische Überzeugungen[95].

Im Gegensatz dazu wünschen sich viele GRÜNE einen Geschichtsunterricht, der die »Fähigkeit zum aufrechten Gang, zu zivilem Ungehorsam und gewaltfreiem Widerstand« vermittelt. Das soll erreicht werden, indem sich die Schüler mit den »aufklärerischen, widerständigen und sozial-ökologischen Geschichtstraditionen« beschäftigen. Dazu gehören zum Beispiel das »Erbe der . . . Revolution von 1848« und Opposition und Widerstand in der »NS-Zeit«. Die »historische Aufgabe grüner (Bildungs-)Politik« wird darin gesehen, »die ursprünglich-sozialistischen Vorstellungen und die bürgerlich-aufklärerischen Ideale mit heute entwickelten Ansätzen des ökologischen Denkens und gewaltfreien Handelns zusammenzubringen und zur Erfahrung ihrer gegenseitigen Stärkung zu verhelfen«. Das sei »eine der Bedingungen für politisches Engagement« in der Gegenwart[96].

Damit ist gemeint, daß die GRÜNEN nicht grundsätzlich die politische Indienstnahme des Geschichtsunterrichts ablehnen. Die meisten GRÜNEN haben klar erkannt, daß dem »gesinnungsbildenden« Fach Geschichte eine Schlüsselrolle bei der Schaffung des in ihrem Sinne »richtigen« Bewußtseins zukommt. Zu diesem Zweck werden im

93 Die Zitate aus SINHART 1987, 60.

94 DUBIEL/ELFFERDING/KADRITZKE/OUBAID/SCHRAMM 1986, 48f.

95 BERNSTORFF 1988, 269.

96 DICK 1986, 33f. und 38–40.

Geschichtsunterricht diejenigen historischen Phänomene den Schülern als beispielhaft vor Augen geführt, die zur Rechtfertigung der politischen Ziele der neuen sozialen Bewegungen und der GRÜNEN herangezogen werden können. Die Schüler sollen die GRÜNEN als Erben der »guten« Traditionen der Geschichte begreifen lernen, ihre politischen Gegner aber als Abkömmlinge des historisch »Bösen«. Die Weltdeutung der GRÜNEN hält damit auch in den Geschichtsunterricht Einzug. Das gesellschaftspolitische Ziel, das damit erreicht werden soll, ist offenkundig: Durch den »parteilichen« Geschichtsunterricht sollen die Schüler Gesinnungs-Einstellungen und moralische Wertüberzeugungen erwerben, die sie für die GRÜNEN Partei ergreifen lassen – ein Baustein mehr für die ersehnte »Bewußtseinsrevolution«.

Im grünen Schrifttum zur Schulpolitik werden andere als die genannten Gesinnungs-Einstellungen als Erziehungsziele kaum genannt. Hier wirkt die Scheu der GRÜNEN vor den Zielen der herkömmlichen Moralerziehung nach. Sie befürchten, daß mit Hilfe der »Sozialerziehung« die »Änderung von unangepaßtem, . . . revolutionierenden Verhalten« erreicht und das gesellschaftskritische Bewußtsein der jungen Menschen »paralysiert« werden soll[97]. Als wertvoll erachtete Ziele der Moralerziehung werden deshalb nur selten erwähnt. Es gibt allerdings einige wenige Ausnahmen. Manche Autoren sehen das Erziehungsziel »Gemeinschafts-Sinn« als besonders wichtig an[98]. In einem anderen Text ist von der »Förderung solidarischer und konstruktiver Handlungsweisen« die Rede[99]. Diese Äußerungen sind jedoch äußerst vage. Im großen und ganzen kommen die Tugenden des mitmenschlichen Umgangs als Erziehungsziele in der Schulprogrammatik der GRÜNEN nicht oder nur unterschwellig vor. Für eine Partei, in deren Grundprinzipien das Wort »sozial« gleichberechtigt neben »ökologisch, basisdemokratisch und gewaltfrei« steht, ist das verwunderlich.

Es gibt jedoch noch eine weitere bemerkenswerte Leerstelle in den Schulprogrammen der GRÜNEN. Sie enthalten keine brauchbaren Angaben über den Hauptzweck des Schulwesens: die *Wissensvermittlung*. Man erfährt mit keinem Wort, *was* die Schüler eigentlich lernen sollen. Sofern zu dieser Frage überhaupt etwas gesagt wird, sind die Forderungen wirklichkeitsfremd. Die ALTERNATIVE LISTE Berlin verlangt beispielsweise, daß in den Schulen das »Wissen, das die Menschen in der jahrhundertelangen Auseinandersetzung mit Natur und Gesellschaft

[97] SCHAARSCHUCH 1983, 63.
[98] Vgl. BORNEMANN 1983, 57f.
[99] Die GRÜNEN Baden-Württemberg 1984, 75.

gewonnen haben, . . . vermittelt wird«[100]. Diese Forderung kann natürlich nicht erfüllt werden. Man muß aus dem nahezu unerschöpflichen Wissensbestand der Menschheit auswählen, was in den Schulen gelehrt werden soll. Es muß ein Werturteil darüber getroffen werden, welche Kenntnisse und Wissensbestände wichtig und welche zumindest im Schulunterricht überflüssig sind.

Daß die GRÜNEN diese für das Schulwesen entscheidenden Fragen unbeantwortet lassen, hat mehrere Gründe. Ihre entschiedene Abneigung gegen das »abfragbare und zu überprüfende Faktenwissen« spielt dabei eine große Rolle[101]. In ihren Augen heißt Wissenserwerb immer auch »Abrichtung« auf die »Verwertungsinteressen« anderer Menschen oder Interessengruppen. Der auf die wissensmäßige »Qualifikation« des Schülers zielende Schulunterricht widerspricht jedoch der »grünen Lebensauffassung«[102].

In der Weigerung der GRÜNEN, den Schülern verbindliche Ziele des Wissenserwerbs zu setzen, schlägt sich außerdem eine weitere Zeitströmung nieder. Es handelt sich dabei um die in den neuen sozialen Bewegungen und weit über sie hinaus in Mode gekommene Geringschätzung von »Wissenschaft und Vernunft«. Sie seien »durch die heutige Krise unheilbar kompromittiert«, das mit ihrer Hilfe errichtete »System« »todgeweiht«. Die »Rehabilitation der Intuition« und des »vernunfttranszendenten« Gefühls treten an die Stelle der kalten Rationalität[103]. Die »Wiederentdeckung des Körpers« kann ebenfalls in diesem Zusammenhang gesehen werden[104]. Dieser Denkweise ist das Wissen als solches verdächtig. Es umfaßt alle scheinbar menschen- und naturfeindlichen Kennzeichen der Moderne, die die neuen sozialen Bewegungen überwinden wollen: »Abstraktion, analytische Zerstückelung, Quantifizierung, Isolation, letztlich Reduktion des Lebendigen auf das Tote mit dem Ziel der Berechenbarkeit, der Beherrschung«[105].

Wie ist diese Scheu vor dem Wissen zu bewerten? Dazu kann man folgendes sagen: Die Warnung vor dem einseitigen Rationalismus, Intellektualismus und Szientismus ist berechtigt[106]. Andererseits führt es nicht weiter, aus Furcht vor den Gefahren der blinden Vernunft- und Wissenschaftsgläubigkeit Wissen und Kenntnisse überhaupt geringzuachten und auf ihre Vermittlung in den Schulen keinen großen Wert zu

[100] ALTERNATIVE LISTE Berlin 1985, 6.
[101] HERMANN 1986, 13.
[102] PREUSS-LAUSITZ 1986, 14f.
[103] THOMAS MEYER 1989a, 278.
[104] Vgl. hierzu z.B. die Beiträge in KAMPER/WULF 1982.
[105] TREPL 1983, 8.
[106] Vgl. BREZINKA 1986, 15–19.

legen. Angesichts der hochkomplizierten Lebensverhältnisse der Gegenwart ist das geradezu verantwortungslos. Niemand kann heutzutage ohne ein breites Wissen auskommen. Es ist unentbehrlich. Das trifft keineswegs nur auf die »Existenzsicherung von Nation und Gesellschaft« zu, die von der wirtschaftlichen Wettbewerbsfähigkeit der Bundesrepublik und dem Kenntnisstand der Beschäftigten abhängt. Die »Aneignung solider Grundkenntnisse« liegt genauso im Interesse des einzelnen. »Hohe geistige Fähigkeiten« stärken seine »Urteilsfähigkeit«, seine Selbständigkeit und sein Selbstwertgefühl[107]. Die Wissensvermittlung in den Schulen besitzt demnach sowohl für den einzelnen als auch für die Gesellschaft gewaltige Bedeutung.

Daß jedoch irgendeine Form von Wissensvermittlung auch weiterhin zu den Aufgaben des Schulwesens gehören soll, ergibt sich mittelbar aus dem Erziehungsziel *»ganzheitliche Persönlichkeit«*. Dieses Persönlichkeitsideal der deutschen Reformpädagogik der zwanziger Jahre wird auch von den GRÜNEN geschätzt. Es ist jedoch inhaltlich unbestimmt und formal. Es besagt lediglich, daß die »Bildung von Kopf, Herz und Hand«[108] und die Förderung »handwerklicher, künstlerischer, emotionaler, sozialer und intellektueller Fähigkeiten«[109] zu einem ausgewogenen Verhältnis der Bestandteile des psychischen Dispositionsgefüges der Menschen führen sollen[110]. Das Ideal der »ganzheitlichen Persönlichkeit« umfaßt also auch Wissensbestände und Kenntnisse. Daneben wird in den schulpolitischen Programmen der GRÜNEN auch die Fähigkeit zum ökologischen Denken in Zusammenhängen und Wechselwirkungen, zur Betrachtung und Erkenntnis der Phänomene in ihrer Gesamtheit und zur Anerkennung des Eingebundenseins der Menschheit in die Natur mit dem Wort »Ganzheitlichkeit« bezeichnet[111].

Die Schulen sollen aber vor allem zu Gesinnungs-Einstellungen erziehen. Die moralischen Erziehungsziele, die die GRÜNEN den Schulen setzen wollen, sind jedoch keineswegs allgemein zustimmungsfähig. Sie sind ein Bestandteil des weltanschaulichen Sonderideals der GRÜNEN. Sie sind »parteilich« in dem Sinne, daß sie bis ins kleinste der Weltanschauung und den politischen Zielen dieser Partei entsprechen. Bereits in den Schulen soll ihre Verwirklichung zu der von den GRÜNEN

[107] BIERETT 1985, 117f.
[108] Die GRÜNEN Niedersachsen 1986, 1.
[109] Die GRÜNEN Kiel 1986, 34.
[110] Vgl. zur weitverbreiteten Forderung nach »Ausgewogenheit« und »Harmonie« der Persönlichkeit und zur Ideengeschichte dieser Vorstellung BREZINKA 1989, 541–548.
[111] Vgl. Die GRÜNEN Schleswig-Holstein 1987, 39f. Vgl. allgemein hierzu auch SPENGLER 1983, 45–51.

erstrebten »Bewußtseinsrevolution« beitragen. Ohne größere Bedenken spannen sie die Schulen für ihre politischen Ziele ein.

Natürlich bemüht sich jede Partei, Einfluß auf das Schulwesen zu nehmen und die Setzung schulischer Erziehungsziele in ihrem Sinn zu beeinflussen. Andererseits bemühen sich die übrigen Parlamentsparteien auch um die weltanschauliche Neutralität des Staatsschulwesens. Die GRÜNEN dagegen scheinen die Achtung vor der Überparteilichkeit der öffentlichen Schulen und die Bereitschaft zur Anerkennung abweichender weltanschaulicher Überzeugungen nach und nach zu verlieren. Das hängt vor allem mit der Heilsgewißheit und mit dem manichäischen Weltbild zusammen, die in der Partei vorherrschend sind. Die GRÜNEN sind davon überzeugt, daß ihre »Vorstellungen . . . wertvoller« sind als alle anderen[112]. Deshalb fällt es ihnen nicht schwer, um dieser »wertvolleren« weltanschaulichen Ideale willen das staatliche Schulwesen zu einer Werbeanstalt für ihre politischen Ziele zu machen.

In einer offenen und weltanschaulich pluralistischen Gesellschaft ist es jedoch gefährlich, wenn die Schulen für die Vermittlung der politischen Auffassungen einer Partei mißbraucht werden. Daß die GRÜNEN das planen, liegt bei sorgfältiger Durchsicht ihrer schulpolitischen Programmatik auf der Hand. Eine Reihe von Autoren hat darauf nachdrücklich hingewiesen. So sieht STERN die unabweisliche Gefahr, daß die »beinahe religiös-politische Ideologisierung der Bildung alsbald zum Deckmantel totaler, totalitärer Ambitionen werden kann, daß also Bildung zum Instrument ökofaschistischer Bestrebungen wird«[113]. JORDAN meint, daß die grüne Partei die »spezifische Differenz zwischen Bildungs- und Politikkonzept beiseite wischt«. Er fürchtet, der selbstgewisse »moralische Rigorismus« der GRÜNEN läuft »in der Tendenz auf eine ›grüne Erziehungsdiktatur‹ hinaus«[114].

Diese Stellungnahmen mögen in der Wortwahl zu scharf und in den Vergleichen übertrieben sein. In der Sache jedoch sind sie zutreffend. Die GRÜNEN sehen die Schule tatsächlich als Mittel im »Kampf um die Köpfe« der nächsten Generation. Ungeachtet der erziehungskritischen Äußerungen ihrer Familien- und Kinderpolitiker und den Verlautbarungen der antipädagogisch und emanzipatorisch orientierten Schulpolitiker scheint sich diese strategische Einstellung zum Schulwesen langsam durchzusetzen. Wieder einmal soll die Schule einer der Schauplätze der »Bewußtseinsrevolution« werden. Damit hat die »Politisierung« aller Lebensbereiche, die die GRÜNEN befürworten,

[112] DITFURTH: Der neue Raubbau hat Silizium-Profil – Computer und Ökologie (1982/1985). In: DITFURTH 1988, 79–85, hier: 84.

[113] STERN 1988, 23.

[114] JORDAN 1986, 17.

auch die schulische Erziehung erreicht. Das Schulwesen wird auf diese Weise ein Teil der »gesellschaftlichen Gegenmacht«, von der sich die GRÜNEN die Durchsetzung ihrer Utopien versprechen. Sie erblicken in ihm einen »Freiraum« für eine Erziehung, die die »soziale, demokratische und ökologische Umwälzung der Gesellschaft fördert«[115]. Nach den Vorstellungen der GRÜNEN nimmt das Schulwesen somit vor allem eine *gesellschafts*politische Aufgabe wahr: Es soll die grünen Utopien, die gegenwärtig keine Aussicht auf Verwirklichung haben, wenigstens in der nächsten Generation mehrheitsfähig machen. Das Neutralitäts- und Toleranzgebot, die in Landesverfassungen und Schulgesetzen niedergelegten Erziehungsziele der Schule und nicht zuletzt das Elternrecht bleiben dabei auf der Strecke.

Aus diesem Grund sind die von den GRÜNEN geforderten schulischen Erziehungsziele wie folgt zu bewerten: Solange die Umwelt-, Friedens- und Moralerziehung politisch mehrheitsfähige Erziehungsziele verfolgt, ist nichts gegen ihre Stärkung einzuwenden. Diese Klasse von Erziehungszielen befindet sich im Einklang mit den Wertvorstellungen der Bevölkerungsmehrheit und ist damit unproblematisch. Wenn aber die spezifischen Persönlichkeitsideale einer politischen Partei zu allgemein verbindlichen schulischen Erziehungszielen erhoben und die staatlichen Schulen als Werkzeug zur Durchsetzung der von dieser Partei erstrebten gesellschaftspolitischen Ziele mißbraucht werden, ist das weder rechtlich noch demokratie-theoretisch zu rechtfertigen. Die Schulen sind nicht dazu da, »richtiges« Bewußtsein zu schaffen – weder zugunsten der GRÜNEN noch im Sinne irgendeiner anderen Partei. Sie dürfen auch nicht eine einseitig staats-, gesellschafts- und wirtschaftskritische Grundeinstellung vermitteln und ihre Schüler zur Parteinahme gegen die Institutionen des Rechtsstaats anleiten. Deshalb müssen Pläne der GRÜNEN, die in diese Richtung zielen, entschieden zurückgewiesen werden. Die Schule muß eine Einrichtung bleiben, der alle Bevölkerungsgruppen Vertrauen entgegenbringen können. Sie darf keine »parteiliche« Institution werden. Die weltanschauliche Neutralität des Schulwesens ist ein hohes Gut. Es lohnt sich, über sie zu wachen.

3. Die Mittel zur Verwirklichung der schulischen Erziehungsziele

Welche Erziehungsmittel sollen nach dem Willen der GRÜNEN in den Schulen angewendet werden, um den erwünschten Soll-Zustand der Schülerpersönlichkeit herbeizuführen? Es geht hier um erziehungstech-

[115] Die GRÜNEN Hamburg 1986, 1.

nologische Hypothesen[116]: Das angestrebte Erziehungsziel kann mit mehr oder minder großer Wahrscheinlichkeit erreicht werden, wenn dieses oder jenes Mittel in der Erziehung angewendet wird. Das wichtigste schulische Erziehungsmittel ist der Unterricht. Aus diesem Grund werden die Pläne der GRÜNEN zur Neugestaltung des Schulunterrichts im folgenden im Vordergrund stehen.

Die Vorstellungen der grünen Schultheoretiker von der wünschenswerten Form des Unterrichts lehnen sich sehr eng an das Gedankengut der deutschen Alternativschulbewegung an. Diese stützt sich vor allem auf nordamerikanische Vorläufer. Ende der sechziger Jahre entstanden in den Vereinigten Staaten zahlreiche »Free Schools«, »Open Schools« und »Schools Without Walls«[117]. Im großen und ganzen entsprechen die seit Anfang der siebziger Jahre gegründeten deutschen Alternativschulen in Theorie und Praxis diesen amerikanischen Vorbildern. Außerdem führen sie das erziehungstheoretische Erbe der deutschen Kinderläden aus der studentischen 68er-Bewegung fort[118]. In diesem Zusammenhang sei nur an das Stichwort »antiautoritäre Erziehung« erinnert[119]. Auch Elemente der reformpädagogischen freien Schulen der zwanziger Jahre sind in den Alternativschulen noch festzustellen[120].

In der Bundesrepublik Deutschland gibt es seit Ende der siebziger Jahre einige wenige Alternativschulen. Die meisten von ihnen arbeiten ohne staatliche Genehmigung. Obwohl die Angaben voneinander abweichen, dürfte ihre Zahl bei ungefähr zwanzig liegen. Sie haben in der Regel zwischen zwölf und dreißig Schüler. Jedes Jahr geben einige Alternativschulen auf, einige neue kommen hinzu[121]. Die bekannteste deutsche Alternativschule, die Glocksee-Schule in Hannover[122], befindet sich nicht in privater Trägerschaft. Sie ist ein staatlicher Schulversuch zur Erprobung alternativpädagogischer Erziehungs- und Unterrichtsformen.

Da die GRÜNEN die schul- und unterrichtstheoretischen Grundsätze der Alternativschulbewegung unverändert in ihre schulpolitische Programmatik übernommen haben, werden im folgenden beide Bereiche gemeinsam behandelt. Die Kritik, die dabei an der Alternativschultheorie geübt wird, gilt ebenso für die Schulprogrammatik der GRÜNEN.

Im Mittelpunkt der Alternativschultheorie stehen folgende Grund-

[116] BREZINKA 1981, 164.
[117] Vgl. RAMSEGER 1975, 36–81 und 117–154.
[118] Vgl. hierzu BREITENEICHER/MAUFF/TRIEBE/Autorenkollektiv Lankwitz 1971.
[119] Vgl. Berliner Kinderläden 1970.
[120] Vgl. BEHR/JESKE 1982, 49–124.
[121] Einen guten Überblick über das alternative Schulwesen gibt DICK 1979, 155–287.
[122] Vgl. die Überblicksdarstellungen bei NEGT 1986 und ZIEHE 1979.

sätze[123]: (1) die Selbstbestimmung des Schülers; (2) das Ideal der Verbindung von Lernen und Leben; (3) die Freiwilligkeit des Lernens; (4) die Selbstregulierung der Schülergruppe. Diese Grundsätze hängen eng miteinander zusammen. Sie werden im folgenden jedoch nacheinander behandelt, weil dadurch eine klarere Darstellung möglich ist.

3.1. Die Selbstbestimmung des Schülers

Die Eigenschaft »Fähigkeit zur unbegrenzten Selbstbestimmung« gehört zu den Merkmalen des Menschenbilds der GRÜNEN. Das gilt auch für das alternativpädagogische Schrifttum. Beide nehmen übereinstimmend an, daß der Schüler sich in allen Schulangelegenheiten selbst bestimmen kann.

Damit ist zunächst folgendes gemeint: In den nach den Vorstellungen der GRÜNEN umgestalteten Schulen sollen die »Betroffenen« selbst »entscheiden . . ., was, wo, wann, wie, warum gelernt wird«[124]. Angesichts der elternkritischen Einstellung der GRÜNEN liegt es auf der Hand, daß das Recht zur Auswahl des Lehrstoffs vor allem den Schülern zukommen soll: Jeder Schüler entscheidet selbständig über die Auswahl des Gegenstands, mit dem er sich beschäftigen möchte.

Damit der Schüler seine Lerngegenstände frei auswählen kann, muß ihm eine Fülle von geeigneten Lernmitteln zur Verfügung stehen. Dazu gehören nicht nur die üblichen Schulbücher, sondern auch eine »Handbibliothek zu unterschiedlichsten Themenbereichen« und eine »Sammlung literarischer Texte« in jedem Klassenzimmer, »außerdem die Möglichkeit, kleinere Werk- und Bastelarbeiten und leichtere naturwissenschaftliche Versuche durchführen und die Arbeitswege und -ergebnisse mit Hilfe unterschiedlicher Druckverfahren dokumentieren zu können«. Ferner benötigen die Schulen »Stillarbeitsräume« und »Gruppenarbeitsräume; dann natürlich Werkstätten für Holz- und Metallverarbeitung, Modellierraum, Fotolabor und die entsprechenden Lagerräume, Laborräume für den Experimentalunterricht in den Naturwissenschaften, die dazugehörigen Sammlungsräume und natürlich eine Küche mit angeschlossenem Speiseraum, . . . Sport[anlagen] . . ., Gartenflächen, Geräteschuppen und Kleintierstallungen«[125].

Der Schüler kann nach Interesse und Neigung aus allen diesen »Angeboten« wählen. Die Schule wird so, wie ein Kritiker bemerkte,

[123] Eine ähnliche Einteilung bei GRODDECK/SCHULTZE 1983, 331f.
[124] Die GRÜNEN Hessen 1983, 114.
[125] JÜRGENS-PIEPER/PIEPER/TATZ 1986, 21 und 26f.

zum »Selbstbedienungsladen«[126]. Die Forderung nach dem Recht des Schülers auf Selbstbestimmung in der Schule umfaßt aber nicht nur die Wahl seiner Lernziele und die Auswahl der Lerngegenstände. Er soll auch nach eigenem Ermessen festlegen, wieviel Zeit er für seine Beschäftigung mit jedem Gegenstand aufwenden und wie schnell er mit seiner Arbeit voranschreiten will. Auf diese Weise entsteht ein äußerst individualisierter und differenzierter Unterricht[127].

3.2. Die Verbindung von Leben und Lernen

Das Ideal der Verbindung von Leben und Lernen hängt eng mit der Kritik an der Lebensferne der Schule und ihres Lehrstoffs zusammen. Um diesen Mißstand zu beseitigen, müßte »viel mehr von den Interessen und Fragen der Schüler, viel mehr von der erlebten Umwelt, dem alltäglichen Geschehen, in die Schule hineinwirken«[128]. Damit ist gemeint, daß die Unterrichtsstoffe aus der alltäglichen Lebenswelt und dem Erfahrungsraum der Schüler entnommen werden sollen. Schulfremde »Personen aus allen Bereichen der Praxis« sollten in die Schulen eingeladen werden, damit sie den Schülern von ihrem Leben berichten können[129]. Die Schulen müßten so zu einem Ort »lebendiger Erfahrung« werden. Auf eine kurze Formel gebracht, läßt sich diese Forderung wie folgt ausdrücken: »Macht die Schulen auf, laßt Leben herein!«[130]

Auf der anderen Seite sollen die Schüler zeitweise aber auch die Schule verlassen. Damit das »gesellschaftsbezogene und realistische Lernen« ermöglicht wird, müsse man die »gesellschaftlichen Institutionen und Situationen zum Lernort machen«. Das bedeutet mit einfacheren Worten, »daß sich Verwaltungen, Planungsabteilungen, Produktionsstätten usw. so öffnen müßten, daß Schüler als Beobachtende, Fragende, Lernende oder vorübergehend Mitarbeitende dort verweilen könnten«[131].

Die Individualisierung und Differenzierung des Unterrichts, die Selbstbestimmung des Schülers und die Verbindung von Leben und Lernen verlangen natürlich »freie, offene Formen des Lernens«[132]. Die

126 Treder 1983, 98.
127 Vgl. Die Grünen Niedersachsen 1986 a, 5.
128 Die Grünen Kiel 1986, 34.
129 Vgl. Alternative Liste Berlin 1985, 6.
130 Die Grünen Niedersachsen 1986, 2.
131 Die Grünen Baden-Württemberg, Landesarbeitskreis Schule 1986, 30 und 41.
132 Die Grünen Hamburg 1986, 2.

grünen Schultheoretiker bevorzugen in ihrer Mehrheit den Projektunterricht. Diese Unterrichtsform hat eine Reihe von Vorteilen.

Im Projektunterricht kann ein Thema, das sich die Schüler selbst gewählt haben, ausführlich behandelt werden. Das »entdeckende Lernen« bringt sie »direkt und unvermittelt mit den Tatsachen des Lebens und der Welt« in Berührung[133]. Außerdem lernen sie eine Vielzahl von Informationsquellen und Unterrichtsmaterialien nutzen. Weil die »starre 45-Minuten-Zeiteinteilung und die strenge Trennung der verschiedenen Unterrichtsfächer« überwunden sind, lassen sich im Projektunterricht »ökologische und soziale Zusammenhänge« besser »darstellen« und die »Vernetztheit verschiedener Probleme« einleuchtender »herausarbeiten« als im herkömmlichen Fachunterricht[134].

Nach Meinung der GRÜNEN sind auch der »Lernerfolg« und das psychische Wohlbefinden von Schülern und Lehrern bei Projekten wesentlich höher. Alles in allem sei der Projektunterricht die ideale Unterrichtsform: »Projektlernen ist fächerübergreifend, interdisziplinär, praxisbezogen und im Ergebnis offen und erfüllt so wesentliche Anforderungen ökologischer Bildung«[135].

3.3. Die Freiwilligkeit des Lernens

Der Ausdruck »Freiwilligkeit des Lernens« hat mehrere Bedeutungen. Meist wird damit der Verzicht auf alle Maßnahmen umschrieben, mit denen die Schüler zum Lernen gezwungen werden könnten. Dazu gehören alle Arten der Erfolgsbeurteilung, Noten, Zeugnisse, qualifizierende Schulabschlüsse, die Nicht-Versetzung und der Schulverweis wegen mangelnder Leistung. An die Stelle des »durch Zwang und Notendruck verordneten Lernens« soll das »freiwillige Lernen« treten[136].

Durch die *Abschaffung der Leistungsmessung und Benotung* soll, wie es in einem Text über die Glocksee-Schule formuliert wird, ein »weitgehend von struktureller Gewalt befreiter Rahmen« für den Unterricht geschaffen werden[137]. Alternativschulbefürworter versprechen sich davon die Beseitigung der verbreiteten »Angst vor Noten und Sitzenbleiben«. Auch soll dadurch die »Konkurrenz« der Schüler um gute Noten beendet werden[138]. Ferner wird darauf hingewiesen, daß die

[133] KARIN ERNST 1986, 64.
[134] Die GRÜNEN Baden-Württemberg 1984, 77.
[135] Die GRÜNEN Baden-Württemberg, Landesarbeitskreis Schule 1986, 31.
[136] Die GRÜNEN Niedersachsen 1986, 2.
[137] ROSE 1983, 23.
[138] EHLERDING 1983, 33.

»Qualität der Bildung des Einzelnen« mit Hilfe von Noten und Zeugnissen ohnehin »nicht meßbar« sei[139].

Neben diesen erziehungstheoretischen Einwänden gegen die Notengebung und Schülerbeurteilung werden auch gesellschaftspolitische Bedenken geltend gemacht. Nach SCHELSKY ist die moderne Schule eine »bürokratische Zuteilungsapparatur von Lebens-Chancen«[140]. Eine ihrer Hauptaufgaben liegt in der Auslese ihrer Schüler. Je nach Leistung werden sie mehr oder minder endgültig bestimmten Berufslaufbahnen zugewiesen. Nicht zuletzt der Schulerfolg des einzelnen entscheidet also über seine künftige Stellung in der Gesellschaft.

Dieser Gedanke ist den meisten GRÜNEN unerträglich. Deshalb streben sie auf lange Sicht die »Entflechtung« oder »Entkoppelung« von »Wissen und Arbeit (und Sozialstatus)« oder zumindest von »Bildung und Prüfung« an[141]. Mit anderen Worten: Die Schulen beschäftigen sich in Zukunft allein mit dem Unterricht. Die Messung des Kenntnisstands und der Leistungsfähigkeit soll nicht mehr Aufgabe der Schule sein, sondern müßte anderen Einrichtungen zufallen. Dabei wäre zum Beispiel an Eingangsprüfungen an Hochschulen oder zu Beginn der Berufstätigkeit zu denken.

Ähnliche Forderungen werden auch in der pädagogischen Literatur immer wieder erhoben. Dort wird betont, daß die Auslesefunktion der Schule nur unter großen Schwierigkeiten mit ihrer erzieherischen Förderungsabsicht in Einklang zu bringen ist[142]. Die GRÜNEN neigen zu einer einseitigen Lösung: Sie wollen die Schulen ganz in den Dienst der individuellen Förderung des Schülers stellen.

Mit dem Ausdruck »Freiwilligkeit des Lernens« wird jedoch nicht nur der Verzicht auf Prüfungen, Noten und Zeugnisse bezeichnet. Er hat noch eine weitere Bedeutung. Mit seiner Hilfe werden in der Alternativschulbewegung und bei den GRÜNEN häufig auch die *Abschaffung der Pflicht zur Teilnahme am Unterricht* und die *Aufhebung der Schulbesuchspflicht* umschrieben.

Die Forderung nach Abschaffung der Pflicht zur regelmäßigen Teilnahme am Unterricht geht auf die alternativpädagogische Annahme zurück, daß sich »menschliche Fähigkeiten . . . am ehesten und weitesten in Freiheit« »entwickeln«. Jede Form von Zwang beeinträchtigt diesen »Entfaltungsvorgang«. Daher müsse die »Teilnahme am Unterricht . . . immer freiwillig sein«: »Ob die Kinder an einem Projekt

139 FALKENBERG 1985, 138.

140 SCHELSKY 1957, 18.

141 STERN 1983, ohne Seitenzählung.

142 Vgl. auch HELGA THOMAS 1989.

bzw. einem Kurs teilnehmen oder sich lieber selbst eine Beschäftigung suchen, entscheiden sie selbst.«[143]

Die Forderung nach Abschaffung der Teilnahmepflicht am Unterricht dürfte bei den GRÜNEN, die die schulischen Kurse und ihre Lehrgegenstände als zwangslose »Angebote« verstehen, mehrheitsfähig sein. Anders steht es mit der Forderung nach Aufhebung der Schulbesuchspflicht. Ihre Anhänger befinden sich innerparteilich in der Minderheit. Sie beziehen sich vor allem auf das Gedankengut der Kinderrechtler[144], Antipädagogen und »Entschulungskämpfer«. Neben verschiedenen anderen hat der recht bekannt gewordene Schulpflichtgegner BARTMANN[145] großen Einfluß auf die GRÜNEN ausgeübt. Für BARTMANN ist die Schulbesuchspflicht »undemokratisch«. Er sieht in ihr einen Eingriff in die »unveräußerlichen Grund- und Menschenrechte« von Kindern und Jugendlichen. Die staatliche Schulbesuchspflicht ist für ihn »totalitär«. Sie mißachte das Recht auf Selbstbestimmung, auf die »freie Entfaltung der Persönlichkeit« und auf »Schulvermeidung« zugunsten staatlich durchgesetzter »Zwangslernmethoden in Bildung und Ausbildung«[146]. Den einzigen Ausweg aus dieser menschenrechtswidrigen Situation sieht BARTMANN in der ersatzlosen Streichung der Schulbesuchspflicht.

Anfang der achtziger Jahre hat der bayerische Landesverband der GRÜNEN enge Beziehungen zu BERNHARD BARTMANN und anderen Schulpflichtgegnern[147] gepflegt. So wurden zum Beispiel gemeinsam schulpolitische Kongresse veranstaltet[148]. Neuerdings hat es zwischen beiden Gruppierungen aber einige Verstimmungen gegeben. Daher haben die bayerischen GRÜNEN die späteren Tagungen der Schulpflichtgegner »etwas blockiert«[149] und ihnen keine nennenswerte Beachtung und Unterstützung mehr gewährt. In mehreren anderen Landesverbänden der GRÜNEN gibt es jedoch noch heute starke schulpflichtfeindliche Flügel. Das trifft beispielsweise auf Berlin[150] und Baden-Württemberg zu.

143 FREIE SCHULE BOCHUM 1983, 84.

144 Vgl. die Anfrage grüner Ratsfraktionen zum Thema »Schulzwang«. In: Die GRÜNEN, Bundesarbeitsgemeinschaft Bildung: Bildungs-Info, Jg. 1988, Nr. 1, 35–54, hier: 44.

145 Vgl. Lehrer Bartmann kämpft gegen die Schulpflicht. In: Südkurier, 43. Jg. (1987), Nr. 212 vom 15. September 1987, 2.

146 Veranstaltung 4. 4. 1987 zum Thema Schulpflicht. Presseinformation Referat Bernhard Bartmann, o. O. o. J.

147 Vgl. z. B. AG LEBEN OHNE SCHULE 1983.

148 Vgl. die Tagungsberichte ARBEITSGEMEINSCHAFT FREIE SCHULE/Die GRÜNEN, Landesverband Bayern 1982 und 1983.

149 Persönliche Korrespondenz mit BERNHARD BARTMANN (Brief vom 19. Juli 1987).

150 Vgl. FRANZKE/MUTSCHELLER/HORST/BOTZUM 1987a, 33.

In Baden-Württemberg hat die Forderung nach Abschaffung der Schulbesuchspflicht ihren Rückhalt vor allem beim »Arbeitskreis Schule«. In einem Grundsatzantrag verlangte dieses Parteigremium, daß »mittelfristig . . . die Schulpflicht durch die Unterrichtspflicht abgelöst« wird. In Zukunft müßten »alle Kinder frei wählen können, ob sie die Regelschule besuchen oder in einer anderen zugelassenen Bildungseinrichtung frei und selbstbestimmt lernen wollen«[151]. Damit wird die Schulbesuchspflicht durch die Pflicht zur Teilnahme an irgendeiner Form von Unterricht ersetzt[152]. Dieser Unterricht könnte von unterschiedlichen Personen und Einrichtungen angeboten werden. Auch hier wird an freie Angebote auf einem offenen Erziehungsmarkt gedacht: In zu diesem Zweck ausgestatteten kommunalen Gebäuden finden sich »zu bestimmten Stunden« Erwachsene ein, die »mit Kindern, die [dazu] Lust haben, . . . spielen, reden, lernen und überhaupt an Dingen arbeiten, die sie selbst als Erwachsene und die die Kinder für interessant halten«[153]. So könnten die Kinder »frei und selbstbestimmt« die Kenntnisse und Fertigkeiten erwerben, die sie zu besitzen wünschen.

Allerdings stoßen diese Reformpläne bei der Mehrheit der baden-württembergischen GRÜNEN auf Ablehnung. Nach ihrer Auffassung »offenbaren« die Absichten und Idealbilder der »EntschulerInnen« ein »im Grunde unaufgeklärtes und sozialromantisches Weltbild«. Sie weisen zu Recht darauf hin, daß die »Schutzfunktion der Schulpflicht auf keinen Fall zur Disposition gestellt werden« darf. Ihre Abschaffung zu verlangen sei unverantwortlich. Sie würde nur dazu führen, daß ungezählte Kinder ohne geordneten Unterricht aufwachsen. Das gelte besonders für Kinder aus »sozial benachteiligten . . . und bildungsfernen Schichten«[154].

Der baden-württembergische Landesverband der GRÜNEN hat sich diesen Einwänden gegen die Abschaffung der Schulpflicht mehrheitlich angeschlossen. Zu Beginn des Jahres 1987 stimmten die Delegierten auf einem »kleinen Parteitag« mit 52 zu 30 Stimmen gegen den entsprechenden Grundsatzantrag des »Arbeitskreises Schule«[155]. Damit sind die Pläne zur Beseitigung der Schulbesuchspflicht jedoch nicht vom Tisch. Sie leben bei vielen grünen Landesverbänden weiter. Zum Beispiel laufen die Forderungen der schleswig-holsteinischen GRÜNEN auf die mittelbare Abschaffung der Schulpflicht hinaus. Dem Buchstaben des

151 Ökologie und Lernen in der Schule 1987, 10.
152 Vgl. HIMMEL 1987, 60f.
153 HINTE 1983a, 91.
154 Umbau des öffentlichen Schulwesens 1987, 15f.
155 Vgl. GRÜNE gegen Schulprüfungen. In: Münchner Merkur, Jg. 1987, Nr. 62/12 vom 16. März 1987, 1.

Gesetzes nach bliebe sie zwar bestehen, die staatlichen Schulbehörden dürften jedoch »nicht länger zu Maßnahmen berechtigt sein, die den Schulzwang durchsetzen«[156]. Das heißt mit anderen Worten: Es würde darauf verzichtet, die Erfüllung der Schulpflicht zu überwachen. Würde dementsprechend verfahren, hätten sich die Schulpflichtgegner doch noch durchgesetzt.

3.4. Die Selbstregulierung der Schülergruppe

Das Wort Selbstregulierung gehört zu den Schlüsselwörtern der Alternativschultheorie[157]. Die mit ihm bezeichnete Maxime steht in engem Zusammenhang mit den Grundsätzen der Selbstbestimmung des Schülers und der Freiwilligkeit des Lernens. Wenn im alternativpädagogischen Schrifttum von Selbstregulierung gesprochen wird, ist damit in den meisten Fällen folgendes gemeint: Lehrer und Eltern betrachten die »Kindergruppe als Mittelpunkt«. Sie gilt als »der Familie gleichwertige Sozialisationsinstanz«. Die Erwachsenen nehmen sich vor, »das Leben in der Gruppe von den Kindern selbst bestimmen zu lassen«. Sie wollen die »Autonomie der Kindergruppe« achten und den »Prozeß« der »Selbstregulierung« allenfalls behutsam »unterstützen«. Weitergehende Eingriffe seien unnötig. »Jedes Kind könne auf seiner jeweiligen Entwicklungsstufe für sich selbst verantwortlich sein«[158]. Außerdem fänden die Kinder immer selbständig eine Lösung für die Schwierigkeiten in der Gleichaltrigengruppe. Das lenkende Eingreifen von Erwachsenen richte nur Schaden an. Es genüge, wenn sie den Kindern einen »angstfreien Raum« zur Verfügung stellten und sich als stets wohlwollende und warmherzige Gesprächspartner anböten. Dadurch entstünde ohne Zwang und Fremdbestimmung ein aggressionsarmes, mitmenschliches und von den Erwachsenen weitgehend unabhängiges Sozialklima. In dieser Atmosphäre würden die Kinder wertvolle Tugenden wie Rücksichtnahme, Hilfsbereitschaft, Duldsamkeit, Einfühlsamkeit und Selbstbeherrschung lernen. Darüber hinaus würden sie in diesem so weit wie möglich von allen festen »Reglementierungen« befreiten Schulleben die Fähigkeit erwerben, ihre »objektiven Bedürfnisse« und Interessen in der Kindergruppe selbstreguliert zu befriedigen[159].

Allen schulpolitischen Reformvorhaben der GRÜNEN liegen die alternativpädagogischen Grundsätze der Selbstbestimmung des Schülers,

[156] Die GRÜNEN Schleswig-Holstein 1987, 40.
[157] Vgl. z. B. STATUT DER FREIEN SCHULE FRANKFURT 1983, 86.
[158] FREIE SCHULE FRANKFURT 1983, 27.
[159] Vgl. KROVOZA/NEGT 1975/76, bes. 66f. und 71f.

der Verbindung von Lernen und Leben, der Freiwilligkeit des Lernens und der Selbstregulierung der Schülergruppe zugrunde. Manche ihrer erziehungs- und unterrichtstheoretischen Überzeugungen sind einleuchtend. Einige Vorschläge zur Verbesserung der Schulen und ihres Unterrichts sind berechtigt. Sie werden seit je von Schulfachleuten aller Richtungen in der einen oder anderen Weise vorgetragen.

Auf der anderen Seite enthält die schulpolitische Programmatik der GRÜNEN einige Forderungen, die wirklichkeitsfremd sind. Eine Reihe erziehungstheoretischer Annahmen dürfte falsch oder zumindest problematisch sein. Um zu einer sachgerechten Einschätzung der Pläne der GRÜNEN zu gelangen, muß man deshalb sorgfältig ihre brauchbaren und ihre unbrauchbaren Teile voneinander unterscheiden. Das wird im folgenden geschehen. Allerdings ist dabei eine Einschränkung zu beachten. Es ist aus verschiedenen Gründen unmöglich, jeden kritikwürdigen Gesichtspunkt einzeln zu besprechen. Aus diesem Grund wird eine Beschränkung auf die wichtigsten Fragen vorgenommen.

Empirische Einwände

Eine große Schwäche der grünen Schultheoretiker liegt darin, daß sie sich ausschließlich auf das alternativpädagogische Schrifttum stützen. Sie scheinen die anspruchsvolle Alternativschul*theorie* unkritisch für eine Schilderung der Alternativschul*praxis* zu halten. Daß die GRÜNEN die Schwächen der Alternativschulen verschweigen, geschieht vermutlich nicht absichtlich. Es ist eher mit der einseitigen Beschäftigung mit der alternativpädagogischen Literatur zu erklären. Diese Schriften erwähnen die Mängel der Alternativschulen allenfalls am Rande. In der Regel findet man dort nur begeisterte Berichte über die repressionsfreie, konfliktarme, selbstregulierte erzieherische Idylle an den Alternativschulen. Die Wirklichkeit sieht jedoch anders aus.

Dafür gibt es eine ansehnliche Zahl von Bestätigungen. Sie stammen größtenteils nicht von Gegnern, sondern von ausdrücklichen Befürwortern der Alternativschulpädagogik. Ein »teilnehmender Beobachter« der Glocksee-Schule in Hannover zum Beispiel schildert offen die bisweilen chaotischen Zustände in den Schulräumen, die Gefahr der Verwahrlosung der Schüler und die hilflose Nachgiebigkeit der Lehrkräfte, die Beliebigkeit und Planlosigkeit der kindlichen Beschäftigungen und die damit einhergehende, auch für die Schüler unbefriedigende Anforderungsarmut und Unverbindlichkeit des Lernens[160]. Ein anderer Autor schreibt über dieselbe Schule, daß die theoretischen Wunschbil-

[160] Vgl. MESSNER 1986, 56–60.

der vom spielerischen und bedürfnisgeleiteten Lernen in der Praxis einige unerwünschte Auswirkungen hervorgebracht hätten. Er bemängelt, daß »die Kinder... nur allzu leicht auf ihre libidinösen Bestrebungen fixiert ... bleiben«[161]. Sie machen es sich zwar in der Schule gemütlich, sind aber kaum mehr zu anstrengenden Tätigkeiten zu bewegen[162]. Anscheinend haben sie sich schnell an eine schulische Scheinwelt gewöhnt, die ihnen immer die umgehende Befriedigung ihrer Bedürfnisse bietet. Es ist deshalb nicht verwunderlich, daß ihre Leistungen weit hinter dem üblichen Maß zurückbleiben. So konnte im Jahr 1977 mehr als ein Drittel der Schüler der Glocksee-Schule nach Ende des vierten Schuljahrs nicht lesen[163].

Diese ernüchternden Erfahrungen haben zahlreiche Alternativschulen dazu veranlaßt, sich in vielem der vorher scharf kritisierten Arbeitsweise der staatlichen Schulen anzugleichen. Inzwischen gibt es dort wieder geregelten Unterricht, Leistungsdifferenzierungen, Teilnahmepflicht am Unterricht, die Hochschätzung von Ordnung, Disziplin und Fleiß usw.[164] In der Praxis haben sich zahlreiche Alternativschulen also von ihren hochfliegenden theoretischen Idealen zurückgezogen. Das bedeutet jedoch nicht, daß man die anspruchsvolle Theorie mit Hilfe der ernüchternden praktischen Erfahrungen überarbeitet und wirklichkeitsgerechter gemacht hätte. So kommt es in vielen Alternativschulen zu der bemerkenswerten Situation, daß die »Thesen-Radikalität« der Theorie mit einer »vergleichsweise regressiven pädagogischen Praxis« einhergeht[165]. Die GRÜNEN propagieren also eine Theorie für die Schulerziehung, die in der Praxis gescheitert ist.

Kritik der Irrtümer und Einseitigkeiten der Alternativschultheorie

Im Grunde leben die Alternativschulbewegung und ihre Schultheorie aus der Kritik des herkömmlichen Staatsschulwesens. Diese Kritik ist ebenso heftig wie umfassend. Sie verführt unglücklicherweise zu einer nicht unverständlichen, jedoch fehlerhaften Denkweise. Bereits vor über sechzig Jahren hat sie KURT ZEIDLER mit Blick auf einige Reformpädagogen der Weimarer Zeit wie folgt gekennzeichnet: Radikale Schulreformer neigen zu der irrtümlichen Meinung, sie hielten »in dem Bekenntnis der ideellen Umkehr ein Allerweltsrezept für die tägliche

[161] KEMPER 1981, 546f.
[162] Vgl. auch OLIVER 1975, 271.
[163] Vgl. RANG/RANG-DUDZIK 1978, 53.
[164] Vgl. KEESE-PHILIPPS 1986.
[165] JÜRGENSMEIER 1986a, 20f.

Praxis in der Hand«. Das Werk der Umgestaltung des Schulwesens besteht nach dieser naiven Auffassung allein darin, daß man »die alte Schule . . . mit dem entgegengesetzten Vorzeichen versieht«: »früher Zwang, heute Freiheit; früher der Absolutismus des Lehrers, heute das Selbstbestimmungsrecht der Schüler; früher vorbedachte Regelung aller Einzelheiten durch von außen festgesetzte Pläne und Vorschriften, heute restlose Ungebundenheit und die Herrschaft des Augenblicks«. ZEIDLER fährt fort: »Heute wissen wir: das ist oberflächlich gesehen, und es ist unmöglich, die Schule auf eine so einfache Formel zu bringen«[166].

Das geschieht in der Alternativschultheorie jedoch häufig. In wesentlichen Teilen besteht sie aus der bloßen Verneinung der Arbeitsweise des öffentlichen Schulwesens. Die Handlungsanweisungen für die reformierte Schulerziehung, die sich aus ihr entnehmen lassen, sind verdächtig einfach: Man braucht nur das genaue Gegenteil von dem zu tun, was bisher üblich war. Dann besserten sich die Verhältnisse angeblich von selbst: Die Schüler lernten viel mehr, freudiger und leichter als in den herkömmlichen Schulen.

Diese Anschauung über die richtige Vorgangsweise bei der Schulreform geht mit einer zweiten Eigentümlichkeit des »pseudo-progressiven Bewußtseins« der Alternativschulanhänger Hand in Hand. Ihre »›pseudo-radikale‹ . . . Wahrnehmungs- und Denkstruktur« verführt sie zu einem maximalistischen Denkschema: Ein an sich bedenkenswerter Vorschlag zur Umgestaltung des Schulunterrichts wird so auf die Spitze getrieben, daß seine Anwendung groteske und den ursprünglichen Absichten völlig zuwiderlaufende Auswirkungen hat. Das Versagen der alternativen Theorie in der Praxis wird jedoch geleugnet. Das führt zu der »anmaßenden Behauptung, das bereits erreicht zu haben, das zu erreichen man angetreten ist«. Die Erziehungsmaßregeln werden als absolute Glaubensgrundsätze von allen verwerflichen Abweichungen rein erhalten. Sie werden mit Hilfe aller nur denkbaren ad-hoc-Annahmen vor Veränderungen geschützt[167]. So kommt es, daß ungeachtet aller schlechten Praxiserfahrungen weiterhin wirklichkeitsfremde alternativpädagogische Erziehungsgrundsätze verkündet werden. An seinen maximalistischen schulpädagogischen Überzeugungen die erforderlichen Abstriche zu machen, erscheint dagegen als Eingeständnis des Scheiterns. Diese Einstellung entspricht dem in der Alternativszene geläufigen Denkschema des Alles-oder-Nichts: Man will alle seine Vorstellungen rückhaltlos verwirklicht sehen, und zwar sofort. Diese »Absolutheitsansprüche« dulden keine Zugeständnisse an die unumgänglichen Widrigkeiten der Praxis. Im Gegenteil: Je stärker

[166] ZEIDLER 1985, 21.
[167] Vgl. REISSMANN 1985, 130–160, Zitat: 138.

die Hindernisse und Rückschläge bei ihrer Verwirklichung sind, desto entschlossener wird an den Lehrsätzen der alternativen Theorie festgehalten[168].

Es ist außerdem zu berücksichtigen, daß viele alternativpädagogische Erziehungsmaximen zu Mißverständnissen herausfordern. Das läßt sich zum Beispiel am Grundsatz der »Selbstregulierung« zeigen. Obwohl das nicht unbedingt gemeint war, haben zahlreiche Alternativschulanhänger ihn irrtümlich als Aufforderung zum schrankenlosen Laissez-faire gedeutet[169] und entsprechend gehandelt.

Diese vier Faktoren – Negation des herkömmlichen Schulwesens, pseudo-progressive Überspitzung der Reformwünsche, Praxisblindheit und theoretische Mißverständnisse – kennzeichnen weitgehend die Literatur über Alternativschulen. In Verbindung mit dem wirklichkeitsfremden Menschenbild der Alternativschultheoretiker ergeben sie eine verhängnisvolle Mischung.

Die Alternativschulbefürworter und die grünen Schulprogrammatiker haben das »idealisierte Bild vom Kind« übernommen, das in einer Reihe praxisferner Erziehungslehren anzutreffen ist. Sie überschätzen »seine schöpferischen Fähigkeiten, seinen Arbeitswillen, sein spontanes Interesse und sein Auffassungsvermögen«. Dabei wird nicht berücksichtigt, daß auch Kinder oft »unbeherrscht und ablenkbar« sind, daß sie »leicht . . . den Weg des geringsten Widerstands suchen« und daß »ihr Interesse viel eher in die Breite als in die Tiefe geht«[170]. Für diese nüchterne Betrachtungsweise liegen inzwischen auch überzeugende empirische Erkenntnisse über das »offene Lernen« vor. Danach ist es nur für eine Minderheit von Kindern, nicht aber für den Durchschnittsschüler geeignet. Das »offene« oder selbstbestimmte Lernen dürfte für rund ein Drittel aller Schüler ein brauchbares Unterrichtsverfahren sein. Ein weiteres Drittel gibt bei Widrigkeiten und Rückschlägen rasch auf, vertrödelt seine Zeit, »pfuscht« mit den Lernmitteln herum und beschäftigt sich am liebsten mit längst bekannten Aufgaben. Nur ein Fünftel wählt selbständig einen neuen Lerngegenstand. 70 Prozent der Schüler meinen, sie hätten im »offenen Unterricht« nichts Neues gelernt. Bei 60 Prozent bemerkten die Beobachter Unlust- und Spannungszustände, 30 Prozent waren aggressiv, 40 Prozent arbeiteten offenkundig »verdrossen und freudlos«[171].

Es stimmt aber nicht, daß alle erzieherischen Reformvorschläge aus der Alternativschulbewegung unbrauchbar sind. Das dürfte eher die

168 Vgl. auch Beltz 1989, 61 und 64.
169 Vgl. Ilien 1986, 134f.
170 Brezinka 1988a, 34f.
171 Vgl. Günther 1989, 321–324.

Ausnahme sein. Manche Ideen der Alternativschulpädagogik sind bemerkenswert. Sie können mit einigem Erfolg im Unterricht verwirklicht werden, solange die Lehrer ihre Grenzen im Auge behalten. Man darf aber auf keinen Fall glauben, man könnte auf den Lehrer, auf systematischen Unterricht und auf die geregelte Ordnung der Institution Schule verzichten. Daß die Alternativschulen ohne sie auskommen wollten, scheint eine wichtige Ursache für ihre mangelnden Erfolge zu sein. Es ist aus diesem Grunde nötig, an ihre Wichtigkeit zu erinnern.

Die Unverzichtbarkeit des Lehrers

In den Alternativschulen haben sich, zumindest der Theorie nach, die Berufsaufgaben des Lehrers grundlegend gewandelt. Er braucht seine Schüler nicht länger planvoll zu unterrichten. Stattdessen steht er ihnen unaufdringlich zur Verfügung, wenn sie etwas erklärt haben möchten, um seinen Rat bitten oder seine Hilfe verlangen[172]. Seine Tätigkeit ist ausschließlich unterstützend. Auf systematischen Unterricht und auf Kontrolle der Lernfortschritte der Schüler könne er dagegen verzichten. Auch darf er sie keinesfalls erziehen und damit »fremdbestimmen«. Er muß statt dessen Freund und Ratgeber seiner Schüler sein[173].

Der von den alternativen Pädagogikern und den grünen Schulprogrammatikern verlangte Verzicht auf Erziehung, Lenkung und Führung in der Schule hat jedoch unerwartete Auswirkungen. Er führt unter anderem zu den oben geschilderten Zuständen an Alternativschulen. Deshalb muß nachdrücklich auf die Unverzichtbarkeit des Lehrers und seiner erzieherischen Führungspflicht hingewiesen werden: »Wer als Erzieher diese Führung dem Kind versagt, handelt unverantwortlich, weil der Mensch ein Lernwesen ist, das vorab in der ersten Lebensphase Erwachsene braucht, die ihm Vorbild sind, an denen es sich orientieren kann, gegen die es sich abgrenzt, denen es vertrauen kann«[174].

Auch wenn es altmodisch klingt: Gerade in der Schule braucht das Kind auch ein gewisses Maß an vorgegebener Ordnung, an Verpflichtung und an Anforderungen[175]. Nur dann fühlt es sich ernstgenommen.

[172] Vgl. Alternative Liste Berlin 1985, 4.

[173] Vgl. Westermann 1984, 81 f.

[174] Kägi-Romano 1982, 37.

[175] Die französische Schriftstellerin Christiane Rochefort (1961, 79 f.) hat diesen Gedanken in folgende Worte gekleidet: »Wie schade, daß man mir keine richtigen Aufgaben . . . gestellt hat! . . . Ich versuchte, welche zu erfinden; aber das klappte nicht; Aufgaben müssen eine Pflicht sein, sonst sind sie keine Aufgaben mehr, sondern ein unterhaltsamer Zeitvertreib. Und als Zeitvertreib sind Aufgaben sterbenslangweilig« (meine Übersetzung).

Es merkt, daß es etwas Wichtiges tut. Sein Lernen ist kein beliebiges Spiel mehr, sondern die Erfüllung einer Aufgabe. Man gewinnt nur in der Erfüllung bedeutungsvoller und ernsthafter Anforderungen Selbstvertrauen und Zufriedenheit. Das gilt für Schüler nicht weniger als für Erwachsene. In der Alternativschule fühlen sich die Kinder buchstäblich unterfordert. Sie spüren, daß ihre Lehrer ihnen eine wichtige Erfahrung vorenthalten: »Sie verlangen plötzlich mehr von der Schule, als diese ihnen geben kann«[176]. Sie wollen nicht länger wie ein Kindergartenkind in einem anforderungsarmen Schonraum leben. Sie suchen die Herausforderung, die Anstrengung und die Bewährung. Das sind Dinge, die die Regelschule vielleicht im Übermaß bereithält. Völlig auf sie zu verzichten wird den Wünschen der Kinder jedoch auch nicht gerecht. Man erweist den Kindern keinen Dienst, wenn man um fragwürdiger hedonistischer Ideale willen ihrem Taten- und Bewährungdrang keine ernsthaften Aufgaben stellt.

Die Ergebnisse neuerer amerikanischer Studien bestätigen diese Einschätzung. Dort wird außerdem darauf hingewiesen, daß ungeachtet aller Methodenfragen für den schulischen Lernerfolg von Schülern vor allem folgende ebenso einfache wie unumgängliche Bedingungen erfüllt sein müssen: hohe Erwartungen (»expectations«) und Anforderungen (»demands«) des Lehrers an die Schüler; die Erfüllung der unterrichtlichen Führungsaufgabe; eine verbindliche, aber nicht starre Ordnung im Unterricht; regelmäßige Leistungskontrollen, die den Schülern und ihrem Lehrer Aufschluß über den Unterrichtserfolg gewähren[177]. Es scheinen also gerade diejenigen Handlungsweisen des Lehrers für den Unterrichtserfolg ausschlaggebend zu sein, auf die die Alternativschultheorie verzichten zu können glaubt.

Entgegen der geläufigen Ansicht verlangt die Arbeit an Alternativschulen keineswegs *weniger*, sondern sehr viel *mehr* erzieherisches Können[178]. Zahlreiche alternativpädagogische Erziehungs- und Unterrichtsratschläge könnten vermutlich mit Aussicht auf Erfolg verwirklicht werden, wenn diese Bedingung erfüllt wäre. Das erfordert allerdings von der Lehrkraft große Anstrengungen. Sie muß das Material sorgfältig nach dem Kenntnisstand und Interesse der Schüler auswählen, die Kunst der inneren Differenzierung beherrschen, die Schüler behutsam lenken, anleiten und ermuntern, sie bei der Sache halten, sie sinnvoll fordern und ihnen vernünftige Aufgaben stellen. Mit anderen Worten: Die Alternativschule braucht einen Lehrer mit herausragenden erziehe-

176 Horx 1988, 18.
177 Vgl. Payne 1984, 75–101, 151f. und 155–180.
178 Vgl. auch Ramseger 1977, 126f., 202, 251–261 und 266.

rischen, didaktischen und organisatorischen Fähigkeiten[179]. Er wäre in allem das Gegenteil des Laissez-faire-Typs, der die Alternativschulen bislang beherrscht.

Die empirische Forschung bezeichnet den Unterrichtsstil dieses guten Lehrers mit dem Wort »demokratisch«[180]. Er vermeidet die Fehler des permissiven Laissez-faire-Typs ebenso wie die des autoritären Klassenführers. Interessanterweise hat er sehr viel größere Erfolge als die beiden anderen. In seinen Klassen wird nicht nur besser gelernt, es herrschen auch ein freundlicheres Klima und eine niedrigere Aggressionshäufigkeit. Der Typ des »demokratischen« Lehrers wäre für die Alternativschule wie geschaffen. Daß er dort nicht anzutreffen ist, hängt auch mit der zweiten Eigentümlichkeit der Alternativpädagogik zusammen: der Geringschätzung des geordneten Unterrichts.

Die Notwendigkeit des systematischen Unterrichts

Im alternativpädagogischen Schrifttum kommt das Wort »Unterricht« nicht vor. An seiner Stelle ist ausschließlich vom Lernen die Rede. Im Mittelpunkt des Interesses steht der Schüler. Seine Tätigkeit, das Lernen, stellt man sich naturwüchsig vor. Es geschieht ohne systematische Anleitung, also ohne Unterricht. Es ereignet sich von selbst, wenn man den Schüler nur mit einer möglichst großen Zahl von Lerngelegenheiten und -materialien zusammenbringt.

Diese Vorstellung hat gewiß viel für sich. In den meisten Fällen geschieht der Vorgang, der Lernen genannt wird, zufällig, planlos, spontan und ohne Anstrengung. Das Lernen des Schülers hat nicht notwendigerweise erzieherische oder unterrichtliche Handlungen des Lehrers zur Voraussetzung. Man kann ohne Erziehung und Unterricht sehr wohl lernen, und zwar durch Beobachtung, Nachahmen, Mittun usw. Der Erwerb der Muttersprache ist dafür ein häufig genanntes Beispiel[181].

Das meiste, was er weiß oder kann, hat der Mensch unmittelbar von seiner Umwelt gelernt. Die Alternativschultheoretiker neigen nun dazu, aus dieser Erkenntnis eine Norm zu machen: Der Mensch soll möglichst alles unmittelbar durch spontane Umwelterfahrungen lernen. Von seinen »individuellen« Bedürfnissen geleitet, soll das Kind »am Leben selbst« lernen. So kommt es zu der »klaren Ablehnung der Notwendigkeit . . . systematischer, erst recht institutionalisierter Lehr- und

[179] Vgl. Rang/Rang-Dudzik 1979, 548.
[180] Vgl. als Überblick Kramp 1973, 137–140.
[181] Brezinka 1981b, 177–189.

Lernprozesse, d. h. der gesellschaftlich organisierten Anleitung«. Deshalb werden auch alle Kennzeichen des geordneten Unterrichts (also des Lehrens) zurückgewiesen: »Disziplin, Autorität, Kontrolle, Planung, Methode, Organisation usw.«[182] Damit wird auch der Lehrer als Fachmann für Unterricht überflüssig.

Es ist tatsächlich denkbar, in sehr einfachen Kulturen auf die planvolle Unterweisung des Nachwuchses zu verzichten. Dort kann man sich darauf verlassen, daß die Kinder alles Notwendige durch Beobachtung und Nachahmung lernen[183]. In den hochkomplizierten Gesellschaften der Gegenwart mit ihren zahllosen Anforderungen an den einzelnen genügt das jedoch nicht[184]. Hier kommt man ohne die systematische Belehrung der nachwachsenden Generation nicht mehr aus[185]. Aufgrund dieser kulturellen Notwendigkeit ist der Mensch das »lehrende Lebewesen« genannt worden. Nur mit Hilfe des geordneten Unterrichts war es ihm überhaupt möglich, die Vielzahl seiner Kenntnisse und den Reichtum seiner Kultur weiterzugeben[186].

Außerdem ist noch eine Tatsache zu berücksichtigen: »›Unmittelbare‹ situative Erfahrungen« mit Lerngegenständen führen nicht sehr weit. Sie »bedürfen zusätzlich der theoretischen Anstrengung, nämlich der Abstraktion, Verallgemeinerung, Synthese«[187]. Die spontane Erfahrung muß verarbeitet, durchdacht und in ein größeres Ganzes eingeordnet werden. Zusammenhänge müssen erkannt, Irrtümer und Trugschlüsse richtiggestellt werden. In hochkomplexen Kulturen geschieht das nicht von selbst oder nebenbei. Es ist darum notwendig, das zu vermittelnde Wissen zu ordnen, in Einzelteile zu zerlegen und Stück für Stück zu lehren: Der Lehrplan entsteht.

Auch darf man sich mit der einmal gewonnenen spontanen Erkenntnis nicht zufriedengeben. Die flüchtige Einsicht in einen Sachverhalt muß vielmehr durch Wiederholung, Übung und Anwendung auf neue Sachverhalte eingeprägt werden. Dadurch wird sie in der »habituellen Schicht des Denkens und Handelns verankert«. Die meisten anspruchsvollen Ergebnisse des Lernens werden nur auf diese beschwerliche Weise zur »Grundlage fester Bereitschaften des Denkens und Handelns«[188].

Alle diese Kennzeichen des zweckgerichteten Lehrens und Lernens fehlen in den reformierten Schulen, die die Grünen anstreben. Sie wollen das Lernergebnis allein mehr oder minder zufälligen Umwelter-

[182] Rückriem 1978, 74.
[183] Vgl. Brezinka 1954, 178.
[184] Vgl. auch Lohmann/Scheuermann 1977, 568.
[185] Vgl. auch Brembeck 1971, 278–295.
[186] Vgl. Koenig 1989, 25–27.
[187] Hopf 1978, 129.
[188] Alt 1947, 457f.

fahrungen und den schwankenden Interessen der Schüler überlassen. Man nimmt naiv an, daß die Schüler schon irgendwie das für sie Wichtige lernen werden.

Die Wichtigkeit der Schule

Das dritte Versäumnis der Alternativschultheoretiker besteht in der völligen Ablehnung der Institution Schule. In ihrer herkömmlichen Gestalt scheint sie zahlreichen grünen Programmatikern ebenso überflüssig wie der geordnete Unterricht. Diese Auffassung steht übrigens mit dem hedonistischen Zug in engem Zusammenhang, der die Pädagogik wie überhaupt die Weltanschauung der GRÜNEN kennzeichnet.

Dieser hedonistische Zug zeigt sich zum Beispiel in den Vorstellungen darüber, wie in einer guten Schule gelernt werden soll. Das Lernen in der Schule ist nach Meinung der GRÜNEN nur zu rechtfertigen, wenn es »Spaß macht«[189]. Es ist bestimmt nichts dagegen zu sagen, daß den Schülern das Lernen Freude machen soll. Ein guter Unterricht ist unter anderem daran zu erkennen, daß sich die Schüler dort wohlfühlen und mit Freude lernen. Die meisten Alternativschulanhänger und die grünen Schulprogrammatiker überspitzen diese Forderung aber in wirklichkeitsfremder Weise. In ihren Augen muß das Lernen eine endlose Kette freudvoller, spannender und kurzweiliger Ereignisse sein[190]. Es wird so zur »reinen Unterhaltung«: »Das Lustprinzip tritt an die Stelle des Leistungsprinzips«[191].

Allerdings übersehen die grünen Schultheoretiker eine grundlegende Erkenntnis der Pädagogischen Psychologie, die längst bekannt ist: Die konfliktarme Idylle vom ununterbrochen spontanen, kreativen und freudvollen Lernen gibt es nur am Schreibtisch von Erziehungstheoretikern. In Wirklichkeit ist selbst der beste Schulunterricht anstrengend. Viele anspruchsvolle Dinge können die meisten Menschen nicht spielerisch lernen. Sie verlangen Konzentration, Sorgfalt, Übung, Einsatz, Anstrengung, kurz: harte Arbeit[192]. Daran führt kein Weg vorbei. Man kann den Kindern selbst beim besten Willen Anstrengung und Arbeit nicht ersparen.

Aus diesem Grund wäre es wirklichkeitsfremd, aus der Schule eine Art verlängerten Kindergarten zu machen. Die Schule muß eine Einrichtung für geordneten Unterricht bleiben, die ihren Schülern ein

189 Die GRÜNEN Bremen 1987, 29.
190 Zum Ideal des »spielerischen Lernens« vgl. KÖHLER 1981, 94.
191 HEPP 1987, 7.
192 Vgl. ROTH 1976, 270f.

gewisses Maß an Anstrengung, Belastung und Einordnung abverlangt. Die Schule ist darüber hinaus ein Teil der haltgebenden, sicherheitsspendenden und entlastenden Institutionen, deren der Mensch bedarf. Nur wenn das Schulleben einigermaßen beständigen Regeln folgt, lassen sich die aus zahlreichen Alternativschulen bekannten chaotischen Verhältnisse vermeiden. Trotz aller ihrer Schwächen ist die herkömmliche Schule immer noch die beste Möglichkeit, »um Kindern und Jugendlichen durch Beständigkeit von Ordnungen und Lernvorgängen in einer unstet gewordenen Erwachsenenwelt Sicherheit, Rückhalt und Schutz zu geben«[193]. Daher sollte man sich auch davor hüten, unbedacht die möglichst umfassende Einbeziehung der Schule in das »Leben« zu verlangen. So richtig die Kritik an der Lebensferne der Schule sein mag: Es gehört gerade zu den Vorzügen der Institution Schule, daß mit ihrer Hilfe Leben und Lernen getrennt werden können.

Historisch gesehen wurde der Nachwuchs durch den Schulbesuch geradezu vor dem »Leben« und seinen zahllosen Anforderungen in Schutz genommen[194]. Diese Schutzfunktion der Schule gibt es bis heute. Allerdings muß nur noch ein kleiner Teil der Kinder im elterlichen Haus oder im Betrieb arbeiten. Die Gefährdungen gehen heutzutage von anderen Quellen aus. »Reizüberflutung«, »Medienabhängigkeit«, »Konsumsucht« und »Versorgungsmentalität« sind einige Stichwörter dafür, die in der Öffentlichkeit oft zu hören sind[195]. Die Befürchtungen der Erwachsenen sind vielleicht übertrieben. Möglicherweise sind Kinder und Jugendliche viel widerstandsfähiger gegenüber unerwünschten Einflüssen, als üblicherweise angenommen wird. Dennoch geht eine gewisse Bedrohung von ihnen aus, mit der man zurechtkommen muß. Die Schüler völlig unvorbereitet dem »Leben« zu überantworten und sein ganzes Vertrauen in ihre Fähigkeit zur Selbstbestimmung zu setzen, ist dafür jedenfalls kein geeigneter Weg. Im Gegenteil: Die Alternativschule scheint gerade die hedonistischen und konsumistischen Charakterzüge zu fördern, die ihre Theoretiker an der »heutigen Jugend« bemängeln[196].

In der vernünftigen Vorbereitung auf das »Leben« liegen also wichtige Aufgaben für Familie und Schule. Die Schule kann diese Aufgabe vor allem deshalb übernehmen, weil sie »Leben« und Lernen nicht zusammenfallen läßt, sondern ihren Schülern Zeit und Ruhe für die Beschäftigung mit anspruchsvollen geistigen Gütern gewährt, die im alltäglichen Erfahrungskreis der Kinder nicht vorkommen. Die nach den Vorstel-

[193] Vgl. AURIN 1977, 759–763, Zitat: 763.
[194] Vgl. BRUNER 1966, 151f.
[195] Vgl. STUBENRAUCH 1978, 20.
[196] Vgl. auch DÖPP 1978.

lungen der GRÜNEN umgestaltete Schule ist dazu nicht in der Lage, weil sie im raschen Wechsel Unterrichtsgegenstände aus dem Alltagsleben aufgreift und wieder fallen läßt. Es ist daher nicht ausgeschlossen, daß ihre Schüler nur notdürftig über ihre unmittelbare Erfahrungswelt hinausgelangen[197] und kaum mit anforderungsreichen Kulturgütern in Berührung kommen. Damit wird sie einer der wichtigsten Aufgaben der Schule nicht gerecht: Sie macht die Schüler mit den wertvollen Teilen der menschlichen Kultur nicht bekannt, die im Alltag nicht oder nur in einer für Kinder schwer verständlichen Gestalt vorkommen. So werden die erzieherischen Möglichkeiten verspielt, um derentwillen die Schule eingerichtet wurde: als Schutz vor dem »Leben«, als Ordnungsrahmen für geregelten Unterricht und als Institution zur Übermittlung von Kultur, Wissen und Tradition.

Allen Versäumnissen der Alternativschultheorie liegt dasselbe Schema zugrunde: Die schonungslose Kritik an der Arbeitsweise der Lehrerschaft, am herkömmlichen Unterricht und an der Institution Schule verführt ihre Anhänger zu dem Schluß, man könne völlig ohne sie auskommen. Anstatt sie sorgfältig und behutsam zu verbessern, sollen sie in ihrer alten Form beseitigt werden. Das ist jedoch töricht. Man gibt damit nämlich auch leichtfertig die Vorzüge auf, die die Schulen auszeichnen. Neben antitraditionalistischen und antiinstitutionellen Affekten gibt es dafür noch einen weiteren Grund: Den Alternativschultheoretikern fehlt jedes Verständnis für die kulturelle Notwendigkeit und Nützlichkeit dieser Einrichtung.

An ihre Stelle treten Lernformen und reformierte Schulen, die in ihrer Wirkung auf die Schüler äußerst problematisch, wenn nicht in vielen Fällen sogar schädlich sind. Sie könnten allenfalls für die vollkommenen Kinder einer utopischen Idealwelt geeignet sein. Im Grund handelt es sich hier um Träumereien über das erzieherisch Wünschbare, um ein schulisches Idyll, um progressiven pädagogischen Kitsch. Mit den wirklichen Menschen hat das alles wenig zu tun. Auf alle Fälle sollten die GRÜNEN, bevor sie die von der Alternativschulbewegung übernommenen Schulreformpläne in die Tat umsetzen, folgendes bedenken: Es gibt keine Alternativschule, die die Alternativschultheorie auch nur annähernd verwirklicht. Diese Theorie der Schulerziehung hat schwere Mängel. Das muß man berücksichtigen, bevor man ihr zuviel Vertrauen schenkt und nach ihren Anweisungen das öffentliche Schulwesen umgestaltet. Sonst könnte die Schulreform verheerende Auswirkungen haben – für den einzelnen und für die Gesellschaft.

[197] Vgl. hierzu auch HÖHN 1983, 411f.

Auch bei den GRÜNEN werden die Irrtümer, Einseitigkeiten und Schwächen der Alternativschultheorie inzwischen mehr und mehr erkannt. Deshalb ist zunehmend die Forderung nach der »realistischen Wende« in der Schulpolitik zu hören. Der Grund für diese Forderung liegt vor allem darin, daß einige grüne Schultheoretiker das Vertrauen in die Alternativschultheorie verloren haben. Sie stellen deshalb die zweifelnde Frage: »Wenn wir dieses Programm umsetzen – kommt dann garantiert bei allen Menschen, die nach solchen Maßstäben gebildet wurden, etwas ganz Großartiges, Neues, buchstäblich noch nie Dagewesenes dabei heraus?«[198]

Damit erhebt sich die entscheidende Frage: Ist die nach den Grundsätzen der Alternativschultheorie umgestaltete öffentliche Schule überhaupt ein brauchbares Mittel, um die von den GRÜNEN erstrebten schulischen Erziehungsziele zu verwirklichen?

Daran läßt sich mit guten Gründen zweifeln. Die Alternativschule ist bestimmt kein geeignetes Mittel, um den von den GRÜNEN ins Auge gefaßten Soll-Zustand der Persönlichkeit der Schüler zu verwirklichen. Ihre Kritiker bei den GRÜNEN haben das klar erkannt. Sie werfen ihr vor allem vor, daß sie die wichtigsten Erziehungsmittel der Schule aus zweifelhaften weltanschaulichen und lerntheoretischen Gründen leichtfertig aufgibt: den erzieherischen Einfluß des Lehrers, den systematischen, zielgerichteten Unterricht und die zweckmäßige institutionelle Ordnung der Schule[199]. Der von dieser Fraktion geforderte neue »Mut zur Erziehung« schließt daher auch den »Mut zum Einsatz erfolgversprechender Erziehungsmittel« ein. Sie will der Schule nicht nur Ziele setzen, sondern ihr auch wieder die zu ihrer Verwirklichung geeigneten Mittel zugestehen.

Das bedeutet zugleich, daß der wirklichkeitsfremde erziehungs- und unterrichtsfeindliche Ballast der Alternativschultheorie über Bord geworfen wird. Die »realistische Wende« in der grünen Schulpolitik könnte auf diese Weise dafür sorgen, daß die vernünftigen Teile der bisherigen grünen Schulreformpläne erhalten bleiben und in die Tat umgesetzt werden. Das kann durchaus zu einer für alle Beteiligten erfreulichen Verbesserung des öffentlichen Schulwesens führen.

Andererseits hat sich diese alternativschulkritische Strömung bei den GRÜNEN bislang nicht durchzusetzen vermocht. Die offizielle Parteiprogrammatik wirkt noch immer so, als wollten die GRÜNEN aus allen öffentlichen Schulen Alternativschulen machen.

Sollte sich das ändern und sollte die gemäßigtere Fraktion die Schulpolitik der GRÜNEN bestimmen, fangen damit die Schwierigkeiten

[198] REGELMANN 1987, 53.
[199] Vgl. KUHN/PREUSS-LAUSITZ 1987.

erst an. Die GRÜNEN können sich dann nicht länger in weltfremden Spekulationen über das selbstregulierte, bedürfnisorientierte Lernen in Freiheit ergehen und hoffen, daß sich der erwünschte Soll-Zustand der Persönlichkeit von selbst einstellt. Sie werden sich vielmehr überlegen müssen, welche konkreten Mittel zur Verwirklichung ihrer ehrgeizigen Erziehungsziele geeignet sind. Das betrifft vor allem die hochabstrakten und -komplexen Gesinnungs-Einstellungen Friedensfähigkeit, ökologisches Bewußtsein, Gemeinschaftssinn usw. Bisher gibt es nur mehr oder weniger gut begründete Vermutungen darüber, welche schulischen Erziehungsmittel für ihre Erreichung wirksam sein könnten. Man kann deshalb mit Recht gespannt sein, welche Mittel die GRÜNEN in Zukunft in den Schulen einsetzen werden.

Sollte der »realistische« Parteiflügel mehrheitsfähig werden, kann man mit folgendem rechnen: Die Schule wird sich kaum so grundlegend ändern, wie es sich die Alternativschulanhänger wünschen. Sie dürfte eher zu einer integrierten Gesamtschule mit starker Einbindung in die Gemeinde werden, wie sie neuerdings diskutiert wird. Sie wird zahlreiche Projekte anbieten und ihren Schülern viele Freiheiten gewähren. Andererseits wird sie die meisten Merkmale des herkömmlichen Schulwesens beibehalten, besonders die erzieherische Tätigkeit des Lehrers und die Betonung des systematischen, zielgerichteten Fachunterrichts. Diese Schulform ähnelt stark den Schulen, wie sie Teile der SPD und die Gewerkschaft Erziehung und Wissenschaft anstreben. Sie wird oft als »ökologische Nachbarschaftsschule« bezeichnet. Wie sie organisiert und verwaltet werden soll, wird im folgenden Abschnitt beschrieben.

4. Schulorganisation und Schulverwaltung

Die Pläne der GRÜNEN zur Neuordnung von Schulorganisation und Schulverwaltung gehen auf viele verschiedene Quellen und Vorläufer zurück. In der »Forderung nach einer gründlich umgestalteten einheitlichen Gesamtschule«[200] zeigt sich zum Beispiel der Einfluß der »alten GEWler und sozialistisch Angehauchten mit verschiedenen Appeals«[201], die bei den GRÜNEN eine neue politische Heimat gefunden haben. Der Wunsch nach Dezentralisierung und Demokratisierung des Schulwesens entspringt dem Gedankengut der Befürworter der »Gras-Wurzel-Demokratie«. Anhänger der Community-School-Bewegung sind ebenso bei den GRÜNEN zu finden wie Gegner der Sonderschule, des

200 Schulstruktur und Alternativschulen 1983, 11.
201 KEESE-PHILIPPS 1985, 14.

dualen Systems der Berufsausbildung und des mehrgliedrigen Schulwesens. Alles in allem ergibt sich das folgende Bild: Auf der einen Seite lebt in Fragen von Schulorganisation und Schulverwaltung die traditionelle sozialdemokratische Schulpolitik der siebziger Jahre bei den GRÜNEN fort[202]. Sie wird andererseits ergänzt durch zahlreiche Ansichten und Forderungen, die von den neuen sozialen Bewegungen übernommen sind. Dieses Zusammenspiel alter und neuer progressiver Ideen ist nicht frei von Widersprüchen. Das wird sich im folgenden an mehreren Stellen zeigen.

Es liegt auf der Hand, daß die Pläne der GRÜNEN zur Umgestaltung des Schulunterrichts auch zahlreiche organisatorische Änderungen nötig machen. Die nach alternativpädagogischen Grundsätzen erfolgende Schulerziehung braucht einen anderen Rahmen, als ihn die Schule üblicherweise bietet. Das zeigt sich bereits im täglichen Unterricht. Die ganzheitliche, fächerübergreifende und selbsttätige Beschäftigung mit einem Unterrichtsprojekt verträgt sich nicht mit der herkömmlichen Fächereinteilung[203], mit dem Fachlehrerprinzip und mit starren Stundentafeln. Aus diesem Grund verlangen die GRÜNEN die »drastische Verringerung des konventionellen Fachunterrichts« und die »Abkehr vom 45-Minuten-Takt«[204]. Die Individualisierung und Differenzierung des Unterrichts erfordert darüber hinaus die Auflösung der Jahrgangsklasse. An ihre Stelle treten kleine, jahrgangsübergreifende Lerngruppen. Schüler können sich ihnen ungeachtet ihrer Vorkenntnisse oder Leistungsfähigkeit anschließen[205]. Die häufig wechselnden Mitglieder dieser Lerngruppen werden von einem oder mehreren Lehrern betreut.

Auf lange Sicht zielen die Pläne der meisten grünen Schulpolitiker also auf die Abschaffung des gebräuchlichen Ordnungsgefüges für den Schulunterricht. Darüber hinaus verlangen sie aber auch schulorganisatorische Reformen, die weit über die Neugestaltung des täglichen Unterrichts hinausgehen. Sie betreffen vor allem die Fragen der Schulform, der Schulverwaltung und der Schulaufsicht.

[202] Vgl. LUTZ FISCHER 1988, 10.
[203] Vgl. HERMANN 1987, 11; zur Kritik vgl. VESTER 1987; KOPETZKY 1987.
[204] Die GRÜNEN Baden-Württemberg, Landesarbeitskreis Schule 1986, 37.
[205] Vgl. Die GRÜNEN Niedersachsen 1986, 2.

4.1. Die Einführung der Einheitsschule

Die Integrierte Gesamtschule der Sekundarstufe I

In der Frage der Schulform vertreten die GRÜNEN einen eindeutigen Standpunkt: Die Schule der Zukunft muß eine Integrierte Gesamtschule sein. Das dreigliedrige Schulwesen wird aufgelöst[206]. Die Integrierte Gesamtschule, die mitunter auch als »neue Mittelschule« bezeichnet wird[207], soll auf die vier- oder sechsjährige Grundschule folgen. Sie umfaßt die Klassenstufen 5 bzw. 7 bis 10. Eine äußere Fach-Leistungs-Differenzierung soll es nicht geben, dafür jedoch die »Möglichkeit einer inneren Differenzierung« des Unterrichts[208].

Damit greifen die GRÜNEN die alte Forderung nach der Einheitsschule wieder auf[209]. In diesem Jahrhundert ist sie von der erziehungspolitischen Linken vor allem in der frühen Weimarer Republik und in den Zeiten der Reformeuphorie Ende der sechziger und Anfang der siebziger Jahre erhoben worden. Es gibt auch heutzutage Gruppen, die sich mehr oder weniger entschieden für die Integrierte Gesamtschule als alleinige Regelschule einsetzen. Dazu gehören Teile der Sozialdemokratischen Partei[210], die »prononciert GRÜNEN-freundliche« Gewerkschaft Erziehung und Wissenschaft[211], die linksalternativ ausgerichtete Bundesschülervertretung[212] und die Gemeinnützige Gesellschaft Gesamtschule.

Die Verbindung von allgemeiner und beruflicher Ausbildung in der Kollegschule

Es ist schwer zu bestimmen, was eine Kollegschule ist. Die Meinungen gehen darüber weit auseinander. Mit Sicherheit läßt sich das folgende sagen: Bei der Kollegschule handelt es sich um eine Schulform der

206 Vgl. Die GRÜNEN Baden-Württemberg 1984, 78.

207 Vgl. Hauptschule in der Krise: Als Konsequenz eine »neue Mittelschule«? Grüner Landtagsabgeordneter Kretschmann warnt vor einer »Fossilisierung des Schulwesens«. In: Südkurier, 45. Jg. (1989), Nr. 19 vom 24. Januar 1989, Überlinger Zeitung (Lokalausgabe), 15.

208 Vgl. JÜRGENS-PIEPER/PIEPER/TATZ 1986, 21–23.

209 Zur zweihundertjährigen Geschichte des Einheitsschulgedankens vgl. SIENKNECHT 1970.

210 Vgl. Bildung in Freiheit, Gleichheit und Solidarität 1987, 36.

211 FOGT 1986, 22; vgl. auch WOLFGANG WILD, in: Abmarsch in die »Grünen Paradiese« 1987, 9f.

212 Vgl. Bundesschülervertretung 1987, 16.

Sekundarstufe II. Sie besteht aus den Klassenstufen 10 bis 13. In der Kollegschule sollen die »berufliche und allgemeine Bildung miteinander . . . verbunden« werden[213]. Sie stellt eine Mischform aus der Oberstufe des Gymnasiums und den beruflichen Schulen dar. Es ist allerdings auch bei den GRÜNEN umstritten, ob sie das berufliche Schulwesen ergänzen oder ablösen soll. Das hängt mit den verschiedenen Ansichten zusammen, die bei den GRÜNEN über die Zukunft des dualen Systems der Berufsausbildung vertreten werden.

Eine Richtung unter den grünen Schulpolitikern will das duale System der Berufsausbildung in Schule und Betrieb völlig abschaffen[214]. Ihre Anhänger sind überzeugt, daß sich »die Unternehmen . . . als unfähig erwiesen [haben], Verantwortung für die Jugendlichen zu tragen«[215]. Daher müsse der privaten Wirtschaft die Befugnis zur Berufsausbildung entzogen werden. »Das System der beruflichen Bildung« soll künftig »weitgehend in das Gesamtbildungssystem der Aufbaustufe II . . . integriert« sein[216]. An die Stelle der herkömmlichen Berufsausbildung in Schule und Betrieb tritt so eine ausschließlich in der Kollegschule erfolgende berufliche Ausbildung. Darüber herrscht innerhalb dieser Gruppierung grüner Schulpolitiker weitgehend Übereinstimmung. Es gibt jedoch zwei wichtige Fragen, die ungeklärt sind.

Aus den schulpolitischen Programmen der GRÜNEN geht erstens nicht hervor, ob die Ausbildung für die traditionellen Lehrberufe auch in der Kollegschule erhalten bleiben soll. Zwei weitere Möglichkeiten wären ebenfalls denkbar: Die Berufsausbildung in der Kollegschule könnte auch in mehrere »Berufsfelder« aufgeteilt sein, die zur Auswahl angeboten werden. Solche Berufsfelder sind zum Beispiel »Holz«, »Metall«, »Elektrik«, »Lebensmittel«, »kaufmännische Tätigkeiten«, »Verwaltung und Büro« usw. Sie vereinen zwar mehrere bislang unterschiedene Berufe, gehören aber jeweils einer bestimmten Fachrichtung an. Die dritte Möglichkeit bestünde darin, allen Auszubildenden die gleiche »berufliche Grundqualifikation im Sinne von polytechnischer Erziehung etc. [zu] vermitteln«. Je nach Bedarf würde diese allgemein berufsvorbereitende Ausbildung durch eine Anlernzeit im Betrieb ergänzt, die vor Aufnahme einer Berufstätigkeit durchlaufen wird[217]. Soweit zu erkennen ist, neigen die meisten Anhänger dieser schulpolitischen Strömung bei den GRÜNEN der zweiten Möglichkeit zu, daß es das Beste wäre, mehrere Berufsfelder zur Wahl zu stellen.

213 Die GRÜNEN Hamburg 1986, 3.
214 Die GRÜNEN Saar 1985, 5.
215 Die GRÜNEN Schleswig-Holstein 1987, 42.
216 Die GRÜNEN Schleswig-Holstein 1987a, 25.
217 WAGNER 1983, 27.

Zweitens gehen die Meinungen auseinander, ob alle Schüler der Kollegschule sowohl einen allgemeinen als auch einen beruflichen Abschluß erwerben sollen. Dieser zweifache Abschluß besteht einerseits aus dem Abitur und andererseits aus einem vollwertigen Gesellen- oder Gehilfenbrief. Da er sowohl zum Hochschulstudium als auch zur Ausübung einer Berufstätigkeit berechtigt, wird er oft als »Doppelqualifikation« bezeichnet[218]. Einige grüne Schulpolitiker streben langfristig die Doppelqualifikation für jeden Schüler der Kollegschule an. Einige andere denken eher daran, zwischen zwei Gruppen von Kollegschülern zu unterscheiden: Die eine entspricht den herkömmlichen Gymnasiasten. Wie bisher sollen sie in der Schule vorrangig eine »Einführung ... in wissenschaftliches Denken und Arbeiten« erhalten. Zusätzlich werden ihnen jedoch auch »berufsorientierende und berufsvorbereitende Kurse« angeboten. Die zweite Gruppe von Kollegschülern entspricht den ehemaligen Berufsschülern. Sie werden nach wie vor in Betrieb und Schule ausgebildet. Die Federführung liegt allerdings bei den Schulen. Der Einfluß der Unternehmen und ihrer Kammern soll verhältnismäßig gering sein. Diese Schüler erhalten neben ihrer Berufsausbildung auch Gelegenheit, an studienvorbereitenden Kursen teilzunehmen. Ihr Berufsabschluß berechtigt sie auf alle Fälle auch zum Besuch der Universität[219].

Es sind noch einige weitere Ideale zu erwähnen, die die Pläne der GRÜNEN zur Integration von allgemeiner und beruflicher Ausbildung in der Kollegschule beeinflußt haben. Dazu gehören das reformpädagogische Ideal der »ganzheitlichen Persönlichkeit«, das gesellschaftspolitische Ziel der »Chancengleichheit« und der Überwindung von »Bildungsprivilegien« und die marxistische Maxime der Überwindung des »Gegensatzes von Kopf- und Handarbeit«[220]. Das Ideal, das in der Kollegschule verwirklicht werden soll, ist das Ideal des »allseitig gebildeten Menschen«[221]. Er soll nicht nur die für ein Hochschulstudium erforderlichen Fähigkeiten besitzen, sondern auch zur Ausübung eines Berufs in der Lage sein. Seinen Neigungen folgend, kann er eine handwerkliche oder intellektuelle Berufstätigkeit wählen. Die Befürworter der Kollegschule hoffen, daß durch die Zusammenfassung des allgemeinen und beruflichen Schulwesens das Spezialistentum beseitigt, Schichtunterschiede gemildert und die Zahl von Fehlentscheidungen bei der Wahl von Ausbildungsgängen vermindert werden.

Trotz der oben genannten Unklarheiten und offenen Fragen kann

218 Vgl. z.B. OUBAID 1986, 48.
219 Vgl. JÜRGENS-PIEPER/PIEPER/TATZ 1986, 37–41.
220 Vgl. Die GRÜNEN Hamburg 1986, 3.
221 Zum Ideal des »allseitig tätigen Menschen« vgl. PREUSS-LAUSITZ 1986b.

man sagen, daß die Kollegschule die allgemeine und berufliche Ausbildung auf die eine oder andere Weise miteinander vereinen soll. Ihre Einführung wird von den allermeisten grünen Schulpolitikern dringend empfohlen. In diesem Zusammenhang stellt sich eine weitere wichtige Frage: Es ist keineswegs sicher, ob die Kollegschule die einzige Schulform der Sekundarstufe II sein soll. Unstrittig ist nur, daß sie die herkömmliche gymnasiale Oberstufe ablösen soll. Damit ist jedoch noch nicht endgültig über die Zukunft des beruflichen Schulwesens entschieden.

Die Mehrheit der grünen Schulpolitiker will die beruflichen Schulen auflösen und ihre Aufgaben der Kollegschule übertragen. Man findet jedoch auch Hinweise darauf, daß nicht alle grünen Schulfachleute diesem Plan zustimmen. So gibt es eine Gruppe, die an der traditionellen dualen Berufsausbildung in Berufsschule und Betrieb festhalten möchte. Nach ihrer Meinung soll der Staat nur in Zeiten der Lehrstellenknappheit eingreifen[222]. Die Ausbildungstätigkeit der Wirtschaft soll nicht etwa abgeschafft, sondern im Gegenteil nach Kräften gefördert werden. Das bedeutet gleichzeitig, daß die bestehenden Berufsschulen erhalten bleiben oder nur lose in die Kollegschulen einbezogen werden.

Eine weitere Strömung bei den grünen Schulpolitikern will Teile des beruflichen Schulwesens sogar ausbauen. Sofern nicht genügend betriebliche Ausbildungsplätze zur Verfügung stehen, müßte der Staat aushelfen. Das kann unter anderem dadurch geschehen, daß an den Berufsfachschulen zusätzliche »zwei- und dreijährige berufsqualifizierende Ausbildungsgänge« eingerichtet werden. Im Zuge dieser schulischen Vollzeit-Ausbildung kann ein den üblichen Abschlüssen gleichgestellter Gesellen-, Facharbeiter- oder Gehilfenbrief erworben werden[223].

Viele GRÜNE denken noch an eine weitere Möglichkeit zur Schaffung von Lehrstellen. Sie wollen die Berufsausbildung in Alternativbetrieben fördern[224]. Darüber hinaus könnten genossenschaftliche Betriebe in kommunaler und privater Trägerschaft eingerichtet werden, zu deren

[222] Vgl. z. B. Antrag der Fraktion der GRÜNEN vom 29. 11. 1983 betr. Förderung der Berufsausbildung (= Drucksache 10/1917). In: Niedersächsischer Landtag, 10. Wahlperiode, Drucksachen Bd. 10, Hannover 1983, mit eigener Seitenzählung, hier: 1f.

[223] Die GRÜNEN Hessen, Landesarbeitsgemeinschaft »Berufliche Bildung« 1983, 2–4.

[224] Vgl. Antrag der Fraktion der GRÜNEN vom 28. 11. 1983 betr. Sonderprogramm zur Förderung von Ausbildungsplätzen für Jugendliche in Modellversuchen projektorientierter beruflicher Bildung und zur Förderung von Arbeitsplätzen für junge Menschen in Alternativprojekten und selbstverwalteten Betrieben (= Drucksache 10/1918). In: Niedersächsischer Landtag, 10. Wahlperiode, Drucksachen Bd. 10, Hannover 1983, mit eigener Seitenzählung.

Hauptaufgaben die Berufsausbildung gehört[225]. In allen diesen Einrichtungen scheinen sich die Forderungen am ehesten erfüllen zu lassen, die die GRÜNEN an die Berufsarbeit stellen: In solchen kleinen, »selbstverwalteten Einheiten« seien »demokratische und solidarische Ausbildungs- und Arbeitsstrukturen« selbstverständlich. Dort gebe es keine »Enteignung handwerklicher und geistiger Fähigkeiten« und kein Profitdenken. Der »preußische Drill traditioneller Berufsausbildung« und der »Zwang zur fremdbestimmten Arbeit« seien unbekannt. Im Unterschied zu herkömmlichen Ausbildungsverhältnissen stünde die »Selbstverwirklichung, Selbstbestimmung und Entfaltung der ganzen Persönlichkeit« gleichberechtigt neben der »Qualifikation der Ware Arbeitskraft«. Statt ökologisch schädlichen und völlig unnützen Gegenständen stellten die Auszubildenden im Alternativbetrieb und in der kommunalen Genossenschaft »sozialnützliche« Güter her[226].

Wie sind nun die verschiedenen Pläne der GRÜNEN zur Neuordnung der Berufsausbildung zu bewerten? Um diese Frage zu beantworten, muß man die einzelnen Reformmaßnahmen sorgfältig nach ihrer Brauchbarkeit unterscheiden.

Die Bemühungen zur Förderung der Berufsausbildung im Alternativbetrieb dürften vermutlich nur geringen Erfolg haben. Das liegt zum einen an der Begrenztheit der Alternativwirtschaft. Sie ist volkswirtschaftlich unbedeutend. »Netzwerk Selbsthilfe«, der größte Verein zur Unterstützung alternativer Betriebe und Projekte[227], hat in den ersten fünf Jahren seines Bestehens die Einrichtung von lediglich 250 neuen Arbeitsplätzen fördern können[228]. In den letzten Jahren scheint die Alternativwirtschaft außerdem nicht gewachsen, sondern geschrumpft zu sein. Kurzfristig ist sie auf keinen Fall in der Lage, eine nennenswerte Zahl von Auszubildenden zu beschäftigen. Darüber hinaus fehlen den meisten Angehörigen von Alternativbetrieben die Fachkenntnisse, die für die Ausbildung von Lehrlingen erforderlich sind. Spontaneität, Hierarchiefeindschaft und guter Wille reichen nicht aus, wenn es am handwerklichen und erzieherischen Können mangelt. Dieser Mangel ist ein wichtiger Grund, warum Versuche mit der alternativen Berufsausbildung oft fehlgeschlagen sind[229].

Die Berufsausbildung in schulischen Vollzeiteinrichtungen hat ebenfalls Schwächen. Sie trägt nämlich wesentlich zur »Verschulung des

[225] Vgl. Die GRÜNEN Kiel, 11.

[226] BERGHAHN/DEUTSCHMANN/JOHANSSEN/WIESE 1986, 118f.

[227] Vgl. die Selbstdarstellung des »Netzwerks« in einer Werbeanzeige: Praktische Alternativen. In: Kursbuch, Nr. 74 (1983), 192.

[228] Vgl. KÜCK 1983, 218–220.

[229] Vgl. WINANDS 1987, 233f.

Lernens« bei. Damit wird der größte Vorzug der dualen Berufsausbildung aufgegeben: die Verbindung des Erwerbs theoretischer Kenntnisse im Berufsschulunterricht mit der praktischen Unterweisung und Berufsausübung am Arbeitsplatz. Deshalb ist die Berufsausbildung in schulischen Vollzeiteinrichtungen nur als Notlösung geeignet. Sie sollte jedoch nicht zur Regel werden.

Dasselbe gilt natürlich für die Einbeziehung der Berufsausbildung in die Kollegschule, wenn damit gleichzeitig die Abschaffung des dualen Systems bezweckt wird. Auch die Kollegschule kann diejenigen Teile der Ausbildung nur notdürftig übernehmen, die üblicherweise im Betrieb stattfinden. Eine gewisse Praxisferne läßt sich dabei nicht vermeiden. Außerdem ist jede Berufsausbildung, die ausschließlich in der Schule stattfindet, notwendigerweise »geplant, systematisch und pädagogisiert«. Darin liegt aber stets auch die Gefahr, daß die Planung und der erzieherische Einsatz überhand nehmen. Die Berufsausbildung wird dann völlig »verschult«. Darunter leidet nicht zuletzt die »Motivation der Auszubildenden«[230]. Es kommt zu den oft beklagten Problemen: Lebensferne der Lehrgegenstände, Überfrachtung der Lehrpläne mit theoretischen Inhalten, starres Festhalten am Stoff, Desinteresse der Schüler usw.

Ob die vielgenannte »Doppelqualifikation« der Kollegschüler ein realistisches Ziel ist, ist höchst zweifelhaft. Vermutlich haben es sich ihre Anhänger zu leicht gemacht. Sie meinen, daß die Oberstufe des Gymnasiums und die Berufsausbildung einfach zusammengefügt werden können. In nur drei Jahren sollen sowohl eine solide studienvorbereitende Förderung der theoretischen geistigen Fähigkeiten als auch eine ebenso solide Berufsausbildung erfolgen. Schon heute braucht aber jeder einzelne dieser beiden Ausbildungsgänge drei Jahre. Im selben Zeitraum beide Ausbildungsgänge zusammenzufassen, bedeutet, daß entweder die Schüler überbürdet werden oder die Anforderungen drastisch gesenkt werden müssen. Das heißt, daß das Niveau auf beiden Ausbildungsgebieten zwangsläufig sinkt. Ob diese Qualitätsminderung um des Ideals der »Doppelqualifikation« willen in Kauf genommen werden sollte, ist angesichts der hohen Anforderungen von Beruf und Universität zu bezweifeln.

Romantische Schlagworte wie »ganzheitliche Ausbildung aller Fähigkeiten« und »Überwindung des Gegensatzes von Kopf- und Handarbeit« mögen eine gewisse sentimentale Anziehungskraft besitzen[231]. Sie passen jedoch nur für eine utopische Gesellschaft, in der die »Ganzheit der menschlichen Tätigkeiten« wiederhergestellt und die Arbeitsteilung

[230] Grothe 1987, 30.
[231] Vgl. auch Dienst 1988, 99.

überwunden ist. In der hochdifferenzierten und -spezialisierten Kultur unserer Gesellschaft sind sie unbrauchbar. Eine solche Kultur kann mit einer Schule, die allen alles bieten zu können glaubt, wenig anfangen. Im Gegenteil: Sie braucht ein hochdifferenziertes allgemeines und berufliches Schulwesen, das vielfältige Spezialisierungen zuläßt. Wahrscheinlich werden allen Beteiligten mit einer solchen Vielzahl von Wahlmöglichkeiten sogar mehr Chancen geboten als durch eine undifferenzierte Sammelsuriums-Ausbildung ohne Schwerpunktsetzung.

Die Auflösung des Sonderschulwesens

Die Überzeugung der GRÜNEN, alle Schüler müßten ungeachtet ihrer Leistungsfähigkeit und ihrer Berufswünsche dieselbe Schule besuchen, zeigt sich auch in ihrem Bestreben zur Auflösung des Sonderschulwesens[232]. Nach Ansicht der grünen Schulpolitiker dienen die Sonderschulen nicht vorrangig ihrem eigentlichen Zweck, der Förderung von geistig oder körperlich behinderten Kindern. In Wahrheit verfolge man mit ihnen andere, moralisch verachtenswerte Ziele: Sie seien lediglich Verwahranstalten, in die behinderte, verhaltensauffällige und erziehungsschwierige Schüler abgeschoben werden. Auf diese Weise entledigen sich das Schulwesen und die gesamte Gesellschaft aller Menschen, die nicht in den »Normalalltag« passen[233]. So komme es zu einem Zustand, der sich mit den Stichwörtern Diskriminierung, Ausgrenzung, Ghettoisierung und Stigmatisierung beschreiben läßt.

Diese unzumutbare Lage kann nach Meinung der GRÜNEN nur durch die restlose Beseitigung des Sonderschulwesens beendet werden[234]. Ungeachtet der Art und Schwere ihrer Behinderungen sollen alle Behinderten die integrierten Einheitsschulen besuchen. Sie werden dort von erfahrenen Fachleuten betreut und gezielt gefördert, nehmen ansonsten aber soweit wie möglich am Regelunterricht teil. Auf diese Weise könnte der Unterricht für behinderte und nicht-behinderte Kinder weitgehend zusammengefaßt werden.

Die Integrierten Gesamtschulen und die Kollegschulen, für deren verpflichtende Einführung sich die GRÜNEN aussprechen, sollen »Schulen für alle« sein: In ihren Klassen könnten Kinder aller Schichten, Kinder mit unterschiedlichem Kenntnisstand und Leistungsvermögen, Behinderte und Gesunde, Ausländer und Einheimische gemeinsam lernen.

[232] Vgl. zum folgenden PREUSS-LAUSITZ 1986a.
[233] Vgl. Die GRÜNEN Baden-Württemberg 1984, 48 und 78f.
[234] Vgl. GRÜN-ALTERNATIVE LISTE Hamburg 1983, 3.

Bei Beurteilung der Integrationsbemühungen der GRÜNEN ist eine bedeutsame Unterscheidung zu treffen. Man muß klar auseinanderhalten, ob mit der Errichtung der Einheitsschule gesellschaftspolitische oder erzieherische Zwecke verfolgt werden.

Bei den GRÜNEN sind beide Klassen von Zielen zu finden. Das oberste gesellschaftspolitische Ziel der Einheitsschule läßt sich wie folgt beschreiben: Der gemeinsame Schulbesuch ausnahmslos aller Kinder soll zur Überwindung der »gesellschaftlich vorhandenen Desintegrationstendenz (z. B. Aufspaltung in Arme und Reiche, Ausländer und Deutsche, Behinderte und Nichtbehinderte)« und zur Beendigung der »sozialen Benachteiligung in und durch Schule« führen[235]. Damit ist mehr gemeint als das Ideal der Chancengleichheit, dem sich die Gesamtschulbefürworter der sechziger und siebziger Jahre verpflichtet fühlten[236]. Es geht vielen GRÜNEN nicht nur um gleiche Bedingungen und Möglichkeiten in der Schulzeit. Ihr Ziel liegt vielmehr in der »menschlichen Gleichheit« überhaupt[237]. Um ihr nahezukommen, denken manche Autoren sogar an die »positive Diskriminierung« benachteiligter Schüler[238]. Damit ist folgendes gemeint: Unterrichtsgegenstände und Unterrichtsformen werden so ausgewählt, daß bislang benachteiligte Schüler einen Vorteil gegenüber ihren Mitschülern erhalten. Unausgesprochen enthält dieser Gedanke die Annahme, daß um der Gleichheit willen nichtbenachteiligte Schüler »diskriminiert« werden dürften. Gleichheit entsteht also nicht nur durch Förderung der Benachteiligten, sondern auch durch gezielte Vernachlässigung der Begabten.

Pläne dieser Art dürften freilich auch bei den meisten GRÜNEN auf Ablehnung treffen. Sie sind jedoch ein ernster Hinweis, wie weit manche Anhänger des Ideals der Gleichheit zu gehen bereit sind. Die grüne Programmatik ist in dieser Frage überhaupt seltsam zwiespältig: Einerseits enthält sie zahllose Hinweise auf die multikulturelle, vielfältige, anarchisch-bunte Gesellschaft, zu deren Schaffung die GRÜNEN beitragen wollen. Auf der anderen Seite stößt man immer wieder auf die Ablehnung von Unterschieden zwischen den Menschen. Beim Einkom-

[235] Erklärung der GRÜNEN im Landtag zur Gesamtschule und zu deren Weiterführung nach der Versuchsphase anläßlich der »Verhandlungen« zwischen Ministerium für Kultus und Sport und Gesamtschulverantwortlichen. In: Die GRÜNEN im Landtag von Baden-Württemberg, Mitteilungen aus der Arbeit der Fraktion (Beilage zu den Grünen Blättern, Monatszeitschrift der GRÜNEN in Baden-Württemberg), Jg. 1987, Nr. 1, ohne Seitenzählung.

[236] Vgl. FEND 1974, 167–174.

[237] Vgl. SCHAARSCHUCH 1983, 63.

[238] Vgl. KARIN ERNST 1986, 67.

men, bei den politischen Mitsprachemöglichkeiten und bei den Rechten des einzelnen soll Gleichheit herrschen[239]. Dieses Streben nach Gleichheit unter den Bürgern stellt den Hintergrund für die Forderung nach Integration dar: Alle sollen integriert, niemand ausgeschlossen sein. In dieser Zielsetzung lebt unterschwellig die »Sehnsucht nach einem disziplinierten Volkskörper« aus Gleichen fort. In manchen Fällen nimmt sie geradezu »missionarisch-militante« Züge an. Das kann dazu führen, daß »am Ende des Traums [von der grenzenlosen Integration] womöglich eine integrierte Gleichheit lauert, die eigentlich nichts anderes ist als repressive Egalität«[240]. Im Schulwesen äußert sie sich durch kollektivistische und egalitäre Erziehungsformen, durch die Bevorzugung der Einheitsschule und durch eine bereitwillig hingenommene »Leistungsnivellierung« nach unten[241].

Es soll allerdings nicht bestritten werden, daß ein integriertes Schulwesen auch Vorzüge gegenüber einem mehrgliedrigen Schulsystem haben kann[242]. Das wird von seinen Gegnern oft übersehen. In diesem Zusammenhang geht es jedoch um etwas anderes: Kann das integrierte Einheitsschulwesen einen Beitrag zur Verwirklichung der gesellschaftspolitischen Ziele leisten, die die GRÜNEN mit seiner Hilfe verwirklichen wollen? Die meisten nationalen und internationalen Erfahrungen deuten darauf hin, daß das nicht der Fall ist: »Auch Einheitsschulen, Gesamtschulen und ähnliche Schulformen [können] die Ungleichheit zwischen den Schülern nicht beseitigen«[243]. Sie tragen weder zur Einebnung der Schichtunterschiede in der Bevölkerung bei noch können sie »gesellschaftliche Desintegrationstendenzen« aufhalten[244]. Keine Gesellschaft ist je dadurch einheitlicher oder »integrierter« geworden, daß ein Einheitsschulwesen eingeführt worden ist.

Andererseits ist es jedoch möglich, daß gute erziehungstheoretische Argumente für die integrierte Einheitsschule sprechen. Bei den GRÜNEN werden folgende Argumente geltend gemacht: Erstens ermöglichten die Individualisierung und Differenzierung des Unterrichts, in der Lerngruppe sowohl die schwächsten wie die begabtesten Schüler optimal zu fördern. Der zweite Vorzug des integrierten Schulwesens zeige sich bei der emotionalen und sozialen Erziehung. Durch den gemeinsamen Schulbesuch behinderter und nicht-behinderter, ausländischer und

[239] Vgl. z.B. Die GRÜNEN, Bundestagswahlprogramm 1987, 47f.

[240] GRONEMEYER 1983, 65f.

[241] Vgl. SCHUSTER/ZENDER/NIEMANN/WERSEBE/KANITZ/KRAMER 1985, 42 und 44.

[242] Vgl. NÖTH 1979, 16–87; AURIN 1987.

[243] BREZINKA 1981, 191; dort auch weitere Nachweise.

[244] Vgl. JENCKS/SMITH/ACLAND/BANE/COHEN/GINTIS/HEYNS/MICHELSON 1973, bes. 274f. und 283f.; KRAPPMANN 1973, 20f.

einheimischer, leistungsschwacher und leistungsstarker Kinder aus allen Bevölkerungsschichten könnten wertvolle Persönlichkeitseigenschaften erworben werden. Behinderte Schüler beispielsweise würden durch den täglichen Umgang mit anderen Kindern Selbstvertrauen, Zuversicht und Lebensfreude erwerben. Ihre gesunden Mitschüler lernten wichtige Einstellungen wie Rücksichtnahme, Hilfsbereitschaft, Achtung vor anderen, Einfühlsamkeit und Selbstbeherrschung[245]. Der gemeinsame Schulbesuch aller Kinder trage so zum gegenseitigen Verständnis, zur Stärkung des Gemeinschaftsgefühls und zum Abbau von Vorurteilen bei. Die Einheitsschule erreiche damit mittelbar auch ein gesellschaftspolitisches Ziel: Sie helfe mit bei der Schaffung einer integrierten, solidarischen und mitmenschlichen Gesellschaftsordnung.

Für die innere Differenzierung[246] wird seit langem geworben. In »Pädagogik und Didaktik« setzt man häufig »extrem hohe Erwartungen« in ihren Erfolg[247]. In vielen schulpädagogischen Texten wird der Eindruck erweckt, man habe mit der inneren Differenzierung den Schlüssel zur Lösung aller Probleme gefunden.

Diesen naiven Glauben an die erzieherische Wirksamkeit der inneren Differenzierung haben die grünen Schultheoretiker auf die Spitze getrieben. Sie halten auch hier wieder die anspruchsvolle theoretische Literatur unkritisch für eine Schilderung der Praxis. Das verführt sie zu einem für ihre Einheitsschul- und Integrationspläne folgenschweren Irrtum: Sie meinen, daß in ein und derselben Lerngruppe Kinder mit höchst unterschiedlichen Voraussetzungen erfolgreich unterrichtet werden könnten. Die Spannbreite reicht dabei von schwer geistesbehinderten bis zu hochbegabten Kindern.

Bei nüchterner Einschätzung erscheint dieser Glaube an die grenzenlose Anwendbarkeit der Unterrichtsmethode der inneren Differenzierung wirklichkeitsfremd. Schon verhältnismäßig einfache Maßnahmen zur Unterrichtsdifferenzierung beispielsweise im Fach Sport bringen eine Reihe organisatorischer, disziplinärer und erzieherischer Schwierigkeiten mit sich. Sie erfordern einen erheblichen Arbeits- und Zeitaufwand[248]. In noch stärkerem Maß gilt das für die Unterrichtsfächer, deren Aufgabe die Wissensvermittlung und die Förderung der kognitiven Fähigkeiten sind. Natürlich ist damit nicht gesagt, daß die innere Differenzierung des Unterrichts immer zum Scheitern verurteilt wäre. Es muß nur klargestellt werden, daß auch diese Unterrichtsmethode auf Grenzen stößt. In sehr heterogenen Lerngruppen und bei

[245] Vgl. Die Grünen Niedersachsen 1986a, 3f.
[246] Zu den Zielen und Methoden der inneren Differenzierung vgl. Winkeler 1979.
[247] Kleine 1983, 27, 29 und 32.
[248] Vgl. Kleine/Wessling-Lünnemann 1982.

anspruchsvollen Lehrstoffen ist ihre Anwendung so kompliziert, daß sie praktisch undurchführbar wird. Kein Lehrer kann seinen Unterricht so differenzieren, daß er sowohl dem Sonderschulkind, dem ausländischen Kind mit geringen Deutschkenntnissen, dem »Durchschnittsschüler« und dem hochbegabten Kind gerecht wird. Damit ist er hoffnungslos überfordert. Die Leidtragenden sind die Schüler.

Die Ergebnisse einschlägiger empirischer Untersuchungen deuten ferner darauf hin, daß vor allem leistungsschwache Schüler in heterogenen Lerngruppen im Nachteil sind. Diese Erscheinung wird in der Pädagogischen Psychologie unter dem Namen »Bezugsgruppeneffekt« behandelt[249]. Damit ist folgendes gemeint: Die Schüler einer Klasse vergleichen sich miteinander. Sie sehen sich um so positiver, je leistungsstärker sie im Vergleich zu ihren Klassenkameraden sind. Umgekehrt gilt: Die Selbsteinschätzung ist um so negativer, je schwächer sich ein Schüler im Vergleich mit seinen Mitschülern erlebt. So kommt es zu dem bekannten »Leistungsheterogenitätsdilemma« in Klassen mit stark voneinander abweichenden Schülern: Wer die leichteren Aufgabenstellungen erhält und seine Mitschüler bei der Beschäftigung mit anspruchsvollen Lehrgegenständen beobachtet, hält sich bald »für unbegabter und unfähiger«. Dadurch kann »Schülern mit ungünstigen Lernvoraussetzungen . . . eine Beeinträchtigung, wenn nicht ein Verlust der Lernmotivation« drohen. Es ist übrigens völlig gleichgültig, ob in stark heterogenen Klassen differenziert oder undifferenziert unterrichtet wird: Die schwachen Schüler erleben sich stets als ihren Mitschülern unterlegen[250]. Der gemeinsame Unterricht scheint also gerade jenen Schülern mehr zu schaden als zu nützen, um derentwillen er eingerichtet wurde.

Soweit zu erkennen ist, liegen die Dinge bei der Behindertenintegration ähnlich. Man darf natürlich nicht übersehen, daß es ermutigende Beispiele für die Einbeziehung körperlich und geistig behinderter Kinder in den Unterricht an Regelschulen gibt[251]. Auf der anderen Seite gibt es keinen stichhaltigen Beweis dafür, daß die gemeinsame Unterrichtung von behinderten und gesunden Kindern in allen Fällen möglich ist und immer zum Erwerb der erwünschten Sozialtugenden, zum gegenseitigen Verständnis und zu erhöhter Integrationsbereitschaft beiträgt: »Inzwischen ist aus immer wieder bestätigten empirischen Untersuchungen bei verschiedenen Behindertengruppen bekannt, daß dauernder Kontakt und bessere Information die sozialen Beziehungen zwischen Behinderten und Nichtbehinderten nicht unbedingt verbes-

[249] Vgl. Hofer/Pekrun/Zielinski 1986, 242.
[250] Kleine 1984, 124f.
[251] Vgl. Weingartz 1987.

sern und sogar Abneigung und gegenseitige Vorurteile . . . verstärken können«[252]. Der gemeinsame Unterricht bewirkt vielfach das Gegenteil von dem, was bezweckt war: Die behinderten Kinder erwerben kein positives, sondern ein negatives Selbstbild. Sie empfinden sich als schwach, benachteiligt und in der Klasse zurückgesetzt. Ihre gesunden Mitschüler finden ihre Vorurteile gegen Behinderte bestätigt, fühlen sich überlegen und schließen ihre behinderten Klassenkameraden aus ihren Freundschaftsgruppen aus. Es stellt sich eine neue »Ausgrenzung« ein – diesmal innerhalb des Klassenverbands.

Angesichts dieser Tatsachen kann man nicht behaupten, daß die Einheitsschule bei der sozialen und emotionalen Erziehung anderen Schulformen überlegen ist. Dasselbe trifft auf die kognitive Förderung der Schüler zu. Die integrierte Einheitsschule der GRÜNEN ist also ein verhältnismäßig ungeeignetes Mittel zur Erreichung der Erziehungsziele, die man ihr gesetzt hat. Es spricht vieles dafür, daß diese Ziele in einem differenzierten, auf bestimmte Schülergruppen zugeschnittenen mehrgliedrigen Schulwesen mit größerem Erfolg verfolgt werden können[253]. Außerdem ist zu vermuten, daß die Einheitsschule keinen nennenswerten Beitrag zur Verwirklichung der gesellschaftspolitischen Ziele der GRÜNEN erbringen kann.

Das Streben nach der Einheitsschule beruht vor allem auf dem Bedürfnis nach Gleichheit. Dieses sentimentale Streben nach Egalität hat jedoch einen hohen Preis, den gerade die schwächsten Angehörigen der Schülerschaft zu bezahlen haben. Um des Ideals der schulischen Nicht-Aussonderung willen enthält ihnen die Einheitsschule die Gelegenheit zum Besuch einer Erziehungseinrichtung vor, die auf ihre Erfordernisse eingestellt ist. Dasselbe gilt sinngemäß für ausländische Schüler ohne Deutschkenntnisse, für leistungsschwache, erziehungsschwierige und verhaltensauffällige Schüler. Für sie alle kann der Besuch einer »segregierenden« Sondereinrichtung mehr Chancen zur späteren Integration bieten als der notwendigerweise auf einen gedachten »Durchschnittsschüler« zielende Unterricht der Einheitsschule.

Der Gedanke der Einheitsschule übt dennoch starken Reiz auf die grünen Schulpolitiker aus. Das liegt nicht zuletzt daran, daß sie schnelle Erfolge für die Politik der »gesellschaftlichen Integration« zu versprechen scheint. Voller Stolz können ihre Anhänger auf den Behinderten- und Ausländeranteil je Klasse verweisen. Sie können sich damit schmeicheln, daß in ihren Schulen weder ausgesondert noch »ausgegrenzt« wird. Auf diese Weise dient die Einheitsschule vor allem der Befriedigung des egalitären Ehrgeizes einer politischen Partei. Es geht

[252] Vgl. BLEIDICK 1988, 66–80, 105, 112f., 125f. und 144f.; Zitate: 125f.
[253] Vgl. auch BLEIDICK 1983, 283–286.

längst nicht mehr darum, ob die Einheitsschule wirklich die bessere Schulform ist. Sie wird als Regelschule eingeführt, weil sie eine wohltätige Wirkung auf das moralische Selbstbewußtsein ihrer Befürworter ausübt. Das kann im schlimmsten Fall dazu führen, daß behinderte oder sonstwie benachteiligte Kinder zum Spielball des schulpolitischen Integrations- und Egalisierungswillens der GRÜNEN werden. Diesen Kindern ist damit aber nicht gedient, daß sie durch ihre bloße Anwesenheit in der Regelschule das moralische Gewissen der Öffentlichkeit beruhigen.

Natürlich sind die meisten Integrations- und Einheitsschulpläne gut gemeint. Es ist jedoch nicht zu verantworten, um der mechanischen Integration willen das vorzügliche Sonderschulwesen, das mehrgliedrige Schulwesen und die Gesamtschule alten Typs abzuschaffen. Es ist zu hoffen, daß sich diese Auffassung auch bei den GRÜNEN durchsetzt.

4.2. Die Dezentralisierung des Schulwesens

Das Ideal der Dezentralität spielt in der Weltanschauung und in den politischen Plänen der GRÜNEN eine herausragende Rolle. Es stammt aus dem Gedankengut der amerikanischen Graswurzel- und der deutschen Alternativbewegung. Mit dem Wort Dezentralisierung wird ein Vorgang bezeichnet, in dessen Verlauf die Menschen aus den unübersichtlichen, fremdbestimmten und entmündigenden Lebensverhältnissen der industriellen Massenkultur herausgeführt werden. An ihre Stelle sollen kleine, überschaubare politische und wirtschaftliche Einheiten von der Größe eines Dorfs oder Stadtteils treten[254]. Diese »Netze« und »Zusammenhänge« sind weitgehend autark. Benötigte Güter und Dienstleistungen werden an Ort und Stelle erzeugt. Die Betriebe stehen unter genossenschaftlicher Verwaltung. Jeder einzelne Bürger genießt weitgehende Mitspracherechte. Außerdem stehen ihm zahlreiche Möglichkeiten zu kultureller Betätigung zur Verfügung. Mitmenschlichkeit, Gemeinsinn und nachbarschaftlicher Zusammenhalt werden besonders gepflegt. In der dezentralen Gemeinde werden auf diese Weise Arbeit und Freizeit miteinander verbunden. Alle Menschen führen ein ökologisch vernünftiges Leben, das im Einklang mit den Naturkreisläufen steht. Kommunitäre Großfamilien geben ihnen sicheren emotionalen Halt. Kurz: Die dezentrale Gesellschaftsordnung, die die GRÜNEN erträumen, ermöglicht dem einzelnen ein selbstbestimmtes, auf seine

[254] Zum Ideal der Überschaubarkeit als Grundbestandteil des »grünen Denkens« vgl. HEENEN 1983, 155.

Bedürfnisse zugeschnittenes und naturnahes Leben in einer überschaubaren, sicherheitsspendenden Gemeinschaft[255].

Natürlich stecken in diesen Vorstellungen viel sozialromantischer Kitsch, die Verklärung vorindustrieller Lebensformen und ein recht wirklichkeitsfremdes Verständnis von Ganzheit, Selbstverwirklichung und Harmonie. Darauf kommt es aber in diesem Zusammenhang nicht an. Hier geht es vor allem um die Klärung der Frage, welche Auswirkungen die Pläne der GRÜNEN zur Dezentralisierung von Wirtschaft und Gesellschaft auf das Schulwesen haben.

Es liegt auf der Hand, daß die von den GRÜNEN erstrebte dezentrale Gesellschaftsordnung auch die tiefgreifende Umgestaltung des Schulwesens erforderlich macht. Die verhältnismäßig selbständigen Dörfer und Stadtteile brauchen wohnortnahe, nicht zu große und übersichtliche Schulen. Dabei handelt es sich neben den Grundschulen um integrierte Gesamtschulen für die Sekundarstufe I und um Kollegschulen für die Sekundarstufe II[256].

Die Wiedereinführung der Dorfschule

Ein erster Versuch zur Durchsetzung der Dezentralisierung im Schulwesen war der sogenannte »Dorfschul-Antrag« der baden-württembergischen GRÜNEN. Er wurde 1981 im Landtag eingebracht und stieß in der Bevölkerung vielerorts auf Zustimmung[257]. Im Zuge der Gemeinde- und Schulreform waren seit den späten sechziger Jahren viele Dorfschulen geschlossen worden. Das hatte einen spürbaren Verlust an dörflicher Eigenständigkeit zur Folge. Außerdem schienen die in Mittelpunktgemeinden eilig eingerichteten Schulzentren[258] und die aufwendige Schülerbeförderung wenig kindgerecht zu sein. Allmählich setzte sich die Auffassung durch, daß die Reformmaßnahmen sowohl dem ländlichen Raum als Ganzem als auch den Landkindern im besonderen mehr geschadet als genützt hatten. Der »Dorfschul-Antrag« der GRÜNEN traf also auf einen wohlvorbereiteten Boden.

In diesem Antrag verlangten die GRÜNEN die Wiedereinführung von Dorfschulen auf dem flachen Land, und zwar entweder als Grundschulen oder als zusammengefaßte Grund- und Hauptschulen. Jedes Dorf

[255] Zur Utopie der dezentralen Gesellschaftsordnung in der Alternativbewegung vgl. SACHS 1979, 73.

[256] Vgl. Die GRÜNEN Kiel 1986, 34f.

[257] Vgl. CARMEN THOMAS 1986, 35.

[258] Zum Begriff der Mittelpunktschule vgl. BROCKMEYER 1983.

sollte seine alte Schule zurückerhalten. Dafür wurden zwei Begründungen genannt, eine erzieherische und eine strukturpolitische.

Die erzieherische Begründung für die Forderung nach Wiedererrichtung von Dorfschulen steht in engem Zusammenhang mit der Wiederentdeckung des Heimatgefühls in den neuen sozialen Bewegungen[259]. So heißt es im »Grundschul-Antrag« der baden-württembergischen GRÜNEN: Das wichtigste Erziehungsziel »zukünftiger Dorfschulen muß es . . . sein, der Jugend des ländlichen Raums wieder eine eigenständige, selbstbewußte Identität zu vermitteln und eine Wertschätzung des eigenen Lebensraums der ländlichen Heimat zu ermöglichen«[260]. Mit einfachen Worten: Mit Hilfe des Dorfschulunterrichts sollen die Landkinder Liebe zu ihrer Heimat gewinnen. Die nachwachsende Generation soll mit Stolz auf die bäuerliche Lebensform blicken, ihre Kultur erhalten und ihre Tradition pflegen. Auf diese Weise finden die Kinder Geborgenheit in einer kleinen, naturverbundenen Lebensordnung. Die Dorfschule ist also eine Erziehungseinrichtung, die als durchaus beispielhaft für das künftige wohnortnahe Schulwesen gelten kann.

Neben diesen erzieherischen Absichten verfolgen die GRÜNEN aber auch einen strukturpolitischen Zweck. Die Wiedereinführung der Dorfschule soll dem »Auszehrungsprozeß des ländlichen Raums« entgegenwirken, seinen »kulturellen Selbstfindungsprozeß« unterstützen und seiner Abhängigkeit von den städtischen Metropolen ein Ende bereiten[261]. Die Dorfschule ist damit ein unterstützendes Mittel für die allgemeine politische und wirtschaftliche Dezentralisierung und Autonomisierung der Gemeinden, die die GRÜNEN durchsetzen wollen.

Obwohl der Antrag der baden-württembergischen GRÜNEN abgelehnt wurde, legte die Landesregierung bald darauf ein Programm zur Wiedereinführung der Dorfschule vor. Es erwies sich rasch als Erfolg. Mehr als 50 Dörfer erhielten ihre Grundschule zurück[262]. Allerdings stieß der »Dorfschul-Antrag« der baden-württembergischen GRÜNEN auch auf Kritik. Sie wurde vor allem von progressiver Seite geäußert. Der traditionellen politischen Linken waren die industriekritische Einstellung der GRÜNEN und ihr Beharren auf der »kleinen Einheit« ohnehin verdächtig. Sie sah darin nur den illusionären Glauben am Werk,

[259] Zum Wiedererstarken des allgemeinen »Regionalismus« vgl. auch LÜBBE 1989, 8f.

[260] Antrag der Abgeordneten Kretschmann u. a. (GRÜNE) vom 2. 12. 1981 betr. Wiedereinführung von Dorfschulen (= Drucksache 8/2139). In: Landtag von Baden-Württemberg, 8. Wahlperiode, Drucksachenbd. 12, Stuttgart 1982, mit eigener Seitenzählung, hier: 2.

[261] KRETSCHMANN 1982, 353.

[262] Vgl. GERHARD SCHÄFER 1987.

»vorkapitalistische Sozialstrukturen und Sozialbeziehungen innerhalb eines industriellen Systems rekonstituieren zu können«[263]. Der »Dorfschul-Antrag« sei reaktionär, weil er zur alten einklassigen Landschule der Gutsherrenzeit zurückkehren wolle. Die Dorfschule der GRÜNEN vermittle den Kindern allenfalls eine auf ihren engsten Lebenskreis beschränkte volkstümliche Erziehung. In strukturpolitischer Hinsicht sei der Antrag schlicht und einfach naiv. Es sei nämlich sehr zu bezweifeln, ob ausgerechnet die Wiedereinführung der Dorfschule die »Restauration des alten Landes«, seiner Kultur und Tradition voranbringen könnte[264]. Wegen fragwürdiger strukturpolitischer Überlegungen würden die »sozialen Implikatoren der Bildung« vernachlässigt. Damit ist gemeint: Die idyllische »Zwergschule« der GRÜNEN schränkt die »Bildungschancen« von Landkindern in unzumutbarer Weise ein. Sie hält sie vom Besuch der höheren Schulen in der Stadt ab. Damit verfestigt die »provinzielle Bildungspolitik der GRÜNEN« das Stadt-Land-Gefälle, die Schichtunterschiede in der Bevölkerung und die ständische Mehrgliedrigkeit des Schulwesens[265].

Es ist tatsächlich schwierig, die Vorzüge und Nachteile der Dorfschule gegeneinander abzuwiegen. Soweit zu erkennen ist, ist sie als wohnortnahe Grundschule den großen Grundschulzentren weit überlegen. Sie liegt in unmittelbarer Nähe des Elternhauses und erleichtert die Zusammenarbeit zwischen Eltern und Lehrern. Die Kinder sind mit der Schule, ihrem Lehrer und ihren Klassenkameraden vertraut. Eine gute kleine Grundschule kann also die Schaffung des erzieherischen »Schonraums« begünstigen, der den Bedürfnissen des Grundschulkinds entgegenkommt[266].

Auf der anderen Seite sollte man sich von den GRÜNEN nicht zu der irrtümlichen Annahme verleiten lassen, daß die kleine Einheit der großen immer und überall überlegen ist[267]. Bei Schulen braucht das keineswegs der Fall zu sein. Es gibt keine empirische Bestätigung für die oft vertretene Auffassung, »große Schulen seien allein schon aufgrund der hohen Schülerzahl schlechter als kleine Schulen«. Für die »emotionale Befindlichkeit von Schülern und Lehrern« zum Beispiel sind Bedingungen maßgeblich, die mit der Schulgröße wenig zu tun haben. Dasselbe gilt aller Wahrscheinlichkeit nach für den Lernerfolg der Schüler. Die »pauschale Zuordnung ›kleine Schule = gut, große Schule = schlecht‹« ist falsch. Eine unter allen Gesichtspunkten »optimale

263 DUDEK 1983, 35.
264 HENSEL 1982, 354 und 356.
265 SCHARPING/HOFMANN-GÖTTIG 1982, 393 und 410–412.
266 Vgl. allgemein hierzu ROTHER 1963.
267 Zur Kritik vgl. JÄCKLE 1985, 60, 103f. und 146.

Schulgröße« gibt es nicht[268]. Die Dezentralisierung des Schulwesens in kleinere Einheiten trägt nicht von selbst oder »automatisch« zur Steigerung des Wohlbefindens der Schüler und zur Erhöhung des erzieherischen Erfolgs bei. Sie kann bestenfalls die Voraussetzungen bereitstellen helfen, die zur Verwirklichung dieser Ziele erfüllt sein müssen. Die Dezentralisierung des Schulwesens als solche ist jedoch weder eine notwendige noch gar eine hinreichende Bedingung für den Erziehungserfolg. Es besteht jedenfalls wenig Anlaß für die übertriebenen Hoffnungen, die mitunter bei den GRÜNEN und weit über sie hinaus auf die positiven Auswirkungen der Verkleinerung von Schulen gesetzt werden.

Die Einführung der Stadtteilschule

Große Hoffnungen gelten nicht nur der Erneuerung des Dorfschulwesens, sondern auch der Community-School oder Stadtteilschule. Auch die Einführung der Stadtteilschule als Regelschule ist unter anderem als Maßnahme der Dezentralisierung des Schulwesens gedacht.

Die Idee der Stadtteilschule stammt aus dem angelsächsischen Sprachraum. Versuche zu ihrer praktischen Erprobung haben bisher vornehmlich in den Vereinigten Staaten, in Großbritannien, Skandinavien und Italien stattgefunden[269]. Unter dem Stichwort »Öffnung der Schule« gibt es seit einiger Zeit auch in der Bundesrepublik Deutschland Bestrebungen, herkömmliche Schulen in Stadtteilschulen umzuwandeln[270].

Bei der Stadtteil- oder Nachbarschaftsschule handelt es sich üblicherweise um eine Grundschule, eine integrierte Gesamtschule der Sekundarstufe I oder um eine Gesamtschuloberstufe bzw. Kollegschule. Sie verfügt nicht nur über Klassenzimmer, Sportplätze und großzügige Einrichtungen für musisch-kulturelle Betätigungen, sondern auch über Gärten und Felder, Werkstätten, Restaurants, Begegnungsstätten und Freizeitanlagen aller Art. Mit der Stadtteilschule werden zwei Ziele verfolgt, die voneinander unterschieden werden müssen.

Die Stadtteilschule soll einerseits als Mittelpunkt einer Gemeinde oder eines Stadtviertels dienen. Bürger jeden Alters treffen sich dort, um die bereitgestellten »Möglichkeiten für vielfältige Betätigungsformen auf den Gebieten der Kunst, der Bildung, der Politik und des geselligen Lebens« zu nützen. Die Stadtteilschule übernimmt damit sozialpflegeri-

[268] SCHIESSL 1981, Vorwort (ohne Seitenzählung) sowie 9–11, 78, 98f., 130 und 136.
[269] KRÜGER 1985; LOOSE 1985.
[270] Vgl. z. B. DER KULTUSMINISTER DES LANDES NORDRHEIN-WESTFALEN 1987.

sche Aufgaben. Auf der anderen Seite verspricht man sich von ihr die Einbeziehung des Alltagslebens der Erwachsenen in die schulische Erfahrungswelt von Kindern und Jugendlichen. Auf diese Weise soll die Stadtteilschule zur »Verbindung von Lernen und Leben« beitragen. Sie soll die »Lernanlässe im Stadtteil aufgreifen«, »Lernprozesse im Stadtteil ansiedeln«, ihren Unterrichtsstoff den »Ereignissen im Stadtteil« entnehmen und die täglichen »Fragen und Probleme« der Schüler »in die unterrichtliche Auseinandersetzung« einbeziehen[271].

Die erzieherischen und erziehungstheoretischen Probleme, die die rückhaltlose »Verbindung von Leben und Lernen« aufwerfen kann, sind bereits eingehend untersucht worden[272]. Sie werden deshalb an dieser Stelle nicht weiter behandelt. Stattdessen ist kurz auf die möglichen Schwierigkeiten einzugehen, die sich aus der sozialpflegerischen »Gemeinwesenorientierung«[273] der Schule ergeben können. Damit wird freilich nicht bestritten, daß die Stadtteilschule eine wertvolle Bereicherung des kulturellen Lebens und des nachbarschaftlichen Miteinanders sein kann. Die Wertschätzung ihrer Vorzüge darf jedoch nicht dazu führen, daß man ihre Mängel übersieht. Trotz aller gutgemeinten Absichten könnten diese größer sein, als ihre Anhänger vermuten.

Eine nicht zu übersehende Gefahr liegt in der Erweiterung des Aufgabenbereichs der Schule. Von einer Erziehungseinrichtung könnte sie zu einer Großinstitution werden, die sich »fortan anmaßt, Bildung, Leben und Kultur im Stadtteil unter ihrem Dach zu zentralisieren und institutionellen Regelungen zu unterwerfen«[274]. Hinter der Idee der Stadtteilschule verbirgt sich die Neigung, »immer weitere gesellschaftliche Problemfelder als pädagogische Handlungsfelder umzudefinieren«. Dieser »allgemeine Trend zur Pädagogisierung . . . unseres Alltagslebens«[275] kommt besonders in ihren sozialpflegerischen Aufgaben zum Vorschein. Hinter ihren Zielen steht eine eigenartige Annahme. Sie besagt, daß die allermeisten Menschen unter kulturellen, sozialen, finanziellen oder sonstigen Mangelerscheinungen leiden. Sie sind nicht in der Lage, ihre Freizeit sinnvoll zu gestalten. Sie sind apathisch, entfremdet, außengelenkt, vereinzelt und machtlos. Die Aufzählung solcher Stereotype über die »einfachen Leute« ließe sich leicht fortführen. Diese Lage verlangt nach Ansicht vieler berufsmäßiger Erzieher, Sozialarbeiter und Gemeindepfleger nach Abhilfe. Sie lassen sich daher

271 Ramseger 1986, 33f.
272 Vgl. Kap. IV. 3.
273 Vgl. allgemein z.B. Auernheimer 1985.
274 Karin Ernst 1986, 70.
275 Dewe/Ferchoff 1985, 50.

keine Gelegenheit entgehen, »geeignete Interventionsformen zu suchen bzw. zu praktizieren«[276]. Aus oft ehrenwerten Beweggründen entsteht so die Helfer-Ideologie: Man muß den Menschen »Angebote« machen, sie zur Eigentätigkeit ermuntern, ihnen »Erfahrungsräume« bereitstellen, sie zur »aktiven Veränderung« ihrer Lebensumstände veranlassen, d. h. man muß sie betreuen, am besten rund um die Uhr in einem eigens dafür eingerichteten Gemeindezentrum, das nebenbei den Schulunterricht übernimmt.

Dabei spielt die Idee des »lebenslangen Lernens« eine wichtige Rolle[277]. Allerdings verwechseln die Anhänger der Stadtteilschule Lernen häufig mit Unterrichtetwerden: Wenn sie vom lebenslangen Lernen sprechen, denken sie tatsächlich an lebenslangen Schulbesuch. Sie meinen, daß die unselbständigen und außengelenkten Menschen heutzutage mehr denn je »erziehungsbedürftig« seien und ohne dauernden Schulbesuch nicht aus ihrer jammervollen Lage erlöst werden könnten[278]. Die Stadtteilschule ist damit ein weiterer sozialpolitischer Schritt auf dem Weg zur Verwirklichung eines alten sozialistischen Wunschtraums: der von Staat und Bürokratie überwachten sozialpädagogischen Führung des Bürgers – von der Krabbelgruppe bis zum Altenkreis, von der Hilfe in Notlagen bis zur Versorgung mit Kulturgütern.

Die GRÜNEN haben dieses alte sozialistische Verlangen nach möglichst umfassender Versorgung, Betreuung und Anleitung des Bürgers voll und ganz übernommen. In der Stadtteilschule ist es naturgemäß weniger auf die erwachsenen Bewohner des Stadtteils als vielmehr auf die Schüler gerichtet. Das zeigt sich unter anderem an der Ausdehnung der Schulzeit. Die Stadtteilschule ist eine Ganztagsschule. Neben dem üblichen Schulunterricht am Vormittag werden nachmittags »feste Arbeitsgruppen auf freiwilliger Basis« eingerichtet[279]. Darüber hinaus stellt die Schule zahlreiche Möglichkeiten zur Freizeitgestaltung bereit. Die Schüler können dort ihr Steckenpferd pflegen, miteinander spielen und sich unterhalten. Wenn so der Wunsch der GRÜNEN nach Aufhebung der »Trennung von Schule und Freizeit« erfüllt ist[280], brauchen Kinder und Jugendliche die Schule höchstens noch zum Schlafen zu verlassen. Sie ist dann der bei weitem wichtigste »Bezugsort für alle ihre Aktivitäten und Interessen«. Die Stadtteilschule wird der »Hauptbe-

[276] FILTZINGER/SCHÄFER/SEIBEL 1987, ohne Seitenzählung.
[277] Vgl. HEUTER 1987, 3, 8, 24 und 37.
[278] Vgl. FANTINI 1979, VII.
[279] Die GRÜNEN Kiel 1986, 35.
[280] Bundesprogramm Die GRÜNEN, Bildung 1983, 2.

standteil der Lebenswelt von Schülern schlechthin«[281]. Das Leben der Schüler ist weitgehend »verschult«. Sie sind einer endlosen Kette sozialpflegerischer, therapeutischer und erzieherischer Maßnahmen[282] ausgesetzt, denen sie nicht entgehen können.

Die umfassende Betreuung in der ganztägigen Stadtteilschule wird mit unterschiedlichen Beweggründen gerechtfertigt: (1) mit der Betreuungsbedürftigkeit der gefährdeten Kinder und Jugendlichen; (2) mit dem Betreuungs- und Erziehungsversagen vieler Eltern; (3) mit dem Hinweis auf das Recht der Eltern, von ihren Kindern möglichst unbelastet ihrem Beruf und ihren Freizeitinteressen nachgehen zu können[283]. Ähnliche Begründungen für die außerfamiliäre Betreuung und Erziehung des Nachwuchses in staatlichen Einrichtungen finden sich auch in pädagogischen Utopien. Sie gehen auf eine lange Geschichte zurück[284]. Stets haftet ihnen ein totalitärer Zug an. Ihr Ziel ist die vollkommene erzieherische Kontrolle über den Tageslauf, die Beschäftigungen und den Aufenthaltsort der Kinder und Jugendlichen. Ihr Hauptzweck liegt meistens in der Vermittlung der »richtigen« Weltanschauung. Der Einfluß der Eltern und unbeaufsichtigte Freizeitbeschäftigungen der Kinder erscheinen dabei als Störquellen, die zurückgedrängt werden müssen. Diese Aufgabe könnte die Stadtteilschule übernehmen.

Man denkt an dieser Stelle unwillkürlich an die Stimmen, die vor einer »grünen Erziehungsdidaktur« warnen[285]. Soweit dürfte es vermutlich nicht kommen. Andererseits geben die Heilsgewißheit der GRÜNEN, ihr weltanschauliches Eifererturn und ihre Bereitschaft zum Einsatz einschneidender staatlicher Machtmittel Anlaß zur Sorge. Angesichts der totalen erzieherischen Betreuung der Kinder in der Stadtteilschule und der Schwächung des Elternrechts ist jedenfalls die Gefahr unabweisbar, daß die nach grünen Vorstellungen geleitete Stadtteilschule eine Einrichtung zur politischen Beeinflussung von Kindern und Jugendlichen wird. Als Erziehungsinstitution ist sie wie geschaffen für die Vorbereitung der »grünen Bewußtseinsrevolution«.

Die Stadtteilschule fördert außerdem einen folgenschweren Irrglauben. Er läßt sich wie folgt zusammenfassen: Je mehr »Angebote«, je mehr Lehrgegenstände, je mehr »außerunterrichtliche musische, sportliche und gesellige Aktivitäten« in der Schule, je mehr Schulbesuch, je mehr erzieherische Anleitung und Betreuung, je mehr Aufenthalt in

[281] TREDER 1983, 98.
[282] Vgl. z. B. die GRÜNEN Hessen 1986, 71; Die GRÜNEN Saar 1985, 12.
[283] JÜRGENS-PIEPER/PIEPER/TATZ 1986, 29.
[284] Vgl. BREZINKA 1981, 182–187.
[285] Vgl. Kap. IV. 2.

Schulen – desto größer der Erziehungserfolg, desto höher die Lebenstüchtigkeit[286], desto weiter der geistige Horizont und desto mehr Lebensfreude. Abgekürzt kann man sagen: Je mehr »Verschulung«, desto besser[287].

Es gibt jedoch keine empirisch gesicherten Hinweise, daß dieser Zusammenhang tatsächlich besteht. Man kann sogar mit guten Gründen vermuten, daß die übermäßige »Verschulung« von Kindheit und Jugendalter gegenteilige Auswirkungen hat. Es gibt auch bei den GRÜNEN Politiker, die diese Auffassung vertreten. So sieht GERT JANNSEN, Lehrerausbilder und für die GRÜNEN Mitglied des Bundestags, eine »gefährliche Tendenz« in den Plänen seiner Partei. Die Einrichtung von »Ganztagsgesamtschulen« führt nach seiner Ansicht zur »Eingrenzung der [außerschulischen] Erfahrungsmöglichkeiten der Schüler«: »Die können in ihrer Freizeit sich nicht mehr mit ihrer Umwelt vertraut machen und werden von dieser Umwelt weggeführt gleich wieder hin zur Schule. Auch dort werden sie wieder pädagogisch versorgt.«[288] Schule und Leben werden auf diese Weise nicht miteinander verbunden, sondern die Schule ersetzt das Leben.

So liegt im Streben der GRÜNEN nach der »Ganztagsgesamt-« oder Stadtteilschule ein Widerspruch. Eine äußerst erziehungs-, schul-, bevormundungs- und institutionskritische Partei setzt sich für eine Institution ein, die nach aller Wahrscheinlichkeit die »Verschulung« und die erzieherische Totalbetreuung des Lebens von Kindern und Erwachsenen vorantreibt[289]. Es gibt nämlich allen Grund zur Befürchtung, daß sich auch in der Stadtteilschule der verdeckte Hang der GRÜNEN zur Reglementierung und Bürokratisierung des Alltags durchsetzen wird. Der folgende Abschnitt wird diesen Sachverhalt näher untersuchen.

4.3. *Autonomisierung und Demokratisierung des Schulwesens*

Die Forderung der GRÜNEN nach Autonomisierung von Wirtschaft und Gesellschaft steht mit ihren Plänen zur Dezentralisierung in engem Zusammenhang. Sie geht von der Auffassung aus, daß »der moderne bürokratisch-technisch-industrielle Apparat so undurchsichtig und vielschichtig geworden ist, daß er die menschlichen Möglichkeiten zur

[286] Zum Ideal der Lebenstüchtigkeit vgl. BREZINKA 1987.

[287] Zu diesem naiven Glauben an die positiven Auswirkungen der Schulerziehung vgl. auch DIENST 1989, 167 und 172.

[288] JANNSEN 1984, 7.

[289] Vgl. MINZEY/LETARTE 1979, 38, 42–44, 51f. und 64.

Selbstverwirklichung und Selbstbestätigung untergräbt«. Die GRÜNEN streben deshalb Reformmaßnahmen an, die »die bürokratische Kontrolle des politischen, gesellschaftlichen und wirtschaftlichen Lebens einschränken und auf diese Weise die Teilhabe und den Einfluß der Bevölkerung erhöhen«[290]. Alle wichtigen Entscheidungen sollen nicht länger von weit entfernten Parlamenten und Verwaltungen getroffen werden. Statt dessen erhält die Bevölkerung volles Selbstbestimmungsrecht. Sie schafft sich eigene Gesetze für ihre dezentrale »kleine Einheit«, bestimmt die Arbeitsweise ihrer Institutionen und ordnet so ihre Lebensverhältnisse selbst. Dabei ist sie von Vorschriften, Weisungen und Anordnungen übergeordneter Stellen weitgehend unabhängig.

Im Hinblick auf das Schulwesen bedeutet »Autonomisierung« folgendes: Die Schule wird aus der staatlichen Schulaufsicht herausgelöst. Landeseinheitliche Lehrpläne werden zugunsten von Bestimmungen abgeschafft, die nur noch einen weitgesteckten Rahmen für die Arbeit an den Schulen enthalten. Die Weisungs- und Anordnungsbefugnis der Ministerien und Schulämter entfällt. Ihre künftige Aufgabe besteht hauptsächlich in Unterstützung und Beratung. Jede Schule entscheidet selbständig, »was, wo, wann, wie, warum gelernt wird«[291]. Sie wählt den Lehrstoff und die Unterrichtsmethode aus, stellt geeignete Lehrer ein, setzt Zeitpläne und Unterrichtsorte fest und gestaltet vielfältige Lehr- und Freizeitangebote. Auch in allen Verwaltungs- und Finanzangelegenheiten ist die Schule unabhängig[292].

Alle anstehenden Entscheidungen werden von den »Betroffenen« gefällt. Das ist mit dem Schlagwort »Demokratisierung der Schule« gemeint, das bei den GRÜNEN oft zu hören ist. In der Schulklasse zum Beispiel sind vor allem die Schüler »Betroffene«. Sie haben daher das Recht, die Unterrichtsgegenstände selbst zu bestimmen. Außerdem muß sie der Lehrer in »herrschaftsfreie Formen der kritischen Auseinandersetzung über den pädagogischen Alltag« einbeziehen. Im »demokratischen Verfahren« sollen sie »selbstbestimmt und selbstreguliert« ihre Wünsche durchsetzen[293].

Alle über den täglichen Schulunterricht hinausgehenden Fragen sollen in regelmäßig zusammentretenden Versammlungen besprochen und entschieden werden. Diese Noten-, Klassen-, Fach- und Schulkonferenzen sind entweder drittelparitätisch oder im Verhältnis 1:1:2 mit Lehrern, Eltern und Schülern besetzt. Alle Mitglieder haben gleiches

[290] CRIGHTON/MASON 1986, 162f. (meine Übersetzung).
[291] Die GRÜNEN Hessen 1983, 114.
[292] Vgl. UHL 1988a, 111 mit weiteren Nachweisen.
[293] Die GRÜNEN Baden-Württemberg, Landesarbeitskreis Schule 1986, 10f., 37 und 42.

Stimmrecht[294]. Als basisdemokratisches Plenum sollen sie dafür sorgen, daß alle »Betroffenen« zu Wort kommen. Jedes Anliegen wird berücksichtigt. Sachlich wägen die Teilnehmer das Für und Wider der Vorschläge ab. Die Beschlußfassung geschieht in allseitigem Einvernehmen. Auf diese Weise wird die Schule zu einer Einrichtung, die nach den Bedürfnissen ihrer Angehörigen gestaltet ist: autonom, selbstverwaltet und auf das selbstbestimmte Leben in der dezentralen Gesellschaftsordnung zugeschnitten.

Es ist nicht einfach, die Pläne der GRÜNEN zur Autonomisierung und Dezentralisierung des Schulwesens angemessen zu bewerten. Aus gutem Grund stellt man sich heute vielerorts die Frage, wie die Erlaß- und Verordnungsflut eingedämmt und die Eigenverantwortlichkeit und die Mitwirkungsmöglichkeiten von Lehrern, Eltern und Schülern erweitert werden können. Die Vorschläge der GRÜNEN enthalten sicher brauchbare Anregungen für dieses Vorhaben.

Auf der anderen Seite darf man nicht übersehen, daß die Neigung der GRÜNEN zu radikalen Reformmaßnahmen auch auf dem Gebiet von Schulverwaltung und Schulaufsicht höchst problematische Folgen haben kann. Autonomisierung und Demokratisierung haben mit Sicherheit nicht nur die positiven Auswirkungen, die sich die GRÜNEN von ihnen versprechen. Im Gegenteil: Es deutet viel darauf hin, daß die unüberlegte Verwirklichung der weitreichenden Pläne der GRÜNEN mehr Schaden als Nutzen bringt. Jedenfalls gibt es eine Reihe von Einwänden, die eine nüchterne Betrachtungsweise nahelegen.

In der Praxis sind basisdemokratische Verfahren zur Entscheidungsfindung weit von dem Idealbild entfernt, das die GRÜNEN vor Augen haben. Das haben zum Beispiel Versuche deutlich gezeigt, die die neuen sozialen Bewegungen mit der Basisdemokratie gemacht haben. Entgegen den Erwartungen herrschten in den Versammlungen der »Betroffenen« weder allseitige Einmütigkeit noch der entspannte Austausch von Gründen und Gegengründen. Von »herrschaftsfreier Kommunikation« und raschen, unbürokratischen Entschlüssen konnte keine Rede sein. Statt dessen verliefen die Sitzungen »oft chaotisch«. Der »Willensbildungsprozeß« war »langsam und mühselig«. In vielen Fällen kam man zu keinem Ergebnis. Der »Papierkrieg mittels Erklärungen, Richtigstellungen, Vorschlägen usw. nahm beachtliche Formen an. . . . Frust über endlose Sitzungen breitete sich aus.« Es kam zu heftigen Auseinandersetzungen zwischen den Vertretern unterschiedlicher Auffassungen, zu

[294] Vgl. Die GRÜNEN Nordrhein-Westfalen 1985, 18.

Gefühlsausbrüchen, Erpressungsversuchen und halbherzigen Kompromissen[295].

Dabei handelt es sich in diesem Fall nicht um die Verwaltung und Leitung einer hochkomplizierten Einrichtung wie einer Schule, sondern einfach um die Durchführung eines einwöchigen »Friedenscamps« vor einem Raketenstützpunkt. Mit Sicherheit dürften die Schwierigkeiten des basisdemokratischen Verfahrens der Entscheidungsfindung an einer Schule noch bedeutend größer sein. Wenn in den Schulversammlungen ein vergleichbarer Zustand herrscht, ist an eine geordnete Arbeit der Schule nicht mehr zu denken.

Ein zweiter praktischer Einwand gegen die Basisdemokratie ergibt sich aus der Tatsache, daß die meisten Menschen nicht über die nötige Mitwirkungsbereitschaft, Sachkenntnis und Zeit verfügen. Das trifft vor allem auf die Eltern zu[296]. Die allermeisten Eltern dürften kaum Interesse haben, an den zeitraubenden, aufreibenden und fruchtlosen Diskussionen in den Schulversammlungen teilzunehmen. Das gilt sogar für die progressiven Väter und Mütter, die ihre Kinder auf eine basisdemokratisch geführte Alternativschule schicken. So wird aus der Freien Kinderschule Bremen berichtet, daß die Beteiligung der meisten Eltern sehr gering ist. Deshalb hält eine kleine »Aktivistengruppe . . . den Laden in Schwung«. Ihre Arbeit wird kaum beaufsichtigt. Sie können in der Schule tun und lassen, was sie wollen[297]. Selbst bei der betont basisdemokratischen grünen Partei sieht es nicht anders aus. Auf den meist schwach besuchten Mitgliederversammlungen treffen sich die »ausgedienten Kader«, die »Parteibürokraten und Funktionäre«, die mit undurchsichtigen Manövern und in wechselnden Zweckbündnissen ihre Auffassungen durchzusetzen versuchen[298]. Von einer wirklichen Mitsprache der Parteibasis ist man weit entfernt.

Es ist nicht anzunehmen, daß die Dinge an einer basisdemokratisch geführten Regelschule anders liegen würden. Auch hier würden sich die meisten Eltern von den Schulversammlungen fernhalten. Das wäre jedoch verhängnisvoll. Wenn die staatliche Schulaufsicht abgeschafft worden ist, muß die »Basis« der Betroffenen ihre Aufgaben übernehmen[299]. Da sie dazu aber weder bereit noch in der Lage sein dürfte, sind der »Aktivistenherrschaft« Tür und Tor geöffnet. Damit ergeben sich zwangsläufig eine Reihe ernstzunehmender Gefahren. Sie reichen von der möglichen Verletzung der politischen Neutralität der Staatsschu-

[295] Sternstein 1986, 140f.
[296] Vgl. auch Sorman 1986, 216.
[297] Walczyk 1986, 33.
[298] Adrienne Goehler 1985, 103f. Vgl. auch Lehnert 1985, 29.
[299] Zur Kontrollaufgabe der Basis vgl. Wussing 1985, 76.

len[300] bis zur Vereitelung der ordnungsgemäßen Erfüllung ihres Erziehungsauftrags[301].

Die restlose Beseitigung der staatlichen Schulaufsicht und Schulverwaltung und die Einführung der Basisdemokratie an allen Schulen hätte mit Sicherheit verheerende Auswirkungen. Angesichts der schlechten Erfahrungen, die man bisher gemacht hat, sollte man sich sorgsam überlegen, ob man die Pläne der GRÜNEN zur Autonomisierung und Dezentralisierung des Schulwesens in die Tat umsetzt. Wer auf die Einheitlichkeit, Neutralität und Funktionsfähigkeit der Schulen Wert legt, wird auf verbindliche Lehrpläne und gesetzliche Regelungen, auf Schulverwaltung und Schulaufsichtsbehörden nicht verzichten können. Sie abschaffen zu wollen ist wirklichkeitsblind und verhängnisvoll. Es schmeichelt allenfalls der verbreiteten autoritäts- und bürokratiekritischen Attitüde. Ob mit solchen wenig durchdachten Reformvorschlägen der durchaus wünschenswerten Stärkung der Selbständigkeit der Schule und ihrer Selbstverwaltungseinrichtungen ein Dienst erwiesen wird, ist jedoch zweifelhaft.

Bürgerfreiheit oder Eingriff des Staates?

Man darf den Plänen der GRÜNEN zur Autonomisierung und Demokratisierung des Schulwesens nicht zuviel Gewicht beimessen. Ein Beispiel sind die Schulparlamente. Die GRÜNEN erwecken den Eindruck, als hätten diese Versammlungen in allen Schulangelegenheiten beinahe unumschränkte Entscheidungsbefugnis. Bei näherem Hinsehen ist das jedoch keineswegs der Fall. Der »weitgesteckte Rahmen« der Landesschulgesetze, die die GRÜNEN erlassen wollen, ist viel enger als man glaubt. So haben Eltern, Schüler und Lehrer keinen Einfluß auf die Schulform, auf die grundlegenden Lehrgegenstände und auf die vorherrschende Unterrichtsmethode. Es wird ihnen vorgeschrieben, daß ihre Schule eine integrierte Einheitsschule ist. Sie muß eine Stadtteilschule mit Kollegschuloberstufe sein. Der Unterricht muß in Projektform abgehalten werden und »gesellschaftliche Basisthemen (z.B. Ökologie, Ökonomie, Demokratie, Menschenrechte, Technologie, Friedenssicherung)« behandeln[302]. Es gibt zahllose staatliche Anordnungen, Regelungen und Vorschriften, die den Entscheidungsspielraum der »Betroffenen« eingrenzen. Sie können im Grunde nur Beschlüsse fassen, die mit den Plänen der grünen Schulprogrammatiker

[300] Vgl. GRUBER 1986, 43.
[301] Vgl. BALLAUF 1985, 56f.
[302] Die GRÜNEN Baden-Württemberg, Programm '88, 80.

zu vereinbaren sind. Sie können solange frei entscheiden, wie sie die im Sinne der GRÜNEN richtigen Entscheidungen treffen. Mit wirklicher Demokratisierung und Stärkung der schulischen Selbstverwaltung hat das wenig zu tun.

Hier zeigt sich die entscheidende Eigentümlichkeit grünen Denkens deutlich: das Dilemma von Bürgerfreiheit und Staatseingriff. In ihrer Programmatik schwanken die GRÜNEN zwischen beiden Polen hin und her. Auf lange Sicht wird alles darauf ankommen, welche Sichtweise die Oberhand gewinnt.

Die Zwiespältigkeit ihrer Ideenwelt zeigt sich unter anderem in den Auffassungen, die die GRÜNEN vom einfachen Bürger haben. Einerseits ist er ein vollkommener Staatsbürger. Er handelt ökologisch vernünftig, hat auf »Ersatzkonsum« verzichtet und ist mündig, »solidarisch«, friedfertig und warmherzig. Er ist der Bürger einer utopischen Idealwelt. Er hat sich die Werthaltungen, politischen Ansichten und Zielsetzungen der GRÜNEN voll und ganz zu eigen gemacht. Er braucht nicht mehr zum richtigen Handeln gezwungen zu werden, sondern handelt aus Einsicht und innerer Überzeugung.

Auf der anderen Seite haben die GRÜNEN eine schlechte Meinung von den tatsächlichen Menschen der Gegenwart. Sie halten sie für unmündig, in ihren Einstellungen von profitgierigen Großkonzernen »manipuliert«, von »falschen Bedürfnissen« getrieben[303], entmündigt, von staatlicher Propaganda verdummt und in ihren Entscheidungen allenfalls »formal frei«[304]. Es ist klar, daß man solchen Leuten nicht die Befugnis zur basisdemokratischen Gestaltung der Gesellschaftsordnung gewähren kann. Im Gegenteil: Zu ihrem eigenen Besten müssen die Menschen »mit einer Vielzahl strenger Auflagen und Verbote und zentralstaatlich gefällter Entscheidungen zu . . . [vernünftigem] Verhalten gezwungen werden«[305].

Diesen Zwang übt selbstverständlich der Staat aus. Der Zwiespältigkeit ihres Menschenbilds entsprechend, gibt es bei den GRÜNEN auch zwei entgegengesetzte Auffassungen vom Staat. Beide stehen in der grünen Programmatik nebeneinander: »der (leninistische) Klassenstaat der Repression, den es zu zerschlagen gilt, und der (sozialdemokratische) Verwaltungsstaat der richtigen politischen Intervention«[306]. Der erstgenannte Staat muß beseitigt werden. An seine Stelle tritt der

303 Vgl. DITFURTH: Hoechst tötet nicht nur den Schmerz. Über die Pharmapolitik eines multinationalen Chemiekonzerns (1984). In: DITFURTH 1988, 122–126, hier: 122f.

304 Vgl. EBERMANN/TRAMPERT 1984, 80, 193 und 220.

305 BIERETT 1987, 389f.

306 HARTUNG 1986a, 183.

schwache Staat der Utopie, der auf lange Sicht überflüssig wird und abstirbt. Dieser Staat ist nur spärlich mit Machtmitteln ausgestattet. Er benötigt allerdings mündige, verantwortungsbewußte und vernünftige Bürger. Da sie noch nicht vorhanden sind, wird der zweitgenannte Staat notwendig. Er ist der autoritäre »Öko-Staat«, der seine Bürger mit harter Hand zur Vernunft zwingt. Dieser Staat ist nicht das »Reich der Freiheit«. Er ist der Staat der Verbote[307], der Planung, Steuerung und Lenkung und der allgegenwärtigen scharfen Kontrollen[308]. Wenn es nach den GRÜNEN geht, ist das der Staat der unmittelbaren Zukunft.

Kritiker haben mit Recht festgestellt, daß die grüne Programmatik von dem »geradezu frenetischen Glauben an den Staatsinterventionismus« durchzogen ist[309]. Wie selbstverständlich sieht sie den Gebrauch erheblicher staatlicher Gewaltmittel zur Durchsetzung ihrer Ziele vor[310]. In der Praxis haben grüne Politiker sogar schon dem Einsatz der von ihnen stets abgelehnten Polizei gegen Hausbesetzer zugestimmt, obwohl sich das mit ihrem Ideal der harmonischen Konsensfindung im »Großen Ratschlag« nicht vereinbaren läßt[311].

Es gibt noch weitere Gründe, warum die GRÜNEN entgegen allen Bekundungen über den mündigen Bürger, die Basisdemokratie und den schwachen Staat einen starken Staat, strenge Gesetze und ausgedehnte Kontrollen wollen. Wie alle politischen Parteien erliegen sie der »Maxime ›Im Zweifel für die Kontrolle‹«: »Fast jeder verspricht sich . . . wahre Wunder von der Kontrolle: Rüstungskontrolle, Investitionskontrolle, Geldmengen-Kontrolle, Devisenausfuhrkontrolle, Fortschritts- und Forschungskontrolle, Immissionskontrollen, Tempokontrollen« usw.[312]

Diese vollständige Aufsicht über die Lebensführung des Bürgers geht mit dem zweiten Grund für die Ausdehnung der Staatstätigkeit Hand in Hand. Der Staat der GRÜNEN strebt danach, die »echten Bedürfnisse« des Bürgers zu befriedigen und dem »wahren Gemeinwillen« zur Herrschaft zu verhelfen. Auch diese Ziele sind nicht auf die grüne Partei beschränkt. Sie finden sich überall dort, wo der Staat »sich [an]maßt, bestimmen zu können und zu dürfen, welche Bedürfnisse der Verbraucher haben soll. . . . Der Bürger ist Objekt seiner Politik und seiner

307 Vgl. am Beispiel der Wirtschaftspolitik STUTH 1984, 55 und 61.

308 Vgl. am Beispiel der Umweltpolitik Die GRÜNEN in der Bremischen Bürgerschaft o. J. a, ohne Seitenzählung.

309 HARTUNG 1986, 65.

310 Vgl. REENTS/STAMM 1988, 125–128 und 132.

311 Vgl. Berlin: Senat läßt besetzte Häuser räumen. In: Südkurier, 45. Jg. (1989), Nr. 68 vom 22. März 1989, 1.

312 SCHOECK 1985, 184f.

Verwaltung, nicht etwa zum Zwecke der Unterdrückung, sondern mit dem Ziel größtmöglicher Beglückung. . . . Aber was dann kommt, ist eben nur das, was die Regierungen unter Lebensqualität verstehen; es ist verordnetes Glück«[313]. Der Staat nimmt den unmündigen, verblendeten Bürger unter seine Fittiche. Er führt ihn fürsorglich, aber mit fester Hand. Väterlich zeigt er ihm, was gut und schlecht für ihn ist.

Der fürsorglich-autoritäre Öko-Staat der GRÜNEN ist kein repressiver Gewaltstaat. So einfach liegen die Dinge nicht. Die GRÜNEN sind keine künftigen Tyrannen, deren Regelungs- und Kontrolleifer keine Grenzen kennt. Allerdings scheinen sie die gleiche Entwicklung wie seinerzeit die »68er-Bewegung« zu nehmen: Am Anfang stand das Ideal des »Selbstverwaltungssozialismus«. Es enthielt »eine Menge partizipatorischer Impulse, die dem autoritären Verwaltungsstaat bzw. der politischen Technokratie Kompetenzen entziehen und dem mündigen Bürger das Politische zurückgeben« wollten. Auf Dauer siegten aber die Bedenken: »Die Neue Linke in ihrer Avantgardemanier hatte zu wenig Vertrauen in die Selbstgestaltungsfähigkeiten der Gesellschaft . . .; dies bedingte ihre latente Neigung zu autoritären, ja zu erziehungsdiktatorialen Lösungen«[314].

Aller Voraussicht nach dürfte dasselbe bei den GRÜNEN geschehen. Auch bei ihnen könnten am Ende das Mißtrauen gegen die Bürgerfreiheit und die Bereitschaft zum Staatseingriff die Oberhand gewinnen[315]. Selbstbestimmung und Freiheit wären dann nur noch schöne Worte für das Leben in einer utopischen Gesellschaftsordnung, die niemals Wirklichkeit wird. Die Realität sähe anders aus. Sie wäre gekennzeichnet durch strenge Vorschriften, scharfe Kontrollen und die das ganze Leben umfassende erzieherische Anleitung und Führung des Bürgers. Es läßt sich leicht abschätzen, was das in Verbindung mit ihrem Hang zur erzieherischen Totalbetreuung von Kindern und Erwachsenen bedeutet: Eine bürokratische, von staatlichen Stellen überwachte »grüne Bewußtseinsrevolution« in Schulen und Stadtteilzentren, der man sich kaum entziehen kann.

[313] HAUBRICHS 1979, 76 und 180.
[314] LEGGEWIE 1988, 15.
[315] Vgl. am Beispiel der Schulpolitik AG Schulreform von unten 1986, 36f.; ZÜLCH 1983, 14.

5. Zusammenfassung

Die Pläne der GRÜNEN für die Schulpolitik lassen sich wie folgt zusammenfassen:

1. *Die Schulpolitik der GRÜNEN geht von einer einseitig negativen Bewertung des vorhandenen Schulwesens und der praktizierten schulischen Erziehung aus.* Sie hat weder Verständnis für ihre unvermeidlichen Schwächen noch erkennt sie ihre Vorzüge an.

2. *Die Mehrheit der grünen Schulpolitiker möchte über die Schulerziehung der »grünen Bewußtseinsrevolution« den Weg bereiten.* Die Erziehungsziele ihres reformierten Schulwesens sind parteilich. Viele GRÜNE spielen mit dem Gedanken, aus der Schule eine Werbeagentur für ihre weltanschaulichen und politischen Ziele zu machen.

3. *Die Unterrichtslehre der GRÜNEN lehnt sich eng an das anarchisch-libertäre Gedankengut der Alternativpädagogik an.* Sie besteht in weiten Teilen aus illusionären Annahmen über das Kind und seine Lernfähigkeit und Lernbereitschaft, seine Fähigkeit zur Selbstbestimmung und seine geistige Reife. Der ausgeprägte *Antitraditionalismus* und *Antiinstitutionalismus* der GRÜNEN läßt sie die kulturelle Notwendigkeit der Schule und des systematischen Unterrichts nicht erkennen. An ihrer Stelle empfehlen sie Unterrichtsformen, die in der Praxis gescheitert sind. Die Unterrichtslehre der GRÜNEN ist eine erzieherische Utopie, ein pädagogischer Wunschtraum, aber keine brauchbare Richtschnur für den Schulalltag.

4. *Die Schultheorie der GRÜNEN stützt sich in weiten Teilen auf pädagogische Illusionen.* Sie entstammen wirklichkeitsfernen universitären Seminaren ebenso wie einer Spielart der progressiven pädagogischen Literatur, in der ohne Rücksicht auf die Wirklichkeit über Erziehung und Schulunterricht fabuliert wird. Die GRÜNEN teilen den naiven Glauben an verdächtig einfache erzieherische Universalmittel und Patentrezepte, die von selbst wunderbare Erziehungserfolge bewirken. Sie neigen außerdem dazu, diese Ratschläge zu radikalisieren: Sie treiben manche an sich bedenkenswerte Erziehungsempfehlung so auf die Spitze, daß ihre Anwendung groteske und den ursprünglichen Absichten völlig zuwiderlaufende Auswirkungen hat. Das dürfte auch in den Schulen geschehen, wenn sie nach den Plänen der GRÜNEN umgestaltet worden sind. Sie würden sowohl bei der Wissensvermittlung als auch bei der Moralerziehung den herkömmlichen Schulen weit unterlegen sein.

5. *Der hedonistische Zug dieser Schulen, ihre Anforderungslosigkeit und Beliebigkeit und die unzähligen Angebote und Unterhaltungsmöglichkeiten machen sie zu einem verlängerten Kindergarten, zu einem*

Selbstbedienungsladen und einer Freizeitstätte. Das wird den Bedürfnissen der Kinder nicht gerecht. Es trägt zum Schulverdruß, zu Sinnlosigkeitsgefühlen und zum Erwerb einer konsumistischen Anspruchshaltung bei. Die reformierte Schule verwöhnt ihre Schüler, anstatt sie sinnvoll zu fordern.

6. Auf der anderen Seite *überfordert die Schule der GRÜNEN vor allem ihre jüngeren Schüler.* Ihre Erziehungsformen, ihre institutionelle Instabilität und die zahllosen Wahlmöglichkeiten setzen ein Durchhaltevermögen, hohe Selbstbestimmungsfähigkeit, eine sichere Zielorientierung und einen Kenntnisreichtum voraus, die selbst die meisten Erwachsenen nicht besitzen.

7. *Die Pläne der GRÜNEN zur Einführung der integrierten Einheitsschule als verpflichtender Regelschule zerstören das mehrgliedrige Schulwesen, das hochdifferenzierte Sonderschulwesen und das Berufsschulwesen.* Der schulpolitische Egalitarismus der GRÜNEN dient hauptsächlich der Befriedigung ihres gesellschaftspolitischen Ehrgeizes. Erzieherische Vorteile hat die integrierte Einheitsschule nicht. Im Gegenteil: Sie enthält allen Kindern und Jugendlichen die Gelegenheit vor, eine auf ihre speziellen Bedürfnisse und Ausbildungswünsche zugeschnittene Erziehungseinrichtung zu besuchen.

8. *Die von den GRÜNEN geplante Stadtteilschule treibt die »Verschulung« des Lebens von Kindern und Erwachsenen voran.* In der Hand des Staates könnte sie ein Mittel zur lückenlosen sozialerzieherischen Betreuung, Führung und Kontrolle des Bürgers werden.

9. *Ungeachtet aller Bekenntnisse zur Basisdemokratie und zur Autonomisierung des Schulwesens ist mit der verschärften Bürokratisierung und Reglementierung der Schule zu rechnen.* Es gibt genügend Hinweise, daß die überwältigende Mehrzahl der Bürger die grünen Schulreformen ablehnt. Um sie dennoch durchzusetzen, muß mit Hilfe von Gesetzen, Verordnungen und Gerichten Zwang ausgeübt werden. Um ihrer hohen Ziele willen sind die schulpolitischen Fundamentalisten bei den GRÜNEN dazu bereit. Allerdings gibt es auch viele Anhaltspunkte, daß sich die gemäßigte schulpolitische Linie durchsetzt. Das könnte zu behutsamen Schulreformen führen, die für alle Beteiligten eine sinnvolle Verbesserung mit sich bringen.

10. *Die Schulpolitik der GRÜNEN ist nicht zu finanzieren.* Die geforderten Maßnahmen zur Umgestaltung des Schulwesens sind viel zu kostspielig. Sie stehen in keinem vernünftigen Verhältnis zu den mutmaßlichen Erfolgen der Schulreform. Sie fordern allenfalls zur Geldverschwendung, zu unsolider Haushaltsführung und zum Schuldenmachen heraus.

V. Ausblick

Die familien-, erziehungs- und schulpolitische Programmatik der Grünen enthält zahllose radikale Forderungen. Die Grünen streben danach, das Gefüge der psychischen Dispositionen der Menschen von Grund auf neu zu gestalten. Sie wollen den »neuen Menschen« und die »neue Gesellschaft« schaffen. Sie träumen von einer völlig anderen Lebensordnung und völlig anderen sozialen Institutionen. Würden alle diese Forderungen verwirklicht, würde sich das Leben der Bürger von Grund auf ändern. Es spricht viel dafür, daß das eine Änderung zum Schlechteren wäre. In der modernen Kultur kann man nicht auf die Familie, die geordnete Erziehung und ein funktionierendes Schulwesen verzichten. Die Alternativen, die die Grünen an die Stelle dieser bewährten Einrichtungen setzen wollen, sind unbrauchbar.

Daß die Grünen sie dennoch als zukunftsweisend empfehlen, gibt Anlaß zur Sorge. Noch größere Sorge bereitet aber der radikale Fanatismus, mit dem einige grüne Fundamentalisten ihre weltfremden Utopien gegen den Willen der Bevölkerung durchsetzen wollen. Der ökoautoritäre Zwangsstaat ist eine Gefahr, die man nicht unterschätzen sollte.

Auf der anderen Seite ist das Papier von Wahlprogrammen geduldig. In der politischen Praxis sehen die Dinge oft anders aus, als es die rhetorische Radikalität parteiamtlicher Veröffentlichungen und das Eiferertum fundamentalistischer Redebeiträge vermuten lassen. Das gilt natürlich auch für die Grünen. Sie werden kaum alles durchsetzen können, was sie sich vorgenommen haben. Daran hindern sie nicht nur politische Gegner und die Rechtsordnung, sondern auch unumgängliche Zugeständnisse an die »Sachzwänge« und den Wählerwillen.

Außerdem dürfte auch der realpolitische Parteiflügel dafür sorgen, daß die fundamentalistischen Radikalen nicht zuviel Einfluß in der Partei gewinnen. Das könnte im günstigsten Fall dazu führen, daß die Grünen den utopischen Ballast abwerfen und mit Augenmaß vernünftige politische Reformen in Gang zu setzen versuchen. Gerade in der Familien- und Schulpolitik sind solche Reformen notwendig. Die grüne Programmatik enthält dafür viele überlegenswerte Empfehlungen, die berücksichtigt werden sollten. Das ist jedoch nicht einfach. Man muß sorgfältig die brauchbaren von den unbrauchbaren Reformvorschlägen unterscheiden. Soweit zu erkennen ist, dürfte man dabei zu folgendem Ergebnis gelangen: In manchen Detailfragen bietet die Programmatik der GRÜNEN wertvolle Hilfen, Anregungen und Vorschläge. Ihre großen Utopien und Zukunftsentwürfe sind jedoch illusionär. Sie schaden der Sache mehr, als daß sie ihr nützen. Ihre gesellschafts- und erziehungstheoretischen Wunschträume gaukeln eine Scheinwelt vor, die es niemals geben wird. Tiefgreifende Reformmaßnahmen, mit deren Hilfe sie verwirklicht werden sollen, wären zum Scheitern verurteilt. Sie hätten aller Wahrscheinlichkeit nach verheerende Auswirkungen für den einzelnen Bürger ebenso wie für die Gesellschaft als ganzes.

In der heutigen Lage geht es um die Unterscheidung der Geister. Man muß alles, was die GRÜNEN vorschlagen, sorgfältig prüfen. Das Gute und Nützliche sollte man behalten und das Unbrauchbare und Schädliche zurückweisen. Dafür können die vorhandenen Erkenntnisse der Empirischen Erziehungswissenschaft, der Psychologie, der Soziologie und anderer wissenschaftlicher Disziplinen herangezogen werden. In vielen Fällen gibt es genügend Daten, die bei der Unterscheidung von sinnvollen und unnützen Gesellschafts- und Erziehungstheorien und der mit ihnen einhergehenden Reformvorschläge hilfreich sein können.

Es ist zu hoffen, daß in Zukunft auch die GRÜNEN dieses empirische Wissen nutzen werden. Das könnte die dringend erforderliche »realistische Wende« in ihrer gesellschafts-, familien- und schulpolitischen Programmatik vorantreiben. Die GRÜNEN werden sie vollziehen müssen. Dann würde sich auch ihre offizielle familien- und schulpolitische Programmatik ändern, für die im Augenblick auf weite Strecken noch eine Bemerkung PAULSENS über den gesellschaftstheoretischen und pädagogischen Utopismus zutrifft: Es hat »wirklich etwas Überraschendes und Erheiterndes, . . . zu sehen, was sich alles in der Pädagogik . . . aufstellen läßt, sobald man die Gesichtspunkte des Nützlichen und Möglichen außer der Diskussion läßt«[1].

[1] PAULSEN 1965, 2. Bd., 242.

Literaturverzeichnis

ABELIN, ERNEST L.: The Role of the Father in the Separation-Individuation Process. In: McDEVITT, JOHN B./SETTLAGE, CALVIN F. (Hg.): Separation-Individuation. Essays in Honor of Margaret Mahler. New York 1971 (International Universities Press), 229–252.

Abmarsch in die »Grünen Paradiese«? Der Einfluß alternativer Ideen auf Wissenschaft und Forschung in der Bundesrepublik Deutschland. Ein Gespräch mit dem Bayerischen Staatsminister für Wissenschaft und Kunst, Professor Dr. Wolfgang Wild. In: Politische Studien, 38. Jg. (1987), H. 291, 6–13.

8 Forderungen. In: Die GRÜNEN im niedersächsischen Landtag, Schul-AG 1984, 80.

AEBLI, HANS: Grundlagen des Lehrens. Eine allgemeine Didaktik auf psychologischer Grundlage. Stuttgart 1987 (Klett-Cotta).

AG LEBEN OHNE SCHULE (Köln). In: ARBEITSGEMEINSCHAFT FREIE SCHULE/Die GRÜNEN, Landesverband Bayern 1983, 85.

AG Mütterpolitik: Leben mit Kindern – Mütter werden laut. Es ist allerhöchste Zeit für ein 6. Forum »Mütterpolitik« auf der Bundesfrauenkonferenz!!! In: mama-mia, 2. Rundbrief der AG Mütterpolitik, hrsgg. von der Bundesgeschäftsstelle der GRÜNEN, November 1987, ohne Seitenzählung.

AG Schulreform von unten: Grüne Bildungsutopie – Traum oder Wirklichkeit?! In: grüner basis-dienst, Jg. 1986, H. 4, 33 und 36f.

AHLHEIM, KLAUS: Verkopfung. In: Klasse, Körper, Kopfarbeit 1983, 148–150.

ALBERT, HANS: Theorie und Praxis. Max Weber und das Problem der Wertfreiheit und der Rationalität. In: ders.: Konstruktion und Kritik. Aufsätze zur Philosophie des kritischen Rationalismus. Hamburg 1972 (Hoffmann und Campe), 41–73.

– Traktat über rationale Praxis. Tübingen 1978 (Mohr).

ALT, ROBERT: Zum Problem der Unterrichtsmethode in der demokratischen Schule. In: Pädagogik, 2. Jg. (1947), 449–462.

ALTERNATIVE LISTE Berlin: Wahlprogramm zu den Neuwahlen am 10. Mai 1981. Berlin o. J. [1981] (Selbstverlag).

– Schulprogramm der Alternativen Liste. o. O. o. J. [Berlin 1985] (Selbstverlag).

– (Hg.): Das Kurzprogramm der Alternativen Liste. Die Kandidatinnen und Kandidaten für das Abgeordnetenhaus. Berlin 1989 (Selbstverlag).

AMERY, CARL: Sozialethik und ökologische Perspektive. In: OPIELKA 1985, 93–99.

APPLE, MICHAEL W.: Series editor's introduction. In: LISTON 1988, 1–6 und 175f.

ARBEITSGEMEINSCHAFT FREIE SCHULE/Die GRÜNEN, Landesverband Bayern (Hg.): Zukunftsorientierte Bildungspolitik. Dokumentation des 1. Regensburger Kongresses vom 17.–19. Sept. 1982: Freie Schule – eine notwendige Alternative zum herkömmlichen Schulsystem. Traitsching/München 1983 (Selbstverlag) (hier zit. als 1982).

ARBEITSGEMEINSCHAFT FREIE SCHULE/Die GRÜNEN, Landesverband Bayern (Hg.): Zukunftsorientierte Bildungspolitik. Dokumentation des 2. Regensburger Kongresses vom 17.–19. Juni 1983: Freie Schule – eine notwendige Alternative zum herkömmlichen Schulsystem. Traitsching/München 1983 (Selbstverlag).

AUERNHEIMER, RICHARD: Gemeinwesenorientierung. In: ZIMMER, JÜRGEN (Hg.): Erziehung in früher Kindheit. Stuttgart 1985 (Klett-Cotta), 314–319.

AURIN, KURT: Was heißt »Humanisierung der Schule«? In: Zeitschrift für Pädagogik, 23. Jg. (1977), 757–772.

– Wichtigste Ergebnistendenzen der neuesten Schulvergleichsuntersuchungen – Ende 1981 bis 1986. In: ders. (Hg.): Schulvergleich in der Diskussion. Stuttgart 1987 (Klett-Cotta), 171–191.

BADINTER, ELISABETH: Die Mutterliebe. Geschichte eines Gefühls vom 17. Jahrhundert bis heute (1980). München/Zürich 1981 (Piper).

BAHRO, RUDOLF: Logik der Rettung. Wer kann die Apokalypse aufhalten? Ein Versuch über die Grundlagen ökologischer Politik. Stuttgart/Wien 1987 (Edition Weitbrecht).

BALBUS, ISAAC: Das Dreieck der neuen sozialen Bewegungen: Feminismus, Ökologie und Basisdemokratie. In: WOLF SCHÄFER 1983, 49–61.

BALLAUF, THEODOR: Lehrer sein einst und jetzt. Auf der Suche nach dem verlorenen Lehrer. Essen 1985 (Neue Deutsche Schule).

BALLEIS, SIEGFRIED: Vorwort des Herausgebers. In: SCHRÜFER, GERTRUD: Die GRÜNEN im Deutschen Bundestag. Anspruch und Wirklichkeit. Analyse der parlamentarischen Arbeit der GRÜNEN: Rotationsprinzip, Basisdemokratie u. imperatives Mandat. Nürnberg 1985 (Pauli-Balleis), III–XIX.

BAMBERY, CHRIS: The Myths of Entrism. In: Socialist Worker Review, Jg. 1985, H. 79, 23.

BANNAS, GÜNTER: Als schriebe man jetzt 1971. Der jugendpolitische Katalog der GRÜNEN. In: Frankfurter Allgemeine Zeitung, Jg. 1987, Nr. 193/34 D vom 22. August 1987, 10.

BARABAS, FRIEDRICH/BARABAS, WILLI: »Strafe muß sein«? Über staatliches Gewaltmonopol und Basisjustiz. In: HORX/SELLNER/STEPHAN 1983, 73–89.

BARTMANN, BERNHARD: Freie Schulen – eine notwendige Alternative. In: HORNIG/WAGNER 1983, 42–50.

BARTSCH, GÜNTER: Anarchismus. In: GUTJAHR-LÖSER/HORNUNG 1985, 15–19.

BARZ, HELMUT: Männersache. Kritischer Beifall für den Feminismus. Zürich 1984 (Kreuz).

BECHER, URSULA A. J./RÜSEN, JÖRN (Hg.): Weiblichkeit in geschichtlicher Perspektive. Fallstudien und Reflexionen zu Grundproblemen der historischen Frauenforschung. Frankfurt am Main 1988 (Suhrkamp).

BECKER, EGON: Pädagogischer Universalismus in den neuen sozialen Bewegungen. In: TENORTH, HEINZ-ELMAR (Hg.): Allgemeine Bildung. Analysen zu ihrer Wirklichkeit, Versuche über ihre Zukunft. Weinheim/München 1986 (Juventa), 251–266.

BECKER, RUTH: Befreiung durch Konsumverzicht – konsequent zu Ende gedacht. Provokantes zu einem ökofeministischen circulus vitiosus. In: beiträge zur feministischen theorie und praxis, 11. Jg. (1988), H. 21/22, 153–156.

BECKER, WERNER: Moral und Politik. In: BR gehört gelesen. Die besten Sendungen des Bayerischen Rundfunks, 34. Jg. (1987), Ausgabe Juli 1987, 39–52.

BEHR, MICHAEL/JESKE, WERNER: Schul-Alternativen. Modelle anderer Schulwirklichkeit. Düsseldorf 1982 (Schwann).

BELTZ, MATTHIAS: »Nur die Lumpe sind bescheiden«. Avantgarde, Elite und ich. In: HORX/SELLNER/STEPHAN 1983, 90–102.

– Unsere Toten. Ein Requiem. In: HORX 1989, 58–65.

BENNHOLDT-THOMSEN, VERONIKA: Die Ökologiefrage ist eine Frauenfrage. Zum

Zusammenhang von Umweltzerstörung, Kapitalakkumulation und Frauenverachtung. In: Die GRÜNEN im Bundestag, Arbeitskreis Frauenpolitik 1987, 29–38.

BERBER, FRIEDRICH (Hg.): Völkerrechtliche Verträge. München [3]1983 (Deutscher Taschenbuch-Verlag).

BERCHTOLD, KLAUS (Hg.): Human Rights in International Law. Collected Texts. Wien 1978 (Österreichische Staatsdruckerei).

BERGER, BRIGITTE/BERGER, PETER L.: In Verteidigung der bürgerlichen Familie (1983). Frankfurt am Main 1984 (Fischer).

BERGER, PETER L./BERGER, BRIGITTE/KELLNER, HANSFRIED: Das Unbehagen in der Modernität (1973). Frankfurt/New York 1987 (Campus).

BERGHAHN, EYKE/DEUTSCHMANN, ROLF/JOHANNSEN, THOMAS/WIESE, MICHAEL: Ein grünes Konzept gegen Jugendarbeitslosigkeit. In: DICK/KEESE-PHILIPPS/PREUSS-LAUSITZ 1986, 106–125.

Berliner Kinderläden. Antiautoritäre Erziehung und sozialistischer Kampf. Köln/Berlin 1970 (Kiepenheuer & Witsch).

BERNDT, JÖRG/BUSCH, DIRK W./SCHÖNWÄLDER, HANS-GEORG (Hg.): Schul-Arbeit. Belastung und Beanspruchung von Schülern. Braunschweig 1982 (Westermann).

BERNHARD, ARMIN: Herrschaft und Emanzipation. Zum dialektischen Verhältnis von Bildung und Gesellschaft und seinen bildungspolitischen Konsequenzen. Ansatzpunkte ökosozialistischer Bildungspolitik. In: Die GRÜNEN, Bundesarbeitsgemeinschaft Bildung 1987, 46–49.

– Was heißt Verantwortung der Wissenschaft für die Pädagogik? Pädagogische Verantwortung als Grundlage einer emanzipationsorientierten Bildungspolitik. In: Die GRÜNEN, Bundesarbeitsgemeinschaft Bildung 1987, 63–66 (hier 1987 a).

BERNINGHAUSEN, JUTTA/KERSTAN, BIRGIT: Wer die Wahl hat, hat die Qual. Mütter und Töchter – Eine Geschichte über die Veränderung von Lebensbedingungen und soziale Normen in Mitteljava. In: beiträge zur feministischen theorie und praxis, 11. Jg. (1988), H. 21/22, 183–189.

BERNSTORFF, ANDREAS: Natur als Aufgabe. Überlegungen zu einem vernünftigen Naturverhältnis. In: HESSE/WIEBE 1988, 260–275.

BETTELHEIM, BRUNO: Die Kinder der Zukunft. Gemeinschaftserziehung als Weg einer neuen Pädagogik (1969). Wien/München/Zürich 1971 (Molden).

BIERETT, RALPH: Innen- und Gesellschaftspolitik der GRÜNEN. In: GOTTO/VEEN 1984, 37–53.

– Bildung. In: GÖBEL/SCHLAFFKE 1985, 113–118.

– Zwischen Schlaraffenland und Zwangsverzicht. Die Wirtschaftsprogrammatik der GRÜNEN. In: LANGNER 1987, 367–396.

BIERHOFF-ALFERMANN, DOROTHEE: Androgynie. Möglichkeiten und Grenzen der Geschlechterrollen. Opladen 1989 (Westdeutscher Verlag).

Bildung in Freiheit, Gleichheit und Solidarität. Das sozialdemokratische Verständnis von Bildung. Beschluß der Kommission für Bildungspolitik beim Parteivorstand der SPD vom 11. März 1986. In: Bildung und Politik. Forum für sozialdemokratische Pädagogik. Berlin 1987, 26–51.

BLEIDICK, ULRICH: Sonderschule. In: SKIBA/WULF/WÜNSCHE 1983, 270–287.

– Betrifft Integration: behinderte Schüler in allgemeinen Schulen. Konzepte der Integration: Darstellung und Ideologiekritik. Berlin 1988 (Marhold).

BOCK, GISELA/DUDEN, BARBARA: Arbeit aus Liebe – Liebe als Arbeit: Zur Entstehung der Hausarbeit im Kapitalismus. In: Gruppe Berliner Dozentinnen (Hg.): Frauen und Wissenschaft. Beiträge zur Berliner Sommeruniversität für Frauen, Juli 1976. Berlin 1977 (Courage), 118–199.

BÖHR, CHRISTOPH: Spätfolgen des Utopismus. Politik auf den Spuren des Alltäglichen. In: Die politische Meinung, 33. Jg. (1988), H. 240, 11–16.

Boger, Horst Wolfgang: Die »Neue Rechte« Aufklärung. In: liberal, 28. Jg. (1986), H. 2, 93–95.

Bollnow, Otto Friedrich: Die anthropologische Betrachtungsweise in der Pädagogik. Essen 1965 (Neue Deutsche Schule).

Bopp, Jörg: Die Mamis und die Mappis. Zur Abschaffung der Vaterrolle. In: Kursbuch, Nr. 76 (1984), 53–74.

Borchardt, Knut: Vorwort. In: Hoffmann-Nowotny 1977, 5–7.

Borneman, Ernest: Mann kaputt? In: Körner/Kübler 1984, 17–24.

Bornemann, Ernst: Erziehung im Umbruch der Zeit. In: Arbeitsgemeinschaft Freie Schule/Die Grünen, Landesverband Bayern 1982, 11–18.

– Entwurf für eine Präambel. In: Hornig/Wagner 1983, 53–60.

Brand, Christoph/Gleumes, Hermann: Mit Kommunisten und Grünen in die 90er Jahre? Strukturen und Entwicklungstendenzen des linksradikalen Bündnisgeflechts an den Hochschulen der Bundesrepublik Deutschland. Erlangen 1986 (Union Aktuell Verlags- und Werbegesellschaft).

Brand, Karl-Werner/Büsser, Detlef/Rucht, Dieter: Aufbruch in eine andere Gesellschaft. Neue soziale Bewegungen in der Bundesrepublik. Aktualisierte Neuausgabe, Frankfurt/New York 1986 (Campus).

– /Honolka, Harro: Ökologische Betroffenheit, Wahlkampf und Wahlentscheidung. Ergebnisse einer qualitativen Studie zur Bundestagswahl 1983. In: Falter/Fenner/Greven 1984, 381–390.

– /Honolka, Harro: Ökologische Betroffenheit, Lebenswelt und Wahlentscheidung. Plädoyer für eine neue Perspektive der Wahlforschung am Beispiel der Bundestagswahl 1983. Opladen 1987 (Westdeutscher Verlag).

Braunmühl, Ekkehard von: Antipädagogik. Studien zur Abschaffung der Erziehung. Weinheim/Basel 1975 (Beltz).

– Nicht mehr das Opfer spielen. Die andere Hälfte der »Antipädagogik«: auch Kinder sind eigenständige Wesen. In: Arbeitsgemeinschaft Freie Schule/Die Grünen, Landesverband Bayern 1983, 90f.

Brazelton, T. Berry: Working Parents. One of America's Leading Pediatricians Tells How to Cope With the Stresses of Jobs and Family Life. In: Newsweek, Jg. 1989, H. 7, 40–44.

Breiteneicher, Hille Jan/Mauff, Rolf/Triebe, Manfred/Autorenkollektiv Lankwitz: Kinderläden. Revolution der Erziehung oder Erziehung zur Revolution? 31.–40. Tsd., Reinbek bei Hamburg 1971 (Rowohlt).

Brembeck, Cole S.: Social Foundations of Education. Environmental Influences in Teaching and Learning. New York/London/Sydney/Toronto ²1971 (Wiley).

Brezinka, Wolfgang: Die Stellung der Pädagogik im Erziehungsnotstand unserer Zeit. In: Praxis der Kinderpsychologie und Kinderpsychiatrie, 3. Jg. (1954), 177–181.

– Erziehung in unserer Zeit. In: ders.: Der Erzieher und seine Aufgaben. Reden und Aufsätze zur Erziehungslehre und Erziehungspolitik. Stuttgart 1966 (Klett), 13–31.

– Erziehung als Lebenshilfe. Eine Einführung in die pädagogische Situation. 8., gegenüber der 3. unveränderte Auflage, Wien 1971 (Österreichischer Bundesverlag).

– Die Pädagogik der Neuen Linken. Analyse und Kritik. 6., verbesserte Auflage, München/Basel 1981 (Reinhardt).

– Erziehungsziele, Erziehungsmittel, Erziehungserfolg. Beiträge zu einem System der Erziehungswissenschaft. 2., verbesserte und erweiterte Auflage, München/Basel 1981 (Reinhardt) (hier zit. als 1981a).

– Grundbegriffe der Erziehungswissenschaft. Analyse, Kritik, Vorschläge. 4., verbesserte Auflage, München/Basel 1981 (Reinhardt) (hier zit. als 1981 b).
– Erziehung in einer wertunsicheren Gesellschaft. Beiträge zur Praktischen Pädagogik. 2., verbesserte Auflage, München/Basel 1986 (Reinhardt).
– Tüchtigkeit. Analyse und Bewertung eines Erziehungszieles. München/Basel 1987 (Reinhardt).
– Erziehung – Kunst des Möglichen. Beiträge zur Praktischen Pädagogik. 3., verbesserte und erweiterte Auflage, München/Basel 1988 (Reinhardt).
– »Ausgewogene Bildung« in einer wertunsicheren Gesellschaft. In: Pädagogische Rundschau, 43. Jg. (1989), 541–558.
– »Konflikterziehung«. Zur Analyse und Kritik eines neuen pädagogischen Schlagwortes. In: ders.: Aufklärung über Erziehungstheorien. Beiträge zur Kritik der Pädagogik. München/Basel 1989 (Reinhardt), 303–320 (hier zit. als 1989 a).

BROCKMEYER, RAINER: Mittelpunktschule. In: SKIBA/WULF/WÜNSCHE 1983, 510–513.

BRONNEN, BARBARA: Mütter ohne Männer. Neue Beziehungen zwischen Mann und Frau. Düsseldorf/Wien 1978 (Econ).

BRUNER, JEROME SEYMOUR: Toward a Theory of Instruction. Cambridge, Massachusetts 1966 (Belknap Press).

BRUNKHORST, HAUKE: Alternativpädagogik und neoromantische Kulturkritik. Einige Thesen zum Verhältnis von Selbstobjektivierung, Selbstbestimmung und Selbstverwirklichung in der Erziehung. In: JÜRGENSMEIER 1986, 107–128.

BUCHBERGER, GERDA: Lohnt sich der Kampf und Widerstand? Spirituelles aus Theorie und Praxis. In: Die GRÜNEN im Bundestag, Arbeitskreis Frauenpolitik 1987, 163 f.

BÜHL, WALTER L.: Krisentheorien. Politik, Wirtschaft und Gesellschaft im Übergang. Darmstadt 1984 (Wissenschaftliche Buchgesellschaft).

Bürgerliches Gesetzbuch. München [30]1987 (Deutscher Taschenbuch-Verlag).

BÜRKLIN, WILHELM P.: Ansatzpunkte einer sozialstrukturellen Verankerung der neuen sozialen Bewegungen. In: FALTER/FENNER/GREVEN 1984, 566–579.

Der Bundesminister des Innern (Hg.): Verfassungsschutzbericht 1987. Bonn 1988 (Selbstverlag).

Bundesprogramm Die GRÜNEN. Bildung (1983). In: Dokumentation grün-alternative Bildungspolitik 1983, Dok. 1, mit eigener Seitenzählung.

Bundesschülervertretung (BSV): Zur Einschätzung des Vorstandes der Bundesschülervertretung zu den Schülerprotesten bis zum 11. 6. 87. In: Die GRÜNEN Schleswig-Holstein 1987 a, 14–16.

Bundesvorstand der Europäischen Arbeiterpartei (Hg.): Stoppt die grüne Gefahr! Die historischen Wurzeln des grünen Faschismus. Wiesbaden o. J. [ca. 1982] (Selbstverlag).

BUSS, ARNOLD H.: Die Quittung der Aggression. In: SINGER, JEROME L. (Hg.): Steuerung von Aggression und Gewalt. Kognitive und physiologische Faktoren (1971). Frankfurt am Main 1972 (Akademische Verlagsgesellschaft), 20–33.

BUSSFELD, BARBARA/KÜHN, RUTH/PINL, CLAUDIA/UNMÜSSIG, BARBARA/ZIMMERMANN, DANIELA: Editorial. In: Die GRÜNEN im Bundestag, Arbeitskreis Frauenpolitik 1987, 7–12.

CAPRA, FRITJOF: Die Bedeutung der GRÜNEN für die Welt. In: SPRETNAK 1985, 7–28.

CLASS, WOLFGANG: Gibt es ein GRÜNES Menschenbild? In: Die GRÜNEN Bayern, Landesarbeitskreis Bildung-Wissenschaft-Kultur 1986, 9–11.

CLEMENS, CLAY: The Green Program for German Society and International Affairs. In: PFALTZGRAFF/HOLMES/CLEMENS/KALTEFLEITER 1983, 47–85.

CHRISTLICHE LIGA: Landtagswahl [1988] in Baden-Württemberg, Christen in den Landtag! Faltblatt, Höfen o. J.

CRIGHTON, ELIZABETH/MASON, DAVID S.: Solidarity and the Greens: The Rise of New Social Movements in East and West Europe. In: Research in Social Movements, Conflicts and Change, 9. Jg. (1986), 155–175.

CZESKLEBA-DUPONT, ROLF: Was man unbedingt kennen sollte, um die GRÜNEN zu verstehen – Ökologische Kritik 1962–1976. In: Das Argument, 21. Jg. (1979), Nr. 118, 830–845.

DACHS, HERBERT: Bürgerlisten und Grün-Alternative Parteien in Österreich. In: PELINKA, ANTON/PLASSER, FRITZ (Hg.): Das österreichische Parteiensystem. Wien/Köln/Graz 1988 (Böhlau), 181–207.

DANN, HEIDEMARIE: Erfahrungen aus dem Bundestag. In: RICHARDSEN/MICHALIK 1985, 70–74.

DECTER, MIDGE: The New Chastity and Other Arguments Against Women's Liberation. London 1973 (Wildwood House).

DERBOLAV, JOSEF: Die Misere der Politischen Bildung. Der Widerstreit zwischen Erziehung *durch* Politik und Erziehung *zur* Politik. In: ders.: Fehlentwicklungen . . .? Kritische Steifzüge durch die politisch-pädagogische Landschaft der Deutschen Bundesrepublik. Würzburg 1984 (Königshausen + Neumann), 78–118.

DEWE, BERND/FERCHHOFF, WILFRIED: Die Lust am Schein – Postmodernistische Notizen über Trends, Geschmäcker und Redensarten unter Pädagogen. In: BAACKE, DIETER/FRANK, ANDREA/FRESE, JÜRGEN/NONNE, FRIEDHELM (Hg.): Am Ende – postmodern? Next Wave in der Pädagogik. Weinheim/München 1985 (Juventa), 42–70.

DICK, LUTZ VAN: Alternativschulen. Information, Probleme, Erfahrungen. Reinbek bei Hamburg 1979 (Rowohlt).

– Aus der Geschichte lernen. In: DICK/KEESE-PHILIPPS/PREUSS-LAUSITZ 1986, 29–41.

– /KEESE-PHILIPPS, HENNING/PREUSS-LAUSITZ, ULF (Hg.): Ideen für grüne Bildungspolitik. Weinheim/Basel 1986 (Beltz).

DIEMER, NIKO: Sozialstaat kaputt – Alternativen in rot und grün. In: OPIELKA/SCHMOLLINGER/FOHMANN-RITTER 1984, 312–318.

DIENST, KARL: Wer hat recht? Kirchengeschichte in der Predigt. In: Jahrbuch der Hessischen Kirchengeschichtlichen Vereinigung, 39. Bd. (1988), 99–103.

– Einmal aus der Schule geplaudert . . . In: Der evangelische Erzieher, 41. Jg. (1989), 167–173.

– Sündenerkenntnis und/oder Heilung der Erinnerung? In: ibw-journal, Zeitschrift des Deutschen Instituts für Bildung und Wissen, 27. Jg. (1989), H. 3, 13–19 (hier zit. als 1989a).

DIETL, MANFRED: Autonomie und Erziehung im frühen Kindesalter. Zur Bedeutung der psychoanalytischen Autonomiediskussion für die frühkindliche Erziehung. Weinheim 1987 (Deutscher Studien-Verlag).

DITFURTH, JUTTA: Träumen – Kämpfen – Verwirklichen. Politische Texte bis 1987. Köln 1988 (Kiepenheuer & Witsch).

DÖPP, HANS-JÜRGEN: Narziß: Oder ein neuer Sozialisationstypus? In: päd. extra, Jg. 1978, H. 1, 24–33.

DÖRMANN, JÜRGEN/EURICH, CLAUS: Neue Technologien und Bildungsprozesse. In: DICK/KEESE-PHILIPPS/PREUSS-LAUSITZ 1986, 126–141.

Dokumentation grün-alternative Bildungspolitik. Wahlprogramme, Initiativen, Grundsatzpapiere von den Landesverbänden der Partei Die GRÜNEN und von der

Alternativen Liste Berlin. Zusammengestellt von ULF PREUSS-LAUSITZ. Photomechanisch vervielfältigte Dokumentensammlung, Berlin 1983 (Institut für Erziehung, Unterricht und Ausbildung am Fachbereich 22 der TU Berlin).

DORMANN, FRANZ: Vorwort. In: MENGELKAMP 1985, ohne Seitenzählung.

DRÄGER, KLAUS/HÜLSBERG, WERNER: Aus für Grün? Die grüne Orientierungskrise zwischen Anpassung und Systemopposition. Frankfurt am Main 1986 (isp-Verlag).

DREHER, EDUARD/TRÖNDLE, HERBERT: Strafgesetzbuch und Nebengesetze. 43., neubearbeitete Auflage, München 1986 (Beck).

DREWITZ, INGEBORG: Nachkriegsutopien – hatten wir die? Waren es Frauen-Utopien? In: VOLLMER 1986, 120–125.

DUBIEL, HELMUT/ELFFERDING, WIELAND/KADRITZKE, ULF/OUBAID, MONIKA/SCHRAMM, HILDE: Streitschrift gegen die »Akademie der Wissenschaften zu Berlin«. Ein Lehrstück neokonservativer Wissenschaftspolitik. Berlin 1986 (Alternative Liste, Fraktion des Abgeordnetenhauses von Berlin).

DUDEK, PETER: Nationalromantischer Populismus als Zivilisationskritik. Eine Antwort auf Henning Eichberg. In: WOLF SCHÄFER 1983, 27–35.

EBERMANN, THOMAS: ». . . sich nicht erschrecken zu lassen von Begriffen, das ist schon mein Traum«. Als linker Religionskritiker bei den GRÜNEN (Interview). In: HESSE/WIEBE 1988, 130–145.

– /TRAMPERT, RAINER: Die Zukunft der GRÜNEN. Ein realistisches Konzept für eine radikale Partei. Hamburg 1984 (Konkret Literatur).

EHLERDING, HEIDRUN: Freie Schule Nürnberg e. V. In: ARBEITSGEMEINSCHAFT FREIE SCHULE/Die GRÜNEN, Landesverband Bayern 1983, 33–35.

EIBL-EIBESFELDT, IRENÄUS: Der Mensch – das riskierte Wesen. Zur Naturgeschichte menschlicher Unvernunft. München/Zürich 1988 (Piper).

Einigkeit und Grün und Freiheit. Ökolibertäre GRÜNE Gründungserklärung. In: grüner basis-dienst, Jg. 1984, H. 3, 21–26.

EISEL, STEPHAN: Zum Demokratieverständnis der GRÜNEN. In: GOTTO/VEEN 1984, 85–102.

– Die Gefahr des Irrationalen. Wie die GRÜNEN der ideologischen Versuchung erliegen. In: LANGNER 1987, 249–282.

ENDERS-DRAGÄSSER, UTA: Arbeitskonkurrenz und Frauenspaltung in der Schule: Ein blinder Fleck in der Mütterdiskussion. In: beiträge zur feministischen theorie und praxis, 11. Jg. (1988), H. 21/22, 117–126.

ENGERT, STEFFI: Frauen in Osteuropa. Alltag und Emanzipation in der Zweiten Welt. In: Die GRÜNEN im Bundestag, Arbeitskreis Frauenpolitik 1987, 177–184.

ENZENSBERGER, ULRICH: Macht? Nein danke –? In: Kursbuch, Nr. 74 (1983), 105–115.

ERLER, GISELA ANNA: Einige – vielleicht gar nicht »feministische« – Anmerkungen zur Familienpolitik in der Bundesrepublik. In: beiträge zur feministischen theorie und praxis, 2. Jg. (1979), H. 2, 11–37.

– Frauenzimmer. Für eine Politik des Unterschieds. Berlin 1985 (Wagenbach).

– »Fast-Food und Kantinenfutter«. Die Familienforscherin Gisela Anna Erler über die Frauen-Programme der Bonner Parteien. In: Der Spiegel, 40. Jg. (1986), H. 51, 34–38.

ERNST, HARTMUT: Fragebogenaktion des LAK Bildung an Münchner Gymnasien. In: Die GRÜNEN Bayern, Landesarbeitskreis Bildung-Wissenschaft-Kultur 1986, 48f.

ERNST, KARIN: Risse in der Mauer . . . Leben lernen in der Stadtteilschule. In: DICK/KEESE-PHILIPPS/PREUSS-LAUSITZ 1986, 56–72.

FALKENBERG, GABRIEL: Zehn Thesen zu einem grünen Bildungsbegriff. In: FALKENBERG, GABRIEL/KERSTING, HEINER (Hg.): Eingriffe im Diesseits. Beiträge zu einer radikalen grünen Realpolitik. Essen 1985 (Klartext-Verlag), 137–139.

FALTER, JÜRGEN W./FENNER, CHRISTIAN/GREVEN, MICHAEL TH. (Hg.): Politische Willensbildung und Interessenvermittlung. Verhandlungen der Fachtagung der Deutschen Vereinigung für Politische Wissenschaft vom 11.–13. Oktober 1983 in Mannheim. Opladen 1984 (Westdeutscher Verlag).

Familienpolitik – Wohin? Familienpolitische Podiumsdiskussion unter Vertreterinnen und Vertretern der Parteien CSU, Die GRÜNEN, FDP und SPD. In: SCHULZE/MAYER 1987, 133–153.

FANTINI, MARIO: Foreword. In: MINZEY/LeTARTE 1979, VIIf.

FARSON, RICHARD: Menschenrechte für Kinder. Die letzte Minderheit (1974). München 1975 (Desch).

FAUSTO-STERLING, ANNE: Gefangene des Geschlechts? Was biologische Theorien über Mann und Frau sagen (1985). München/Zürich 1988 (Piper).

FEE, ELIZABETH: Women's Nature and Scientific Objectivity. In: LOWE/HUBBARD 1983, 9–27.

FEGERT, JÖRG MICHAEL: Sexueller Mißbrauch von Kindern. In: Praxis der Kinderpsychologie und Kinderpsychiatrie, 36. Jg. (1987), 164–170.

FEND, HELMUT: Gesellschaftliche Bedingungen schulischer Sozialisation. Weinheim/Basel 1974 (Beltz).

– Sozialer Wandel in Erziehungsbedingungen und Mentalitäten der Lehrerschaft von den 60er zu den 80er Jahren. In: BASTIAN, JOHANNES (Hg.): 1968–1988: Eine Pädagogen-Generation zieht Bilanz. Hamburg 1988 (Bergmann + Helbig), 102–118.

– /PRESTER, HANS-GEORG: Wie wird man Grünwähler? Sozialer Wandel und Sozialisation von Parteipräferenzen. In: Schweizerische Zeitschrift für Soziologie, 11. Jg. (1985), 373–390.

FETSCHER, IRING: Haben die »GRÜNEN« Angst vor der Macht? Anmerkungen eines besorgten Sozialdemokraten. In: Freibeuter, Nr. 29 (1986), 147–149.

FICHTNER, OTTO: Fette Rezepte – magere Kost. Die Malaise deutscher Familienpolitik. In: Texte der Ansprachen zum zehnjährigen Bestehen der »Deutschen Liga für das Kind in Familie und Gesellschaft« am 24. Oktober 1987 in Bonn. Photomechanisch vervielfältigte Maschinenschrift, Bonn 1987 (Deutsche Liga für das Kind in Familie und Gesellschaft), mit eigener Seitenzählung.

FILTZINGER, OTTO/SCHÄFER, HELMUT M./SEIBEL, FRIEDRICH W.: Vorwort der Herausgeber. In: HEUTER 1987, ohne Seitenzählung.

FISCHER, JOSCHKA: Von grüner Kraft und Herrlichkeit. 11.–14. Tsd., Reinbek bei Hamburg 1984 (Rowohlt).

– Durchs wilde Kurdistan (1979). In: FISCHER 1984, 14–27 (hier zit. als 1984a).

– Der Krampf als inneres Erlebnis (1982). In: FISCHER 1984, 54–60 (hier zit. als 1984b).

– Für einen grünen Radikalreformismus (1983). In: FISCHER 1984, 119–135 (hier zit. als 1984c).

– Der grüne Wahlverein (1984). In: DUVE, FREIMUT (Hg.): Aufbrüche. Die Chronik der Republik 1961 bis 1986. 16.–22. Tsd., Reinbek bei Hamburg 1986 (Rowohlt), 177–182.

FISCHER, LUTZ: Wie kann denn die Schule schöner und lebendiger sein? Die GRÜNEN entdecken das »alte« Thema Bildungspolitik. In: Frankfurter Rundschau, 44. Jg. (1988), Nr. 272 vom 22. November 1988, 10.

FISHER, ROBERT T.: Classical Utopian Theories of Education. New York 1963 (Bookman Associates).

FLAMMER, AUGUST: Entwicklungstheorien. Psychologische Theorien der menschlichen Entwicklung. Bern/Stuttgart/Torono 1988 (Huber).

FLITNER, ANDREAS: Konrad, sprach die Frau Mama . . . Über Erziehung und Nicht-Erziehung. Berlin 1982 (Severin und Siedler).

FOGT, HELMUT: Die GRÜNEN in den Parlamenten der Bundesrepublik. Ein Soziogramm. In: Zeitschrift für Parlamentsfragen, 14. Jg. (1983), 500–517.

– Die Mandatsträger der GRÜNEN. Zur sozialen und politischen Herkunft der alternativen Parteielite. In: Aus Politik und Zeitgeschichte, Beilage zur Wochenzeitung »Das Parlament«, Jg. 1986, B 11 vom 15. März 1986, 16–33.

– Die GRÜNEN und die Neue Linke. Zum innerparteilichen Einfluß des organisierten Linksextremismus. In: LANGNER 1987, 129–208.

FRANZKE, REINHARD/MUTSCHELLER, EBERHARD/HORST, HELMUT/BOTZUM, KLAUS: Ökologie und Schule. Überlegungen zu einer ökologischen Bildungskonzeption. In: Die GRÜNEN, Bundesarbeitsgemeinschaft Bildung 1987, 22–32.

– Das Echo auf »Ökologie und Schule«. Nachtrag aus gegebenem Anlaß. In: Die GRÜNEN, Bundesarbeitsgemeinschaft Bildung 1987, 32f. (hier zit. als 1987a).

FREIE SCHULE BOCHUM e. V.: Schule ohne Angst – Lernen mit Freude. In: ARBEITSGEMEINSCHAFT FREIE SCHULE/Die GRÜNEN, Landesverband Bayern 1983, 83–85.

FREIE SCHULE FRANKFURT: Zur Entwicklung der Freien Schule. In: ARBEITSGEMEINSCHAFT FREIE SCHULE/Die GRÜNEN, Landesverband Bayern 1983, 25–29.

FREIRE, PAULO: Pädagogik der Unterdrückten. Stuttgart/Berlin ²1972 (Kreuz).

– Erziehung als Praxis der Freiheit (1967). Stuttgart/Berlin 1974 (Kreuz).

– Dialog als Prinzip. Erwachsenenalphabetisierung in Guinea Bissau. Wuppertal 1980 (Jugenddienst-Verlag).

FREUD, SIGMUND: Gesammelte Werke, Bd. 15: Neue Folge der Vorlesungen zur Einführung in die Psychoanalyse (1932). Hrsgg. von ANNA FREUD, EDWARD BIBRING und ERNST KRIS. Frankfurt am Main ³1961 (Fischer).

FREY, ULRICH: Antworten an die Linke. Handbuch der Argumente. Bern 1981 (Edition Erpf).

FREYER, HANS: Theorie des gegenwärtigen Zeitalters. 14.–16. Tsd., Stuttgart 1963 (Deutsche Verlags-Anstalt).

FRIEDRICH, KARL: Die Wirtschafts- und Sozialpolitik der GRÜNEN. In: Die GRÜNEN. Programmatik – Strategie – Taktik 1988, 82–91.

FRIEDRICH-NAUMANN-STIFTUNG (Hg.): Dokumentation GRÜNE und Gewalt. Königswinter/Sankt Augustin 1987 (COMDOK Verlagsabteilung).

FRIESEN, JOHN W./WIELER, EDITH ELIZABETH: New Robes for an Old Order: Multicultural Education, Peace Education, Cooperative Learning and Progressive Education. In: Journal of Educational Thought, 22. Jg. (1988), H. 1, 46–56.

FROMM, ERICH: Theoretische Entwürfe über Autorität und Familie: Sozialpsychologischer Teil. In: HORKHEIMER, MAX (Hg.): Studien über Autorität und Familie. Paris 1936 (Alcàn), 77–135.

– Vorwort. In: NEILL 1970, 11–18.

FUHS, KLAUS: Sind Grundwerte Leerformeln? Bedeutungen und parteispezifische Verwendungen politischer Grundwerte-Lexeme in der Bundesrepublik Deutschland. Frankfurt am Main/Bern/New York/Paris 1987 (Lang).

GALTUNG, JOHAN: Strukturelle Gewalt. Beiträge zur Friedens- und Konfliktforschung. 14.–16. Tsd., Reinbek bei Hamburg 1977 (Rowohlt).

– Gewalt, Frieden und Friedensforschung (1969). In: GALTUNG 1977, 7–36 und 137–145 (hier zit. als 1977a).

– Friedensforschung: Vergangenheitserfahrungen und Zukunftsperspektiven (1971). In: GALTUNG 1977, 37–59 und 150–152 (hier zit. als 1977b).

– Christentum und der Kampf für Frieden (1972). In: GALTUNG 1977, 70–91 und 152 (hier zit. als 1977c).

GASSMANN, LOTHAR: Die GRÜNEN – eine Alternative? Kritische Überlegungen. Neuhausen-Stuttgart ³1987 (Hänssler).

GEIPERT, WINNIE: Das Graue im Grün. In: Kursbuch, Nr. 74 (1983), 69–76.

GEISSLER, ERICH E.: Erziehung und Verantwortung. Köln 1978 (Adamas).

GERHARDT, MARLIS: Zurück ins Paradies? Die Züricher Psychoanalytikerin Alice Miller und ihre Antipädagogik. In: ARBEITSGEMEINSCHAFT FREIE SCHULE/Die GRÜNEN, Landesverband Bayern 1983, 88f.

GIESECKE, HERMANN: Aufklärung und Subjektivität. Zur Kritik der gegenwärtigen Reformpädagogik. In: ders. (Hg.): Ist die bürgerliche Erziehung am Ende? München 1977 (List), 163–175.

GILDER, GEORGE F.: Sexual Suicide. New York 1973 (Quadrangle/The New York Times Book Co.).

– Reichtum und Armut. Berlin 1981 (Severin und Siedler).

GISSRAU, BARBARA: Wenn der Bauch die Seele aufreißt . . . Psychoanalyse während einer Schwangerschaft. In: beiträge zur feministischen theorie und praxis, 11. Jg. (1988), H. 21/22, 103–114.

GLÜCK, ALOIS: Anpacken statt Aussteigen. Plädoyer für eine Vorwärtsstrategie. o. O. [München] ⁵1986 (Hanns-Seidel-Stiftung).

– /HUTTNER, KARLTHEODOR: GRÜNE und Bunte. Die totalitäre Herausforderung. o. O. [München] 1983 (Hanns-Seidel-Stiftung).

GÖBEL, UWE/SCHLAFFKE, WINFRIED (Hg.): Das grüne Chaos. Enttarnung einer verfehlten Politik. Köln 1985 (Tiberius).

GÖDECKE, MONIKA: Bildung in primären Lebensgemeinschaften (Kurzreferat beim Landes-Ausschuß, Passau, 31. März 1985). In: Die GRÜNEN Bayern, Landesarbeitskreis Bildung-Wissenschaft-Kultur 1986, 15f.

GOEHLER, ADRIENNE: Hier geht es um die Macht, meine Damen und Herren! Hier geht es um eine andere politische Kultur. In: RICHARDSEN/MICHALIK 1985, 97–117.

– Anstiften zum Wildwuchs. Das Interview führte Ulli Gröttrup. In: VOLLMER 1986, 126–138.

GÖHLER, MARION: »Wie ich es auch mache – es ist immer verkehrt!« Untersuchung zur Lebens- und Studiensituation studierender Mütter. In: beiträge zur feministischen theorie und praxis, 11. Jg. (1988), H. 21/22, 127–132.

GÖTTNER-ABENDROTH, HEIDE: Das Matriarchat, Bd. I: Geschichte seiner Erforschung. Stuttgart/Berlin/Köln/Mainz 1988 (Kohlhammer).

GOLDBERG, STEVEN: The Inevitability of Patriarchy. London 1977 (Temple Smith).

GOTTO, KLAUS/VEEN, HANS-JOACHIM (Hg.): Die GRÜNEN – Partei wider Willen. Mainz 1984 (v. Hase & Koehler).

GRANOV, VLADIMIR D./FOGELER, JAN G./VASIN, V. G./ORLOV, B. S.: »Zelenye«: Ideologija i politika. Moskau 1985 (Molodaja gvardija).

GRAVENHORST, LERKE: Konservative Tendenzen in der Frauenbewegung. In: WOLF SCHÄFER 1983, 80–85.

GREFFRATH, MATTHIAS: Um einen grünen Goethe bittend. Ein Einspruch wider alternative Harmlosigkeit in der Kulturpolitik. In: KALLSCHEUER 1986, 121–145.

GRODDECK, NORBERT/SCHULTZE, HUBERTUS: Entschulungsdiskussion und Alternativschulen. In: SKIBA/WULF/WÜNSCHE 1983, 319–341.

GRONEMEYER, REIMER: Integration. In: Klasse, Körper, Kopfarbeit 1983, 62–66.

GROSS, PETER: Der Schatten des Fortschritts. Soziale Befreiung oder Sozialherrschaft? In: OPIELKA 1985, 199–211.

GROTHE, PETER: Berufsausbildung – Die Realität des dualen Systems. In: Eichholz-Brief, Jg. 1987, H. 4, 27–38.

GROTTIAN, PETER/KÜCK, MARLENE: Modell Berlin: 10000 neue Arbeitsplätze im Selbsthilfe- und Alternativbereich. In: BOLLE, MICHAEL/GROTTIAN, PETER (Hg.): Arbeit schaffen – jetzt! Reinbek bei Hamburg 1983 (Rowohlt), 128–144.

GRUBER, HEINZ: Thema: SCHULE. In: Die GRÜNEN Bayern, Landesarbeitskreis Bildung-Wissenschaft-Kultur 1986, 42–44.

GRÜN-ALTERNATIVE LISTE Hamburg: Forderungen der GAL im Schulbereich. Vorlage zu den GAL/SPD-Verhandlungen (Sept. 1982). In: Dokumentation grün-alternative Bildungspolitik 1983, Dok. 7, mit eigener Seitenzählung.

– Schule und berufliche Bildung. In: Dokumentation grün-alternative Bildungspolitik 1983, Dok. 8, ohne Seitenzählung (hier zit. als 1983 a).

Der grüne Konservatismus. Insel Mainau 1983 (Lennart-Bernadotte-Stiftung).

Der grüne Kurs. Wahlplattform des »Achberger Kreises« zur Bundestagswahl 80. In: HEIDT, WILFRIED (Hg.): Abschied vom Wachstumswahn. Ökologischer Humanismus als Alternative zur Plünderung des Planeten. o. O. 1980 (Achberger Verlag), 171–204.

Grüne Politik ist den Frauen nicht grün. Interview mit Agnes Hansen, Mit-»Glied« im Arbeitskreis Frauen München und im Landesarbeitskreis Frauen Bayern. In: RICHARDSEN/MICHALIK 1985, 41–44.

Die GRÜNEN. Dokumentation für junge Leute. München [2]1987 (CSU/Junge Union Bayern) (hier zit. als Die GRÜNEN Dokumentation 1987).

Die GRÜNEN (Hg.): Bundestagswahlprogramm 1987. Farbe bekennen. Bonn o. J. [1986] (Selbstverlag).

– (Hg.): Entwurf eines Antidiskriminierungsgesetzes. 3. Auflage, mit einem überarbeiteten Gesetzesentwurf und einem neuen Dokumentationsteil. Bonn 1986 (Selbstverlag).

– , Bundesarbeitsgemeinschaft Bildung (Hg.): Doof geboren ist keine/r . . . Debatte um GRÜNE Bildungspolitik. Bonn 1987 (Selbstverlag).

– im Bundestag, Arbeitskreis Frauenpolitik (Hg.): Frauen & Ökologie. Gegen den Machbarkeitswahn. Köln 1987 (Kölner Volksblatt Verlag).

– , Bundesvorstand (Hg.): Alles verändert sich, wenn du es veränderst. Broschüre zur Jugendpolitik. Bonn o. J. [1987] (Selbstverlag).

– , Bundesvorstand (Hg.): Kurzprogramm der GRÜNEN zur Europawahl '89. Für eine ökologische, soziale, basisdemokratische und gewaltfreie Politik in Europa. Bonn [2]1989 (Die GRÜNEN, Bundesgeschäftsstelle).

– Baden-Württemberg (Hg.): Rechte GRÜNE? Zwischenbericht der Kommission »Rechtsextreme Unterwanderung der GRÜNEN und nahestehender Vereinigungen« der GRÜNEN Baden-Württemberg. Stuttgart 1982 (Selbstverlag).

– Baden-Württemberg: Kultur (Auszug aus: Die GRÜNEN Baden-Württemberg: Das Programm, o. J.). In: Dokumentation grün-alternative Bildungspolitik 1983, Dok. 2, mit eigener Seitenzählung.

– Baden-Württemberg (Hg.): Programm zur Landtagswahl 1984. Stuttgart o. J. [1984] (Selbstverlag).

– Baden-Württemberg (Hg.): Grüne Technologie-Politik. Stuttgart o. J. [ca. 1987/88] (Selbstverlag).

– Baden-Württemberg (Hg.): Das Programm. Zur Landtagswahl '88. Stuttgart o. J. [1988] (Selbstverlag).

– im Landtag Baden-Württemberg/HERMANN, WINFRIED (Hg.): Schulen können anders sein! Parlamentarische und unparlamentarische Vorstöße in der Bildungspolitik. Stuttgart o. J. [1986] (Selbstverlag).

– Baden-Württemberg, Landesarbeitskreis Schule (Hg.): Ökologie und Lernen. Plädoyer für eine ökologisch begründete Schulreform. Stuttgart o. J. [1986] (Selbstverlag).

– , Landesverband Bayern: Wahlplattform '82: Bildung und Kultur. Familien und Lebensgemeinschaften, Kinder und Jugendliche. Behinderte. In: Dokumentation grün-alternative Bildungspolitik 1983, Dok. 5, mit eigener Seitenzählung.
– , Landesverband Bayern: Das Programm für Bayern. Zur Landtagswahl '86. Verabschiedet auf den Landesversammlungen in Weißenburg vom 31. Oktober bis 3. November und 20. November 1985 und in Regensburg am 10./11. Januar 1986. München 1986 (Selbstverlag).
– Bayern, Landesarbeitskreis Bildung-Wissenschaft-Kultur (Hg.): Zur grünen Bildungspolitik. Diskussionsbeiträge. München 1986 (Selbstverlag).
– , Landesverband Bremen: Programm Bürgerschaftswahl '87. Bremen o. J. [1987] (Selbstverlag).
– , Landesverband Bremen (Hg.): Unsere wahlpolitische Erklärung. Faltblatt, o. O. o. J. [Bremen 1987] (hier zit. als 1987a).
– , Fraktion in der Bremischen Bürgerschaft (Hg.): Frauenpolitik in Bremen. Geschichten, die das Leben schreibt. Faltblatt, Bremen o. J.
– , Fraktion [in der Bremischen Bürgerschaft] (Hg.): Die Sanierung der Weser und ihrer Nebengewässer ist überfällig. Faltblatt, Bremen o. J. (hier zit. als Die GRÜNEN in der Bremischen Bürgerschaft o. J. a).
– , Landesverband Hamburg/Grün-Alternative Liste (Hg.): Wahlprogramm '86: Kultur und Emanzipation. Schule und berufliche Bildung – Hochschule – Kultur und Gesellschaft – Für eine Vielfalt der Liebe. Hamburg 1986 (Selbstverlag).
– Hessen: Landesprogramm. Kultur und Bildung; Frauen: Ausbildung und Arbeit; Kinder; Jugendliche. In: Dokumentation grün-alternative Bildungspolitik 1983, Dok. 9, mit eigener Seitenzählung.
– im Hessischen Landtag (Hg.): Vereinbarung zwischen SPD und GRÜNEN für die 11. Legislaturperiode. 2. Auflage, Wiesbaden o. J. [1986] (Selbstverlag).
– Hessen, Landesarbeitsgemeinschaft »Berufliche Bildung«: Programm zur vollqualifizierenden Ausbildung in beruflichen Schulen in Hessen. In: Dokumentation grün-alternative Bildungspolitik 1983, Dok. 13, mit eigener Seitenzählung.
– , Kreisverband Kiel (Hg.): Programm zur Kommunalwahl '86. Kiel o. J. [1986] (Selbstverlag).
– Niedersachsen: Landtagswahlprogramm '86 (Vorabdruck): Schule, Hochschule, Kultur. o. O. o. J. [Hannover 1986] (Selbstverlag).
– im niedersächsischen Landtag (Hg.): Schule der Zukunft. Vielfalt statt Einfalt. Hannover o. J. [1986] (hier zit. als 1986a).
– im [niedersächsischen] Landtag, Schul-AG: 1. Niedersächsischer Bildungskongreß in Göttingen, 24.–26. Februar 1984, Dokumentation: Wir brauchen eine andere Schule. Hannover o. J. [1984] (Selbstverlag).
– Nordrhein-Westfalen: Wahlprogramm '80 für Nordrhein-Westfalen: Bildung und Ausbildung; Kinder; Jugendliche; Behinderte; Minderheitenvotum zur Bildung. In: Dokumentation grün-alternative Bildungspolitik 1983, Dok. 14, mit eigener Seitenzählung.
– , Landesverband Nordrhein-Westfalen (Hg.): Lernen und Forschen. Bildungsprogramm der GRÜNEN NRW zu den Bereichen »Schule«, »Hochschule«, »Weiterbildung«, »Wissenschaft« und »Technologie«. Verfaßt von den Landesarbeitsgemeinschaften »Schule/Bildung« und »Wissenschaft/Forschung«. Düsseldorf o. J. [1985] (Selbstverlag).
– , Landesverband Nordrhein-Westfalen (Hg.): Das Kurzprogramm. Landtagswahl '85. Düsseldorf o. J. [1985] (Selbstverlag) (hier zit. als 1985a).
– Nordrhein-Westfalen, Landesarbeitsgemeinschaft Schule: Schulen wetteifern! In: Dokumentation grün-alternative Bildungspolitik 1983, Dok. 16, mit eigener Seitenzählung.

Die GRÜNEN. Programmatik – Strategie – Taktik. München 1988 (Hanns-Seidel-Stiftung).
Die GRÜNEN Saar: Jugend- und Sozialpolitik. Landesprogramm 1985. o. O. o. J. [1985] (Selbstverlag).
– Schleswig-Holstein (Hg.): Mut zum politischen Frühling. Grüne Alternativen für Schleswig-Holstein. Kiel o. J. [1987] (Selbstverlag).
– Schleswig-Holstein (Hg.): . . . wir wollen eine Schule für alle! o. O. o. J. [Kiel 1987] (Selbstverlag) (hier zit. als 1987a).
Die GRÜNEN vor der Zerreißprobe. In: Die Zeit, 40. Jg. (1985), Nr. 22 vom 24. Mai 1985, 9–11.
GRUPP, JOACHIM: Abschied von den Grundsätzen? Die GRÜNEN zwischen Koalition und Opposition. Berlin 1986 (Edition Ahrens im Verlag Zerling).
GÜNTHER, HENNING: Auf dem Weg zu einer neuen Schule. Die falsche Emanzipation. München 1974 (Goldmann).
– Die verwöhnte Generation? Lebensstile und Weltbilder 14- bis 19jähriger. Eine empirische Untersuchung. Köln 1982 (Hanns-Martin-Schleyer-Stiftung).
– »Bitte diese Stufen hinunter, Mr. Neill«. Neues zur antiautoritären Erziehung. In: Die politische Meinung, 33. Jg. (1988), H. 240, 18–21 und 23–25.
– Kompetenzvermittlung durch Erziehung – Kritische Befunde zum »offenen Lernen«. In: MITTELSTRASS, JÜRGEN (Hg.): Kongreß Junge Wissenschaft und Kultur: Wohin geht die Sprache? Wirklichkeit – Kommunikation – Kompetenz. Essen 1989 (MA Akademie-Verlag), 318–325.
GUGGENBERGER, BERND: An den Grenzen von Verfassung und Mehrheitsentscheidung oder: Die neue Macht der Minderheit. In: OBERREUTER 1986, 45–66.
GUTJAHR-LÖSER, PETER/HORNUNG, KLAUS (Hg.): Politisch-Pädagogisches Handwörterbuch. 2., erweiterte Auflage, Percha und Kempfenhausen am Starnberger See 1985 (Schulz).

HAAG, ERNEST VAN DEN (Hg.): Marktfeindschaft – warum? München 1981 (Philosophia).
HACH-VAN SCHERPENBERG, HELGA: Protokoll über die Sitzung der UAG Mütterpolitik im alten Rathaus in Bonn am 18. 9. 87. In: mama-mia, 2. Rundbrief der AG Mütterpolitik, hrsgg. von der Bundesgeschäftsstelle der GRÜNEN, November 1987, mit eigener Seitenzählung.
HÄUSSLER, MONIKA: Von der Enthaltsamkeit zur verantwortungsbewußten Fortpflanzung. Über den unaufhaltsamen Aufstieg der Empfängnisverhütung und seine Folgen. In: HÄUSSLER/HELFFERICH/WALTERSPIEL/WETTERER 1983, 58–73.
– /HELFFERICH, CORNELIA/WALTERSPIEL, GABRIELA/WETTERER, ANGELIKA: Bauchlandungen. Abtreibung – Sexualität – Kinderwunsch. München 1983 (Frauenbuchverlag).
HAIBACH, MARITA: Frau, hier: Frauenquotierung. In: JOGSCHIES, RAINER (Hg.): Aus dem neuen Wörterbuch des Unmenschen. Frankfurt am Main 1987 (Eichborn), 46–48.
HAMANN, BRUNO: Sozialisation. Lebenshilfe oder ideologisches Kampfmittel? Köln 1989 (Adamas).
HARTUNG, KLAUS: Wieviel Zeit haben wir? Friedfertige Überlegungen zur Gewaltfrage. Ein neues Gewalttabu. In: Freibeuter, Nr. 28 (1986), 64–72.
– Apokalypse und Demokratie. Konstruktionsmerkmale der grünen Innenpolitik. In: KALLSCHEUER 1986, 164–187 (hier zit. als 1986a).
HAUBRICHS, WILLY: Die Verschwendung. Der Mißbrauch unserer Steuergelder. München 1979 (Langen-Müller/Herbig).

HAUFF, VOLKER (Hg.): Bürgerinitiativen in der Gesellschaft. Politische Dimensionen und Reaktionen. Villingen 1980 (Neckar-Verlag).

HAUG, FRIGGA: The Women's Movement in West Germany. In: The New Left Review, Nr. 155 (1986), 50–74.

HAUSER, KORNELIA: »Als er in mein Leben trat«. Private Erfahrungen und politische Perspektiven. In: VOLLMER 1986, 139–154.

HAYDEN, DOLORES: Seven American Utopias. The Architecture of Communitarian Socialism, 1790–1975. Cambridge, Massachusetts/London 1976 (The MIT Press).

HAYEK, FRIEDRICH AUGUST VON: Die Illusion der sozialen Gerechtigkeit. In: Schicksal? Grenzen der Machbarkeit. Ein Symposion. München 1977 (Deutscher Taschenbuch-Verlag), 91–103.

– Recht, Gesetzgebung und Freiheit, Bd. 2: Die Illusion der sozialen Gerechtigkeit. Eine neue Darstellung der liberalen Prinzipien der Gerechtigkeit und der politischen Ökonomie. Landsberg am Lech 1981 (verlag moderne industrie).

– Die überschätzte Vernunft. In: RIEDL, RUPERT J./KREUZER, FRANZ (Hg.): Evolution und Menschenbild. Hamburg 1983 (Hoffmann und Campe), 164–192.

HEENEN, SUSANN: Vernunft, grüne. In: Klasse, Körper, Kopfarbeit 1983, 153–155.

HEHR, INGE: Die Kinderfalle. Über den Zusammenhang von ungeschützten Arbeitsverhältnissen und geschlechtshierarchischer Arbeitsteilung. In: beiträge zur feministischen theorie und praxis, 11. Jg. (1988), H. 21/22, 139–152.

HEID, HELMUT: Begründbarkeit von Erziehungszielen. In: Zeitschrift für Pädagogik, 18. Jg. (1972), 551–581.

HEIMANN, HOLGER: Von der Eutrophierung des Bodensees bis zur Asphaltierung des Madonnenländchens. In: REENTS, JÜRGEN u. a.: Es grünt so rot. Alternativen zwischen Mode und Modell. Hamburg 1982 (Konkret Literatur), 119–132.

HEINSOHN, GUNNAR (Hg.): Das Kibbutz-Modell. Bestandsaufnahme einer alternativen Wirtschafts- und Lebensform nach sieben Jahrzehnten. Frankfurt am Main 1982 (Suhrkamp).

HEITGER, MARIAN (Hg.): Umgang mit der Schulkritik. Münster 1984 (Aschendorff).

– Vorwort zur Dokumentation des 1. Münsterschen Gesprächs: Umgang mit der Schulkritik. In: HEITGER 1984, 5f. (hier zit. als 1984a).

HELFFERICH, CORNELIA: »Mich wird es schon nicht erwischen«. Risikoverhalten und »magisches« Denken bei der Verhütung. In: HÄUSSLER/HELFFERICH/WALTERSPIEL/WETTERER 1983, 74–109.

HENGSBACH, FRIEDHELM: Das rot-grüne Verhältnis – ein arbeitspolitischer Nebenkonflikt? In: KALLSCHEUER 1986, 61–83.

HENNINGSEN, FRANZISKA: Kooperation und Wettbewerb. Antiautoritär und konventionell erzogene Kinder im Vergleich. Eine psychologische Studie. München 1973 (Deutscher Taschenbuch-Verlag).

HENSEL, HORST: Schule und Umwelt. Kommentar zur Dorfschul-Politik der GRÜNEN. In: Westermanns Pädagogische Beiträge, 34. Jg. (1982), 354–356.

HENTIG, HARTMUT VON: Die Wiederherstellung der Politik. Cuernavaca revisited. Stuttgart/München 1973 (Klett/Kösel).

HEPP, GERD: Die Schulpolitik der GRÜNEN. Aus der Schule des Zwangs in die Schule der Freiheit? In: Elternforum, Zeitschrift der Katholischen Elternschaft Deutschlands, Jg. 1987, H. 4/5, 3–8.

– Wertewandel und politische Kultur. In: Politische Studien, 38. Jg. (1987), H. 291, 32–39 (hier zit. als 1987a).

HERBORN, EVA/WEICHERT, GERHARD u. a.: Hauptschulkrise in Berlin-Kreuzberg (Thesenpapier). In: HORNIG/WAGNER 1983, 39–41.

HERLES, WOLFGANG: Die GRÜNEN und der politische Extremismus. In: Die GRÜNEN. Programmatik – Strategie – Taktik 1988, 142–150.

HERMANN, WINFRIED: Plädoyer für eine ökologisch begründete Schulreform. In: Schulintern. Informationen für Lehrer in Baden-Württemberg, Jg. 1986, H. 6, 13.
– »Wie bitte kann das funktionieren?!« Amerikanisch-deutsche Schul-Fragen. In: Schulintern. Informationen für Lehrer in Baden-Württemberg, Jg. 1987, H. 6, 11.
– Schule – ein Tollhaus? In: Schulintern. Informationen für Lehrer in Baden-Württemberg, Jg. 1988, H. 6, 10.
HERNEGGER, RUDOLF: Anthropologie zwischen Soziobiologie und Kulturwissenschaft. Die Menschwerdung als Prozeß der Selbstbestimmung und der Selbstbefreiung von den Determinismen der Gene und Umwelt. Bonn 1989 (Habelt).
HESSE, GUNTER/WIEBE, HANS-HERMANN (Hg.): Die GRÜNEN und die Religion. Frankfurt am Main 1988 (Athenäum).
HEUTER, MARTIN: Community Education in England. Berlin 1987 (Express Edition).
HILZINGER, SABINE: Rezension von Christina Thürmer-Rohr: Vagabundinnen – Feministische Essays. In: beiträge zur feministischen theorie und praxis, 11. Jg. (1988), H. 21/22, 230–233.
HIMMEL, GERT: Schulpflicht – Recht auf Unterricht. Eine Utopie? In: Die GRÜNEN, Bundesarbeitsgemeinschaft Bildung 1987, 61f.
HIMMELMANN, GERHARD: Perspektiven des Demokratischen Sozialismus: Wirtschaft und Gesellschaft im Spiegel von Sozialwissenschaft und Zeitströmung. In: KONIECZKA/KUNZ/SCHERER 1984, 163–188.
HINTE, WOLFGANG: Gegen die Gewalt der Erzieher. Weshalb Kinder nicht beeinflußt werden sollen. In: ARBEITSGEMEINSCHAFT FREIE SCHULE/Die GRÜNEN, Landesverband Bayern 1983, 89f.
– Zur Abschaffung der allgemeinen Schulpflicht bzw. Alternativen für Schule. In: ARBEITSGEMEINSCHAFT FREIE SCHULE/Die GRÜNEN, Landesverband Bayern 1983, 91f. (hier zit. als 1983a).
HINTZ, DIETER: Die pädagogische Schulkritik in der Gegenwart. Eine kritische Rezeption. In: HEITGER 1984, 7–31.
HIPPLER, JOCHEN/MAIER, JÜRGEN (Hg.): Sind die GRÜNEN noch zu retten? Krise und Perspektiven einer ehemaligen Protestpartei. Köln 1988 (Förtner & Kroemer).
HIRSCH, JOACHIM: Spaltung oder neue Solidaritäten? In: OPIELKA 1985, 80–92.
HIRSCH, MATTHIAS: Realer Inzest. Psychodynamik des sexuellen Mißbrauchs in der Familie. Berlin/Heidelberg/New York/London/Paris/Tokio 1987 (Springer).
HÖHLER, GERTRUD: Gesinnungskonkurrenz der Intellektuellen. Zürich/Osnabrück 1978 (Edition Interfrom/Fromm).
HÖHN, KARL-RUDOLF: Community Education. In: SKIBA/WULF/WÜNSCHE 1983, 410–412.
HÖLTERSHINKEN, D.: Anthropologische Grundlagen antiautoritärer Erziehungsmodelle – A. S. Neill und W. Schmidt. In: Blätter des Pestalozzi-Fröbel-Verbandes, 22. Jg. (1971), 139–149.
HÖNOW, UTE/BESEL, CONNY/KLAUSMANN, GISELA: 3. Treffen AG-Mütterpolitik, 10./11. Oktober 87, Protokoll. In: mama-mia, 2. Rundbrief der AG Mütterpolitik, hrsgg. von der Bundesgeschäftsstelle der GRÜNEN, November 1987, mit eigener Seitenzählung.
HOFER, MANFRED/PEKRUN, REINHARD/ZIELINSKI, WERNER: Die Psychologie des Lerners. In: WEIDENMANN, BERND/KRAPP, ANDREAS/HOFER, MANFRED/HUBER, GÜNTER L./MANDL, HEINZ (Hg.): Pädagogische Psychologie. Ein Lehrbuch. München/Weinheim 1986 (Psychologie Verlags Union/Urban & Schwarzenberg), 219–275.
HOFFMANN-NOWOTNY, HANS-JOACHIM: Umwelt und Selbstverwirklichung als Ideologie. München 1977 (Carl-Friedrich-von-Siemens-Stiftung).
HOLLAND-CUNZ, BARBARA: Utopien der neuen Frauenbewegung. Gesellschaftsent-

würfe im Kontext feministischer Theorie und Praxis. Meitingen 1988 (Corian-Verlag Wimmer).
HOLMES, KIM R.: Origins, Development, and Composition of the Green Movement. In: PFALTZGRAFF/HOLMES/CLEMENS/KALTEFLEITER 1983, 15–46.
HOLTKEMPER, FRANZ-JOSEF: Familienpolitik. In: GUTJAHR-LÖSER/HORNUNG 1985, 162–167.
HONOLKA, HARRO: Schwarzrotgrün. Die Bundesrepublik auf der Suche nach ihrer Identität. München 1987 (Beck).
HOPF, ARNULF: Zum ambivalenten Charakter situationsorientierter Ansätze in der neueren Curriculum-Entwicklung. In: Reformpädagogik und Berufspädagogik 1978, 116–132.
HORACEK, MILAN: Überlegungen zur Frage einer Interessenvertretung der Alternativbewegung. In: Kritik, 6. Jg. (1978), H. 16, 24–30.
HORKHEIMER, MAX: Kritische Theorie. Bd. I, Frankfurt 1968 (Fischer).
HORN, HANS ARNO: Vorwort. In: DIETL 1987, XIII.
HORNIG, CORNELIUS/WAGNER, HERBERT (Hg.): Grüne Alternativen zur Bildungspolitik 1: Diskussionsstand, Ansätze und Dokumente. Bad Bentheim o.J. [1983] (Selbstverlag).
HORX, MATTHIAS: Das Märchen vom Erwachsenwerden. In: HORX/SELLNER/STEPHAN 1983, 17–34.
– »Wir müssen immer tun, was wir wollen«. Nach-Forschungen über antiautoritäre Kindererziehung. In: HORX/SELLNER/STEPHAN 1983, 125–139 (hier zit. als 1983 a).
– Das Ende der Alternativen oder Die verlorene Unschuld der Radikalität. Ein Rechenschaftsbericht. München/Wien 1985 (Hanser).
– Die wilden Achtziger. Eine Zeitgeist-Reise durch die Bundesrepublik. München/Wien 1987 (Hanser).
– Die Kids aus dem Kinderladen. In: Zeitmagazin, Nr. 38 (1988), 12–18 und 22.
– Aufstand im Schlaraffenland. Selbsterkenntnisse einer rebellischen Generation. München/Wien 1989 (Hanser).
– /SELLNER, ALBERT/STEPHAN, CORA (Hg.): Infrarot. Wider die Utopie des totalen Lebens. Zur Auseinandersetzung mit »Fundamentalopposition« und »neuem Realismus«. Berlin 1983 (Rotbuch).
HRDY, SARAH BLAFFER: The Woman That Never Evolved. Cambridge, Massachusetts/London 1981 (Harvard University Press).
HUBER, JOSEPH: Wer soll das alles ändern? Die Alternativen der Alternativbewegung. 25.–26. Tsd., Berlin 1984 (Rotbuch).
HUTTNER, KARLTHEODOR (Hg.): Die Politik der GRÜNEN – Anspruch, Illusion, Wirklichkeit. o. O. [München] 1988 (Hanns-Seidel-Stiftung).
HUYN, HANS GRAF: Die Außen-, Deutschland- und Verteidigungspolitik der GRÜNEN. In: Die GRÜNEN. Programmatik – Strategie – Taktik 1988, 67–81.

ILIEN, ALBERT: Bildung als Selbstregulierung – Selbstregulierung als Bildung. In: JÜRGENSMEIER 1986, 129–163.
INGLEHART, RONALD: The Silent Revolution. Changing Values and Political Styles Among Western Publics. Princeton 1977 (Princeton University Press).
Institut für Demoskopie Allensbach: Vorbemerkung. In: KÖCHER 1985, 1–3.

JACOBY, KARIN: Politik mit Sprache. Die Spitzenpolitiker im hessischen Landtagswahlkampf 1982. Frankfurt am Main/Bern/New York/Paris 1987 (Lang).
JAECKEL, MONIKA/TÜLLMANN, GRETA u. a.: Mütter im Zentrum. Mütterzentrum. Wo Frauen mit ihren Kindern leben. München 1988 (Deutsches Jugendinstitut).

JÄCKLE, RENATE: Gegen den Mythos ganzheitliche Medizin. Hamburg 1985 (Konkret Literatur).

JÄGER, BRIGITTE/MICHALIK, REGINA: Utopia. In: Die GRÜNEN, Bundestagswahlprogramm 1987, 16.

JAIDE, WALTER: Wertewandel in der Jugendbevölkerung. Manuskript, Hannover 1987.

JANNSEN, GERT: »Eine Grüne Bildungspolitik gibt es nicht.« In: betrifft: erziehung, 17. Jg. (1984), H. 2, 6–9.

JAPP, KLAUS J.: Selbsterzeugung oder Fremdverschulden. Thesen zum Rationalismus in den Theorien sozialer Bewegungen. In: Soziale Welt, 35. Jg. (1984), 313–329.

JENCKS, CHRISTOPHER/SMITH, MARSHALL/ACLAND, HENRY/BANE, MARY JO/COHEN, DAVID/GINTIS, HERBERT/HEYNS, BARBARA/MICHELSON, STEPHAN: Chancengleichheit (1972). Reinbek bei Hamburg 1973 (Rowohlt).

JOHNSEN, BJÖRN: Die Entwicklung der hessischen GRÜNEN 1982–1985. Magister-Arbeit, Hannover 1989 (Umwelt & Politik Verlag).

JORDAN, DIRK: Ökopädagogik und grüne Bildungspolitik. In: päd. extra, Jg. 1986, H. 9, 14 und 17f.

JÜRGENS-PIEPER, RENATE/PIEPER, WILHELM/TATZ, JÜRGEN: Eine schule für alle. Hrsgg. von den GRÜNEN, landesverband niedersachsen, landesarbeitsgemeinschaft schule. Hannover [2]1986 (Selbstverlag).

JÜRGENSMEIER, HANS GÜNTER (Hg.): Alternative Bildung? Rückfragen an die alternative Pädagogik. Hannover 1986 (Druck-Team).

– Alternative Bildung? Überblick über eine Diskussion. In: JÜRGENSMEIER 1986, 11–25 (hier zit. als 1986a).

– Alternative Bildung. In: JÜRGENSMEIER 1986, 165–169 (hier zit. als 1986b).

Jugendrecht. 15., neubearbeitete Auflage, München 1985 (Deutscher Taschenbuch-Verlag).

KÄGI-ROMANO, URS: Die Demokratisch-kreative Schule/Schweiz. In: ARBEITSGEMEINSCHAFT FREIE SCHULE/Die GRÜNEN, Landesverband Bayern 1982, 33–37.

KAHL, WERNER: Die GRÜNEN und der politische Extremismus. Photomechanisch vervielfältigtes Manuskript, o. O. o. J. [Bonn 1988].

KALLSCHEUER, OTTO: Fortschrittsangst. In: Kursbuch, Nr. 74 (1983), 159–179.

– (Hg.): Die GRÜNEN – Letzte Wahl? Vorgaben in Sachen Zukunftsbewältigung. Berlin 1986 (Rotbuch).

– Grüne Zeiten – verpaßte Chancen? In: KALLSCHEUER 1986, 7–29 (hier zit. als 1986a).

– Ökumene welcher Moderne? Fünf Nachfragen zur Marschrichtung im antifundamentalistischen Kampf. In: MEYER 1989, 62–80.

KALTEFLEITER, WERNER: The Greens/Alternatives and the Peace Movement: A Challenge to the German Party System. In: PFALTZGRAFF/HOLMES/CLEMENS/KALTEFLEITER 1983, 86–105.

KAMPER, DIETMAR/WULF, CHRISTOPH (Hg.): Die Wiederkehr des Körpers. Frankfurt am Main 1982 (Suhrkamp).

KARL, ANETTE: Aufbau eines anderen Naturverständnisses in der Schule durch ganzheitliche naturnahe Erziehung. In: Die GRÜNEN Bayern, Landesarbeitskreis Bildung-Wissenschaft-Kultur 1986, 33–35.

KEESE-PHILIPPS, HENNING: Grundlagen Grüner Schulpolitik. In: päd. extra, Jg. 1985, H. 4, 12–14.

– Alternativschulen = Grüne Schulen? In: DICK/KEESE-PHILIPPS/PREUSS-LAUSITZ 1986, 73–87.

– Die Glosse im Reader – der Reader, eine Glosse? Unwürdige Gedanken im Reader einer Politischen Bundesarbeitsgemeinschaft (BAG) der GRÜNEN. In: Die GRÜNEN, Bundesarbeitsgemeinschaft Bildung 1987, 57.

KELLY, PETRA KARIN: Weltgeneralstreik gegen den dritten endgültigen Weltkrieg. Rede in Geilenkirchen – Awacs Station (1982). In: QUISTORP 1982, 66–72.

– Frauen und Gewaltfreier Widerstand oder Anleitungen zum Sturz des internationalen Patriarchats. In: Die GRÜNEN im Bundestag, Arbeitskreis Frauenpolitik 1987, 19–28.

– Religiöse Erfahrung und politisches Engagement. In: HESSE/WIEBE 1988, 23–42.

– Politisches Morgengebet. In: HESSE/WIEBE 1988, 158–166 (hier zit. als 1988a).

– Widerstehen der Versuchung zum Haß und zur Gewalt. In: HESSE/WIEBE 1988, 167–181 (hier zit. als 1988b).

KEMPER, HERWART: Das Schulprojekt Glocksee. Eine Auseinandersetzung mit seinem politischen Anspruch und seiner pädagogischen Konzeption. In: Zeitschrift für Pädagogik, 27. Jg. (1981), 539–549.

KEY, ELLEN: Das Jahrhundert des Kindes. Berlin [12]1905 (Fischer).

KICKBUSCH, ILONA: Die Familialisierung der weiblichen Arbeit. Zur strukturellen Ähnlichkeit zwischen bezahlter und unbezahlter Frauenarbeit. Konstanz 1987 (Hartung-Gorre).

KIELMANSEGG, PETER GRAF: Der Einbruch der GRÜNEN in die Politik. Anmerkungen zum Prozeß der politischen Institutionalisierung des ökologischen Protestes. In: Der grüne Konservatismus 1983, 23–33.

KITTLER, GERTRAUDE: Hausarbeit. Zur Geschichte einer »Natur-Ressource«. München 1980 (Frauenoffensive).

Klasse, Körper, Kopfarbeit. Lexikon linker Gemeinplätze. Bearbeitet von HEINER BOEHNCKE und HERBERT STUBENRAUCH. Reinbek bei Hamburg 1983 (Rowohlt).

KLEINE, WILHELM: Theoretische Grundlegung und empirische Befunde zur inneren Differenzierung. In: ENGLER, HANS-JÜRGEN/KLEINE, WILHELM/OTTO, IRMGARD und Mitarbeiter: Innere Differenzierung im Sportunterricht. Konzepte und Praxisbeispiele für Leichtathletik, Gymnastik/Tanz, Turnen und Spiele in der Primar- und Orientierungsstufe. Köln 1983 (Strauß), 27–36.

– Innere Differenzierung undurchführbar? – Eine Analyse von Unterricht und Lehrermeinungen. In: ALLMER, HENNING (Hg.): Sport und Schule. Reinbek bei Hamburg 1984 (Rowohlt), 118–128.

– /WESSLING-LÜNNEMANN, GERBURGIS: Problemfeld: Differenzierung im Sportunterricht. Beobachtungen in der Schulpraxis. In: Grundschule, 14. Jg. (1982), 501.

KLEMM, KLAUS/ROLFF, HANS-GÜNTER/TILLMANN, KLAUS-JÜRGEN: Bildung für das Jahr 2000. Bilanz der Reform, Zukunft der Schule. Hrsgg. von der Max-Traeger-Stiftung. 10.–13. Tsd., Reinbek bei Hamburg 1986 (Rowohlt).

KLOTZSCH, LILIAN/STÖSS, RICHARD: Die GRÜNEN. In: STÖSS, RICHARD (Hg.): Parteien-Handbuch. Die Parteien der Bundesrepublik Deutschland 1945–1980. Bd. II: FDP bis WAV. Opladen 1984 (Westdeutscher Verlag), 1509–1598.

KNÄPPER, MARIE-THERES: Die Faszination des Alltäglichen – Ein Schritt vor, zwei zurück. Zur Politik des Unterschieds bei Gisela Erler. In: beiträge zur feministischen theorie und praxis, 11. Jg. (1988), H. 21/22, 13–27.

– Für eine geburtensenkende Bevölkerungspolitik in der »Dritten Welt« und Für eine geburtenfördernde Bevölkerungspolitik in der Bundesrepublik Deutschland. Thesen und Zitate zu Argumentationsmustern. In: beiträge zur feministischen theorie und praxis, 11. Jg. (1988), H. 21/22, 157–165 (hier zit. als 1988a).

– Feminismus oder Süßmuth – Wende in der Frauenpolitik. In: HIPPLER/MAIER 1988, 133–155 (hier zit. als 1988b).

KOCH, FRIEDRICH: Gegenaufklärung. Zur Kritik restaurativer Tendenzen in der Gegenwartspädagogik. Bensheim 1979 (päd. extra Buchverlag).

KÖCHER, RENATE: Einstellungen zu Ehe und Familie im Wandel der Zeit. Eine Repräsentativuntersuchung im Auftrag des Ministeriums für Arbeit, Gesundheit, Familie und Sozialordnung Baden-Württemberg. Stuttgart 1985 (Ministerium für Arbeit, Gesundheit, Familie und Sozialordnung Baden-Württemberg).

KÖHLER, MICHAEL: Unterhaltung als Botschaft und Kauf als Erfahrung: Die Equipierung der Kindheit. In: HENGST, HEINZ/KÖHLER, MICHAEL/RIEDMÜLLER, BARBARA/WAMBACH, MANFRED MAX: Kindheit als Fiktion. Frankfurt am Main 1981 (Suhrkamp), 73–131.

Kölner Gruppe autonomer und grüner Frauen: Auszug aus dem Technopatriarchat. In: beiträge zur feministischen theorie und praxis, 6. Jg. (1983), H. 9/10, 230–241.

KOENIG, OTTO: Die anthropologische Funktion des Lehrens. In: HOHENZOLLERN, JOHANN GEORG PRINZ VON/LIEDTKE, MAX (Hg.): Schreiber, Magister, Lehrer. Zur Geschichte und Funktion eines Berufsstandes. Bad Heilbrunn, Obb. 1989 (Klinkhardt), 25–29.

KÖRNER, HEINZ: Mit offenen Karten. Eine Provokation zum Dialog. In: KÖRNER/KÜBLER 1984, 39–63.

– /KÜBLER, ROLAND (Hg.): Männertraum(a). Ein Lesebuch für Erwachsene. Fellbach 1984 (Körner).

KOHLHEPP, IRMGARD: Laßt uns zusammen die Grenzen der Erziehung überschreiten. In: grüner basis-dienst, Jg. 1984, H. 4, 31–33.

KOLINSKY, EVA: The West German Greens – A Women's Party? In: Parliamentary Affairs, 41. Jg. (1988), H. 1, 129–148.

KONIECZKA, VERA/KUNZ, NORBERT/SCHERER, KLAUS-JÜRGEN (Hg.): Sozialismus zwischen Ökonomie und Ökologie. Berlin 1984 (Europäische Perspektiven).

KOPETZKY, PETER: Betr.: »Die Meinung der Fraktionen, Winfried Hermann von den GRÜNEN«. In: Schulintern. Informationen für Lehrer in Baden-Württemberg, Jg. 1987, H. 9, 15.

KOSTEDE, NORBERT: Paternoster: die Folgen des Rotationsprinzips. In: Kursbuch, Nr. 74 (1983), 95–103.

KOTOWSKI, HANNA/TRÜPEL, HELGA u.a.: Die Chancen der Unterbeschäftigung nutzen. Änderungsantrag »ökolibertärer Frauen« zum Europa-Programm der GRÜNEN. In: grüner basis-dienst, Jg. 1984, H. 3, 37.

KRAMP, WOLFGANG: Studien zur Theorie der Schule. München 1973 (Kösel).

KRANEMANN, NIELS: Schulkritik aus der Sicht der Beteiligten – Schüler, Eltern, Lehrer. In: HEITGER 1984, 66–84.

KRAPPMANN, LOTHAR: Eine nützliche Provokation. Erklärende Einleitung zur deutschen Ausgabe. In: JENCKS/SMITH/ACLAND/BANE/COHEN/GINTIS/HEYNS/MICHELSON 1973, 13–27.

KREMS-HEMESATH, BETTINA: »Grüne Themen auf der Roten Liste«. Warum eine Umweltschützerin aus der Öko-Partei austritt. In: Der Spiegel, 40. Jg. (1986), Nr. 41, 104 und 107.

KRETSCHMANN, WINFRIED: Apologie für die Wiedereinführung von Dorfschulen. In: Westermanns Pädagogische Beiträge, 34. Jg. (1982), 352–354.

KRIEGER, HELGA: Blüms Ideologie der Mütterlichkeit. Familienpolitik, Bevölkerungspolitik und der § 218 unter der Wenderegierung. In: grüner basis-dienst, Jg. 1984, H. 2, 44–47.

KRIEGER, VERENA: Feministische Utopien im Bundestag. Das Antidiskriminierungsgesetz der GRÜNEN. In: Blätter für deutsche und internationale Politik, 32. Jg. (1987), 321 f. und 324–334.

KROVOZA, ANNE/NEGT, INGE: Selbstregulierung und Lernmotivation. In: Ästhetik und Kommunikation, 6./7. Jg. (1975/76), H. 22/23, 66f., 69–77, 79–82 und 85–87.

KRÜGER, ANGELIKA: Ein Tag in einer englischen Nachbarschaftsschule. In: betrifft: erziehung, 18. Jg. (1985), H. 11, 26–29.

KÜBLER, ROLAND: Zwischen Traum und Trauma. In: KÖRNER/KÜBLER 1984, 69–90.

KÜCK, MARLENE: Netzwerk schafft Arbeitsplätze – aber nicht von Dauer. In: BOLLE, MICHAEL/GROTTIAN, PETER (Hg.): Arbeit schaffen – jetzt! Reinbek bei Hamburg 1983 (Rowohlt), 216–220.

KUHN, HANS-JÜRGEN/PREUSS-LAUSITZ, ULF: Mut zur ökologischen und sozialen Bildungspolitik. Zur Kritik an verkürzten ökologischen Lernkonzepten. In: Die GRÜNEN, Bundesarbeitsgemeinschaft Bildung 1987, 34–41.

DER KULTUSMINISTER DES LANDES NORDRHEIN-WESTFALEN: Rahmenkonzept zur »Gestaltung des Schullebens und Öffnung von Schule« (Entwurf; Aktenzeichen I A1.02 0/2 Nr. 1638/87). Photomechanisch vervielfältigtes Manuskript, o. O. 1987.

KUNZ, RAINER: Zum Selbstverständnis der GRÜNEN: Fundamentalisten und Realisten in der Politik. In: Die GRÜNEN. Programmatik – Strategie – Taktik 1988, 130–141.

LACHMANN, GÜNTER: Familie. In: GUTJAHR-LÖSER/HORNUNG 1985, 158–162.

LANDMANN, SALCIA: Der ewige Jude. München 1974 (Piper).

LANGGUTH, GERD: Der grüne Faktor. Von der Bewegung zur Partei? Osnabrück/Zürich 1984 (Fromm/Interfrom).

LANGNER, MANFRED (Hg.): Die GRÜNEN auf dem Prüfstand. Analyse einer Partei. Bergisch Gladbach 1987 (Bastei Lübbe).

– Die GRÜNEN im Parteiensystem: radikal, utopisch, links und revolutionär. In: LANGNER 1987, 31–59 (hier zit. als 1987a).

LEACOCK, ELEANOR BURKE: Introduction. In: ENGELS, FREDERICK: The Origin of the Family, Private Property and the State. In the Light of the Researches of Lewis H. Morgan. New York 1972 (International Publishers), 7–67.

– Class, Commodity, and the Status of Women. In: ROHRLICH-LEAVITT, RUBY (Hg.): Women Cross-Culturally. Change and Challenge. Den Haag/Paris 1975 (Mouton), 601–616.

– The Changing Family and Lévy-Strauss, or Whatever Happened to Fathers? In: Social Research, 44. Jg. (1977), 235–259.

– Women, Development, and Anthropological Facts and Fictions. In: Latin American Perspectives, 4. Jg. (1977), H. 1/2, 8–17 (hier zit. als 1977a).

– Women's Status in Egalitarian Society: Implications for Social Evolution. In: Current Anthropology, 19. Jg. (1978), 247–255 und 273–275.

– Structuralism and Dialectics. In: Reviews in Anthropology, 5. Jg. (1978), H. 1, 117–128 (hier zit. als 1978a).

– Society and Gender. In: TOBACH, ETHEL/ROSOFF, BETTY (Hg.): Genes and Gender, Bd. I. New York 1978 (Gordian Press), 75–85 (hier zit. als 1978b).

– Montagnais Women and the Jesuit Program for Colonization. In: ETIENNE, MONA/LEACOCK, ELEANOR BURKE (Hg.): Women and Colonization. Anthropological Perspectives. New York 1980 (Praeger), 25–42.

– Social Behavior, Biology and the Double Standard. In: BARLOW, GEORGE W./SILVERBERG, JAMES (Hg.): Sociobiology: Beyond Nature/Nature? Reports, Definitions and Debate. Boulder, Colorado 1980 (Westview Press), 465–488 (hier zit. als 1980a).

– Myths of Male Dominance. Collected Articles on Women Cross-Culturally. New York/London 1981 (Monthly Review Press).

– Preface. In: LEACOCK 1981, 1–12 (hier zit. als 1981a).

– Review of Evelyn Reed, Women's Evolution. In: LEACOCK 1981, 183–194 (hier zit. als 1981 b).
– Ideologies of Male Dominance as Divide and Rule Politics: An Anthropologist's View. In: LOWE/HUBBARD 1983, 111–121.
– /NASH, JUNE: Ideologies of Sex: Archetypes and Stereotypes. In: Annals of the New York Academy of Science, Bd. 285 (1977), 618–645.
LEGGEWIE, CLAUS: 1968: Ein Laboratorium der nachindustriellen Gesellschaft? Zur Tradition der antiautoritären Revolte seit den sechziger Jahren. In: Aus Politik und Zeitgeschichte, Beilage zur Wochenzeitung »Das Parlament«, Jg. 1988, B 20 vom 13. Mai 1988, 3–15.
LEHNERT, DETLEF: Alternative Politik? Die neuen sozialen Bewegungen zwischen Protestpotential, Wertkonservatismus und Ökosozialismus. In: Politische Vierteljahrsschrift, 26. Jg. (1985), Beiheft PVS-Literatur, Nr. 1, 21–34.
LEIBOWITZ, LILA: Origins of the Sexual Division of Labor. In: LOWE/HUBBARD 1983, 123–147.
LENZ, ILSE: Subsistenzproduktion, Moderne und Freiheit. Einige Thesen. In: Die GRÜNEN im Bundestag, Arbeitskreis Frauenpolitik 1987, 71–74.
LEYRER, KATJA: Rabenmutter – na und? In: SCHARZER, ALICE (Hg.): Das neue Emma-Buch. München 1986 (Deutscher Taschenbuch-Verlag), 56–65.
LINSE, ULRICH: Neues Leben, neue Sünden. Über die Experimente der Landkommunen in Deutschland. In: Kursbuch, Nr. 74 (1983), 55–68.
– Ökopax und Anarchie. Eine Geschichte der ökologischen Bewegungen in Deutschland. München 1986 (Deutscher Taschenbuch-Verlag).
LISTON, DANIEL P.: Capitalist Schools. Explanation and Ethics in Radical Studies of Schooling. New York/London 1988 (Routledge).
LOHMANN, INGRID/SCHEUERMANN, BARB: Auf Prometeus ist zu beharren. Zur Entschulungs- und »Freie-Schulen«-Diskussion in der Bundesrepublik. In: Demokratische Erziehung, 3. Jg. (1977), 557–569.
LOOSE, MICHAEL: Mit Community Education zurück in die Zukunft. In: Westermanns Pädagogische Beiträge, 37. Jg. (1985), 536–544.
LOWE, MARIAN: The Dialectic of Biology and Culture. In: LOWE/HUBBARD 1983, 39–62.
– /HUBBARD, RUTH (Hg.): Woman's Nature. Rationalizations of Inequality. New York/Oxford/Toronto/Sydney/Paris/Frankfurt am Main 1983 (Pergamon Press).
– Introduction. In: LOWE/HUBBARD 1983, IX–XII (hier zit. als 1983 a).
LÜBBE, HERMANN: Politischer Moralismus. Der Triumph der Gesinnung über die Urteilskraft. Berlin 1987 (Siedler).
– Einheit und Vielfalt in der sozialen und kulturellen Entwicklung der Industriegesellschaft. Vortrag, gehalten am 23. August 1989 beim Kulturgespräch »Die neue Freiheit in der europäischen Kultur – Gesellschaftliche, weltanschauliche und politische Veränderungen schaffen eine neue kulturelle Situation in Europa« im Rahmen des Europäischen Forums Alpbach/Tirol. Hier: Photomechanisch vervielfältigtes Manuskript, Alpbach 1989 (Team Xerox).
LÜDKE, HANS-WERNER: Was ist ökologische Politik? In: LÜDKE, HANS-WERNER/DINNE, OLAF (Hg.): Die GRÜNEN. Personen – Projekte – Programme. Stuttgart-Degerloch 1980 (Seewald), 53–61.
LÜSCHER, KURT/SCHULTHEIS, FRANZ/WEHRSPAUN, MICHAEL (Hg.): Die »postmoderne« Familie. Familiale Strategien und Familienpolitik in einer Übergangszeit. Konstanz 1988 (Universitätsverlag).
LUHMANN, NIKLAS: Politische Theorie im Wohlfahrtsstaat. München/Wien 1981 (Olzog).

MALLET, CARL-HEINZ: Untertan Kind. Nachforschungen über Erziehung. Ismaning bei München 1987 (Hueber).
– Untertan Kind – die Geschichte einer pädagogischen Verschwörung. In: Praxis einer Neuen Bildungspolitik o.J., 4.
MARCUSE, HERBERT: Marxismus und Feminismus (1974). In: ders.: Zeit-Messungen. Drei Vorträge und ein Interview. Frankfurt am Main 1975 (Suhrkamp), 9–20.
– Der eindimensionale Mensch. Studien zur Ideologie der fortgeschrittenen Industriegesellschaft (1964). Neuwied/Berlin [8]1976 (Luchterhand).
MAREN-GRISEBACH, MANON: Philosophie der GRÜNEN. München/Wien 1982 (Olzog).
– Gewalt und sozialer Widerstand. In: WOLF SCHÄFER 1983, 89–96.
– Politische Aspekte von Naturphilosophie. In: Annalen der internationalen Gesellschaft für dialektische Philosophie – Societas Hegeliana, Jg. 1983, 127–131 (hier zit. als 1983a).
MARTEN, RAINER: Der menschliche Mensch. Abschied vom utopischen Denken. Paderborn/München/Wien/Zürich 1988 (Schöningh).
MARX, KARL: Die deutsche Ideologie (1845/46). In: ders.: Die Frühschriften. Hrsgg. von SIEGFRIED LANDSHUT. Stuttgart 1971 (Kröner), 338–485.
– Zur Kritik der politischen Ökonomie. In: MARX, KARL/ENGELS, FRIEDRICH: Werke. Bd. 13, Berlin 1974 (Dietz), 3–160.
MAST, CLAUDIA: Aufbruch ins Paradies? Die Alternativbewegung und ihre Fragen an die Gesellschaft. Zürich/Osnabrück 1980 (Edition Interfrom/Fromm).
MASTHOFF, REGINE: Antiautoritäre Erziehung. Darmstadt 1981 (Wissenschaftliche Buchgesellschaft).
MAUTNER, PAUL/FRANK, EDMUND: Grüner Aufbruch '88. Scheidung oder Schlichtung? Fernsehbericht, München 1988 (Bayerischer Rundfunk), gesendet in der ARD am 29. September 1988, 21.45 Uhr.
MAY, HANNELORE: Die Imperatoren und die Mütter der Basis. In: RICHARDSEN/MICHALIK 1985, 132–147.
MAYER-TASCH, PETER CORNELIUS: Die Bürgerinitiativbewegung. Der aktive Bürger als rechts- und politikwissenschaftliches Problem. 4., völlig neu bearbeitete Auflage, Reinbek bei Hamburg 1981 (Rowohlt).
MEADOWS, DENNIS/MEADOWS, DONELLA/ZAHN, ERICH/MILLING, PETER: Die Grenzen des Wachstums. Bericht des Club of Rome zur Lage der Menschheit. 101.–200. Tsd., Reinbek bei Hamburg 1973.
MENGELKAMP, ANDREAS: Grün-alternatives Denken. o.O. o.J. [Bonn 1985] (Ring Christlich-Demokratischer Studenten).
– »Leistung – Nein danke!« Ansprüche und Kritik grüner Bildungsideologie. Bonn 1986 (Ring Christlich-Demokratischer Studenten).
MESSNER, RUDOLF: Pädagogische Anmerkungen zum Schulkonzept der Glocksee-Schule – Notizen aus teilnehmender Erfahrung. In: JÜRGENSMEIER 1986, 43–63.
MEYER, THOMAS (Hg.): Fundamentalismus in der modernen Welt. Die Internationale der Unvernunft. Frankfurt am Main 1989 (Suhrkamp).
– Der unverhoffte Fundamentalismus. Beobachtungen in der Bundesrepublik. In: MEYER 1989, 263–286 (hier zit. als 1989a).
MEZ, LUTZ/WOLTER, ULF: Die GRÜNEN kommen! Ein Bericht über neue Parteien, Anti-Parteien und Wahlbündnisse. In: Kritik, 6. Jg. (1978), H. 16, 4–15.
MICHALIK, REGINA: Ohne uns läuft nichts. In: RICHARDSEN/MICHALIK 1986, 54–69.
MILLER, ALICE: Das Drama des begabten Kindes und die Suche nach dem wahren Selbst. 81.–88. Tsd., Frankfurt am Main 1980 (Suhrkamp).
– Am Anfang war Erziehung. Frankfurt am Main 1980 (Suhrkamp) (hier zit. als 1980a).

– Du sollst nicht merken. Variationen über das Paradies-Thema. Frankfurt am Main 1981 (Suhrkamp).
– Buchbesprechung zu Langegger, Florian: Mozart – Vater und Sohn. Eine psychologische Untersuchung (1978). In: Psyche, 35. Jg. (1981), 587f. (hier 1981a).
– Bilder einer Kindheit. 66 Aquarelle und ein Essay. Frankfurt am Main 1985 (Suhrkamp).
– /Rush, Florence: Alice Miller im Gespräch mit der Autorin. In: Rush 1982, 8–17.
Minhoff, Christoph: Entscheidungsfindung und Entscheidungsstruktur in der grünen »Basisdemokratie«. In: Die Grünen. Programmatik – Strategie – Taktik 1988, 151–164.
Minzey, Jack D./LeTarte, Clyde E.: Community Education: From Program to Process to Practice. The Schools' Role in a New Educational Society. Midland, Michigan 1979 (Pendell).
Mittermüller, Hans G.: Ideologie und Theorie der Ökologiebewegung. Zur Konzeption einer »Ökologischen Philosophie«. Frankfurt am Main/Bern/New York/Paris 1987 (Lang).
Mohler, Armin: Wider die All-Gemeinheiten oder das Besondere ist das Wirkliche. Krefeld 1981 (Sinus).
– Vorwort. In: Mohler 1981, 13f. (hier zit. als 1981a).
– Konservatismus für die 80er Jahre. Eine physiognomische Skizze. In: Mohler 1981, 15–54 (hier zit. als 1981b).
– Der Traum vom Naturparadies. Anmerkungen zur ökologischen Bewegung. In: Mohler 1981, 55–93 (hier zit. als 1981c).
– Was ist los mit der Schweiz? Wilhelm Tell sticht nicht mehr. In: Mohler 1981, 95–133 (hier zit. als 1981d).
Mohr, Reinhard/Cohn-Bendit, Dany: 1968. Die letzte Revolution, die noch nichts vom Ozonloch wußte. Berlin 1988 (Wagenbach).
Müller, Emil-Peter: Grüne Aussichten. Was die Wirtschaft von den Grünen zu erwarten hat. Köln 1987 (Deutscher Instituts-Verlag).
– Statt Basisnähe: legislatives Mittelmaß. Der Arbeitgeber, 41. Jg. (1989), H. 1, 16.
Müller, Rainer: Die sozialgestaltende Kraft der Freiheit. Aufgaben und Grenzen Grüner Bildungspolitik. In: Arbeitsgemeinschaft Freie Schule/Die Grünen, Landesverband Bayern 1983, 20–22.
Müller, Walter: Zur Geschichte radikaler Schulkritik in der jüngsten Vergangenheit. In: Fischer, Wolfgang: Schule als parapädagogische Organisation. Kastellaun 1978 (Henn), 9–24 und 180–185.
Müller-Rommel, Ferdinand: Die Grünen – künftig ein fester Bestandteil unseres Parteiensystems? Entstehungsgeschichte, programmatische Ausrichtung und Wähler der Grünen in der Bundesrepublik Deutschland. In: Westeuropas Parteiensysteme im Wandel. Stuttgart/Berlin/Köln/Mainz 1983 (Kohlhammer), 83–94.
– /Watts, Nicholas: Zur elektoralen Verankerung der Anhänger neuer sozialer Bewegungen. Eine vorläufige Forschungsnotiz. In: Falter/Fenner/Greven 1984, 602–608.
Müttermanifest. Leben mit Kindern – Mütter werden laut. In: beiträge zur feministischen theorie und praxis, 11. Jg. (1988), H. 21/22, 201–207.
Mushaben, Joyce Marie: Reflections on the Institutionalization of Protest: The West German Peace Movements. In: Alternatives, 9. Jg. (1984), 519–539.
– Innocence Lost: Environmental Images and Political Experiences Among the West German Greens. In: New Political Science, 14. Jg. (1985/86), 39–66.
Mutscheller, Eberhard: Grüne: Ökologische Bildung vernachlässigt. In: demokratische erziehung, 13. Jg. (1987), H. 12, 31f.

Nauck, Bernhard: Ressourcen- und Austauschtheorien in der Familienforschung. Photomechanisch vervielfältigtes Manuskript, München o. J. [1987/88] (Staatsinstitut für Frühpädagogik und Familienforschung).

– Sozialer Wandel in Eltern-Kind-Beziehungen. Vortrag an der Pädagogischen Hochschule Weingarten am 22. 11. 88. Photomechanisch vervielfältigte Manuskripte, hier: Textteil, Köln/München o. J. [1988] (Seminar für Sozialwissenschaften der Universität Köln/Staatsinstitut für Frühpädagogik und Familienforschung, München).

Negt, Oskar: Die Glocksee-Schule – ein Modell der neuen Reformpädagogik. In: Röhrs, Hermann (Hg.): Die Schulen der Reformpädagogik heute. Handbuch reformpädagogischer Schulideen und Schulwirklichkeit. Düsseldorf 1986 (Schwann), 281–295.

Neidig, Claudia/Selders, Beate: Das »Neue Zeitalter« ist weiblich. Oder: Wie antifeministisch ist das ökologische Weltbild? In: Die Grünen im Bundestag, Arbeitskreis Frauenpolitik 1987, 75–86.

Neill, Alexander Sutherland: Theorie und Praxis der antiautoritären Erziehung. Das Beispiel Summerhill (1960). 61.–90. Tsd., Reinbek bei Hamburg 1970 (Rowohlt).

Die neue Friedensbewegung. Analysen aus der Friedensforschung. Redaktion Reiner Steinweg. Frankfurt am Main 1982 (Suhrkamp).

Nickels, Christa: Der Glaube ist ein Spiegel des Lebens. In: Hesse/Wiebe 1988, 15–22.

Noelle-Neumann, Elisabeth: Der Zweifel am Verstand. In: Noelle-Neumann/Maier-Leibnitz 1987, 9–20.

– /Maier-Leibnitz, Heinz: Zweifel am Verstand. Das Irrationale als die neue Moral. Zürich/Osnabrück 1987 (Edition Interfrom/Fromm).

Nöth, Wilhelm: Pro und Kontra Gesamtschule. Eine Zwischenbilanz. Stuttgart 1979 (Metzler).

Notz, Gisela/Notz, Heike/Troscheit, Maika: Das Leben ist doch kein Kindergeburtstag. Leben mit Kindern – Mütter außerhalb der Kleinfamilie. In: beiträge zur feministischen theorie und praxis, 11. Jg. (1988), H. 21/22, 73–83.

Nullmeier, Frank/Rubart, Frauke/Schultz, Harald: Umweltbewegungen und Parteiensystem. Umweltgruppen und Umweltparteien in Frankreich und Schweden. Berlin 1983 (Quorum).

Oberreuter, Heinrich (Hg.): Wahrheit statt Mehrheit? An den Grenzen der parlamentarischen Demokratie. München 1986 (Olzog).

– Abgesang auf einen Verfassungstyp? Aktuelle Herausforderungen und Mißverständnisse der parlamentarischen Demokratie. In: Oberreuter 1986, 23–43 (hier zit. als 1986a).

Ökologie und Lernen in der Schule. Antrag des AK-Schule der Grünen Baden-Württemberg an den Landesausschuß. In: Die Grünen, Bundesarbeitsgemeinschaft Bildung 1987, 4–11.

Oelkers, Jürgen: Alternativen zur Alternative: Grenzen der Reformpädagogik. In: Jürgensmeier 1986, 83–105.

Oesterle-Schwerin, Jutta: Müssen Kinder eine Last sein? Kritik an der Grünen Programmatik. In: mama-mia, 2. Rundbrief der AG Mütterpolitik, hrsgg. von der Bundesgeschäftsstelle der Grünen, November 1987, ohne Seitenzählung.

Oeter, Ferdinand: Plädoyer für ein neues Matriarchat. In: Schleswig-Holsteinisches Ärzteblatt, Jg. 1987, 297f. und 300.

Offe, Claus: Zwischen Bewegung und Partei. Die Grünen in der politischen »Adoleszenzkrise«? In: Kallscheuer 1986, 40–60.

Oliver, Donald W.: Utilitarian Perfectionism and Education: A Critique of Underlying Forces of Innovative Education. In: Shimahara, Nobuo Kenneth/ Scrupski, Adam (Hg.): Social Forces and Schooling. An Anthropological and Sociological Perspective. New York 1975 (McKay), 250–281.

– Education and Community. A Radical Critique of Innovative Schooling. Berkeley, Kalifornien 1976 (McCutchan).

Opielka, Michael: Familienpolitik ist »Neue-Männer-Politik«. Überlegungen zu einer ökologischen Familienpolitik. In: Aus Politik und Zeitgeschichte, Beilage zur Wochenzeitung »Das Parlament«, Jg. 1984, B 20 vom 19. Mai 1984, 34–46.

– (Hg.): Die ökosoziale Frage. Alternativen zum Sozialstaat. Frankfurt am Main 1985 (Fischer).

– /Schmollinger, Martin/Fohmann-Ritter, Angelika (Hg.): Die Zukunft des Sozialstaats, Bd. 1: »Sozialstaatskrise und Umbaupläne«. Materialien zur sozialpolitischen Diskussion der Grünen. 3., überarbeitete und erweiterte Auflage, Stuttgart 1984 (Die Grünen Baden-Württemberg).

Oppositionelles Wahlbündnis zu den Hamburger Bürgerschaftswahlen 1978. Schlußresolution der ersten Delegiertenkonferenz für ein Wahlbündnis. In: Mez/ Wolter 1978, 12.

Oubaid, Monika: Bildung verändern – aus der Perspektive von Frauenpolitik. In: Dick/Keese-Philipps/Preuss-Lausitz 1986, 42–55.

Papadakis, Elim: The Green Movement in West Germany. London/Canberra/New York 1984 (Croom Helm/St. Martin's Press).

Paterson, William E.: West Germany: Between Party Apparatus and Basis Democracy. In: Ware, Alan (Hg.): Political Parties. Electoral Change and Structural Response. Oxford/New York 1987 (Basil Blackwell), 158–182 und 259–261.

Paulsen, Friedrich: Geschichte des gelehrten Unterrichts auf den deutschen Schulen und Universitäten vom Ausgang des Mittelalters bis zur Gegenwart. Mit besonderer Rücksicht auf den klassischen Unterricht. Unveränderter Nachdruck der 3., erweiterten Auflage (1921), Berlin 1965 (de Gruyter).

Payne, Charles M.: Getting What We Ask For. The Ambiguity of Success and Failure in Urban Education. Westport, Connecticut/London 1984 (Greenwood).

Pfaltzgraff, Robert L., Jr.: Preface. In: Pfaltzgraff/Holmes/Clemens/Kaltefleiter 1983, Vf.

– The Greens: Implications for the United States. In: Pfaltzgraff/Holmes/ Clemens/Kaltefleiter 1983, 1–14 (hier zit. als 1983a).

– /Holmes, Kim R./Clemens, Clay/Kaltefleiter, Werner: The Greens of West Germany: Origins, Strategies, and Transatlantic Implications. Cambridge, Massachusetts/Washington, D.C. 1983 (Institute for Foreign Policy Analysis).

Piel, Edgar: Im Geflecht der kleinen Netze. Vom deutschen Rückzug ins Private. Zürich/Osnabrück 1987 (Edition Interfrom/Fromm).

Pinl, Claudia: Schöne Grüße von Norbert Blüm. »Neue (grüne) Mütterlichkeit« – eine ökologische Frauenpolitik? In: Die Grünen im Bundestag, Arbeitskreis Frauenpolitik 1987, 113–118.

Plettenberg, Gabriele Gräfin: Zu diesem Heft. In: Elternforum, Zeitschrift der Katholischen Elternschaft Deutschlands, Jg. 1987, H. 4/5, 2.

Popper, Karl Raimund: Der Zauber Platons. Bern 1957 (Francke).

– Falsche Propheten. Hegel, Marx und die Folgen. Bern 1958 (Francke).

– Utopia and Violence (1947). In: ders.: Conjectures and Refutations. The Growth of Scientific Knowledge. Nachdruck der 4., durchgesehenen Auflage, London/ Henley 1985 (Routledge and Kegan Paul), 355–363.

– Die Erkenntnistheorie und das Problem des Friedens. In: KELLER, HANNES (Hg.): Denken über die Zukunft. Ein Syposium mit Hoimar von Ditfurth, Irenäus Eibl-Eibesfeldt, Hans Jonas, Hannes Keller, Hansjürg Mey, Eduard Pestel, Karl Popper, Walther Ch. Zimmerli. Zürich 1986 (Ringier), 191–199.
Praxis einer Neuen Bildungspolitik. 6. Regensburger Kongreß: Bildung im Umbruch II, 2.–4. Oktober 1987. Programm. o. O. o. J.
PREM, HILTRAUD: Falsche Lehrmethoden machen die Schulanfänger lustlos und oft krank. In: Praxis einer Neuen Bildungspolitik o. J., 15.
PREUSS-LAUSITZ, ULF: Grüne Bildungspolitik. In: Demokratische Erziehung, 10. Jg. (1984), H. 3, 34f.
– Bildungspolitische Perspektiven für die neunziger Jahre – Grundlagen eines grünen Bildungsbegriffs. In: DICK/KEESE-PHILIPPS/PREUSS-LAUSITZ 1986, 13–28.
– Gemeinsam mit Behinderten leben – Kindertagesstätten und Schulen ohne Aussonderung. In: DICK/KEESE-PHILIPPS/PREUSS-LAUSITZ 1986, 88–105 (hier zit. als 1986 a).
– Was ist grün-alternative Bildungspolitik? In: Pädagogik heute, Jg. 1986, H. 12, 61–67 (hier zit. als 1986 b).
– /ZIMMERMANN, PETER: Alternativschulen und grüne Bildungspolitik. In: ROLFF, HANS-G./HANSEN, GEORG/KLEMM, KLAUS/TILLMANN, KLAUS-JÜRGEN (Hg.): Jahrbuch der Schulentwicklung: Daten, Beispiele, Perspektiven, Bd. 3. Weinheim/Basel 1984 (Beltz), 204–224.
Programm des Kongresses Frauen und Ökologie, 3.–5. Oktober 1986. In: Die GRÜNEN im Bundestag, Arbeitskreis Frauenpolitik 1987, 210–212.

Quirl: »Wir kochen anders!« Neue Lebenformen und neue Arbeitsbedingungen sind keine Utopie. Seit einem Jahr: Frauenprojekt »Quirl« in Walle. In: Die GRÜNEN, Landesverband Bremen (Hg.): Grün wächst. Zeitung zur Wahl. Bremen o. J., 3.
QUISTORP, EVA (Hg.): Frauen für den Frieden. Analysen, Dokumente und Aktionen aus der Friedensbewegung. Bensheim 1982 (päd. extra Buchverlag).
– Begrüßungsrede. In: Die GRÜNEN im Bundestag, Arbeitskreis Frauenpolitik 1987, 16–18.
– Unterwegs mit Marias Lobgesang. In: HESSE/WIEBE 1988, 43–78.

RAMMINGER, HELMUT K.: Die schrankenlose Grüne. Chance und Grenzen einer Bewegung. Bern 1982 (Edition Erpf).
RAMSEGER, JÖRG: Gegenschulen. Radikale Reformschulen in der Praxis. Bad Heilbrunn, Obb. 1975 (Klinkhardt).
– Offener Unterricht in der Erprobung. Erfahrungen mit einem didaktischen Modell. München 1977 (Juventa).
– Die Schule öffnen? Wieso? Für was? Überlegungen zum Verhältnis von Schule und Stadtteil. In: betrifft: erziehung, 19. Jg. (1986), H. 3, 31–34.
RANG, ADALBERT/RANG-DUDZIK, BRITA: Elemente einer historischen Kritik der gegenwärtigen Reformpädagogik. Zur Alternativlosigkeit der westdeutschen Alternativschulkonzepte. In: Reformpädagogik und Berufspädagogik 1978, 6–62.
– Lehrer unter der Volksbildungskuppel – ratlos. Bericht über eine Podiumsdiskussion mit Oskar Negt und Thomas Ziehe. In: Das Argument, 21. Jg. (1979), Nr. 116, 543–548.
REENTS, JÜRGEN: GRÜNE im Nahost-Konflikt. In: HIPPLER/MAIER 1988, 175–197.
– /STAMM, MICHAEL: Bekenntnisse zur Gewaltfreiheit – oder: Welche Gewalt ist erlaubt? In: HIPPLER/MAIER 1988, 125–132.
Reformpädagogik und Berufspädagogik. Berlin 1978 (Argument-Verlag).

REGELMANN, JOHANN-PETER: Ökologische Pädagogik? Versuch einer kritischen Synopse neuerer Diskussionsbeiträge zur Grünen Bildungspolitik. In: Die GRÜNEN, Bundesarbeitsgemeinschaft Bildung 1987, 50–56.

REICH, WILHELM: Die sexuelle Revolution. Zur charakterlichen Selbststeuerung des Menschen. Frankfurt [7]1971 (Europäische Verlagsanstalt).

REINHARDT, PETER: Den GRÜNEN fehlt der Nachwuchs. Freude über Wahlergebnis wich Diskussion über parteiliche Verkrustung. In: Südkurier, 44. Jg. (1988), Nr. 87 vom 15. April 1988, 10.

REISSMANN, JENS: Pseudoprogressivität und insulare Pädagogik. Verständigungsschwierigkeiten an der Glocksee-Schule. Hannover 1985 (Druck-Team).

RENGGLI, FRANZ: Angst und Geborgenheit. Soziokulturelle Folgen der Mutter-Kind-Beziehung im ersten Lebensjahr. Ergebnisse aus Verhaltensforschung, Psychoanalyse und Ethnologie. Reinbek bei Hamburg 1976 (Rowohlt).

RICHARDSEN, ELKE: Kuchen mit Zuckerguß oder: Zweite Gedanken zum Bonner Weiberrat. In: grüner basis-dienst, Jg. 1984, H. 5/6, 27f.

– /MICHALIK, REGINA (Hg.): Die quotierte Hälfte. Frauenpolitik in den grün-alternativen Parteien. Berlin 1985 (LitPol).

– Statt eines Vorworts: Ein Gesprächsprotokoll von den Herausgeberinnen. Was soll das Buch eigentlich? In: RICHARDSEN/MICHALIK 1985, 5–8 (hier zit. als 1985a).

ROBERTSON, JAMES: Zukunftsmodelle zu Lebensweisen und Gesundheit. In: OPIELKA 1985, 52–79.

ROCHEFORT, CHRISTIANE: Les Petits Enfants du Siècle. Paris 1961 (Grasset).

RÖNSCH, HORST-DIETER: Die Magister wandern weiter. In: Kritik, 7. Jg. (1979), Nr. 23, 19–31.

ROHOWSKY, PETRA: Liebe Vorbereitungsgruppe . . . In: Die GRÜNEN im Bundestag, Arbeitskreis Frauenpolitik 1987, 196f.

ROMAHN, THEO: Die GRÜNEN: Der sichere Weg in die Katastrophe. Leitfaden für Mitglieder der automobilen Gesellschaft. Düsseldorf 1983 (Drittes Jahrtausend).

ROSE, DIETMAR: Glocksee-Schule Hannover: Szenen aus einem anderen Schulleben. In: ARBEITSGEMEINSCHAFT FREIE SCHULE/Die GRÜNEN, Landesverband Bayern 1983, 23f.

ROSENFELD, EVA: Social Stratification in a »Classless« Society. In: American Sociological Review, 16. Jg. (1951), 766–774.

ROTH, HEINRICH: Pädagogische Psychologie des Lehrens und Lernens. Hannover/Berlin/Darmstadt/Dortmund [15]1976 (Schroedel).

ROTHER, ILSE: Schulanfang. Ein Beitrag zur Arbeit in den ersten beiden Schuljahren. Frankfurt am Main/Berlin/Bonn [6]1963 (Diesterweg).

ROTMANN, MICHAEL: Der Vater der frühen Kindheit – ein strukturbildendes drittes Objekt. In: BITTNER, GÜNTHER (Hg.): Selbstwerden des Kindes. Ein neues tiefenpsychologisches Konzept. Fellbach 1981 (Bonz), 160–172.

ROUSSEAU, JEAN-JACQUES: Emil oder über die Erziehung (1762). Vollständige Ausgabe. In neuer deutscher Fassung besorgt von JOSEF ESTERHUES. 3., durchgesehene Auflage, Paderborn 1963 (Schöningh).

RÜCKRIEM, GEORG: Sieben Thesen über organisierte Willkür und willkürliche Organisation. Zur Kritik der Gegenschulbewegung. In: Reformpädagogik und Berufspädagogik 1978, 62–87.

RUNTE, ANNETTE: »Muttersprachliches«. Diskursanalytische Anmerkungen zum neuen Müttermythos. In: beiträge zur feministischen theorie und praxis, 11. Jg. (1988), H. 21/22, 85–96.

RUNTE-PLEWNIA, MARGARETE: Mütter gegen Feministinnen. Beitrag in: Panorama (Norddeutscher Rundfunk), Nr. 431, gesendet am 8. Juli 1987 in der ARD. Hier: Photomechanisch vervielfältigtes Manuskript, o. O. o. J. [Hamburg 1987].

RUSH, FLORENCE: Das bestgehütete Geheimnis: Sexueller Kindesmißbrauch. Berlin 1982 (sub rosa Frauenverlag).

RUST, GISELA: Einführung zur deutschen Ausgabe: Sexueller Mißbrauch – ein Dunkelfeld in der Bundesrepublik Deutschland. Aufklärung, Beratung und Forschung tun not. In: BACKE, LONE/LEICK, NINI/MERRICK, JOAV/MICHELSEN, NIELS (Hg.): Sexueller Mißbrauch von Kindern in Familien (1983). Köln 1986 (Deutscher Ärzte-Verlag), 7–20.

RUTSCHKY, KATHARINA (Hg.): Schwarze Pädagogik. Quellen zur Naturgeschichte der bürgerlichen Erziehung. Frankfurt am Main/Berlin/Wien 1977 (Ullstein).

SACHS, WOLFGANG: »Fetisch Produktivkraft«. Über die Schwierigkeiten orthodoxer Marxisten mit der Alternativschul-Bewegung. In: päd. extra, Jg. 1979, H. 9, 34–37.

SAIBOLD, HANNELORE: Widerstand durch den Einkaufskorb. Die Macht des Konsums. In: Die GRÜNEN im Bundestag, Arbeitskreis Frauenpolitik 1987, 165–169.

SALAMUN, KURT: Zur Geschichte der Diskussion um Ideologie, Wahrheit und Wissenschaft. In: ders.: Ideologie und Aufklärung. Weltanschauungstheorie und Politik. Wien/Köln/Graz 1988 (Böhlau), 82–110.

SANDER, HELKE: 150000 Tote und politische Utopien. In: VOLLMER 1986, 94–110.

SAUER, CONNY: Gegen die Mystifizierung weiblicher Erfahrungszusammenhänge. Anmerkungen zur Frauenpolitik der Ökolibertären. In: grüner basis-dienst, Jg. 1984, H. 3, 36–38.

SCHAARSCHUCH, ANDREAS R.: Gedanken und Position zur Bildungspolitik. In: HORNIG/WAGNER 1983, 61–65.

SCHÄFER, BARBARA: Vorwort. In: KÖCHER 1985, ohne Seitenzählung.

SCHÄFER, GERHARD: 50. »Kleine Grundschule« wird in Buchheim eröffnet! In: Schulintern. Informationen für Lehrer in Baden-Württemberg, Jg. 1987, H. 6, 1.

SCHAEFER, HANS: Einführung in die 10-Jahresfeier der Liga. In: Texte der Ansprachen zum zehnjährigen Bestehen der »Deutschen Liga für das Kind in Familie und Gesellschaft« am 24. Oktober 1987 in Bonn. Photomechanisch vervielfältigte Maschinenschrift, Bonn 1987 (Deutsche Liga für das Kind in Familie und Gesellschaft), mit eigener Seitenzählung.

SCHÄFER, WOLF (Hg.): Neue soziale Bewegungen: Konservativer Aufbruch im bunten Gewand? Arbeitspapiere einer Diskussionsrunde. Frankfurt am Main 1983 (Fischer).

– Vorwort. In: WOLF SCHÄFER 1983, 5–7 (hier zit. als 1983 a).

SCHARPING, RUDOLF/HOFMANN-GÖTTIG, JOACHIM: »Alternative« Politik in den Landesparlamenten? Ideologiekritische Inhaltsanalyse von 300 Redebeiträgen »grüner« Parlamentarier. In: Zeitschrift für Parlamentsfragen, 13. Jg. (1982), 391–415.

SCHELSKY, HELMUT: Soziologische Bemerkungen zur Rolle der Schule in unserer Gesellschaftsverfassung. Eine Denkschrift. In: ders.: Schule und Erziehung in der industriellen Gesellschaft. Würzburg 1957 (Werkbund), 9–50.

SCHERER, KLAUS-JÜRGEN: Die Herausforderungen der neuen sozialen Bewegungen – eine Bilanz. In: KONIECZKA/KUNZ/SCHERER 1984, 14–28.

– Jugend und soziale Bewegung. Zur politischen Soziologie der bewegten Jugend in Deutschland. Opladen 1988 (Leske + Budrich).

SCHERER, RENE: Das dressierte Kind. Sexualität und Erziehung. Über die Einführung der Unschuld (1973). Berlin 1975 (Wagenbach).

SCHEUCH, ERWIN K.: Wertewandel in einer hochtechnisierten Gesellschaft? In: Politische Studien, 38. Jg. (1987), H. 293, 306–314.

SCHIESSL, OTMAR: Auswirkungen der Größe einer Schule auf die Erziehungssituation. München 1981 (Ehrenwirth).

SCHLAFFKE, WINFRIED (Hg.): Vorsicht: Grüne Falle! Die Partei der falschen Hoffnungen. Köln 1987 (Tiberius).
- Vorwort. In: SCHLAFFKE 1987, 8–10 (hier zit. als 1987a).
- Der Geist, der stets verneint: Die grüne Ausstiegspartei. In: SCHLAFFKE 1987, 11–95 (hier zit. als 1987b).
SCHMIDBAUER, BERND: Anspruch und Wirklichkeit – Bilanz grüner Umweltpolitik. In: LANGNER 1987, 351–366.
SCHMIDT, GISELHER: Die GRÜNEN. Portrait einer alternativen Partei. Krefeld 1986 (Sinus).
- Die GRÜNEN – Erben der APO? Vortrag, gehalten auf der Expertentagung »APO, Frankfurter Schule, Kritische Theorie und ihre Fernwirkung auf Politik, Staat und Gesellschaft heute« der Hanns-Seidel-Stiftung vom 22. bis 24. Februar 1988 in Wildbad Kreuth. Hier: Photomechanisch vervielfältigtes Manuskript, o. O. o. J. [vermutlich Köln 1988].
- Die geistesgeschichtlichen Quellen und philosophischen Grundlagen der GRÜNEN. Photomechanisch vervielfältigtes Manuskript, o. O. o. J. [Köln 1988] (hier 1988 a).
SCHMIDT, GÜNTER RUDOLF: Erziehung als Wiederherstellung des guten Menschen – Der pädagogische Traum Rousseaus. In: KEIL, WERNER (Hg.): Pädagogische Bezugspunkte – Exemplarische Anregungen. Festschrift für Hans Scheuerl. Regensburg 1989 (Roderer), 147–166.
SCHMIDT, UTA C.: Wohin mit »unserer gemeinsamen Betroffenheit« im Blick auf die Geschichte? Eine kritische Auseinandersetzung mit methodischen Postulaten der feministischen Wissenschaftsperspektive. In: BECHER/RÜSEN 1988, 502–516.
SCHNABEL, THOMAS: Familienlastenausgleich – Anspruch und Wirklichkeit seit 100 Jahren. Neuwied 1987 (Strüder).
SCHNEIDER, PETER: Keine Lust aufs grüne Paradies. In: Kursbuch, Nr. 74 (1983), 180–188.
SCHOECK, HELMUT: Die 12 Irrtümer unseres Jahrhunderts. München/Berlin 1985 (Herbig).
SCHÖLLER, GUNHILD: Mitarbeit bei den GRÜNEN lohnt doch. Feministische Politik als notwendiger Bestandteil. In: Kommune – Forum für Politik und Ökonomie, Jg. 1986, H. 3, 34f.
SCHOENEBECK, HUBERTUS VON: Unterstützen statt erziehen. Die neue Eltern-Kind-Beziehung. München [2]1982 (Kösel).
- Antipädagogik im Dialog. Eine Einführung in antipädagogisches Denken. Weinheim/Basel 1985 (Beltz).
- Kinderrechtsbewegung und Deutsches Kindermanifest. Münster [4]1986 (Freundschaft mit Kindern – Förderkreis e. V.).
SCHOLZ, GEROLD: Bausteine für eine grüne Bildungspolitik. In: päd. extra, Jg. 1984, H. 1, 16.
- Gedanken zur ökologischen Pädagogik. In: Die GRÜNEN im niedersächsischen Landtag, Schul-AG 1984, 64–76 (hier zit. als 1984a).
SCHORSCH, CHRISTOF: Die New Age-Bewegung. Utopie und Mythos der Neuen Zeit. Eine kritische Auseinandersetzung. Gütersloh [2]1988 (Gütersloher Verlagshaus Mohn).
SCHUCHT, JOACHIM: Ein Parlament der Lehrer und Juristen. Fast jeder zweite Bundestagsabgeordnete kommt aus dem öffentlichen Dienst. In: Südkurier, 43. Jg. (1987), Nr. 41 vom 19. Februar 1987, 3.
SCHULLER, WOLFGANG: Geheim und frei. In: Südkurier, 45. Jg. (1989), Nr. 2 vom 3. Januar 1989, 1.
Schulstruktur und Alternativschulen. Schulpolitik in grünen Programmen. In: Dokumentation grün-alternative Bildungspolitik 1983, Dok. 15, 10f.

SCHULTE, BIRGITTA M.: Die andere Schule ist nicht planbar. Grüne Bildungspolitik. In: päd. extra, Jg. 1984, H. 4, 14f.
SCHULTE, CHRISTOPH: Die Herkunft der GRÜNEN: Ursachen, Voraussetzungen und Entstehung einer Bewegung. In: GOTTO/VEEN 1984, 11–36.
SCHULTHEIS, FRANZ: Fatale Strategien und ungeplante Konsequenzen beim Aushandeln »familiärer Risiken« zwischen Mutter, Kind und »Vater Staat«. In: LÜSCHER/SCHULTHEIS/WEHRSPAUN 1988, 371–387.
SCHULTZ, JOACHIM: »Wir fordern« – Politische Sprache der Gegenwart. Manifeste, Programme und Flugblätter der »GRÜNEN« im Deutschunterricht. In: Deutschunterricht, 35. Jg. (1983), H. 6, 48–59.
SCHULZE, HANS-JOACHIM/MAYER, TILMAN (Hg.): Familie: Zerfall oder neues Selbstverständnis? Würzburg 1987 (Königshausen + Neumann).
SCHUSTER, FRANZ/ZENDER, MATTHIAS/NIEMANN, BERNHARD/WERSEBE, HILMAR VON/KANITZ, HORST/KRAMER, CHRISTINE: Die GRÜNEN in der Kommunalpolitik. Erste Erfahrungen und Konsequenzen. Recklinghausen ²1985 (Kommunal-Verlag).
SCHWAB, DIETER: Zur Geschichte des verfassungsrechtlichen Schutzes von Ehe und Familie. In: HABSCHEID, WALTHER/GAUL, HANS F./MIKAT, PAUL (Hg.): Festschrift für Friedrich Wilhelm Bosch zum 65. Geburtstag. Bielefeld 1976 (Gieseking), 893–907.
SCHWENDTER, ROLF: GRÜNE und Religion. In: HESSE/WIEBE 1988, 215–223.
SELLIN, PETER: Wie libertär ist der Wohlstandsbürger im Vergleich zum armen Arbeitslosen? Skizzen für eine Antwort auf die Gründungserklärung der Ökolibertären GRÜNEN. In: grüner basis-dienst, Jg. 1984, H. 3, 34f.
SENSENSCHMIDT, BERND: Lernen in Freiheit und Selbstbestimmung – ein neuer Weg. In: Praxis einer Neuen Bildungspolitik o.J., 6f.
SERRI, PAOLO: Pfarrer Malthus: Entvölkerungsideologie des britischen Adels. In: Bundesvorstand der Europäischen Arbeiterpartei 1982, 32–34.
SICHTERMANN, BARBARA: Der Mythos von der Herbeiführbarkeit. Zur feministischen Diskussion um den Orgasmus. In: Freibeuter, Nr. 2 (1979), 94–100.
– Ein Stück neuerer Weltlichkeit: der Kinderwunsch. In: Freibeuter, Nr. 5 (1980), 37–46.
– Der Tanz des sich Vorwagens. Gewalt und Lust. In: Courage, 6. Jg. (1981), H. 12, 6–10.
– Weiblichkeit. Zur Politik des Privaten. 13.–23. Tsd., Berlin 1984 (Wagenbach).
– Vorwort. In: SICHTERMANN 1984, 7–10 (hier zit. als 1984a).
– Der § 218 und das Recht auf körperliche Unversehrtheit. In: SICHTERMANN 1984, 90–101 (hier zit. als 1984b).
– Verschiedenheit und Gleichheit der Geschlechter. In: SICHTERMANN 1984, 102–113 (hier zit. als 1984c).
SIEBENSCHÖN, LEONA: Der Mama-Mann. Mutter und Sohn: Eine Beziehung ändert sich. Frankfurt 1983 (extrabuch-Verlag).
SIEGERT, JENS/ULRICH, BERND/HIRSCH, JOACHIM/KÜHLE, MANFRED: Wenn das Spielbein dem Standbein ein Bein stellt . . . Kassel-Bettenhausen 1986 (Weber, Zucht & Co.).
SIENKNECHT, HELMUT: Der Einheitsschulgedanke. Geschichtliche Entwicklung und gegenwärtige Problematik. Weinheim/Berlin/Basel ²1970 (Beltz).
SIMONIS, HEIDE: Macht Macht Frauen männlich? In: KALLSCHEUER 1986, 84–94.
SINHART, DIETER: Chip-Generation. Computer in die Schulen? In: Die GRÜNEN, Bundesarbeitsgemeinschaft Bildung 1987, 58–60.
SKIBA, ERNST-GÜNTHER/WULF, CHRISTOPH/WÜNSCHE, KONRAD (Hg.): Erziehung im Jugendalter – Sekundarstufe I. Stuttgart 1983 (Klett-Cotta).

SMITH, JOAN: Feminist Analysis of Gender: A Mystique. In: LOWE/HUBBARD 1983, 89–109.
SÖLLE, DOROTHEE: Im Paradies: nackt und anarchistisch. In: VOLLMER 1986, 68–77.
SONTHEIMER, KURT: Das Elend unserer Intellektuellen. Linke Theorie in der Bundesrepublik Deutschland. Hamburg 1976 (Hoffmann und Campe).
SORMAN, GUY: Der neue Liberalismus. Die Macht des Individuums in der verwalteten Gesellschaft (1984). Düsseldorf/Wien 1986 (Econ).
SPENDER, DALE: Frauen kommen nicht vor. Sexismus im Bildungswesen (1982). Frankfurt am Main 1985 (Fischer).
SPENGLER, TILMAN: Grüne Weltbilder. Eine Revue. Kursbuch, 74 (1983), 39–54.
SPIEGEL, ERIKA: Neue Haushaltstypen – Alternativen zu Ehe und Familie? In: BAETHGE, MARTIN/ESSBACH, WOLFGANG (Hg.): Soziologie: Entdeckungen im Alltäglichen. Hans Paul Bahrdt – Festschrift zu seinem 65. Geburtstag. Frankfurt/New York 1983 (Campus), 65–87.
SPIRO, MELFORD E.: Is the Family Universal? In: American Anthropologist, 56. Jg. (1954), 839–846.
– Is the Family Universal? – The Israeli Case. In: BELL, NORMAN W./VOGEL, EZRA F. (Hg.): A Modern Introduction to The Family. Revised Edition, New York/London 1968 (The Free Press/Collier-Macmillan), 68–79 und 698f.
SPRETNAK, CHARLENE: Nicht links, nicht rechts, sondern vorne: Die GRÜNEN. München 1985 (Goldmann).
STATUT DER FREIEN SCHULE FRANKFURT (FSF) des Vereins für angewandte Sozialpädagogik e. V. (Frankfurt/M.). In: ARBEITSGEMEINSCHAFT FREIE SCHULE/Die GRÜNEN, Landesverband Bayern 1983, 86f.
STAUDINGER, HUGO/SCHLÜTER, JOHANNES (Hg.): Wer ist der Mensch? Entwurf einer offenen und imperativen Anthropologie. Stuttgart/Bonn 1981 (Burg).
Stellungnahme grüner Frauen zum Müttermanifest. Faltblatt, Bonn o. J. (Die GRÜNEN, Bundesgeschäftsstelle).
STERN, BERTRAND: Von »GRÜNEN« und von Schule . . . Einige Überlegungen in bezug auf Ökologie und Pädagogik. Beilage zu: ARBEITSGEMEINSCHAFT FREIE SCHULE/Die GRÜNEN, Landesverband Bayern 1983, ohne Seitenzählung.
– »Kunst und Wissenschaft, Forschung und Lehre sind frei.« Zehn Thesen zum Thema Bildung, 31. März 1985, Passau. In: Die GRÜNEN Bayern, Landesarbeitskreis Bildung-Wissenschaft-Kultur 1986, 17–22.
– Bildung statt Schule! – Ein Pamphlet. In: Die GRÜNEN Bayern, Landesarbeitskreis Bildung-Wissenschaft-Kultur 1986, 40f. (hier zit. als 1986a).
– Brief an die Bundesarbeitsgemeinschaft Bildung der GRÜNEN vom Oktober 1987 betr. Antrag der Abgeordneten Frau Hillerich und der Fraktion Die GRÜNEN auf Einsetzung einer Enquete-Kommission. In: Die GRÜNEN, Bundesarbeitsgemeinschaft Bildung: Bildungs-Info, Jg. 1988, Nr. 1, 20–25.
STERNSTEIN, WOLFGANG: Brauchen wir eine Grüne Partei? In: Kritik, 6. Jg. (1978), H. 16, 16–23.
– Grenzen der Regierbarkeit. Bürgerprotest und parlamentarische Demokratie. In: OBERREUTER 1986, 125–145.
STOBER, ROLF: Die GRÜNEN in der politisch-parlamentarischen Verantwortlichkeit. In: Die GRÜNEN. Programmatik – Strategie – Taktik 1988, 38–66.
STORK, JOCHEN (Hg.): Fragen nach dem Vater. Französische Beiträge zu einer psychoanalytischen Anthropologie. Freiburg/München 1974 (Alber).
STRASSNER, ERICH: Ideologie – Sprache – Politik. Grundfragen ihres Zusammenhangs. Tübingen 1987 (Niemeyer).
Streitgespräch: »Ökologik gegen Emanzipationslogik«. In: Die GRÜNEN im Bundestag, Arbeitskreis Frauenpolitik 1987, 122–152.

STUBENRAUCH, HERBERT: Narziß: Oder ein neuer Sozialisationstypus? In: päd. extra, Jg. 1978, H. 1, 19f.

STUMM, BRIGITTE/WERKMEISTER, RITA: Hessische Frauen vorn? In: RICHARDSEN/MICHALIK 1985, 18–33.

STUTH, REINHARD: Die Außen- und Deutschlandpolitik der GRÜNEN. In: GOTTO/VEEN 1984, 54–72.

SUTOR, BERNHARD: Politische Anthropologie. In: GUTJAHR-LÖSER/HORNUNG 1985, 374–378.

TALLERT, HARRY: Eine grüne Gegenrevolution. Aspekte der ökologistischen Bewegung. Frankfurt/Berlin/Wien 1980 (Ullstein).

THIEMER, GÖSTA: Die Befreiung von der Apokalypse. Anmerkungen zur grünen Heilslehre. In: GOTTO/VEEN 1984, 103–117.

– Familie, Frauen, Kinder. In: GÖBEL/SCHLAFFKE 1985, 98–106.

– Soziale Randgruppen. In: GÖBEL/SCHLAFFKE 1985, 107–112 (hier zit. als 1985a).

THOMAS, CARMEN: Die GRÜNEN und die Provinz. In: KALLSCHEUER 1986, 30–39.

THOMAS, HELGA: Mögliche pädagogische Gefahren und Nebenwirkungen von Lernerfolgsmessungen. In: INGENKAMP, KARLHEINZ/SCHREIBER, WALTER H. (Hg.): Was wissen unsere Schüler? Überregionale Lernerfolgsmessung aus internationaler Sicht. Weinheim 1989 (Deutscher Studien-Verlag), 241–254.

THOMSEN, NIELS: Zum Problem einer humanen Schule – unter Berücksichtigung anthropologischer Gesichtspunkte. In: ARBEITSGEMEINSCHAFT FREIE SCHULE/Die GRÜNEN, Landesverband Bayern 1982, 68–70.

THÜRMER-ROHR, CHRISTINA: Wir können nicht in ein unbesetztes Land springen. In: VOLLMER 1986, 32–45.

TOPITSCH, ERNST: Sinn und Unsinn der grünen Bewegung. Vortrag (photomechanisch vervielfältigtes Manuskript) vor dem 5. Bildungspolitischen Forum des Bundes Freiheit der Wissenschaft e. V. (»Das grün-alternative Wissenschaftsverständnis – Tradition und Folgen«) am 6. Januar 1986 in Bad Godesberg.

– Rückzug aus dem Argument. Neomarxismus und Existenzphilosophie aus kritisch-rationaler Sicht. In: SALAMUN, KURT (Hg.): Karl R. Popper und die Philosophie des kritischen Rationalismus. Zum 85. Geburtstag von Karl R. Popper. Amsterdam/Atlanta, Ga. 1989 (Rodopi), 269–283.

– /SALAMUN, KURT: Ideologie. Herrschaft des Vor-Urteils. München/Wien 1972 (Langen Müller).

TRECKENTRUP, GABY/GOEHLER, ADRIENNE: Die FRECHEN FRAUEN. In: RICHARDSEN/MICHALIK 1985, 118–131.

TREDER, MICHAEL: Gibt es eine grün-alternative Schulpolitik? In: Westermanns Pädagogische Beiträge, 35. Jg. (1983), 96–99.

TREPL, LUDWIG: Ökologie – eine grüne Leitwissenschaft? Über Grenzen und Perspektiven einer modischen Disziplin. In: Kursbuch, Nr. 74 (1983), 6–27.

TRIGG, ROGER: Ideas of Human Nature. An Historical Introduction. Oxford/New York 1988 (Basil Blackwell).

TROJAN, ALF: Zwischen Mut zur Realität und Mut zur Utopie. Zu Grenzen und Möglichkeiten von Selbsthilfe-Initiativen. In: OPIELKA 1985, 212–224.

TSCHIKOWANI, TAMARA/HEINSOHN, KIRSTEN: Notizen aus der Provinz: Frauen bei den GRÜNEN in Schleswig-Holstein. In: RICHARDSEN/MICHALIK 1985, 34–40.

TYRELL, HARTMANN: Die Familie als »Urinstitution«: Neuerliche spekulative Überlegungen zu einer alten Frage. In: Kölner Zeitschrift für Soziologie und Sozialpsychologie, 30. Jg. (1978), 611–651.

Übereinkommen [der Vereinten Nationen] über die Rechte des Kindes. Vorläufige amtliche Übersetzung. Hier: Photomechanisch vervielfältigtes Manuskript, o. O. 1989.

UHL, SIEGFRIED: Politische Sprache und politischer Moralismus am Beispiel der GRÜNEN. In: Wohin geht die Sprache? Wirklichkeit – Kommunikation – Kompetenz. Forschungsergebnisse im Überblick. Ein Almanach junger Kulturwissenschaftler. 4. Kongreß »Junge Wissenschaft und Kultur«, Essen, 24.–26. Mai 1988. Köln 1988 (Hanns-Martin-Schleyer-Stiftung), 148 f.

– Die Schulpolitik der GRÜNEN. In: HUTTNER 1988, 101–127 (hier zit. als 1988 a).

– Rückwärts aus der Sackgasse. Die GRÜNEN zwischen dogmatischem Feminismus und Mütterpolitik. In: Die politische Meinung, 34. Jg. (1989), Nr. 242, 77–83.

ULSAMER, LOTHAR: Zeitgenössische deutsche Schriftsteller als Wegbereiter für Anarchismus und Gewalt. Esslingen am Neckar [2]1987 (DEUGRO-Verlag).

ULSHOEFER, HELGARD: Mutter als Beruf, Mutter im Beruf, Wahlfreiheit? In: beiträge zur feministischen theorie und praxis, 11. Jg. (1988), H. 21/22, 133–138.

Umbau des öffentlichen Schulwesens. Schulpolitische Positionsbestimmung der GRÜNEN Baden-Württemberg. In: Die GRÜNEN, Bundesarbeitsgemeinschaft Bildung 1987, 12–21.

UTHMANN, JÖRG VON: Die Sehnsucht nach dem Paradies. Zeitgemäße Anmerkungen zur deutschen Neurose. Stuttgart 1986 (Deutsche Verlags-Anstalt).

VEEN, HANS-JOACHIM: Wer wählt grün? Zum Profil der neuen Linken in der Wohlstandsgesellschaft. In: Aus Politik und Zeitgeschichte, Beilage zur Wochenzeitung »Das Parlament«, Jg. 1984, B 35–36 vom 1. September 1984, 3–17.

– Von der Studentenbewegung zur Ökopax-Bewegung. Die Wähler, Mandatsträger, organisatorischen Vorläufer und politisch-ideologischen Traditionen der GRÜNEN. Vortrag (photomechanisch vervielfältigtes Manuskript) vor dem 5. Bildungspolitischen Forum des Bundes Freiheit der Wissenschaft e. V. (»Das grün-alternative Wissenschaftsverständnis – Tradition und Folgen«) am 6. Januar 1986 in Bad Godesberg.

– Die Anhänger der GRÜNEN – Ausprägungen einer neuen linken Milieupartei. In: LANGNER 1987, 60–127.

– Die GRÜNEN – Die gegenwärtigen Anhänger und die organisatorischen Vorläufer einer links-alternativen Milieupartei. In: Die GRÜNEN. Programmatik – Strategie – Taktik 1988, 105–129.

VESTER, HELMUT: Betr.: »Wie bitte kann das funktionieren?!« In: Schulintern. Informationen für Lehrer in Baden-Württemberg, Jg. 1987, H. 7/8, 11.

VESTIN, FRANCES: Alle Macht den Kindern (1969). Berlin 1971 (Gerhardt).

VOIGT, KARSTEN D.: Zur Strategie systemüberwindender Reformen. In: BUSSIEK, HENDRIK (Hg.): Wege zur veränderten Gesellschaft. Politische Strategien. Frankfurt am Main 1971 (Fischer), 71–102.

VOLKMANN-RAUE, SIBYLLE: Aggressions-Interaktionen bei repressionsfreier Erziehung. Eine Felduntersuchung. Münster 1977 (Aschendorff).

VOLLMAR-MAEK, ILONA: »Die trotzige Kollegin«. Wie kommt frau zu den GRÜNEN? In: RICHARDSEN/MICHALIK 1985, 46–53.

VOLLMER, ANTJE (Hg.): Kein Wunderland für Alice? Frauenutopien. Hamburg 1986 (Konkret Literatur).

– Vorwort. In: VOLLMER 1986, 7–17 (hier zit. als 1986 a).

– Kein Wunderland für Alice? In: VOLLMER 1986, 18–31 (hier zit. als 1986 b).

VOLLRADS, CHARLOTTE: Die GRÜNEN: Sturmabteilung der 80er Jahre. In: Bundesvorstand der Europäischen Arbeiterpartei 1982, 35–40.

WAGNER, HERBERT: Bildung, Wirtschaftswachstum, Alternativen. Analysen, Kritik und Ansätze zur Bildungspolitik. (Grundsatzreferat, gehalten auf dem Seminar »Grüne Alternativen zur Bildungspolitik« am 21.–23. Jan. 1983). In: HORNIG/WAGNER 1983, 9–38.

WALCZYK, VOLKMAR: Selbstverwaltung und Mitbestimmung – konkret! In: grüner basis-dienst, Jg. 1986, H. 4, 33.

WALTERSPIEL, GABRIELA: Die Umwertung der weiblichen Werte. Vom Kampf gegen den § 218 zur Neuen Mütterlichkeit. In: HÄUSSLER/HELFFERICH/WALTERSPIEL/WETTERER 1983, 110–116.

WANGERIN, ULRICH: Verändern und bewahren. Die Dialektik des progressiven und konservativen Denkens. Freiburg 1987 (Burg).

WANNER, KURT: Pädagogischer Konservatismus. Konzept für Untertanengeist und NATO-Treue. Köln 1984 (Pahl-Rugenstein).

WEBER-KELLERMANN, INGEBORG: Die deutsche Familie. Versuch einer Sozialgeschichte. Frankfurt am Main 1974 (Suhrkamp).

WEHRSPAUN, MICHAEL: Alternative Lebensformen und postmoderne Identitätskonstitution. In: LÜSCHER/SCHULTHEIS/WEHRSPAUN 1988, 157–168.

WEIGELT, PETER: Das Kinderkollektiv als Lernprozeß der Erwachsenen. Voraussetzungen und Verlaufsformen der Selbstregulierung von Verhalten und Lernen – am Beispiel des Schulversuchs Glocksee. Diss., Hannover 1979.

WEINBERGER, MARIE-LUISE: Aufbruch zu neuen Ufern? Grün-Alternative zwischen Anspruch und Wirklichkeit. Bonn 1984 (Neue Gesellschaft).

WEINGARTZ, HANS: Eine Schule für alle Kinder. Grundschulen im Bonner Stadtteil Beuel gehen neue Wege der Integration. In: Die GRÜNEN, Bundesarbeitsgemeinschaft Bildung 1987, 79f.

WEISS, GÜNTER: Die Kinderschändung. Hamburg 1963 (Kriminalistik Verlag).

WERTH, GABY M./CSAMPAI-BOETTGE, SABINE/HANSEN, AGNES: Männerprogramm für deutschland und den rest der welt. Flugblatt, abgedruckt in: RICHARDSEN/MICHALIK 1985, 44f.

WESEL, UWE: Der Mythos vom Matriarchat. Über Bachofens Mutterrecht und die Stellung von Frauen in frühen Gesellschaften vor der Entstehung staatlicher Herrschaft. Frankfurt am Main 1980 (Suhrkamp).

– Die Sprache der Wende. Wie man Begriffe »besetzt« und Worte mit anderer Bedeutung füllt. In: Die Zeit, 43. Jg. (1988), Nr. 23 vom 3. Juni 1988, 53f.

WESSOLLECK, WINFRIED: Die Ökologiebewegung. Aspekte ihrer sozialen Konstituierung, Politik und Philosophie. Köln 1985 (Pahl-Rugenstein).

WESTERHOFF, HORST-DIETER/NEUMANN, HEINZ: Grüner Aktionismus und die Gewaltfrage. In: LANGNER 1987, 313–350.

WESTERMANN, THOMAS: Freie Schulen aus heutiger und historischer Sicht. In: Die GRÜNEN im niedersächsischen Landtag, Schul-AG 1984, 81–85.

WETTERER, ANGELIKA: Die Fliehkraft der Wünsche im begrenzten Raum. Erste Überlegungen zu der Frage, ob uns vielleicht außer dem Patriarchat noch etwas im Wege steht. In: HÄUSSLER/HELFFERICH/WALTERSPIEL/WETTERER 1983, 7–14.

– Die Neue Mütterlichkeit: Über Brüste, Lüste und andere Stil(l)blüten aus der Frauenbewegung. In: HÄUSSLER/HELFFERICH/WALTERSPIEL/WETTERER 1983, 117–134 (hier zit. als 1983a).

WETTIG-DANIELMEIER, INGE: Neue alte Rollen. In: ROSA, Zeitung der Juso-Hochschulgruppen, Ausgabe Oktober 1987, 5.

WIEBE, HANS-HERMANN: Das Grüne Leben. Religiöse Konnotationen eines programmatischen Begriffs. In: HESSE/WIEBE 1988, 276–288.

WIECK, WILFRIED: Männer lassen lieben. Die Sucht nach der Frau. Stuttgart [4]1987 (Kreuz).

WIEHN, ERHARD R.: Intellektuelle in Politik und Gesellschaft. Stuttgart 1971 (Enke).
WIESNER, JOACHIM: Die neuen politischen Protest-»Bewegungen« in zeitgeschichtlicher und demokratie-theoretischer Sicht. In: Jahrbuch für Christliche Sozialwissenschaften, 25. Bd. (1984), 89–136.
WILSON, EDWARD OSBORNE: On Human Nature. Cambridge, Massachusetts/ London ²1978 (Harvard University Press).
WINANDS, GÜNTER: Grün-alternative Finanzwelt. Neue Formen im Umgang mit Partei- und Steuergeldern. In: LANGNER 1987, 209–248.
WINKELER, ROLF: Innere Differenzierung. Begriff, Formen und Probleme. Ravensburg 1979 (Maier).
WUSSING, RENATE: Braunschweig: Wo schlechter (Stadt-)Rat teuer ist. In: RICHARDSEN/MICHALIK 1985, 75–81.

ZEIDLER, KURT: Die Wiederentdeckung der Grenze. Beiträge zur Formgebung der werdenden Schule (1926). Hildesheim/New York 1985 (Olms).
ZEITLER, KARIN: Auf dem Weg ins Neue Zeitalter. In: HESSE/WIEBE 1988, 106–116.
ZEPP-LaROUCHE, HELGA: Die historischen Wurzeln des grünen Faschismus. In: Bundesvorstand der Europäischen Arbeiterpartei 1982, 5–23.
ZEUNER, BODO: Die Bedeutung der grünen/alternativen Parteien für Parteientheorien und -typologien. In: FALTER/FENNER/GREVEN 1984, 119–130.
ZIEHE, THOMAS: Lernen im Schulversuch Glocksee. In: LANDWEHR, LÜTGER/LANG, MANFRED (Hg.): Alternative Formen schulischen Lernens. Referate zu einer IPN-Kolloquiumsreihe 1978. Kiel 1979 (Institut für die Pädagogik der Naturwissenschaften an der Christian-Albrechts-Universität Kiel), 88–121.
ZIMMER, DIETER E.: Wörter und Waffen. Politik als Sprachkampf. In: Arbeitsstab »Öffentlichkeitsarbeit gegen Terrorismus« im Bundesministerium des Innern (Hg.): Hat sich die Republik verändert? Terrorismus im Spiegel der Presse. Bonn 1978 (Selbstverlag), 52–64.
ZIMMERMANN, SUSAN: Weibliches Selbstbestimmungsrecht und auf »Qualität« abzielende Bevölkerungspolitik. Ein unverarbeiteter Zusammenhang in den Konzepten der frühen Sexualreform. In: beiträge zur feministischen theorie und praxis, 11. Jg. (1988), H. 21/22, 53–71.
ZÜLCH, MARTIN: Grüne, vergeßt die Eltern nicht! Wie könnte eine basisorientierte Bildungsreformpolitik aussehen? In: päd. extra, Jg. 1983, H. 12, 14–16.
ZURMÜHL, SABINE: Frauenmedien – Medienfrauen. In: VOLLMER 1986, 58–93.

Personenregister

Sachregister

Studien zur Erziehungswissenschaft

Herausgegeben von WOLFGANG BREZINKA, Universität Konstanz

Band 1
PETER POSCH: Der Lehrermangel. Ausmaß und Möglichkeiten der Behebung.
Weinheim 1967 (Verlag Beltz).

Band 2
CHRISTINE LEMAYR: Soziale Dienste im Jugendalter.
Weinheim 1966 (Verlag Beltz).

Band 3
ILSEDORE RIEDER: Studiendauer und Studienerfolg. Eine Längsschnittuntersuchung an 3199 Anwärtern für das Lehramt an Höheren Schulen in Österreich.
Weinheim 1968 (Verlag Beltz).

Band 4
ANDREAS STOLL: Geschichte der Lehrerbildung in Tirol. Von den Anfängen bis 1876.
Weinheim 1968 (Verlag Beltz).

Band 5
HELMUT FEND: Sozialisierung und Erziehung. Eine Einführung in die Sozialisierungsforschung.
Weinheim 1969, 8. Auflage 1976 (Verlag Beltz).

Band 6
RUDOLF MESSNER: Probleme einer Theorie des erzieherischen Verhaltens.
(1967 angekündigt, aber nicht erschienen.)

Band 7
RUDOLF SCHMITT: Religiöse Erziehung – ohne Erfolg? Zielanalyse als Voraussetzung der Erfolgskontrolle.
Weinheim 1971 (Verlag Beltz).

Band 8
SIEGFRIED UHL: Die Pädagogik der Grünen. Vom Menschenbild zur Familien- und Schulpolitik.
München/Basel 1990 (Ernst Reinhardt Verlag).

Über eine wesentliche Quelle der Pädagogik der Grünen informiert das in vier Sprachen übersetzte Standardwerk von